Matthias Stapel
Wirksamkeit stationärer Verhaltenstherapie
bei depressiven Erkrankungen in der Psychosomatik

Angewandte Verhaltensmedizin in Forschung und Praxis

Herausgegeben vom
Präsidium des AHG Wissenschaftsrates
Winfried Carls, Petra Evertz, Peter Missel, Konrad Schultz

Schriftleitung: Manfred Zielke

Wissenschaftsrat
der AHG

Matthias Stapel

Wirksamkeit stationärer Verhaltenstherapie bei depressiven Erkrankungen in der Psychosomatik

PABST SCIENCE PUBLISHERS

Anschrift des Herausgebers:
Präsidium des Wissenschaftsrates der AHG AG
Helmholtzstr. 17
40215 Düsseldorf

Schriftleitung:
Prof. Dr. Manfred Zielke
Wissenschaftsrat der AHG AG
Lange Koppel 10
24248 Mönkeberg

Bibliografische Information Der Deutschen Bibliothek
Die Deutsche Bibliothek verzeichnet diese Publikation in der Deutschen Nationalbibliografie; detaillierte bibliografische Daten sind im Internet über <http://dnb.ddb.de> abrufbar.

Die vorliegende Arbeit wurde von der Fakultät der Sozialwissenschaften der Universität Mannheim als Dissertation zur Erlangung des akademischen Grades eines Doktors der Sozialwissenschaften (Dr. rer. soc.) der Universität Mannheim angenommen.

Alle Rechte, insbesondere das Recht der Vervielfältigung, Verbreitung und Übersetzung, vorbehalten. Kein Teil des Werkes darf in irgendeiner Form (durch Fotokopie, Mikrofilm oder ein anderes Verfahren) ohne schriftliche Genehmigung des Verlages reproduziert oder unter Verwendung elektronischer Systeme verarbeitet, vervielfältigt oder verbreitet werden.

Druck und Bindung: Digital Druck AG, Birkach

© 2005 Pabst Science Publishers
Eichengrund 28
D-49525 Lengerich
Tel.: +49/(0)5484/308
Fax: +49/(0)5484/550
E-Mail: pabst.publishers@t-online.de
Internet: http://www.pabst-publishers.de

ISBN 3-89967-283-6

Inhaltsverzeichnis

Vorwort von Prof. Dr. Manfred Zielke 1

Vorbemerkung des Verfassers 6

1. Einleitung 7

2. Die Bedeutung der Forschung in der Rehabilitation 8
2.1. Die Bedeutung des IX. Sozialgesetzbuches (SGB IX) für die Rehabilitation 12
2.1.1. Das Krankheitsfolgen-Modell der WHO 13
2.1.2. Chronische Krankheit und Rehabilitation 17
2.1.3. Rehabilitationsziele 18
2.1.4. Der verhaltensmedizinische Rehabilitationsansatz 19

3. Depressive Erkrankungen 21
3.1. Beschreibung der Störung 21
3.1.1. Definitionskriterien, Klassifikation und Diagnostik 23
3.1.2. Komorbidität depressiver Erkrankungen 25
3.1.3. Diagnostische Verfahren bei Depressionen 26

4. Die Bedeutung depressiver Erkrankungen 27
4.1. Prävalenz depressiver Erkrankungen 27
4.1.1. Begriffsbestimmung 27
4.1.2. Prävalenzraten depressiver Erkrankungen in Deutschland 27
4.2. Krankheitsverhalten depressiver Patienten 30
4.3. Die Bedeutung psychischer Erkrankungen für das Arbeitsunfähigkeitsgeschehen 31
4.3.1. Die Bedeutung psychischer Erkrankungen nach Diagnosehauptgruppen in Bezug auf Arbeitsunfähigkeitstage 37

4.4.	Stationäre Therapiekonzepte zur Behandlung von depressiven Störungen in der psychosomatischen Rehabilitation．．．．．．	43
4.5.	Kosten-Nutzen-Bilanz der stationären verhaltensmedizinischen Rehabilitation．．．．．．．	47
5.	**Evaluationsstrategien in der Psychotherapieforschung．．．．．．．**	**50**
5.1.	Die Konzeption der Fünf-Datenboxen．．．．．．．	51
5.2.	Experimentelle versus korrelativ-naturalistische Forschungsstrategien in der medizinischen Rehabilitation．．．．．．	53
5.2.1.	Exkurs: Methodische Forderungen an kontrollierte Therapieevaluationsstudien und Ebenen der Veränderung．．．．．．	56
6.	**Therapieziele psychotherapeutischer Intervention．．．．．．．**	**59**
6.1.	Bedingungen individueller Rehabilitationsziele und Zielvereinbarungsprozesse．．．．．．．	59
6.2.	Rehabilitationsziele in der Psychosomatik und deren Bedeutung．．．．．．．	62
7.	**Ergebnisdimensionen und Erfolgsmaße．．．．．．．**	**65**
7.1.	Klassifikation von Therapieerfolgsmessungen．．．．．．．	66
7.1.1.	Multimodale (singuläre) und Multiple Ergebniserfassung．．．．．．．	67
7.1.1.1.	Das multiple Ergebniskriterium EMEK nach Schmidt et al. (1987)．．．．．．．	71
7.2.	Evaluation in der Psychotherapiepraxis．．．．．．．	76
7.2.1.	Effektstärkenberechnung．．．．．．．	80
7.3.	Multiple Veränderungskriterien (EVEK, KVEK)．．．．．．．	87
8.	**„Patientenexpertise" und „Behandlungstransfer" als Bedingungen erfolgreicher psychosomatischer Rehabilitation．．．．．．．**	**91**

8.1.	„Patientenexpertise"	91
8.1.1.	Patientenschulungen	92
8.2.	„Behandlungstransfer"	96
8.2.1.	Transferarten	96
8.2.2.	Förderung und Hindernisse	98
8.3.	Therapiekonzeptbeurteilungen zur Vorhersage des Verlaufs psychosomatischer Erkrankungen	101
8.4.	Fragestellungen und Zielsetzung der Arbeit	104
9.	**Die Untersuchung**	**109**
9.1.	Ablauf der Datenerhebung	109
9.1.1.	Probleme bei der Ermittlung objektiven Krankheitsverhaltens	110
9.2.	Beschreibung der verwendeten Messinstrumente	111
9.2.1.	Psychosomatische Symptomcheckliste (PSCL)	112
9.2.2.	Fragebogen zur Untersuchung der Lebenszufriedenheit (LEZU)	112
9.2.3.	Beck-Depressions-Inventar (BDI)	113
9.2.4.	Beck-Angst-Inventar (BAI)	114
9.2.5.	Stressverarbeitungsfragebogen (SVF 120)	115
9.2.6.	Funktionseinschränkungen und körperliche Belastbarkeit (FUKB)	117
9.2.7.	Entlassfragebogen	118
9.2.8.	Basisdokumentation Psychosomatik	119
9.3.	Die Projektstichprobe	119
9.4.	Beschreibung der Stichprobe anhand ausgewählter soziodemographischer Merkmale (Basisdokumentation)	121
9.4.1.	Alter und Geschlecht	121
9.4.2.	Bildungsstand, Beruflicher Status und Berufsausübung	123
9.4.2.1.	Bildungsstand	124
9.4.2.2.	Beruflicher Status und Berufsausübung	125

9.4.3.	Rentenverfahren	128
9.4.4.	Partnerschaft und Familie	129
9.4.5.	Erziehungssituation und zu versorgende Kinder	130
9.5.	Beschreibung der Stichprobe anhand ausgewählter sozialmedizinischer Merkmale (Basisdokumentation)	132
9.5.1.	Dauer seit Erstmanifestation der Erkrankung	132
9.5.2.	Behandlungsdiagnosen und Komorbidität	134
9.5.2.1.	Erste Diagnose	135
9.5.2.2.	Hauptbehandlungsdiagnose nach Krankheitsgruppen in zweistelliger Systematik	136
9.5.2.3.	Detaillierte Darstellung der ersten Diagnose	137
9.5.3.	Diagnosekombinationen: Komorbidität	139
9.5.3.1.	Komorbidität in Abhängigkeit von der Hauptbehandlungsdiagnose	140
9.6.	Vorbehandlungen	143
9.6.1.	Stationäre psychotherapeutische Vorbehandlungen	143
9.6.2.	Ambulante psychotherapeutische Vorbehandlungen	145
9.6.3.	Stationäre somatische Vorbehandlungen	146
9.7.	Behandlungszeiten	147
9.7.1.	Stationäre Verweildauer	148
9.7.2.	Entlassungsart	150
10.	**Behandlungsergebnisse stationärer Verhaltenstherapie**	**152**
10.1.	Problemstellung	152
10.2.	Schweregrad der Depressivität	153
10.3.	Schweregrad der Depressivität und sozialmedizinische Korrelate	155
10.3.1.	Erhebungsmodus sozialmedizinischer Variablen	155
10.3.1.1.	Arbeitsunfähigkeit und stationäre akutmedizinische Behandlungen	155
10.3.1.2.	Ambulante Arztkontakte	156
10.3.1.3.	Medikamentenkonsum	156

10.3.2.	Der Zusammenhang zwischen dem Grad der Depressivität und sozialmedizinischen Variablen.......	157
10.4.	Kurz- und langfristige Veränderungen im Verlauf depressiver Erkrankungen................................	158
10.4.1.	Veränderungen der Depressivität im stationären Behandlungsverlauf....................................	159
10.4.2.	Langfristige Veränderungen der Depressivität..........	161
10.4.2.1.	Vergleich zwischen Aufnahmeuntersuchung und Nachuntersuchung...	161
10.4.2.2.	Entlassuntersuchung versus Nachuntersuchung.......	162
10.5.	Differentielle Verläufe kurz- und langfristiger Behandlungsergebnisse ausgewählter sozialmedizinischer Untergruppen...	164
10.6.	Veränderungen im Krankheitsverhalten der Patienten (DAK-Angaben)................................	169
10.6.1.	Veränderungen in der Arbeitsunfähigkeit im Verlauf von zwei Jahren vor und nach der Rehabilitation......	169
10.6.2.	Veränderungen in den stationären akutmedizinischen Behandlungen im Verlauf von zwei Jahren vor und nach der Rehabilitation...................	173
10.6.3.	Differentielle Verläufe des Arbeitsunfähigkeitsgeschehens...	175
10.6.4.	Differentielle Verläufe stationärer akutmedizinischer Behandlungen..	181
10.6.5.	Veränderungen ambulanter Arztkonsultationen.........	186
10.6.6.	Altersabhängigkeit prä- und poststationärer ambulanter Arztkontakte..	188
10.6.7.	Veränderungen der Inanspruchnahme ambulanter Arztkonsultationen innerhalb von Subgruppen im Beck-Depressions-Inventar...................................	189
10.6.8.	Veränderungen des Medikamentenkonsums............	191
11.	**Operationalisierung eines multiplen Veränderungskriteriums**....................................	**193**

11.1.	Statistische Absicherung der Behandlungsergebnisse............	195
11.2.	Effekte stationärer Verhaltenstherapie............	202
11.3.	Auswertungsstrategie zur Überprüfung des Operationalisierungsansatzes............	208
11.3.1.	Analyse linearer Strukturgleichungsmodelle (SEM)	208
11.3.2.	Voraussetzungen............	214
11.3.2.1.	Der Umgang mit fehlenden Daten............	214
11.3.2.2.	Der Umgang mit Multikollinearität............	215
11.3.2.3.	Der Umgang mit Extremwerte............	216
11.3.2.4.	Univariate Normalverteilung............	217
11.3.2.5.	Multivariate Normalverteilung............	217
11.3.2.6.	Zusammenfassung der Voraussetzungen............	218
11.4.	Verfahren zur Berechnung von linearen Strukturgleichungsmodellen............	218
11.4.1.	Bestimmung der Freiheitsgrade............	219
11.4.1.1.	Zur Identifizierbarkeit eines Modells............	220
11.4.2.	Das Maximum-Likelihood-Verfahren............	221
11.4.2.1.	Voraussetzungen............	221
11.5.	Bewertung der Modellanpassung............	222
11.5.1.	Globale deskriptive Anpassungsmaße............	223
11.5.1.1.	Root Mean Square Error of Approximation (RMSEA).	224
11.5.1.2.	(Standardized) Root Mean Square Residual [(S)RMR]............	225
11.5.2.	Vergleichende Anpassungsmaße............	226
11.5.2.1.	Goodness of Fit Index (GFI)............	227
11.5.2.2.	Normed Fit Index (NFI)............	227
11.5.2.3.	Comparative Fit Index (CFI)............	228
12.	**Ergebnisdarstellung des Modells............**	**229**
12.1.	Prüfung der Voraussetzungen............	229

12.1.1.	Fehlende Daten	229
12.1.2.	Prüfung auf Multikollinearität	229
12.1.3.	Überprüfung der Verteilungen	230
12.2.	Beurteilung der Parameterschätzungen	231
12.2.1.	Interpretation der Parameterschätzungen	233
12.3.	Beurteilung der Anpassungsgüte	236
12.4.	Bewertung der Ergebnisse des Pfadmodells	238
13.	**Zusammenhang kurz- und langfristiger Veränderungen im psychischen Befinden**	**239**
13.1.	Patienteneinschätzungen	239
13.2.	Therapeuteneinschätzungen	241
13.3.	Zusammenhang zwischen dem multiplen Veränderungskriterium sowie den Therapiekonzeptbeurteilungen mit Veränderungsskalen des Entlassfragebogens	243
13.4.	Kurz- und langfristige Veränderungen des psychischen Befinden in Abhängigkeit von der „Patientenexpertise" und dem „Behandlungstransfer"	245
13.5.	Verlauf depressiver Erkrankungen in Abhängigkeit von „Patientenexpertise" und „Behandlungstransfer"	248
13.5.1.	„Patientenexpertise"	248
13.5.2.	„Behandlungstransfer"	250
13.6.	Veränderungen des Krankheitsverhaltens in Abhängigkeit von „Patientenexpertise" und „Behandlungstransfer"	253
13.6.1.	Poststationäres Krankheitsverhalten in Abhängigkeit von der „Patientenexpertise"	253
13.6.2.	Poststationäres Krankheitsverhalten in Abhängigkeit von dem „Behandlungstransfer"	257
14.	**Diskussion und Ausblick**	**262**
14.1.	Kosten-Nutzen-Analysen bei depressiven Erkrankungen	262

14.2.	Veränderungen der Krankheitskosten..........................	263
14.3.	Wirkung und Wirksamkeit..	268
14.4.	Ausblick...	270
15.	**Zusammenfassung**...	**271**

Verzeichnis der Tabellen.. **272**

Verzeichnis der Abbildungen... **278**

Literatur.. **283**

Anhang.. **306**

Vorwort

Arbeiten zur angewandten Verhaltensmedizin in Forschung und Praxis versuchen eine Brücke zu schlagen im Spannungsfeld unterschiedlicher Forschungsparadigmen zwischen einem theorieorientierten und einem klinisch orientierten angewandten Forschungsansatz. Für wissenschaftlich engagierte Kliniker ist die Maxime „durch Forschung die Praxis zu verbessern" fast schon eine Selbstverständlichkeit. Die Entwicklung und Umsetzung moderner Rehabilitations- und Behandlungskonzepte ist ohne eine wissenschaftlich fundierte Erfahrung und ohne ein wissenschaftlich geleitetes Anwendungswissen kaum denkbar.
Merkmale einer klinisch orientierten angewandten Forschung sind:
- die Problemstellungen ergeben sich aus der Praxis,
- sie ist ergebnis- und handlungsorientiert,
- der Wert der Ergebnisse wird am Nutzen und an der Umsetzbarkeit gemessen,
- sie dient der unmittelbaren Verbesserung praktischer Problemstellungen,
- Instrument der Profilierung sind die Beachtung wissenschaftlicher Standards und zugleich erfolgreiches Arbeiten mit guten Ergebnissen, die die Praxis verbessern (Handlungserfolge),
- Ziel ist das umsetzbare (verwertbare) Forschungsprodukt.

Nur wenn diese Maximen in ausreichendem Maße beachtet werden, können die in Wissenschaft und Forschung investierten Bemühungen zu einer tatsächlichen Verbesserung der Praxis beitragen.

In der Grundlagenforschung zur Wirksamkeit von Interventionen werden durch hochkontrollierte Studien Störeinflüsse konstant gehalten, um wenige Kausalfaktoren effizient testen zu können. Die interne Validität wird dadurch maximiert. Metaanalysen synthetisieren dann das kausale Wirkungspotenzial unter optimalen Bedingungen. Die Kenntnis der Wirksamkeit unter hochkontrollierten Bedingungen sagt nichts darüber aus, wie gross die Wirksamkeit unter den natürlichen Rahmenbedingungen der realen Versorgung ist. Aus der Umsetzung naturwissenschaftlicher Erkenntnisse in entsprechende Technologien ist seit langem bekannt, dass der Wirkungsgrad bei der Übertragung in die unverfälschte Realität in der Regel deutlich geringer ausfällt als theoretisch erwartet.

Vorwort

In der Evaluationsforschung und der Programmevaluation muss darauf geachtet werden, welche Versuchspläne und welche Datenanalysestrategien besonders geeignet erscheinen, welche diagnostischen Assessmentinstrumente verwendet werden und welche Zielfindungs-, Bewertungs- und Entscheidungshilfen für diese Art von Forschung indiziert sind. Randomisierte Kontrollgruppenpläne sind in den realen Versorgungssystemen besonders schwer zu implementieren, da sie erfordern würden, zufällig ausgewählten Patienten bestimmte Maßnahmen zumindest zeitweise vorzuenthalten und deren Umsetzung würde versicherungsrechtliche, juristische und letztlich auch ethische Bedenken aufwerfen. Als besonders indiziert erscheinen deshalb längerfristig angelegte Zeitreihenstudien und Versuchspläne mit mehreren Messzeitpunkten, die als die stärksten quasiexperimentellen Designs gelten.

In der vorliegenden Arbeit werden drei Themenbereiche bearbeitet werden, deren gemeinsame Klammer die Bedeutung depressiver Erkrankungen in der stationären Behandlung und Rehabilitation darstellt:

- Welche Rolle spielen depressive Erkrankungen im Krankheitsgeschehen und in der medizinischen Rehabilitation in Deutschland?
- Lassen sich spezifische Konzept- und Pozesserfahrungen von Patienten im Rahmen verhaltensmedizinischer Behandlungskonzepte identifizieren?
- Welche Bedeutung haben diese Erfahrungen zur Vorhersage kurzfristiger und langfristiger Behandlungsergebnisse?

Psychische Erkrankungen und insbesondere depressive Erkrankungen spielen mit hohen jährlichen Zuwachsraten eine zunehmende Bedeutung in der deutschen Gesundheitsversorgung. Diese Entwicklung zeigt sich auch in anderen europäischen Ländern wie z. B. in Frankreich mit einer Steigerung behandlungswürdiger Depressionen von jährlich 15 Prozent. In der stationären Verhaltenstherapie und medizinischen Rehabilitation psychosomatischer Erkrankungen stellen Patientinnen und Patienten mit depressiven Erkrankungen mit einem Anteil von 50% bis 60% aller Behandlungsfälle die weitaus grösste Gruppe.

Auf der Basis des Beck-Depressions-Inventars (BDI) wird auf der Grundlage einer Stichprobe von Patienten aus der stationären verhaltensmedizinischen Rehabilitation in der Psychosomatik eine Aufteilung nach dem Schweregrad der depressiven Verhaltens- und Erlebensmuster in „unauffällig", „subklinisch" und „klinisch relevant" vorgenommen. Auf der Basis dieser Differenzierung werden Veränderungsberechnungen zu den Depressionsschweregraden der stationär behandelten Patienten zwischen den Messzeitpunkten Aufnahme, Entlassung und Katamnese durchgeführt und differenzielle Behandlungsverläufe in Abhängigkeit von einer Reihe sozialmedizinischer Parameter und krankheitsbezogener Merkmale (Krankheitsdauer, Arbeitsunfähigkeitsgeschehen, Behandlungen im Akutkrankenhaus, ambulante Arztkontakte, Medikamentenkonsum) untersucht und nach der Bildung eines multiplen Veränderungskriteriums für die Messzeitpunkte Entlassung und eine zweijährige Katamnese die Therapiewirkungsintensität (Effektstärken) in den Variablen des multiplen Veränderungskriteriums berechnet. Die Effektstärkenberechnung wird darüberhinaus auch bei den Patientgruppen mit unterschiedlichen Depressionsschweregraden durchgeführt.

Mittels eines Pfadmodells zur Prognose der kurzfristigen und der langfristigen Behandlungsergebnisse wird ausgewiesen, dass die Prozesserfahrungen „Patientenexpertise" die Veränderungen zum Zeitpunkt der Entlassung aus der Klinik und der „Behandlungstransfer" die langfristigen Veränderungen zum Zeitpunkt der Katamnese vorhersagen.

Die Behandlungsverläufe der Patienten mit unterschiedlichen Depressionsschweregraden zeigen, dass stationäre verhaltenstherapeutische Behandlungen und Rehabilitationsmassnahmen gute bis sehr gute kurzfristige **und** langfristige Effektstärken aufweisen, die bei den einzelnen untersuchten Patientenuntergruppen jedoch für eine differenzielle Wirksamkeit sprechen.

Die Ergebnisse des Pfadmodells erlauben es, kausale Zusammenhänge zwischen den Prozesserfahrungen der Patienten zur „Patientenexpertise" und zum „Behandlungstransfer" und den kurzfristigen bzw. den langfristigen Behandlungsergebnissen anzunehmen.

Diese Ergebnisse haben eine weitreichende Bedeutung für die Gestaltung von therapeutischen Prozessen zur Veränderung depressionsbezogener Verhaltens- und Erlebensmuster im Rahmen stationärer Behandlungen und sie stärken die Rolle der Erfahrungen der Patienten hinsichtlich ihrer Beurteilungen der Behandlungskonzepte und der Behandlungserfahrungen.

„Den Patienten zum Experten im Umgang mit seinem Problem machen" ist seit der ersten Konzeptualisierung dieser Maxime am Beginn der 80iger Jahre fast schon zu einem geflügelten Wort geworden, ohne dass jedoch im Einzelnen nachgewiesen wurde, worin dieses Expertentum bei den jeweiligen Krankheitsgruppen eigentlich besteht und ob spezifische Aspekte eines solchen Expertenstatus tatsächlich den Krankheitsverlauf beeinflussen.

In der vorliegenden Arbeit ist es gelungen, die Rolle zweier wesentlicher Bestandteile eines solchen Patienten–Expertentums für die gesundheitliche Stabilisierung depressiver Patienten nachzuweisen: Das Ausmass, in dem Patienten über die Ursache ihrer depressiven Erkrankung, über die damit einhergehenden Veränderungen im kognitiven, affektiven, sozialen und Leistungsbereich und über konkrete therapeutische Veränderungsschritte und Veränderungsprozesse informiert werden – und dies auch verstanden haben – („Patientenexpertise") beeinflusst unmittelbar die gesundheitlichen Veränderungen während des stationären Behandlungsverlaufs und aus dem Ausmass an praktischen Übungen während des stationären Aufenthaltes zu Problemstellungen im angestammten sozialen Umfeld der Patienten („Behandlungstransfer") kann die gesundheitlichen Stabilisierung depressiver Patienten in einem Zeitraum von zwei Jahren nach dem Klinikaufenthalt vorhergesagt werden. Damit konnten zwei Grundpfeiler verhaltensmedizinischer Behandlungskonzepte: „Aufklären und Üben" in einem klinischen Versorgungsfeld nachgewiesen werden.

Diese Arbeit ist Bestandteil des kooperativen Katamneseprojektes zwischen der DAK-Hauptverwaltung in Hamburg (Arbeitsgruppe Rehabilitation: Dr. phil. Ingrid Reschenberg, Jens Lebenhagen), der Psychosomatischen Fachklinik Bad Dürkheim (Leitender Arzt: Dr. med. Klaus Limbacher, Leitender Psychologe: Dr. phil. Dipl.-Psych. Stefan Leidig), der Psychosomatischen Fachklinik Bad Pyrmont (Leitender Arzt: Prof. Dr. med. Dipl.-Psych. Rolf Meermann, Leitender Psychologe: Dr. phil. Dipl.-Psych. Ernst Jürgen Borgart), der Klinik Berus (Leitender Arzt: Dr. med. Dipl.-Psych. Winfried Carls, Leitender Psychologe: Dipl.-Psych. Josef Schwickerath) und dem AHG-Wissenschaftsrat (Prof. Dr. phil. Dipl.-Psych. Manfred Zielke, Dipl.-Päd. Franz Herder): „Langzeitveränderungen im Gesundheitsverhalten (Ressourcenverbrauch) bei Patienten mit psychischen und psychosomatischen Erkrankungen nach stationärer verhaltensmedizinischer Behandlung unter besonderer Berücksichtigung arbeits- und berufsbezogener Problemstellungen".

Das Forschungsprojekt wird anteilig gemeinsam finanziell gefördert durch die Bundesagentur für Arbeit – Zweigstelle Hameln, die DAK-Hauptverwaltung in Hamburg, die Geschäftsführungen der Psycho-

somatischen Fachkliniken Bad Dürkheim, Bad Pyrmont und der Klinik Berus sowie durch den Wissenschaftsrat der Allgemeinen Hospitalgesellschaft - AHG AG in Düsseldorf und der Universität Mannheim.
Ein besonderer Dank gilt Herrn Prof. Dr. Werner Wittmann vom Lehrstuhl Psychologie II (Methoden) an der Fakultät für Sozialwissenschaften der Universität Mannheim für seine Bereitschaft zur Kooperation innerhalb dieser Multi-Center-Studie. Aus der engen Verbindung von Forschungskenntnissen, von Konzepten und Erfahrungen aus klinischen Behandlungseinrichtungen und sozialmedizinischen Daten der Sozialversicherungsträger resultieren Forschungsergebnisse mit unmittelbarem Handlungsbezug für Entscheidungsprozesse im Gesundheitswesen.

Düsseldorf, im Oktober 2005

Prof. Dr. Manfred Zielke

Vorbemerkung und Danksagung

Nicht die Beschreibung einer Erkrankung oder therapeutische Bemühungen darum eine Erkrankung zu heilen oder zu lindern allein sind zentral für die Versorgungsforschung. Der erkrankte Mensch als Patient sollte im Mittelpunkt stehen, denn nur er/sie allein kann über seine/ihre subjektive Gesundheit Auskunft geben. Subjektive Einschätzungen zum Therapiekonzept und Therapieprogramm sind in dem selben Kontext zu verstehen, denn die Patienten beurteilen therapeutische Leistungen, die sie selbst erfahren haben.
In meiner eigenen Sozialisation habe ich gelernt, dass dem Patienten eine zentrale Bedeutung in der Gesundheitsversorgung zukommt, wofür ich den Krankenschwestern Christel und Renate sehr dankbar bin.
Darüber hinaus möchte ich mich für die zahlreichen fruchtbaren Diskussionen zur Umsetzung der Idee, die Ergebnisse stationärer verhaltenstherapeutischer Leistungen psychosomatisch erkrankter Menschen auf der Grundlage unterschiedlicher Symptombelastungen zu operationalisieren, bei meinem Freund Maximilian Schiff bedanken. Ich bedanke mich bei den Projektpartnern, v.a. dem Wissenschaftsrat der AHG AG, den drei beteiligten Fachkliniken Bad Dürkheim, Berus und Bad Pyrmont, sowie der Deutsche Angestellten Krankenkasse (DAK), ohne deren wissenschaftliches Forschungsinteresse, dieses Projekt nicht entstanden wäre. Für die vertrauensvolle Zusammenarbeit im Projekt möchte ich mich bei Herrn Professor Werner Wittmann und seinen Mitarbeitern am Lehrstuhl Psychologie II der Universität Mannheim bedanken.
Zu ganz besonderem Dank bin ich Herrn Manfred Zielke, Geschäftsführer des Wissenschaftsrates der Allgemeine Hospitalgesellschaft AG und apl. Professor für klinische Psychologie an der Universität Mannheim verpflichtet. Sein Vertrauen in meine wissenschaftlichen Fähigkeiten, sein fachlicher Rat sowie ein Promotionsstipendium der Universität Mannheim - gefördert durch die AHG AG - trugen entscheidend zur Umsetzung der vorliegenden Arbeit bei.
Neben der Danksagung für die fachliche Unterstützung möchte ich mich bei meiner Familie für den andauernden Ansporn bedanken. Besonders hervorheben möchte ich meine Frau Sonja und danke ihr für die liebevolle Zuwendung und ihr Verständnis.

Matthias Stapel					Straubenhardt, Juli 2005

1. Einleitung

Die stationäre verhaltensmedizinische Rehabilitation hat in den vergangenen Jahren mehr und mehr dazu beigetragen, Menschen mit chronifizierten Leiden den Umgang mit ihrer Erkrankung zu erleichtern und ihre Beschwerden zu lindern. Gleichzeitig konnte in vielen unterschiedlichen wissenschaftlichen Untersuchungen gezeigt werden, welche immensen Einsparpotentiale im Bereich der Krankheitskosten durch die psychosomatische Rehabilitation erzielt werden können. In Kosten-Nutzen-Evaluationsstudien wurden v.a. Variablen erfasst, welche auch monetär bewertbare Behandlungsergebnisse beinhalten. In vielen von diesen Untersuchungen wurden jedoch zur Bewertung der Behandlungsergebnisse nur Einzelkriterien, wie z.B. Symptomreduktion verwendet. Die Hauptsymptomatik psychosomatischer Erkrankungen ist aber v.a. durch depressive Verarbeitungsmuster gekennzeichnet, welche mit vielen anderen psychischen und körperlichen Problemkonstellationen assoziiert ist. Daher sollten Behandlungsergebnisse in diesem Bereich als Veränderungen des gesamten Spektrums dieser Problemkonstellationen operationalisiert werden. Derartige Ergebniskriterien werden auch als multiple Ergebniskriterien bezeichnet. Diese werden qualitativen Aspekten medizinischer Leistungen gegenüber Einzelkriterien gerechter, weil die Gesamtproblematik beim Patienten als Veränderungsmuster berücksichtigt wird und davon auszugehen ist, dass der Patient sein subjektives Gesundheitsgefühl auf der Basis dieser Gesamtproblematik bildet.

Unter den Gesichtspunkten der Überprüfung einer qualitativ hochwertigen Leistungserstellung einerseits und der Prognose des langfristigen Krankheitsverlaufs andererseits, gelten Kenntnisse über den neuen Wissensstand sowie der Grundhaltung zur Verhaltensübernahme dieses Wissens in den Alltag der Patienten als sehr bedeutsam. Nur durch die Kenntnis über die Auswirkung derartiger Wirksamkeitsindikatoren der stationären Verhaltenstherapie lässt sich ein effektives internes Qualitätsmanagement, welches einen kontinuierlichen und an aktuellen Ergebnissen ausgerichteten Verbesserungsprozess anstrebt, betreiben. Darüber hinaus ist der Kenntnisstand der Patienten über den Umgang mit der eigenen Erkrankung nach einer stationären verhaltensmedizinischen Rehabilitationsmaßnahme dann auch für ein verändertes Krankheitsverhalten ausschlaggebend.

2. Die Bedeutung der Forschung in der Rehabilitation

Die Rehabilitationsforschung befasst sich mit den Entstehungsursachen und Auftretenshäufigkeiten von Beeinträchtigungen in Verbindung mit der Leistungsfähigkeit und der Partizipation am Beruf und am alltäglichem Leben und untersucht deren Verläufe und Prognosen. Sie verfolgt das Ziel, geeignete Konzepte zur Beurteilung der Wirksamkeit medizinischer Rehabilitationsmaßnahmen zu entwickeln. Bereits 1984 wurde vom Verband deutscher Rentenversicherungsträger (VDR) eine Projektgruppe „Evaluation in der Rehabilitation" eingesetzt, welche sich mehrheitlich das gemeinsame Ziel setzte, Aufgabenbereiche für eine evaluative Rehabilitationsforschung zu definieren (Nübling 1992).

Etwa zur selben Zeit vereinbarten die Landesverbände der Betriebskrankenkassen Baden-Württemberg, Nordrhein-Westfalen, Rheinland-Pfalz mit den psychosomatischen Fachkliniken Bad Dürkheim, Münchwies und Hochsauerland einen Forschungsrahmenvertrag, welcher die Untersuchung der Effektivität und Effizienz stationärer verhaltensmedizinischer Rehabilitationsmaßnahmen bei psychischen und psychosomatischen Erkrankungen beinhaltete. Insgesamt beteiligten sich 360 Einzelkrankenkassen der beteiligten Landesverbände, welche die vorhandenen Krankheitsdaten der am Projekt teilnehmenden Patienten zur Verfügung stellten (Zielke 1993b). Diese hier exemplarisch dargestellten Forschungsbemühungen wurden v.a. vor dem Hintergrund von explosionsartig ansteigenden Behandlungskosten und den immer lauter werdenden Kritiken zur Effektivität und Effizienz von Psychotherapie in der Rehabilitation vorangetrieben. Als Gründe für den enormen Kostenanstieg werden, neben vielen weiteren, die veränderte Altersstruktur, teure apparative medizinische Behandlungen, die Zunahme chronischer Erkrankungen, Druck zur Kosteneinsparung und damit verbundene „Burnout Syndrome" in der Arbeitswelt und den Wandel der Lebensführung genannt (Nübling 1992; Nagel, Jähn 2003). Kritiker von stationären Rehabilitationsmaßnahmen behaupteten, dass die stationäre psychosomatische Behandlung außer einem Erholungseffekt keinerlei Heilungseffekte hätte (Kanzow 1987) sowie weder die therapeutische Notwendigkeit noch deren Effektivität klärbar sei (Expertenkommission der Bundesregierung zur Reform der Versorgung im psychiatrischen und psychotherapeutisch/psychosomatischen Bereich 1988). Im Einzelnen wurde aus dem Bereich der psychosomatischen Akutversorgung wie auch der universitären Psychosomatik die Kritik geäußert, dass die psychosomatische Rehabilitation in wohnortfernen Therapieeinrichtungen durchgeführt wird und somit zu einer „systembedingten Chronifizierung" der Erkrankung führen kann (Koch, Schultz 1999, S. 293). Dieser Argumentation wurde gegenübergestellt, dass für die Mehrzahl der Patienten eine Indikation für eine stationäre Rehabilitationsmaßnahme erst am Ende der akutmedizinischen Behandlungsbemühungen gestellt wird (Bürger, Koch 1999). Eine solche Überweisungspraxis führt in nicht wenigen Fällen zu einer irreversiblen iatrogenen Chronifizierung (Zielke, Sturm 1988) eines Leidens.

Der Begriff „Chronifizierung" beschreibt – in Abgrenzung zu „chronisch", der Bezeichnung für einen unheilbaren Krankheitsverlauf – in diesem Zusammenhang die subjektive Reaktion auf die Erkrankung, wobei nicht ausschließlich subjektive, emotionale oder behaviorale sondern auch objektive Personenmerkmale angesprochen sind. Die Krankheitsdauer oder die Anzahl diagnostischer oder therapeutischer Maßnahmen sind bedeutende Aspekte von Chronifizierung. Bezeichnend für die iatrogene Chronifizierung eines Leidens ist der oft unangemessen lange Prozess der Diagnostik und Therapie, welcher nicht zur Beseitigung der Störung führt, sondern immer wieder in die subjektive Erfahrung des „Krank-Seins" eingeht und zur Festigung der Störung selbst oder zur Entstehung von Sekundärstörungen führen kann (Herschbach 1995). Für depressive Erkrankungen liegen beispielsweise Schätzungen vor, die besagen, dass etwa 15%-20% der Patienten in einer Allgemeinarztpraxis an unerkannten Depressionen leiden, und somit entsprechend falsch behandelt werden, was wiederum zu einer Chronifizierung der Störung beitragen kann (Hautzinger 1998).

Daneben kommt das Jahresgutachten des Sachverständigenrates für die konzertierte Aktion im Gesundheitswesen 2000/2001 zu ähnlichen Schlussfolgerungen. Dieses Gutachten befasst sich u.a. mit der Versorgung depressiv erkrankter Menschen und stellt fest, dass die Versorgung dieser Patienten zumeist in hausärztlicher Verantwortung liegt, von denen vielmals die Erkrankung nicht erkannt bzw. konsequent behandelt wird. Patienten mit einer ausgeprägten Depression werden aus diesem Grund oft zu spät in spezialärztliche bzw. psychotherapeutische Behandlung überwiesen. Darüber hinaus entspricht die medikamentöse Behandlung depressiver Patienten häufig nicht den anerkannten Leitlinien (Sachverständigenrat für die konzertierte Aktion im Gesundheitswesen 2001). Diesem Problem stehen heute bereits Behandlungskonzepte zur ambulanten Behandlung z.B. in Tageskliniken oder teilstationären Einrichtungen in unterschiedlichen Bereichen der Rehabilitation gegenüber, welche erfolgreich umgesetzt werden. Weitaus tiefgreifendere Kritik an der stationären medizinischen Rehabilitation in psychosomatischen Fachkliniken kam aus den Reihen der Vertreter der Psychiatrie, welche den Behandler dort fachliche Kompetenz bzgl. des in erster Linie mit psychiatrischen Störungen behandelten Patienten absprachen. Dies betraf v.a. die psychopharmakologische Behandlungskompetenz in den Fachkliniken.

Aufgrund der typischen Merkmale einer chronischen Erkrankung, wie etwa eine eingeschränkte Prognostizierbarkeit des Krankheitsverlaufs sowie die sehr häufig zu beobachtenden schlechten Heilungschancen als auch die breit gefächerten körperlichen, psychischen und sozialen Beeinträchtigungen erscheinen Akutkliniken als wenig geeignet, den Betroffenen eine adäquate Behandlung zuteil werden zu lassen. Zielsetzung der medizinischen Rehabilitation kann in den meisten Fällen nicht eine Heilung einer chronifizierten Erkrankung sein, sondern eine verbesserte Krankheitsbewältigung bzw. ein verändertes Krankheitsverhalten (Zielke, Borgart, Carls, Herder, Kirchner, Kneip, Lebenhagen, Leidig, Limbacher, Lippert, Meermann, Reschen-berg, Schwickerath 2001; Jeske, Sauer 2002). Darüber hinaus wurde die nicht ausreichende wissenschaftliche Fundierung der medizinischen Rehabilitation kritisiert. Dies mag auch ein Grund dafür sein, dass verstärkt Ergebnisevaluationen psychosomatischer Rehabilitationsmaßnahmen durchgeführt wurden (Koch, Schultz 1999). Im Weiteren kamen zunehmend Forderungen aus den Reihen der Vertreter der medizinischen Rehabilitation nach mehr Transparenz von psychotherapeutischen Behandlungsangeboten in psychosomatischen Fachkliniken und deren Auswirkungen auf, bei denen v.a. Fragen zur Qualität, Effizienz und Effektivität gestellt wurden (Nübling 1992). Aufgrund dieser Forderungen sowie der wachsenden medizinischen und ökonomischen Bedeutung bei der Versorgung chronisch kranker Menschen in Deutschland hat sich das Bundesministerium für Bildung und Forschung (BMBF) gemeinsam mit der Deutschen Rentenversicherung entschlossen, 1998 einen rehabilitationswissenschaftlichen Förderschwerpunkt auszuloben, in dem acht Forschungsverbünde mit insgesamt 80 Mio. DM gefördert werden. Ziel ist es, die Qualität der Rehabilitationsforschung zu fördern und zu einem eigenständigen Lehrgebiet zu führen. Aus der Perspektive der 90er Jahre führte die fortschreitende wissenschaftliche Fundierung der psychosomatischen Rehabilitation in Bezug auf die

Leistungserstellung unter dem Gesichtspunkt qualitätssichernder Leistungserbringung dazu, dass die Mehrzahl der Rehabilitationskliniken ihre Behandlungskonzepte mehr und mehr nach entsprechenden Qualitätsstandards ausrichtet. Viele von ihnen implementierten das Qualitätssicherungsprogramm des Verbandes deutscher Rentenversicherungsträger – das so genannte 5-Punkte-Programm – welches auf dem Qualitätsmodell von Donabedian (1980) basiert und strukturelle, prozessuale und ergebnisorientierte Qualitätsdimensionen beinhaltet (Stapel 2003). Andere Kliniken ließen sich nach DIN EN ISO 9000 zertifizieren. Diese Normenreihe war zunächst branchenbezogen und richtete sich an das produzierende Gewerbe. In den 80er Jahren wurde sie vereinheitlicht und auf den Dienstleistungssektor ausgedehnt (Huck, Dorenberg 1998). Diese Qualitätsmanagementmodelle basieren auf einem standardisierten und in die Klinikroutine implementierten Datensystem, in dem die für die interne Qualitätssicherung wesentlichen Patienteninformationen erfasst werden. Heute erhöht die Rehabilitation die Effektivität der Akutmedizin und trägt zu einer Verkürzung der Aufenthaltszeiten in der stationären Akutversorgung bei. Dabei beansprucht sie nur einen Anteil von ein bis zwei Prozent der Gesundheitsausgaben. Die Ergebnisse sind überzeugend, denn die Rehabilitation wirkt den Hauptursachen von Arbeitsunfähigkeit entgegen und trägt zur Reduktion von Arbeitsunfähigkeit sowie von Berufs- bzw. Erwerbsunfähigkeitsberentungen bei (Nagel, Jähn 2003).

2.1. Die Bedeutung des IX. Sozialgesetzbuches (SGB IX) für die Rehabilitation

Bis zur Einführung des SGB IX im Jahr 2001 fehlte es an konkreten Definitionen der Leistungsinhalte sowie an Maßstäben für die Qualität medizinischer Leistungen in der Rehabilitation. Um die Qualität in der medizinischen und pflegerischen Versorgung zu verbessern wird gefordert, eine bundesweit einheitliche und systematische, leitlinienbasierte Medizin zu installieren, welche Modelle der Evidenz basierten Medizin, der Gesundheitsökonomie, der Kosten-Wirksamkeits-Analysen bzw. Kosten-Nutzen-Analysen zu evaluierbaren Programmen integriert. Das bisherige Verständnis bezieht sich ausschließlich auf ärztliches Handeln, was für die Bereiche der Rehabilitation nur eingeschränkt gelten kann, weil die Konkretisierung der Leistungsinhalte in der Art, des Umfangs und der Intensität der eingesetzten

Verfahren und Methoden zu unterschiedlich war (Fuchs 2002). Die in der Rehabilitation eingesetzten Methoden und Verfahren gehen über die Behandlung von Krankheiten hinaus und beziehen die Kompensation von Störungen der Aktivitäten und der Teilhabe in ihre Behandlungskonzepte ein. Zentral dabei ist das *„Leitbild eines selbstbestimmten und mündigen Patienten"* (Schönle 2003). Die Ziele des SGB IX orientieren sich inhaltlich weg vom Schwerpunkt des reinen medizinischen Krankheitsverständnisses – Beseitigung von Schädigungen und Beeinträchtigungen physischer Strukturen und Funktionen – hin zu einem ganzheitlichem Krankheitsverständnis auf der Grundlage der ICF (International Classification of Funktion) der Weltgesundheitsorganisation (WHO). Letzteres bezieht sich natürlich auch auf die Beseitigung physischer Schädigungen und Beeinträchtigungen, geht aber an dieser Stelle weiter und berücksichtigt auch deren Folgen, was mit Beeinträchtigungen der sozialen Integrität, der Aktivität und Leistungen und der seelischen Integrität bezeichnet wird (SGB IX). Zudem sollen die Strukturen des Rehabilitationsnetzes an die Belange der chronisch kranken Menschen angepasst werden, was bedeutet, dass zwischen niedergelassenen Ärzten, Betrieben, allgemeinen Versorgungskrankenhäusern, Gesundheitszentren und Rehabilitations- und Pflegeeinrichtungen eine für diese Aufgabe geeignete Kooperationsbasis geschaffen werden muss. Die Schaffung dieser geeigneten Basis zur interdisziplinären Zusammenarbeit soll mit der Einrichtung von Servicestellen erfolgen, welche die Ermittlung der Zuständigkeit des Kostenträgers, den Rehabilitationsbedarf sowie die Klärung der Sachlage des Einzelfalls zur Aufgabe haben.

Insgesamt haben sich mit dem Inkrafttreten des neunten Sozialgesetzbuches zur Rehabilitation und Teilhabe behinderter Menschen (SGB IX) bedeutende Veränderungen in Bezug auf das Rehabilitations- und Behindertenrecht ergeben. Mit dem SGB IX wurden den Rehabilitationsträgern klare Verantwortungsbereiche zugewiesen, welche u.a. darauf abzielen, den funktionsbezogenen Leistungsbedarf festzustellen.

2.1.1. Das Krankheitsfolgen-Modell der WHO

Grundlegend für das neue Gesetz ist die International Classification of Function (ICF), welche eine Weiterentwicklung der International Classification of Impairment, Disability and Handicap (ICIDH) darstellt und auf dem Krankheitsfolgen-Modell – in Abbildung 2.1.-1. dargestellt – basiert. Insgesamt verfolgt die ICF das Ziel, eine gemeinsame Verständigungsebene zur Beschreibung der funktionalen Gesundheit bereit zu halten, was zu einer Verbesserung der Kommunikation zwischen Fachleuten im Gesundheits- und Sozialwesen und Menschen mit Beeinträchtigungen in ihrer Funktionalität beitragen soll. In dem Krankheitsfolgen-Modell der Weltgesundheitsorganisation zur Analyse chronischer Gesundheitsstörungen werden vier Ebenen zur umfassenden Darstellung von Gesundheitsschädigungen unterschieden. Ausgangspunkt ist, dass Krankheiten (diseases) zu Gesundheitsschädigungen (impairments) im Sinne organischer Defizite oder Mängel führen.

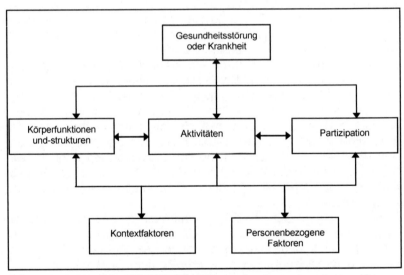

Abb. 2.1.-1: Krankheitsfolgen-Modell zur Analyse chronischer Gesundheitsstörungen

Die geschädigten Organe bzw. Organsysteme sind dann wiederum ursächlich für die eingeschränkte Funktionsfähigkeit dieser Organe (disability). Diese eingeschränkte Funktionsfähigkeit führt zu Einschränkungen in der Durchführung komplexer Fähigkeiten und Fertigkeiten in einem Maß, das letztendlich in einer Beeinträchtigung der sozialen Integrität (handicap) mündet (WHO 1995). Im Rahmen dieses Modells stellt die internationale Klassifikation der Funktionsfähigkeit, Behinderung und Gesundheit (ICF) eine Erweiterung um Kontextfaktoren dar, in denen alle Umweltfaktoren und personenbezogenen Faktoren inbegriffen sind, die eine Bedeutung für eine Person mit einer spezifischen körperlichen, geistigen und seelischen Verfassung besitzen. Diese Kontextfaktoren stehen in einer Wechselwirkung mit allen vier Ebenen der ICF. Somit variiert der Zustand der funktionalen Gesundheit mit der Erkrankung und den Kontextfaktoren, d.h. gesundheitliche Beeinträchtigungen können neue Gesundheitsprobleme zur Folge haben (Schuntermann 2003). Im Weiteren sollen einige Fallbeispiele zu den Wechselwirkungen der Ebenen der ICF aus Schuntermann (1999) kurz skizziert werden:

Bsp. I: Eine Krankheit kann zu einem Schaden führen, jedoch keine Störung der Aktivitäten zur Folge haben, aber dennoch zu einem Partizipationsproblem werden. Ein Kind mit Diabetes Typ-I braucht keine Aktivitätsstörungen zu haben, wenn die Medikation gut eingestellt ist. Wenn das Kind z.B. zu einem Kindergeburtstag eingeladen wird, kann es aber zu Problemen der Partizipation kommen.

Bsp. II : Eine Krankheit kann zu einem Schaden und zu einer Aktivitätsstörung und je nach Umständen zu einer Störung der Partizipation führen. Das ist dann der Fall, wenn z.B. durch eine degenerative Wirbelsäulenerkrankung bestimmte Funktionen bzw. Strukturen des Haltungs- und Bewegungsapparates gestört bzw. geschädigt sind, was zur Folge hat, dass der Betroffene wichtige Aktivitäten des täglichen Lebens oder Arbeitens nur noch eingeschränkt nachgehen kann. Somit besteht das Risiko einer Desintegration aus dem Erwerbsleben, zu der es auch kommen wird, wenn keine positiven Umweltfaktoren greifen (z.B. Halbtagsbeschäftigung).

Bsp. III: Eine Aktivitätsstörung kann zu einem Schaden oder einer Krankheit führen, wenn eine Person, die wegen einer Krankheit längerfristig bettlägerig ist (Aktivitätsstörung), eine Gelenkkontraktur oder Muskelatrophie entwickelt.

Welche Schädigungen und Funktionsstörungen, Fähigkeitsstörungen, Beeinträchtigungen und relevante Kontextfaktoren sind für die psychosomatische Rehabilitation wesentlich? Schädigungen und Funktionsstörungen liegen in den Dimensionen der Persönlichkeit (mangelnde psychische Stabilität), in emotionalen Funktionen (Störungen der affektiven Kontrolle), Funktionen der psychischen Energie und Antriebs (mangelnde Impulskontrolle), Funktionen der Selbstwahrnehmung (gestörtes Köperbild), Störungen höherer kognitiver Leistungen (Störung des Einsichtsvermögens), Störungen der Denkfunktionen (Zwangsgedanken), Störungen der Schlaffunktionen

(Schlaf-Wach-Rhythmus) und Störungen psychomotorischer Funktionen. In der Folge können Fähigkeitsstörungen auftreten, welche die Bereiche des alltäglichen Lebens, die psychische Belastbarkeit, interpersonelle Beziehungen und Interaktionen, die Problemlösefähigkeit und die Entscheidungsfindung, eine mögliche Umstellung (Berufssituation) und die Krankheitsbewältigung betreffen. Aus beiden skizzierten Bereichen können sich Beeinträchtigungen der physischen Unabhängigkeit, der psychischen Unabhängigkeit, in der sozialen Integration sowie Reintegration und in der wirtschaftlichen Eigenständigkeit entwickeln. Die Art und das Ausmaß der Beeinträchtigungen sind vom Verarbeitungsprozess abhängig, welcher durch unterschiedlich wirksam werdende Kontextfaktoren beeinflusst wird. Derartige Kontextfaktoren beinhalten alle personenbezogenen Faktoren, die sich auf Eigenschaften einer Person, wie Alter, Geschlecht, Bildung, Persönlichkeit und Lebensereignisse, körperliche und psychische Belastbarkeit, Gesundheitsprobleme, Bewältigungsstile und berufliche Erfahrungen beziehen. Die für psychosomatische Erkrankungen relevanten Umweltfaktoren betreffen die persönliche Unterstützung und tragfähige Beziehungen (z.B. Freunde), das soziale Umfeld (z.B. Bekannte, Kollegen), die individuelle Arbeitssituation, Zugang und Nutzung sozialer Einrichtungen und soziale Absicherung, soziokulturelle Strukturen, natürliche Umweltbedingungen (z.B. Luftqualität), die individuelle Freizeitgestaltung (z.B. Hobbys) sowie Einstellungen und Wertesysteme (z.B. Religiosität). Diese Kontextfaktoren können einen günstigen wie auch ungünstigen Einfluss auf den Rehabilitationsverlauf besitzen. Die individuelle Lebenssituation, die Bewältigungsstile und persönlichen Ressourcen sowie die Einflussmöglichkeiten auf das soziale Netzwerk sind Kontextfaktoren, die bei der sozialmedizinischen Beurteilung zur Indikationsstellung einer medizinischen Rehabilitationsmaßnahme berücksichtigt werden müssen.

Hervorzuheben ist, dass es sich bei der ICF nicht um ein Instrument zur Klassifikation, d.h. ein Instrument zur Beschreibung der Körperfunktionen, Aktivitäten und Partizipation handelt, sondern als Basis für die Entwicklung solcher Instrumente dient (Schuntermann 2003). Der rehabilitationswissenschaftliche Forschungsverbund Bayern arbeitet z.B. derzeit an der Entwicklung praktikabler Messverfahren zur Erfassung des Gesundheitsstatus und bringt diese in Einklang mit den Vorgaben der ICF. Probleme liegen hier v.a. in der Überführung von entsprechenden Scores eines Assessmentverfahrens in einen Kennwert der ICF (Ewert, Cieza, Stucki 2002). Ein differenzierteres Problem besteht in der Unklarheit über die Beurteilung der Aktivität und der Partizipation. Hierfür weist Schuntermann (2003) darauf hin, dass die Partizipation im Wesentlichen eine subjektive Meinung ist und deshalb eine Beurteilung über die Teilhabe in allen Lebensbereichen einer betroffenen Person auch nur aus deren Sicht beurteilt werden kann, wohingegen die Aktivität und die Leistung objektiv durch Dritte beurteilt werden kann.

2.1.2. Chronische Krankheit und Rehabilitation

Der traditionelle Rehabilitationsbegriff ist von der WHO (1967) folgendermaßen definiert: *„Rehabilitation ist die Gesamtheit der Aktivitäten, die nötig sind, um den Behinderten bestmögliche körperliche, geistige und soziale Bedingungen zu sichern, die es ihnen erlauben, mit seinen eigenen Mitteln einen möglichst normalen Platz in der Gesellschaft einzunehmen."*
Seit den 60er Jahren findet jedoch ein Wechsel in der Mortalitäts- und Morbiditätsstruktur der Bevölkerung weg von den dominierenden Infektionskrankheiten hin zu chronischen Krankheiten statt. Dies betrifft u.a. Erkrankungen des Herz-Kreislauf-Systems, Erkrankungen des Bewegungsapparates, Krebserkrankungen sowie psychische Krankheiten. Chronische Krankheiten nehmen stetig zu. Gründe könnten u.a. in der Zunahme des Anteils älterer Menschen in der Bevölkerung oder im Wandel in der Lebensführung zu suchen sein. Oft besteht eine multikausale, zumeist ungeklärte Pathogenese, die häufig in einer engen Verknüpfung mit entsprechendem Risikoverhalten, Disstress etc. steht und in einer fortschreitenden Verschlechterung der Lebenssituation betroffener Menschen mündet. Das Krankheitserleben Betroffener ist durch eine zunehmende Einschränkung des Lebensalltages gekennzeichnet. So sprechen empirische Studien (z.B. Weitemeyer, Meyer 1976; Wooley 1978) für eine Beteiligung von Lernprozessen, bei denen die Krankenrolle mit fortschreitender Zeit internalisiert und fixiert wird (Myrtek 1998). Wegen der Chronizität vieler Erkrankungen ist nur selten eine vollständige Heilung zu erreichen. Deshalb kann Rehabilitation auch als Versuch der Gesellschaft verstanden werden, die Folgen der chronischen Erkrankung zu mindern, um den Betroffenen in die Lage zu versetzen seinen alltäglichen Leistungsanforderungen zu genügen (Nagel, Jähn 2003).

Moderne Rehabilitationskonzepte setzen an vier in ihrer Bedeutung gleichwertigen Ebenen an. Diese umfassen qualifizierte Funktionsdiagnostik, interdisziplinäre Behandlung, umfassende Informationen und Beratungen zum Krankheitsbild mit entsprechenden Schulungsprogrammen sowie den Abbau von risikobehafteten Gesundheitsverhalten durch das Erlernen eines gesundheitsfördernden Umgangs mit der eigenen Erkrankung. Sie beziehen sich auf die Bereiche der Diagnostik der Erkrankungen und der Schädigungen sowie der Funktionsstörungen und Beeinträchtigungen. Sie berücksichtigen bei der Erstellung des Rehabilitationsplans die individuellen Voraussetzungen des Patienten inklusive seiner Anforderungen im Alltag und Berufsleben. Sie beinhalten die Fortführung und Anpassung der medizinischen Therapie verbunden mit der Umsetzung der physikalischen, psychologischen, anforderungsspezifischen und sozialen Rehabilitationsmaßnahmen. Die Ausbildung und das Training von Fertigkeiten zur Kompensation von Fähigkeitsstörungen, die Informationsvermittlung zum entsprechenden Krankheitsbild verbunden mit der Förderung einer angemessenen Krankheitsbewältigung stehen dabei im Mittelpunkt. Darüber hinaus beinhalten moderne Rehabilitationskonzepte eine Verhaltensmodifikation zum Aufbau einer gesundheitsfördernden Lebensweise. Sie enthalten eine sozialmedizinische Beurteilung und Prognose und darüber hinaus eine Beratung bezüglich der beruflichen Tätigkeit und des Alltagslebens einschließlich der Planung und Anregung weiterer Maßnahmen, wie ambulante Nachsorgemaßnahmen oder berufliche Förderungen.

2.1.3. Rehabilitationsziele

Die übergeordneten Ziele der Rehabilitation sind im § 4, SGB IX festgelegt, in dem es heißt, dass eine Behinderung abzuwenden, eine Einschränkung der Erwerbsfähigkeit zu vermeiden, die Teilhabe am Arbeitsleben dauerhaft zu sichern und die persönliche Entwicklung ganzheitlich zu fördern sowie eine Teilhabe am Leben in der Gesellschaft zu ermöglichen ist. Schädigungsbedingte Fähigkeitsstörungen bzw. drohende oder bereits bestehende Beeinträchtigungen in der Teilhabe am beruflichen wie gesellschaftlichen Leben durch rechtzeitige Einleitung der indizierten Rehabilitationsmaßnahmen zu vermeiden, zu beseitigen bzw. zu bessern oder eine Verschlimmerung zu verhüten beinhalten allgemeine Rehabilitationsziele. Durch die Rehabilitation soll der Rehabilitand (wieder) in die Lage versetzt werden, eine Erwerbstätigkeit oder bestimmte Aktivitäten des täglichen Lebens möglichst in der Art und dem Ausmaß auszuüben, die für seinen persönlichen Lebenskontext typisch sind. Durch die vollständige bzw. größtmögliche Wiederherstellung der ursprünglichen Strukturen und Funktionen sowie der Fähigkeiten und der sozialen Rolle wird versucht diesen Zielen näher zu kommen. Daneben können diese Ziele auch in einem Aufbau von Ersatzstrategien bzw. in der Nutzung verbliebener Funktionen und Fähigkeiten und in einer Anpassung der Umweltbedingungen des Rehabilitanden an die Fähigkeitsstörung bzw. den Beeinträchtigungen bestehen. Auf der Basis sozialmedizinischer Aussagen zur Rehabilitationsbedürftigkeit, Rehabilitationsfähigkeit und Rehabilitationsprognose wird das individuelle Rehabilitationsziel in einem gemeinsamen Zielvereinbarungsprozess bestimmt (vgl. Kap. 6). Die Aufklärung der Patienten über die Art und den Verlauf ihrer Erkrankung sowie die Vermittlung von Informationen über Möglichkeiten zur eigenen Krankheitsbewältigung (Hilfe zur Selbsthilfe) verbunden mit dem Einüben eines adäquaten und gesundheitsfördernden Umgangs mit der Krankheit und der Orientierung über das eigene Leistungsvermögen sowie der Förderung der berufsbezogenen Belastbarkeit sind wesentliche Bestandteile der verhaltensmedizinischen Rehabilitation. Die therapeutischen Elemente der Aufklärung und Information müssen in Verbindung mit den arbeitsmedizinischen Maßnahmen weitestgehend individuell erfolgen und auf die besondere Situation des einzelnen Patienten zugeschnitten sein.

2.1.4. Der verhaltensmedizinische Rehabilitationsansatz

Der verhaltensmedizinische Ansatz stellt eine zunehmende Verdichtung eines Forschungs- und Anwendungsfeldes dar, bei dem versucht wird die Bedeutung physiologischer, verhaltensbezogener und subjektiver Faktoren bei der Entstehung und Behandlung medizinischer, arbeitsbezogener und psychologischer Problemstellungen durch die Integration unterschiedlicher Fachdisziplinen aufzuzeigen und zusammenzufassen. Die Verhaltensmedizin begreift sich als eine gemeinsame Basis zur Sammlung und Integration des klinischen Grundlagen- und Anwendungswissens aus den Bereichen der experimentellen Psychologie, der biologischen Verhaltenswissenschaften, der pädagogischen Wissenschaften und der traditionellen naturwissenschaftlichen Medizin sowie der Arbeitsmedizin. Gemeinsamkeiten der beteiligten angewandten Disziplinen sind in dem Selbstverständnis, ein hypothesengeleitetes, immer an überprüfbaren Veränderungsprozessen ausgerichteten Vorgehens zu sehen sowie den funktionalen Ansatz zu berücksichtigen, der das klinische Handeln in der Diagnostik wie in der Therapie charakterisiert. Für die Verhaltensmedizin in der Rehabilitation sind die Wirksamkeit, die Wissenschaftlichkeit und die Wirtschaftlichkeit basal.

Konzeptuell ist die Verhaltensmedizin in der Rehabilitation durch eine fachgerechte Betreuung und Versorgung von Patienten mit chronischen Erkrankungen und überdauernden Funktionsstörungen und Behinderungen charakterisiert. Diese fachgerechte Betreuung und Versorgung erfordert neben der qualifizierten akutmedizinischen Behandlung die nachhaltige Unterstützung der Rehabilitanden im Umgang mit ihrer Erkrankung, die Vermittlung von Wissen und Fertigkeiten bezüglich ihrer Erkrankung und die Vermittlung von Erfahrungen und Fertigkeiten bezogen auf ihr Leistungsspektrum, damit sie zu Experten im Umgang mit ihrer Erkrankung, mit ihrer beruflichen Belastbarkeit und mit ihrer Gesundheit werden können. Die Programme zur Behandlung der Erkrankungen basieren auf verhaltensmedizinischen Konzepten und beinhalten neben medizinischen Aspekten psychologische, pflegerische, physiotherapeutische, soziotherapeutische und arbeitspädagogische Elemente und sind wissenschaftlich untersucht und erprobt. Aus diesem Grund findet in der verhaltensmedizinischen Rehabilitation eine interdisziplinäre Zusammenarbeit statt, in der ein über alle Fachdisziplinen einer Rehabilitationsklinik abgestimmter Behandlungsplan entwickelt wird, welcher nach den Erfordernissen im jeweiligen Rehabilitationsverlauf permanent angepasst und weiterentwickelt werden kann.

3. Depressive Erkrankungen

Im Weiteren wird auf depressive Erkrankungen und deren Symptomatologie sowie die diagnostischen Kriterien zur Klassifikation der Störung eingegangen. Daran schließt sich eine Beschreibung komorbider Erkrankungen und der bekanntesten diagnostischen Verfahren an. Abschließend wird auf stationäre Therapiekonzepte zur Behandlung dieser Erkrankung eingegangen. Nachfolgend wird sich mit der Bedeutung dieser Erkrankung in Deutschland differenzierter auseinander gesetzt.

3.1. Beschreibung der Störung

Neben dem umgangssprachlichen Gebrauch des Begriffs Depression, welcher auf Verstimmtheitszustände im Bereich des normalen Erlebens hinweist, werden Depressionen im Bereich psychischer Störungen in drei Ebenen unterschieden: (a) auf der symptomatologischen Ebene: Ebene eines Einzelsymptoms z.b. Niedergeschlagenheit oder Traurigkeit (b) auf der syndromalen Ebene: als ein als zusammenhängend angenommenen Merkmalskomplex mit emotionalen, kognitiven, motorischen, motivationalen, physiologischen und endokrinologischen Komponenten und (c) als Oberbegriff: als ein Oberbegriff für eventuell verschiedene Erkrankungen was ein (hypothetisches) Ursachen-, Verlaufs-, Prognose- und Behandlungswissen beinhaltet (Helmchen, Linden 1980; Hautzinger 1998; Weis 2003). Charakteristischerweise sind depressive Syndrome durch eine Fülle heterogener Symptome gekennzeichnet, in denen somatische und psychische Symptome gemeinsam auftreten. Im Bereich der somatischen Symptome sind Depressionen durch Gewichtszu- oder abnahme, Appetitstörungen, Schlafstörungen, Libidoverlust, Schmerzen, psychomotorische Unruhe oder Verlangsamung und Energieverlust gekennzeichnet. Typische Auffälligkeiten einer Depression im Bereich der psychischen Symptome sind Verstimmung, Interessenverlust, Gefühle der Wertlosigkeit, Selbstzweifel, Hoffnungslosigkeit, Sinnlosigkeit, verminderte Denk- und Konzentrationsfähigkeit sowie Suizidideen. Viele von den aufgezählten emotionalen Zuständen und Beschwerden kommen auch bei gesunden Menschen vor. Die Grenze zwischen normalen Reaktionen und klinisch auffälligen Symptomen ist dabei eine noch ungeklärte Frage. Bei der Unterscheidung depressiver Symptome ist die Einteilung in emotionale, motivationale, kognitive, vegetativ-somatische, motorisch-behaviorale und interaktionelle Ebenen hilfreich. In Tabelle 3.1.-1. werden einige Beispiele zur Symptomatologie depressiver Auffälligkeiten dargestellt.

Tab. 3.1.-1: Symptomatologie depressiver Auffälligkeiten

Verhalten/ Motorik/ Erscheinungsbild	*Körperhaltung:* Kraftlos, gebeugt, spannungsleer, Verlangsamung der Bewegung, Agitiertheit, nervöse, zappelige Unruhe, Händereiben o.ä. *Gesichtsausdruck:* traurig, weinerlich, besorgt; herabgezogene Mundwinkel, vertiefte Falten, maskenhaft erstarrte, manchmal auch nervöse wechselnd angespannte Mimik *Sprache:* leise, monoton, langsam allgemeine Aktivitätsverminderung bis zum Stupor, wenig Abwechslung, eingeschränkter Bewegungsradius, Probleme bei der praktischen Bewältigung alltäglicher Anforderungen
emotional	Gefühle der Niedergeschlagenheit, Hilflosigkeit, Trauer, Hoffnungslosigkeit, Verlust, Verlassensein, Einsamkeit, innere Leere, Unzufriedenheit, Schuld, Feindseligkeit, Angst und Sorgen, Gefühl der Gefühllosigkeit und Distanz zur Umwelt
physiologisch-vegetativ	Innere Unruhe, Erregung, Spannung, Reizbarkeit, Weinen, Ermüdung, Schwäche, Schlafstörungen, tageszeitliche und jahreszeitliche Schwankungen im Befinden, Wetterfühligkeit, Appetit- und Gewichtsverlust, Libidoverlust, allgemeine und vegetative Beschwerden (u.a. Kopfdruck, Magenbeschwerden, Verdauungsbeschwerden); zu achten ist bei der Diagnose auf: Blutdruck, Blutzuckerspiegel, Kalziummangel, Eisenwerte, Serotonin/Adrenalin-Mangel bzw. Überschuss
imaginativ-kognitiv	Negative Einstellung gegenüber sich selbst (als Person, den eigenen Fähigkeiten und dem eigenen Erscheinungsbild) und der Zukunft (z.B. imaginierte Vorstellung von Sackgasse, schwarzem Loch); Pessimismus, permanente Selbstkritik, Selbstunsicherheit, Hypochondrie, Einfallsarmut, mühsames denken, Konzentrationsprobleme, zirkuläres Grübeln, Erwartung von Strafen oder Katastrophen, Wahnvorstellungen, z. B. Versündigungs-, Insuffizienz- und Verarmungsvorstellungen; rigides Anspruchsniveau, nihilistische Ideen der Auswegslosigkeit und Zwecklosigkeit des eigenen Lebens, Suizidideen
motivational	Misserfolgsorientierung, Rückzugs- bzw. Vermeidungshaltung, Flucht und Vermeidung von Verantwortung, Erleben von Nicht-Kontrolle und Hilflosigkeit, Interessenverlust, Verstärkerverlust, Antriebslosigkeit, Entschlussunfähigkeit, Gefühl des Überfordertseins, Rückzug bis hin zum Suizid oder Zunahme der Abhängigkeit von anderen

(aus: Hautzinger 1998, S. 4)

Die Symptome depressiver Erkrankungen können sich sehr unterschiedlich zusammensetzen und darüber hinaus in unterschiedlicher Ausprägung vorliegen, was eine sorgfältige Diagnostik erforderlich macht (Hautzinger 1998).

3.1.1. Definitionskriterien, Klassifikation und Diagnostik

Zur klinischen Diagnose depressiver Störungen werden zwei weit verbreitete Klassifikationssysteme bereitgestellt. Dabei handelt es sich um das DSM-IV (Diagnostic and Statistical Manual of Mental Disorders) der American Psychiatric Association (dt. Version: Saß, Houben 2001) und das Klassifikationssystem ICD (International Classification of Diseases) der WHO (dt. Version: Dilling, Mombour, Schmidt, Schulte-Markwort 2000), welches das derzeit weltweit gültige und in der zehnten Revision vorliegende Klassifikationssystem ist und auch für Deutschland das verbindliche kategoriale Diagnosesystem darstellt. Beide Klassifikationssysteme haben eine deskriptive, auf wissenschaftlicher Evidenz basierende und zu hoher Zuverlässigkeit verpflichtende Diagnostik gemeinsam.

Klinische Depressionen werden durch eine bestimmte Anzahl gleichzeitig auftretender Symptome definiert, die über eine gewisse Zeit andauern müssen und nicht durch andere Erkrankungen oder Umstände erklärbar sind. Sie gehören nach ICD-10 zu den affektiven Störungen, welche unter der F3-Störungsgruppe zusammengefasst werden (Tabelle 3.1.1.-1.) und umfassen unipolare oder bipolare Erkrankungen. Zur Definition von weiteren Untergruppen werden der Verlauf, die Ausprägung des Schweregrades in leichte, mittelgradige und schwere Depressionen und die besondere Symptomatik (somatisch, psychotisch) herangezogen. Die diagnostischen Kriterien werden in Tabelle 3.1.1.-2. dargestellt. Eine „leichte" depressive Episode liegt vor, wenn vier bis fünf der in Tabelle 3.1.1.-2. dargestellten Symptome gleichzeitig auftreten. Als „mittelgradig" gilt eine Depression bei sechs bis sieben und als „schwere" Depression bei mehr als acht gleichzeitig auftretenden Symptomen.

Tab. 3.1.1.-1.: Diagnostische Kategorien affektiver Störungen nach ICD 10

ICD-10			
F 30	manische Episode	F 33	Rezidivierende depressive Störung
F 31	Bipolare affektive Störung		mit/ohne somatische Symptome
	hypomanische Episode		mit/ohne psychotische Symptome
	Manische Episode	F 34	Anhaltende affektive Störung
	mit psychotischen Symptomen		Zyklothymia
	ohne psychotische Symptome		Dysthymia
F 32	Depressive Episode	F 38	Andere affektive Störungen
	ohne somatische Symptome	F 39	Sonstige affektive Störungen
	mit somatischen Symptomen		
	ohne psychotische Symptome		
	mit psychotischen Symptomen		

Tab. 3.1.1-2.: Diagnostische Kriterien gestörter affektiver Episoden

Manische Episode	Depressive Episode
abnorme, anhaltend gehobene, expansive oder reizbare Stimmung von mindestens eine Woche Dauer (oder Hospitalisierung) sowie mindestens 3 der folgenden Symptome gleichzeitig • gesteigertes Selbstwertgefühl, • Größenideen, • vermindertes Schlafbedürfnis, • redseliger als gewöhnlich, • Drang, weiter zu reden, • Ideenflucht, Gedankenjagen, • leichte Ablenkbarkeit, • Aktivitätssteigerung, Unruhe, Verhaltensexzesse, die unangenehme Folgen haben (Geld, Sex, Investitionen)	mindestens 5 der folgenden Symptome, gleichzeitig während eines Zeitraumes von mindestens 2 Wochen (depressive Stimmung oder Interessenverlust muss darunter sein): • depressive Stimmung, • deutlich vermindertes Interesse oder Freude, • Gewichtszunahme/-verlust, • Schlaflosigkeit, • Unruhe, Hemmung, Verlangsamung, • Müdigkeit, Energieverlust, • Wertlosigkeit, Schuld, • Konzentrationsprobleme, • Todeswunsch, Suizidideen

(aus: Hautzinger 1998, S. 6)

3.1.2. Komorbidität depressiver Erkrankungen

Depressive Störungen sind häufig mit komorbiden Erkrankungen verknüpft. Dazu zählen Angststörungen, wie Phobien, soziale Ängste, Panikstörungen oder generalisierte Angststörungen. Aber auch Zwänge, posttraumatische Belastungsstörungen, Essstörungen, Substanzmissbrauch, Substanzabhängigkeiten, Schlafstörungen, sexuelle Störungen, somatoforme Störungen, psychophysiologische Störungen treten als komorbide Erkrankungen auf. Schizophrenien, hirnorganische Störungen, zerebraler Abbau und Persönlichkeitsstörungen werden ebenfalls als komorbide Erkrankungen berichtet. Studien zur Komorbidität werden durch die Entwicklung und Beschreibung von klar definierten Krankheitskategorien wie z.b. ICD-9 oder ICD-10 (Dilling, Mombour, Schmidt 2000) mit entsprechenden formalen Operationalisierungen der Störungsbereiche sowie der Häufigkeits- und Intensitätsangaben der korrespondierenden Symptome, Beschwerden und Auffälligkeiten möglich. Zielke (1993a) untersuchte auf der Basis einer Stichprobe von N=11.235 stationär behandelten Patienten aus verschiedenen verhaltenstherapeutisch tätigen psychosomatischen Kliniken die Häufigkeit komorbider psychiatrischer und somatischer Erkrankungen. Demnach weisen von insgesamt 1.928 Patienten mit der Erstdiagnose neurotische Depression (ICD-9, 300.4) etwa die Hälfte eine weitere psychiatrische Diagnose auf (51,7%). Ähnliches gilt für kurz andauernde depressive Reaktionen (ICD-9, 309.0) mit 47,2% von 2.470 behandelten Patienten und länger andauernde depressive Reaktionen (ICD-9, 309.1) mit 48,7% von insgesamt 2.021 behandelten Patienten. Die Anteile komorbider somatischer Erkrankungen betragen bei Patienten mit neurotischen Depressionen 54,0%, bei Patienten mit kurz andauernden depressiven Reaktionen 60% und bei Patienten mit länger andauernden depressiven Reaktionen 61%. Um das gleichzeitige Auftreten psychischer und somatischer Störungen besser klassifizieren zu können, wird eine Unterscheidung in primäre oder sekundäre Depressionen auf der Grundlage des Beginns der Störung vorgeschlagen. Eine primäre Depression tritt demnach in Abwesenheit oder vor dem Beginn einer somatischen Erkrankung auf, wohingegen eine sekundäre Depression erst nach dem Beginn einer somatischen Erkrankung auftritt (Woodruff, Murphy, Herjanic 1967). Werden Patienten dazu befragt, welche bei den vorkommenden komorbiden Störungen primär auftrat, antworten diese in retrospektiven Befragungen mehrheitlich (60-80%), dass die Depression anderen

Schwierigkeiten oder Störungen folgten (Hautzinger 1998, 2000). Härter (2000) befürwortet die klinische Nützlichkeit einer Unterscheidung von primärer und sekundärer Depression, vertritt hingegen aber die Auffassung, dass sich diese Unterscheidung aufgrund mangelnder Validität nicht durchsetzen kann, was er mit der geringen Reliabilität der retrospektiven Erfassung des Erkrankungsbeginns begründet. Im Zusammenhang von Komorbidität erscheint eine Differenzierung zwischen einer depressiven Episode und einer Anpassungsstörung nicht unproblematisch, weil bei Anpassungsstörungen neben der reinen Deskription auch eine Ursachenzuschreibung der Erkrankung möglich ist. Weis (2003) berichtet eine Prävalenzrate von 5% bis 20% an Personen, die sich aufgrund einer Anpassungsstörung in psychotherapeutischer Behandlung befinden und kritisiert, dass die damit verbundene Bedeutung von Anpassungsstörungen nur in wenigen Studien berücksichtigt wird (Weis 2003).

3.1.3. Diagnostische Verfahren bei Depressionen

Die Diagnostik von Depressionen kann auf zwei Arten erfolgen. Einerseits klassifikatorisch, andererseits in einem dimensionalen Rahmen. Für eine Klassifikation muss eine bestimmte Anzahl symptomaler und zeitlicher Kriterien für die Diagnose eines Störungsbildes erfüllt sein. Werden diese nicht erfüllt gilt eine Person als gesund bzw. nicht gestört. Klassifikationssysteme sind aufwändig und methodisch wenig anspruchsvoll, da sie eine Exploration des Patienten in Verbindung mit einer Bewertung der Symptome durch einen Kliniker erfordern, welcher mit Hilfe von Diagnose-Checklisten Fragen bezüglich der depressiven Störung beantwortet, anhand derer dann eine Diagnose vergeben wird. Daneben nehmen psychometrische Messverfahren, welche meist in Selbstratingverfahren das Ausmaß an Depressivität erfassen, einen bedeutenderen Stellenwert ein. Diese unterscheiden sich nach der Wahl der zu Grunde gelegten Symptome, der Sensitivität und der Spezifität in der Ermittlung derjenigen Personen mit einer pathologischen Symptomatik (Weis 2003). Das wohl bekannteste psychometrische Verfahren zur Ermittlung der Depressivität ist das Beck-Depressions-Inventar (Beck, Ward, Mendelsohn, Mock, Erbaugh 1961, dt. Version: Hautzinger 1991; Hautzinger, Bailer, Worall, Keller 1995), welches in Kapitel 9 ausführlich beschrieben wird. Darüber hinaus stehen strukturierte Interviews sowie Fremdbeurteilungsbögen für die Diagnostik zur Verfügung.

4. Die Bedeutung depressiver Erkrankungen

Im folgenden Kapitel soll die Bedeutung depressiver Erkrankungen in Deutschland deutlich gemacht werden. Dazu werden zu Beginn die Prävalenzraten depressiver Erkrankungen in Deutschland vorgestellt. In einem zweiten Schritt wird sich mit dem Krankheitsverhalten von Patienten mit depressiven Störungen auseinander gesetzt. Im Anschluss daran wird die Bedeutung psychischer Erkrankungen insgesamt für das Arbeitsunfähigkeitsgeschehen in Deutschland vorgestellt, woran sich eine differenziertere Darstellung in bezug auf die Dauer von Arbeitsunfähigkeit wegen psychischer Erkrankungen anschließt.

4.1. Prävalenz depressiver Erkrankungen
4.1.1. Begriffsbestimmung

Mit dem Begriff „Prävalenz" wird die Häufigkeit des Vorkommens einer Krankheit oder eines Symptoms in einer Population zu einer bestimmten Zeit bezeichnet (Dorsch, Häcker, Stapf 1994). Die Angaben zur Prävalenz variieren in Abhängigkeit von dem Zeitraum sowie der untersuchten Stichprobe, der den Berechnungen zugrunde gelegt wird (Weis 2003). Es wird zwischen Punktprävalenz sowie der Lebenszeitprävalenz unterschieden. Diese Angaben beziehen sich auf einen definierten Zeitraum (aktuell, letzter Monat, vergangenes Jahr). Eine weitere Unterscheidung betrifft die Inzidenz einer Erkrankung, womit die Häufigkeit des Neuauftretens einer Erkrankung bezeichnet wird. Der Begriff „Morbiditätsrisiko" bezeichnet hingegen die Wahrscheinlichkeit im Laufe des Lebens eine bestimmte Krankheit zu entwickeln.

4.1.2. Prävalenzraten depressiver Erkrankungen in Deutschland

Erst seit einigen wenigen Jahren wird die enorme klinische, soziale und gesundheitsökonomische Bedeutung depressiver Erkrankungen erkannt. In dem Bundesgesundheitssurvey 1998 wird erstmals auf einer gesicherten Grundlage dargelegt, dass über zehn Prozent der deutschen Bevölkerung im vorangegangenen Jahr (Punktprävalenz) an einer wochen- oder monatelang andauernden Depression gelitten haben (Wittchen, Müller, Pfister 1999). Die Lebenszeitprävalenz für

zumindest eine depressive Episode soll bei nahezu 20% aller Menschen liegen (Wittchen, Knäuper, Kessler 1994). Dabei gehen Inzidenzschätzungen für die Diagnose einer depressiven Episode von ein bis zwei Neuerkrankungen pro Jahr je 100 Personen aus (Hautzinger 1998). Zudem zeigen Hochrechnungen der Weltgesundheitsorganisation (WHO) sowie Ergebnisse verschiedener Bevölkerungsstudien, dass die Prävalenz depressiver Erkrankungen insbesondere in jüngeren Altersgruppen eher zunimmt (Wittchen 2000), was durch Geschäftsberichte unterschiedlicher gesetzlicher Krankenkassen z.b. der DAK (Deutsche Angestellten Krankenversicherung) bestätig werden kann. Andere Autoren (z.B. Schwartz, Bitzer, Dörning, Grobe, Krauth, Schlaud, Schmidt, Zielke 1999) geben eine Prävalenz depressiver Erkrankungen von 3% bis 5% (Punktprävalenz) in der Normalbevölkerung an. Aus dem Bundesgesundheitssurvey 1998 geht eine Vier-Wochen-Prävalenz von 5,5% bis 7,1% für depressive Störungen hervor. Dabei liegt die Prävalenz über alle Altersgruppen hinweg (18 bis 65 Jahre) für Männer zwischen 3,8% und 5,9% und für Frauen zwischen 6,7% und 9,1%, wobei Frauen bedeutsam häufiger betroffen sind. Die Ein-Jahres-Prävalenz depressiver Störungen in Deutschland wird mit 11,5%, angegeben, wobei Männer (8,1%) auch hier deutlich weniger betroffen sind als Frauen (15,0%). Die Prävalenzangaben wurden zudem in Altersgruppen (18 bis 35 Jahre, 36 bis 65 Jahre) und Geschlecht aufgeteilt und hinsichtlich Diagnoseuntergruppen untersucht. Aus Tabelle 4.1.2.-1. geht hervor, dass die Prävalenz (gewichtet) einer depressiven Episode mit 8,3% die häufigste Erkrankungsform ist, welche für Männer unabhängig vom Alter mit 5,4% und für Frauen mit 11,2% angegeben wird. Diese Befunde verdeutlichen, dass Frauen insgesamt ein wesentlich höheres Erkrankungsrisiko haben als Männer. Dysthymien stehen an zweiter Stelle mit 2,5%, gefolgt von bipolaren Störungen mit 0,8%, wobei zwischen den beiden letztgenannten kein gravierender Geschlechtsunterschied festzustellen ist (Wittchen, Müller, Schmidtkunz, Winter, Pfister 2000).
Hautzinger (1998) berichtet Ergebnisse unterschiedlicher Untersuchungen in Industrienationen, welche zu einer Punktprävalenz von 5% für depressive Störungen (Depressive Episoden, Dysthymien) kommen. Demnach liegt die Lebenszeitprävalenz für depressive Episoden und Dysthymien bei 14%. Die Prävalenz rezidivierender depressiver Episoden (4,0%) treten im Gesundheitssurvey (Wittchen et al. 2000) fast so häufig auf wie depressive Episoden mit 4,3%.

Tab. 4.1.2.-1.: Ein-Jahres-Querschnittsprävalenz depressiver Störungen in Deutschland

Diagnose	Alter 18 bis 35 Jahre			Alter 36 bis 65 Jahre			Gesamt		
	F (%)	M (%)	T (%)	F (%)	M (%)	T (%)	F (%)	M (%)	T (%)
Irgendeine depressive Episode	9,6	6,2	7,9	12,1	5,1	8,5	11,2	5,4	8,3
Einzelne depressive Episode	3,8	4,3	4,0	5,9	3,0	4,4	5,1	3,4	4,3
Rezidiv. depressive Episode	5,8	1,9	3,9	6,2	2,1	4,1	6,1	2,0	4,0
Dysthymie	2,0	1,5	1,8	3,5	2,4	3,0	3,0	2,1	2,5
Bipolare Störung	1,5	1,2	1,3	0,8	0,2	0,5	1,1	0,6	0,8
Depression Gesamt	12,9	8,9	10,9	16,3	7,6	11,9	15,0	8,1	11,5

(aus: Wittchen et al. 2000, S. 7, gewichtete Prävalenzen Bundesgesundheitssurvey 1998/99, Wittchen et al. 1999)

Auffallend ist jedoch, dass Frauen bereits in jüngeren Jahren ein erhöhtes Erkrankungsrisiko für rezidivierende depressive Episoden aufweisen. Die Anzahl lebenszeitlicher Krankheitsperioden beträgt durchschnittlich 5,7% für rezidivierende Depressionen. Bei etwa 50% der Betroffenen liegt die Dauer einer Episode bei weniger als zwölf Wochen. Bei jeweils einem Viertel der Betroffenen dauert eine Episode zwischen drei bis sechs Monate bzw. länger als ein Jahr, wobei letztgenannte bei Frauen häufiger beobachtet werden (Wittchen et al. 2000). Schätzungen zur Folge beträgt die Lebenszeitprävalenz für Depressionen etwa 18,1% (17,0% bis 19,4%), wobei die der Frauen in allen Altersstufen mit 24,5% deutlich höher liegt als die der Männer mit 11,9% (Wittchen et al. 2000). Hautzinger (1998) schätzt das Morbiditätsrisiko für Depressionen auf 17%, wobei Männer mit 12% auch hier ein deutlich geringeres Risiko aufweisen als Frauen (26%). Depressionen können in jeder Altersstufe auftreten (Hautzinger 1998, Weis 2003). Ab dem Jugendalter steigt die kumulative Neuerkrankungsrate kontinuierlich an und flacht mit dem Alter ab 50 Jahren leicht ab. Das durchschnittliche Ersterkrankungsalter für Depressionen liegt für Frauen bei 31,7 Jahren und für Männer bei 33 Jahren (Wittchen et al. 2000). Weis (2003) erwähnt einen Altersgipfel der Erstmanifestation depressiver Störungen zwischen dem 30. und 40 Lebensjahr. Hingegen berichtet Hautzinger (1998) eine Vorverlagerung des Altersgipfels der Erstmanifestation depressiver Erkrankungen, den er mit einem Range von 18 bis 25 Jahren angibt. Bei den Dysthymien ist über die Lebensspanne eine stetige Zunahme, ab dem 30. Lebensjahr eine allmähliche und ab dem 65. Lebensjahr eine deutliche Abnahme zu verzeichnen. Zudem wird für die bipolare affektive Störung ein typisches Ersterkrankungsalter genannt, welches zwischen 16 und 26 Jahren liegen soll. Daraus resultiert, dass zwischen dem Geschlecht und dem Lebensalter ein Zusammenhang besteht, der beschreibt, dass das Erkrankungsrisiko bei Frauen höher liegt, das Ersterkrankungsalter früher ist, rascher ansteigt, früher einen Gipfel erreicht und bis ins mittlere Erwachsenenalter erhalten bleibt.

4.2. Krankheitsverhalten depressiver Patienten

Der Bundesgesundheitssurvey (Wittchen et al. 2000) weist 53,8% aller Frauen und 43,2% aller Männer aus, welche während der vergangenen zwölf Monate wegen depressiver Beschwerden – unabhängig von der Häufigkeit und der Art – Kontakt mit mindestens einer Institution des Gesundheitswesens aufnahmen. Die Nichtbehandlungsquote zeigte sich zudem bei Männern insgesamt erhöht. Werden die in Anspruch genommenen Institutionen im Einzelnen verglichen, so wird deutlich, dass – unabhängig von der Häufigkeit und der Art des Kontakts – unter denjenigen, die Hilfe suchen, dem Hausarzt (49,1%) die zahlenmäßig größte Versorgungsbedeutung vor Psychotherapeuten (42,9%) und Nervenärzten (39,5%) zukommt. Fast ein Drittel aller Behandelten gaben an, in den vergangenen zwölf Monaten mehr als eine Institution aufgesucht zu haben. Wie Ergebnisse einer aktuellen Studie von Rief, Nanke, Klaiberg, Brähler (2004) einer repräsentativen Stichprobe der deutschen Normalbevölkerung (N=2.507) von denen 163 Patienten eine Depression aufwiesen zeigen, konsultierten 85,3% im vergangenen Jahr ihren Hausarzt. 71,9% gaben an, einen spezialisierten Arzt aufgesucht zu haben. Lediglich 7,0% befanden sich bei einem Psychiater und 9,5% in psychotherapeutischer Behandlung. Vor dem Hintergrund, dass den Hausärzten eine enorme Versorgungsbedeutung zukommt konstatiert Wittchen et al. (2000), dass Depressionen zu selten und zu spät erkannt werden. Darüber hinaus wird die Angemessenheit der Behandlung sowie die Überweisungspraxis zu Nervenärzten bzw. Psychotherapeuten bemängelt. Eine aktuelle Studie von Rief, Nanke, Rauh, Zech, Bender (2004) vergleicht sechs Monate vor und sechs Monate nach einem Stichtag die Häufigkeit der Hausarztkonsultationen bei Patienten mit einer hypochondrischen Störung, einer

Depression und einer Somatisierungsstörung, um zu untersuchen, inwieweit Hausärzte nach einem Kurztraining in der Lage sind diese Störungen zu erkennen und die Patienten adäquat zu behandeln. Die Ergebnisse zeigen, dass das Training der Hausärzte sechs Monate nach dem Stichtag zu einer bedeutsamen Reduktion der Inanspruchnahme professioneller Hilfen führte. Bei Patienten untrainierter Hausärzte waren hingegen keine Unterschiede in der Häufigkeit der Arztkonsultationen zu finden. Die Ergebnisse sind innerhalb der Störungsgruppen vergleichbar. Darüber hinaus beurteilten geschulte Hausärzte dieses Training als höchst relevant für ihre tägliche Arbeit und unterstrichen dabei den Bedarf sowie die Notwendigkeit einer solchen Trainingsmaßnahme. Auf der anderen Seite könnte aber auch die mangelnde Akzeptanz der Patienten, an einer psychosomatischen Krankheit zu leiden, zu dem „Nicht-Erkennen" der Erkrankung beitragen, denn bei nicht wenigen Patienten ist der Begriff „psychisch" emotional negativ besetzt.

4.3. Die Bedeutung psychischer Erkrankungen für das Arbeitsunfähigkeitsgeschehen

Depressionen sind aufgrund ihrer Symptomatik mit massiven Einschränkungen der Arbeitsproduktivität bis hin zur Arbeitsunfähigkeit verbunden. Der Bundesgesundheitssurvey (Wittchen et al. 2000) zeigt auf, dass Männer in der akuten Phase der Störung durchschnittlich 13 Tage und Frauen 9,6 Tage pro Monat arbeitsunfähig waren. Darüber hinaus wurden durchschnittlich 15,2 Tage für bedeutsame Einschränkungen in der alltäglichen Lebensführung aufgrund depressiver Beschwerden angegeben. Aus diesem Grund sollen die Krankheitsartenstatistiken ausgewählter gesetzlicher Krankenkassen herangezogen werden, um die Bedeutung depressiver Erkrankungen auch aus volkswirtschaftlicher Sicht zu betrachten. Aus dem DAK-Gesundheitsreport 2002 (Deutsche Angestellten Krankenkasse) geht hervor, dass der Anteil psychischer Arbeitsunfähigkeitsdiagnosen[1] stetig zunimmt, was sich gleichsam in den Arbeitsunfähigkeitsfällen und deren Dauer zeigt. In der folgenden Abbildung 4.3.-1. wird die Entwicklung der Arbeitsunfähigkeitsfälle und -

---

[1] Alle folgenden Angaben zu Arbeitsunfähigkeitstagen, -fällen und Betroffenenquote beziehen sich auf Erwerbstätige und Arbeitslose.

tage zusammen mit der Betroffenenquote dargestellt[2]. Daraus geht hervor, dass die Arbeitsunfähigkeitstage aufgrund psychischer Diagnosen seit 1997 um 51% zunahmen. Im Jahr 1997 lag die absolute Anzahl der Arbeitsunfähigkeitstage noch bei durchschnittlich 67 Tagen, welche bis ins Jahr 2001 auf 101 Tage angestiegen ist. Bei den Arbeitsunfähigkeitsfällen ist es ähnlich. Auch hier ist ein Zuwachs von 51% zu verzeichnen. In absoluten Zahlen bedeutet dies eine Zunahme von durchschnittlich 1,2 Fällen (Vergleich 1997=2,7 Fälle zu 2001=3,6 Fälle) aufgrund psychischer Störungen.

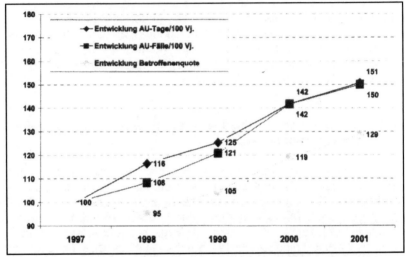

Abb. 4.3.-1.: Entwicklung der Arbeitsunfähigkeitsfälle und -tage sowie der Betroffenenquote von 1997 bis 2001 aufgrund psychischer Störungen
(aus: DAK Gesundheitsreport 2002, S.51)

Auch die Anzahl der von psychischen Störungen betroffenen Mitglieder ist angestiegen. So steigt deren Anzahl von 1997 mit 2,1% auf 2,7% im Jahr 2001, was einem prozentualen Zuwachs um 29% entspricht. Für eine präzisere Darstellung der Bedeutung psychischer Störungen für das Arbeitsunfähigkeitsgeschehen ist es wichtig, den

---

[2] Um die Zunahme besser darzustellen wurde der Ausgangswert von 1997 auf eine Bezugsgröße von 100 gesetzt und die Werte der Folgejahre auf diese Bezugsgröße normiert. Damit lässt sich die Entwicklung wie eine prozentuale Veränderung interpretieren.

Anteil der Arbeitsunfähigkeitstage psychischer Erkrankungen am gesamten Arbeitsunfähigkeitsgeschehen zu betrachten, was nach Zielke (2001, S. 586) als Indikator für die *„Krankheitslast"* dieser Erkrankungen bezeichnet wird. So war der Anteil im Jahr 1997 noch bei 6,1% und stieg bis ins Jahr 2001 auf 7,9%. Zielke (1993a) konnte bereits 1993 mit einer Analyse der Krankheitsartenstatistik des Bundesverbandes der Betriebskrankenkassen (BKK-Bundesverband) für den Zeitraum von 1986 bis 1990 zeigen, dass (bezogen auf 100 Versicherte) die Arbeitsunfähigkeitsfälle um 25,11% und deren Dauer um 29,30% zugenommen haben. Unterstrichen wird die Bedeutung psychiatrischer Erkrankungen, wenn die Relation zum gesamten Krankheitsspektrum betrachtet wird. Einer neueren Analyse zur Folge ist der relative Anteil an psychiatrischen Erkrankungen am gesamten Krankheitsspektrum im Zeitraum von 1980 von 1,28% bis 1996 auf 2,25% angewachsen, was einer Zunahme von 78,78% entspricht. Die Krankheitstage aufgrund psychischer Störungen nahmen demnach von 67,37 Tage (1980) auf 107,56 Tage (1996) zu (Zielke 2001). Die weitere Entwicklung zeigt, dass dieses hohe Niveau bis ins Jahr 2000 erhalten bleibt, obgleich die Krankheitstage im gesamten Krankheitsspektrum rückläufig sind (BKK-Bundesverband 2002). Weiterhin zeigt sich auch eine auffallende Altersabhängigkeit in den Arbeitsunfähigkeitsfällen und -tagen aufgrund psychischer Störungen in dem Berichtsjahr 2001 der DAK (Abb. 4.3.-2.).

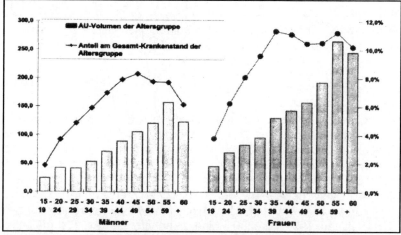

Abb. 4.3.-2.: Arbeitsunfähigkeitsvolumen je Altersgruppe und Krankheitslast, getrennt nach Geschlecht
(aus DAK-Gesundheitsreport 2002, S 54)

Der Gipfel liegt bei Frauen mit 266 Arbeitsunfähigkeitstagen und bei 157 Arbeitsunfähigkeitstagen bei Männern in der Altersgruppe von 55 bis 59 Jahre. Bereits in der Altersgruppe 35 bis 39 Jahre beträgt der Anteil psychischer Störungen am Gesamtkrankenstand im Berichtsjahr 2001 bei den Frauen mehr als 10 %. Dies zeigt sich am Deutlichsten bei den Frauen in der Altersgruppe 20 bis 24 Jahre. Hier ist eine Zunahme um 90%, gefolgt von der Altersgruppe der 15 bis 19jährigen mit 77% und den 25 bis 29jährigen um 71% zu verzeichnen (Abb.4.3.-3.).

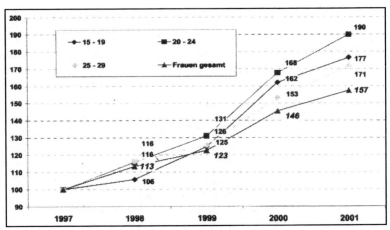

Abb. 4.3.-3.: Entwicklung der Arbeitsunfähigkeitsfälle aufgrund psychischer Störungen für Frauen in den Jahren 1997 bis 2001 in den Altersgruppen
(aus: DAK-Gesundheitsreport 2002, S. 64)

Ähnliche Entwicklungsverläufe ergeben sich für die Männer. Hier ist in der Altersgruppe der 15 bis 19jährgen der höchste Anstieg von 81% zu verzeichnen (vgl. Abb. 4.3.-4.). Die Zunahme der Fallhäufigkeiten psychiatrischer Erkrankungen bei jungen Versicherten der DAK weicht in Relation zu dem gesamten Krankheitsspektrum deutlich ab. Diese beträgt bei den männlichen Versicherten dieser Altersgruppe 18% und bei den weiblichen Versicherten 12%. Insgesamt ist von 1997 bis 2001 eine Zunahme der Arbeitsunfähigkeit aufgrund psychiatrischer Erkrankungen in allen Altersgruppen von etwa 50% zu verzeichnen, die deutlich über der Entwicklung aller Krankheitsarten mit etwa 16% liegt.

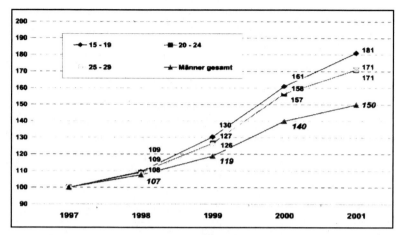

Abb. 4.3.-4.: Entwicklung der Arbeitsunfähigkeitsfälle aufgrund psychischer Störungen für Männer in den Jahren 1997 bis 2001 in den Altersgruppen
(aus: DAK-Gesundheitsreport 2002)

In dem GEK-Gesundheitsreport 2001 (Schwäbisch-Gmünder Ersatzkasse) wird ein ähnlicher Zuwachs an Fehlzeiten aufgrund psychischer Krankheiten berichtet. So stieg die Zahl der Arbeitsunfähigkeitsfälle von 1991 mit 2,6 Fälle je 100 Versicherte auf 3,9 Fälle je 100 Versicherte. Die Anzahl an Arbeitsunfähigkeitstagen stieg von 1990 bis 2000 von 86,3 Tagen auf 131,8 Tage je 100 Versichertenjahre[3]. Das entspricht für das Jahr 1990 einem relativen Anteil von 5% der Arbeitsunfähigkeitstage wegen psychischer Erkrankungen an den gesamten Arbeitsunfähigkeitstagen, der bis ins Jahr 2000 auf 8,1% angestiegen ist, was einer Zunahme um 62,5% gleichkommt. Tabelle 4.3.-1. sowie Abbildung 4.3.-5. geben einen Überblick.

---

[3] Der Anteil je 100 bzw. 1000 Versicherter ist eine Standardisierungsgröße der Krankenkassen, um Verzerrungen in den Daten entgegenzuwirken, welche durch die Jahresmitgliedschaft sowie dem Beschäftigungsumfang (z.B. Teilzeitbeschäftigung) eines Mitgliedes entstehen. Es werden die Gesamtzahl der Versicherten Mitglieder in Mitgliedsjahren unter Berücksichtigung des jeweiligen Beschäftigungsumfangs summiert und die Analysen auf 100 Versicherungsjahre standardisiert.

Tab. 4.3.-1.: GEK-Arbeitsunfähigkeitstage und -fälle sowie Tage je Fall wegen psychischer Störungen im Zeitraum 1991 bis 2000 (stand.), getrennt nach Geschlecht

Jahr	AU-Fälle je 1000 VJ			AU-Tage je 1000 VJ			Tage je Fall		
	m	w	ges.	m	w	ges.	m	w	ges.
1991	2,0	3,4	2,6	68,0	112,2	86,3	33,8	32,7	33,2
1992	2,1	3,5	2,6	76,4	103,0	87,4	37,2	29,8	33,2
1993	1,9	3,6	2,6	72,6	116,7	90,9	37,9	32,8	35,0
1994	2,0	3,7	2,7	79,2	132,5	101,3	38,9	35,5	37,0
1995	2,1	3,7	2,8	84,8	138,5	107,1	39,5	37,0	38,1
1996	2,2	3,6	2,8	95,0	141,1	114,1	43,8	39,3	41,4
1997	2,1	3,5	2,7	90,0	118,4	101,8	42,9	33,8	38,0
1998	2,3	4,0	3,0	89,5	125,5	104,4	39,3	31,7	35,1
1999	2,6	4,3	3,3	107,2	134,9	118,7	41,7	31,6	36,3
2000	3,0	5,2	3,9	107,2	166,4	131,8	35,4	32,0	33,5

(aus: GEK-Gesundheitsreport 2001, S. 157)

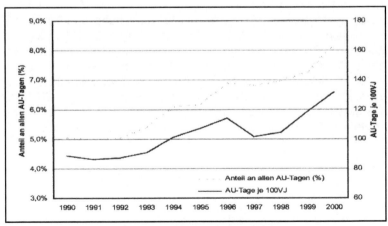

Abb. 4.3.-5.: Arbeitsunfähigkeitstage wegen psychischer Störungen im Zeitraum 1991 bis 2000 (stand.)
(aus: GEK-Gesundheitsreport 2001, S.89)

4.3.1. Die Bedeutung psychischer Erkrankungen nach Diagnosegruppen in Bezug auf Arbeitsunfähigkeitstage

Die bisherigen Analysen zeigten die zunehmende Bedeutung psychischer Störungen für das Arbeitsunfähigkeitsgeschehen im Allgemeinen. Folgend sollen die psychischen Störungen detaillierter analysiert werden. Hierzu stehen die Berichtsdaten der GEK aus dem Jahr 2000 und der DAK aus dem Jahr 2001 zur Verfügung. Dabei ist auffällig, dass v.a. die affektiven Störungen (F3) sowie die neurotischen, Belastungs- und somatoformen Störungen (F4) vordergründig sind. In Abbildung 4.3.1.-1. werden die Arbeitsunfähigkeitstage für das Jahr 2001 der DAK-Versicherten nach Diagnosegruppen des Kapitels V, ICD-10 aufgeschlüsselt dargestellt.

Die affektiven Störungen werden in Manien (ICD-10, F30), bipolare affektive Störung (ICD-10, F31), depressive Episode (ICD-10, F32), rezidivierende depressive Episode (ICD-10, F33), anhaltende affektive Störung (ICD-10, F34), andere affektive Störungen (ICD-10, F38) und nicht näher bezeichnete affektive Störungen (ICD-10, F39) unterteilt. Zu den neurotischen, Belastungs- und somatoformen Störungen der ICD-10-Klassifizierung (F4) gehören phobische Störungen (F40), andere Angststörungen (F41), Zwangsstörungen (F42), Reaktionen auf schwere Belastungen und Anpassungsstörungen (F43), Dissoziative Störungen (F44), somatoforme Störungen (F45) und andere neurotische Störungen (F48). Aus Abbildung 4.3.1.-1. geht hervor, dass auf die affektiven Störungen (F3-Diagno-sen) und die neurotische, Belastungs- und somatoformen Störungen (F4-Diagnosen) der höchste Anteil an Krankheitstagen entfällt. Frauen sind in diesen Diagnosegruppen wesentlich länger arbeitsunfähig als Männer. In der Diagnosegruppe neurotische, Belastungs- und somatoformen Störungen sind die Frauen mit 2,7 Arbeitsunfähigkeitsfällen je 100 Versicherte (Männer mit 1,4 Fällen je 100 Versicherte) gegenüber den affektiven Störungen mit 1,6 Arbeitsunfähigkeitsfällen (Männer mit 0,8 Fällen je 100 Versicherte) etwas häufiger anzutreffen. Die durchschnittlichen Arbeitsunfähigkeitstage je Fall liegen jedoch bei den affektiven Störungen mit 35 Tagen je Fall für Frauen und 40 Tagen je Fall für Männer deutlich höher als bei den neurotischen, Belastungs- und somatoformen Störungen. Hier dauert eine Arbeitsunfähigkeit in beiden Geschlechtergruppen mit etwa 22 Tagen je Fall gleich lang (DAK-Gesundheitsreport 2002).

Die Bedeutung depressiver Erkrankungen

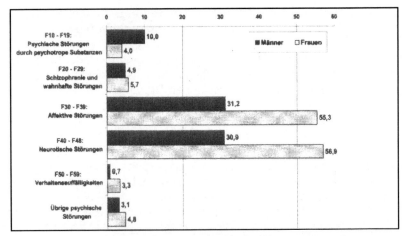

Abb. 4.3.1.-1.: Arbeitsunfähigkeitstage in den wichtigsten Diagnosegruppen psychischer Störungen(ICD 10, Kap. V) getrennt nach Geschlecht für das Jahr 2001
(aus: DAK-Gesundheitsreport 2002, S. 67)

Bezüglich der Krankheitstage ergibt sich die gleiche Rangordnung in dem GEK-Gesundheitsreport. Auch hier ist die Kategorie Neurotische, Belastungs- und somatoforme Störung, gefolgt von den affektiven Störungen am Häufigsten vertreten. Auch hier weisen die Frauen deutlich höhere Arbeitsunfähigkeitszeiten in beiden ICD-Kategorien auf als Männer (Tabelle 4.3.1.-1.und Abb. 4.3.1.-2.). Eine ähnliche Konstellation wird sich sicher auch für das Jahr 2001 zeigen.

Tab. 4.3.1.-1.: Anteile an Arbeitsunfähigkeitstagen und -fällen sowie Tage je Fall GEK-Versicherter Mitglieder, Berichtsjahr 2000 (stand.), Anteile pro 1000 Versichertenjahre

		AU-Tage pro 1000 Versicherungsjahre		AU-Fälle pro 1000 Versicherungsjahre		Tage je Fall	
		m	w	m	w	m	w
F32	Depressive Episode	218,3	413,4	5,58	12,45	36,5	33,2
F33	Rezidivierende depressive Episode	43,3	79,6	1,06	2,14	40,8	37,3
F43	Anpassungsstörung	101,5	236,7	4,52	10,27	22,5	23,1
F45	Somatoforme Störungen	72,6	141,6	4,25	8,38	17,1	16,9
F48	Andere neurotische Störungen	250,1	498,5	3,59	8,40	69,6	58,3
F41	Andere Angststörungen	24,5	51,0	1,18	2,24	20,8	22,7

(aus GEK-Gesundheitsreport 2001, S. 93)

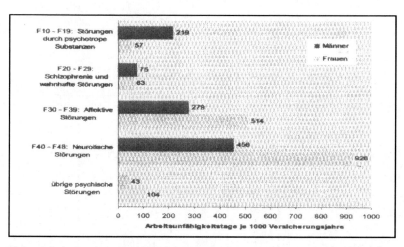

Abb. 4.3.1.-2.: Arbeitsunfähigkeitstage nach ICD 10-Diagnosegruppen psychischer Störungen 2000, getrennt nach Geschlecht (stand.)
(aus: GEK-Gesundheitsreport 2001, S. 91)

Wie eben dargestellt, nehmen die affektiven Störungen (ICD-10, F3) und die neurotischen, Belastungs- und somatoformen Störungen (ICD-10,F4) im Berichtsjahr 2001 der DAK den bedeutendsten Anteil an der Arbeitsunfähigkeit aufgrund psychischer Erkrankungen ein. Depressive Episoden (F32) nehmen in ihrem Auftreten vor rezidivierenden depressiven Störungen (F33) – wie bereits im Bundesgesundheitssurvey festgestellt – den ersten Rangplatz ein. Eine differenzierte Betrachtung der Anteile beider Geschlechter an der Auftretenshäufigkeit in Bezug auf depressive Episoden bzw. rezidivierenden depressiven Störungen lässt erkennen, dass Frauen beinahe doppelt so häufig von Arbeitsunfähigkeit betroffen und fast doppelt so lange arbeitsunfähig sind als Männer. Bei den neurotischen, Belastungs- und somatoformen Störungen stehen die Anpassungsstörungen (F43) in der Häufigkeit vor somatoformen Störungen (F45) und anderen neurotischen Störungen (F48). Frauen sind auch hier deutlich häufiger betroffen und länger arbeitsunfähig als Männer (Tab. 4.3.1.-2.).

Tab. 4.3.1.-2.: Anteile an Arbeitsunfähigkeitstagen und –fällen sowie Betroffenenquote DAK-Versicherter Mitglieder, Berichtsjahr 2001, Anteile pro 100 Versicherungsjahre

		AU-Tage pro 100 Versicherungsjahre		AU-Fälle pro 100 Versicherungsjahre		Betroffenenquote	
		m	w	m	w	m	w
F32	Depressive Episode	23,5	42,3	0,6	1,3	0,5%	1,1%
F33	Rezidivierende depressive Episode	5,1	9,2	0,1	0,2	0,1%	0,2%
F43	Anpassungsstörung	11,7	21,3	0,5	1,1	0,4%	0,9%
F45	Somatoforme Störungen	7,1	12,9	0,4	0,8	0,3%	0,6%
F48	Andere neurotische Störungen	6,4	12,5	0,3	0,6	0,2%	0,5%
F41	Andere Angststörungen	4,5	8,4	0,1	0,2	0,1%	0,2%

(aus: DAK-Gesundheitsreport 2002, S. 69, 74)

Die Analyse der Altersgruppen für das Berichtsjahr 2001 der DAK ergab für depressive Erkrankungen eine annähernd vergleichbare Auftretenshäufigkeit. Die Arbeitsunfähigkeitszeiten weisen jedoch einen kontinuierlichen Anstieg mit zunehmendem Alter auf, was sich bereits in den Analysen aller psychischen Störungen andeutet (Abb. 4.3.1.-3.).

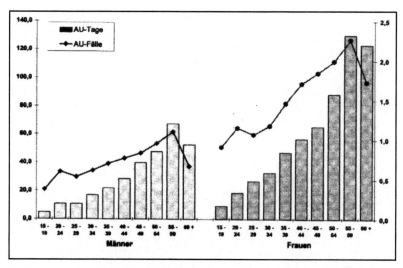

Abb. 4.3.1.-3.: Arbeitsunfähigkeitstage und -fälle wegen affektiver Störungen in den Altersgruppen getrennt nach Geschlecht
(aus: DAK-Gesundheitsreport 2002, S 70)

Auch in den Verordnungen von antidepressiv wirkenden Medikamenten zeigt sich der ansteigende Verlauf mit zunehmendem Alter (Abb. 4.3.1.-4.). Insbesondere bei der Betrachtung des Entwicklungsverlaufs der Arbeitsunfähigkeitszeiten aufgrund affektiver Störungen wird die zunehmende Bedeutung dieser Störungen und darin v.a. depressive Episoden bzw. rezidivierende depressive Störungen sichtbar.

Die Bedeutung depressiver Erkrankungen

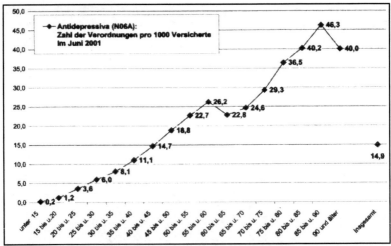

Abb. 4.3.1.-4.: Zahl der Verordnungen von antidepressiv wirkenden Medikamenten im Monat Juni 2001
(aus: DAK-Gesundheitsreport 2002, S. 73)

Der DAK-Gesundheitsreport 2002 zeigt diese beeindruckende Entwicklung über die Jahre 1997 bis 2001 in Abbildung 4.3.1.-5.

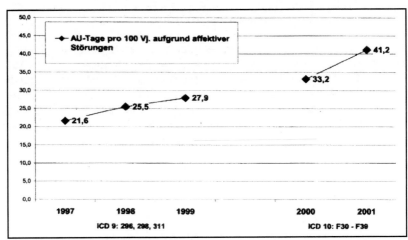

Abb. 4.3.1.-5: Entwicklung der Arbeitsunfähigkeitstage aufgrund affektiver Störungen
(aus: DAK-Gesundheitsreport 2002, S. 71)

Die Arbeitsunfähigkeitszeiten sind demnach für affektive Störungen innerhalb von fünf Jahren um 91% angestiegen[4]. Die Zunahme der Arbeitsunfähigkeitstage allein wegen affektiver Störungen beträgt von 2000 auf 2001insgesamt 24% (DAK-Gesundheitsreport 2002). Die vorangegangene Darstellung der Entwicklungsverläufe von Arbeitsunfähigkeit aufgrund von depressiven Störungen oder Anpassungsstörungen unterstreichen die Bedeutung dieser Erkrankung.

4.4. Stationäre Therapiekonzepte zur Behandlung von depressiven Störungen in der psychosomatischen Rehabilitation

In den letzten 20 Jahren haben kognitiv-behaviourale Behandlungsstrategien bei Patienten mit depressiven Erkrankungen im ambulanten als auch stationären Rahmen eine weite Verbreitung gefunden. In dieser Zeit setzten sich vor allem in den psychosomatischen Rehabilitationskliniken die verhaltensmedizinischen Konzepte immer mehr durch (Limbacher 2001). Bei der Behandlung depressiver Erkrankungen in psychosomatischen Fachkliniken spielt die kognitive Verhaltenstherapie eine große Rolle. Durch eine Vielzahl von Evaluationsstudien konnte ihre Effektivität in der Behandlung depressiver Störungen nachgewiesen werden (Hautzinger, Stark, Treiber. 1989, Hautzinger, de Jong-Mayer, Treiber, Rudolf, Thien 1996; Fiedler 1996). Das einzeltherapeutische Setting hat dabei eine sinnvolle Ergänzung durch gruppentherapeutische Methoden gefunden und dies nicht nur im Sinne eines multimodalen Vorgehens mit individuell zusammengestellten Behandlungsbausteinen aus Standardgruppen und additiven Angeboten der Funktionsbereiche, wie es im stationären Rahmen üblich ist, sondern auch durch die Entwicklung störungsspezifischer indikativer Gruppenverfahren zur Depressionsbewältigung (Limbacher 2001). Die wichtigsten lerntheoretischen Erklärungsansätze depressiver Störungen, genauer der Verstärkerverlusttheorie von Lewinsohn (1980) bzw. der kognitiven Theorie von Beck (1967) und Seligman (1979) sind in allen verhaltenstherapeutischen Konzepten für die Behandlung depressiver Störungen in unterschiedlicher Gewichtung mit aktivitätsaufbauenden Verfahren und Methoden zur Modifikation depressionsbezogener Kognitionen und Attributionsstile enthalten. In der kognitiven Therapie von Beck (1986) als Gruppenverfahren nach Wahl (1994) ist die Neustrukturie-

---

[4] Von möglichen Unschärfen durch die Umstellung von ICD-9 auf ICD 10 abgesehen.

rung depressiver Verarbeitungsmuster der Kern therapeutischer Bemühungen. Diese therapeutische Konzeption ist besonders aktivitätsfördernd und handlungsorientiert, da bei den Patienten mit Rollenspielen und gezielten Hausaufgaben eine Realitäts- und Gegenwartsorientierung erreicht werden soll. Grundsätzlich gilt für primär handlungsorientierte verhaltenstherapeutische Konzepte zur Behandlung depressiver Störungen in Gruppenverfahren das Gleiche (z.B. Herrle, Kühner 1994) jedoch bestimmen vielfältige spezifische Möglichkeiten der Aktivitätsförderung als wesentliches Medium die weitere Therapiestruktur, die z.B. in einem Training angenehmer und selbstverstärkender Handlungen, im Aufbau sozialer Fertigkeiten oder der konkreten Durchstrukturierung alltäglicher Aktivitäten bestehen (Limbacher 2001).

Bei der stationären Behandlung depressiver Erkrankungen in der psychosomatischen Rehabilitation kommen (entsprechend dem biopsycho-sozialen Modell) neben der Synthese von verstärkungs- und kognitionstheoretischem Störungswissen somatischen, interpersonellen und sozioökonomischen Aspekten eine große Bedeutung zu. Deshalb wird gefordert, dass stationäre Therapiekonzepte nicht einseitig ansetzen, sondern alle Ebenen des Krankheitsverhaltens berücksichtigen (Zielke 1993b). Auch soziotherapeutische Angebote spielen eine nicht unwesentliche Rolle in der verhaltensmedizinischen Rehabilitation, weil arbeitsplatzbezogene Problemkonstellationen oder überhöhte Leistungsansprüche assoziiert mit Versagensängsten bei depressiven Patienten oft mit dieser Störung einhergehen. Die stationäre Verhaltenstherapie ist ein integraler Bestandteil des multimodalen Gesamtbehandlungsplans, der sich aus individuellen Behandlungsbausteinen (Lazarus 1980) zusammensetzt und dessen Zielsetzung zwischen Patient und Therapeut einvernehmlich ausgehandelt wird (vgl. Faller 2003). Das Vorgehen ist hypothesengeleitet, prozesshaft und adaptiv. Standardisierte Angebote sowie Routinemethoden werden mit personenbezogenen Strategien verknüpft. Die therapiebegleitende Diagnostik ist dabei durch die teilweise parallel stattfindenden, teils sich ergänzenden bzw. aufeinander aufbauenden Therapiebausteine und der Bewertung der einzelnen Fortschritte bzw. Veränderungen gekennzeichnet. Da die kognitiv-behaviourale Behandlung depressiver Störungen bewältigungsorientiert ist, gehören weniger therapeutische Einzelsitzungen, sondern eher Gruppensettings in klinikinternen und klinikexternen Übungsfeldern zu dieser Behandlungsmethode.

Die Therapiebausteine setzen sich im Einzelnen aus der:
- medizinischen Behandlung
- Förderung des Handlungsspielraumes, dem Aufbau positiver Aktivitäten,
- Verbesserung der Selbstwirksamkeitserwartung
- kognitiven Behandlungsbausteinen
- dem Training von Genussfähigkeit und Gesundheitsverhalten
- Wahrnehmung und Ausdruck von Emotionen
- Verbesserung sozialer Fertigkeiten und
- Bearbeitung der Rückfallprophylaxe

zusammen.

Die medizinische Behandlung besteht zunächst in einer Abklärung der somatischen Symptom- und Behandlungsebene und ist durch eine anamnestische und körperliche Aufnahmeuntersuchung gekennzeichnet. Darüber hinaus wird geklärt, ob bspw. wahnhafte Symptome oder Suizidgefährdung vorliegen, was zu einem Ausschluss aus der Rehabilitationsmaßnahme führt. Die Behandlung komorbider Erkrankungen (z.B. Diabetes) wird neben den störungsspezifischen Interventionen mit den Patienten abgesprochen und ggf. weiterhin durchgeführt. Darüber hinaus werden Vereinbarungen über die Beibehaltung, Veränderung, Reduktion oder das Absetzen stimmungshebender Medikamente und der Umgang mit Alkohol oder anderen psychotropen Substanzen getroffen. Speziell wird im letztgenannten Fall das Vorliegen einer Suchtkrankheit ausgeschlossen. Zur Förderung des Handlungsspielraumes, zum Aufbau positiver Aktivitäten und Selbstwirksamkeitserfahrungen werden kreative Aktivitäten in der Ergotherapie oder Musiktherapie mit Verstärkerqualität durchgeführt. Sporttherapeutische Gruppenkonzepte verbessern die körperliche Belastbarkeit, die Körperwahrnehmung und die Beweglichkeit depressiver Patienten, was für viele Patienten eine wichtige Selbstwirksamkeitserfahrung ist. Spielerische Elemente ohne Leistungsanspruch sowie Hilfen zur Tagesstrukturierung und Aktivitätsplanung fördern das gesellige Erleben und tragen zur Überwindung von Antriebsdefiziten bei. In psycho-edukativen Gruppen werden den Patienten grundlegende Kenntnisse und ein patientengerechtes Erklärungsmodell über die Entstehung und den Verlauf sowie den Wechselwirkungen psychophysiologischer und psychosozialer Faktoren depressiver Störungen und den daraus ableitbaren therapeutischen Interventionsmöglichkeiten vermittelt. Weitere kognitive Elemente bestehen in der Erfassung, Bewertung und Veränderung von dysfunktionalen Denkinhalten und Denkprozessen sowie der Realitätstestung depressiver Denkverzerrungen und negativen Selbstkommentierungen. Daneben sollen Einstellungen und Grundüberzeugungen überprüft, eine Differenzierung zwischen Pflicht und Überverpflichtetheit erlernt und die Legitimation von Humor, Heiterkeit und gesundem Egoismus erkannt werden. In den Übungsinhalten zur Verbesserung der Genussfähigkeit spielt die Sensibilisierung für Sinneswahrnehmungen eine große Rolle und wird deshalb unter Anleitung mit verschiedenen Übungen z.b. durch Fokussierung auf angenehme Außen- und Innenreize oder dem Aufbau von Selbstverstärkerstrategien trainiert. Durch pantomimische Darstellungen von Gefühlen und Übungen zur differenzierten Gefühlswahrnehmung sollen die Patienten lernen, Emotionen wahrzunehmen aber auch auszudrücken und erlernen dabei gleichzeitig den Umgang mit negativen Emotionen. Durch Selbstsicherheits- und Selbstbehauptungstrainings werden die sozialen Fähigkeiten verbessert. Dazu gehört auch die Fähigkeit zur Zustimmung oder Ablehnung sowie das Erlernen der Abgabe sowie das Akzeptieren positiver Rückmeldungen. Durch individuelle Verhaltensübungen im Patientenkollektiv sollen die sozialen Fertigkeiten vertieft und die Kooperationsfähigkeit ggf. durch berufsbezogene Belastungsproben gefördert werden. Eine Verbesserung des partnerschaftlichen Sozialverhaltens wird durch die Einbeziehung von Bezugspersonen ermöglicht. Untersuchungen zum Zusammenhang von sozialer Unterstützung bzw. allgemeiner Interaktion mit Depressionen sowie der Mobilisierung von Unterstützung durch den Empfänger finden sich bei Klauer und Schwarzer (2001). Die Rückfallprophylaxe wird durch individuell erarbeitete Selbstinstruktionen und den Einbezug von Angehörigen durch die Identifikation von gesundheitsförderlichen und -abträglichen Verhaltens betrieben. Beratungen zur medikamentösen oder psychotherapeutischen Weiterbehandlung und die Erarbeitung von Selbsthilfemöglichkeiten gehören ebenso zur Rückfallprophylaxe.

Die Vorteile der Therapie von Depressionen in Gruppen gegenüber der Einzeltherapie betrifft zum Einen ökonomische Gesichtspunkte, zum Anderen besitzen multimodale Therapien viele methodische Schwerpunkte, die viel besser in der Gruppe als in einer Einzeltherapie umsetzbar sind. Durch gezielte aktivitätssteigernde Maßnahmen wird in der Verhaltenstherapie versucht, der Neigung depressiver Patienten zu sozialem Rückzug und bedrückter Stimmung entgegen zu wirken. Dazu bietet das Gruppensetting in der stationären

Depressionsbehandlung vielfältige Möglichkeiten, welche in der gemeinsamen Planung von Freizeitaktivitäten und die gemeinsame Durchführung von Hausaufgaben bestehen. Darüber hinaus nimmt das Training sozialer Fertigkeiten und Fähigkeiten eine zentrale Stellung in der stationären Gruppenbehandlung depressiver Störungen ein. Gerade die zwischenmenschlichen Aspekte gelten in der Entstehung und Aufrechterhaltung einer Depression als wichtiger Prädiktor für den längerfristigen Therapieerfolg (Limbacher 2001). Die Konzepte zur Depressionsbehandlung in Gruppen wurden in der stationären Verhaltenstherapie, welche vorwiegend in psychosomatischen Rehabilitationskliniken durchgeführt wird, in den letzten Jahren kontinuierlich weiterentwickelt. Es wurden insbesondere s.g. offene bzw. halboffene Großgruppenkonzepte entwickelt, mit denen eine größere Zahl von Patienten in kürzerer Zeit erreicht werden kann. Inhaltlich folgt dieses Konzept dem psycho-edukativen Ansatz, welcher mit Übungselementen und anderen Standardgruppenbausteinen kombinierbar ist. Diese Entwicklung wurde u.a. auch durch ökonomische Zwänge bestimmt, wie z.B. den einschneidenden Sparmaßnahmen in der medizinischen Rehabilitation im Jahr 1996, was eine deutliche Verkürzung der durchschnittlichen stationären Verweildauer der Patienten auch in den psychosomatischen Fachkliniken nach sich zog (Limbacher 2001).

4.5. Kosten-Nutzen-Bilanz der stationären verhaltensmedizinischen Rehabilitation

Die beeindruckende Bilanz in der Häufigkeit des Auftretens von psychischen Störungen, insbesondere aus dem Bereich der affektiven Störungen und den neurotischen, belastungs- und somatoformen Störungen zeigt, dass zunehmend mehr Menschen psychotherapeutische Hilfen in Anspruch nehmen werden. Unter dem Gesichtspunkt von Kostenaspekten gewinnen psychische Erkrankungen und deren Behandlung für des Gesundheitssystem immer mehr an Bedeutung. Die stationäre verhaltensmedizinische Rehabilitation konnte nicht nur unter Wirksamkeitsaspekten zeigen, dass sie eine beeindruckende Kosten-Nutzen-Bilanz vorweisen kann. So konnte Zielke (1993, 1995) nachweisen, in welchen Größenordnungen sich die Krankheitskosten je Fall für Krankenkassen hinsichtlich Krankengeldzahlungen und medizinischer Leistungen sowie auch der Krankheitskosten für Arbeitgeber bezüglich der Lohnfortzahlungen und Produktivitätsverlusten durch die stationäre verhaltensmedizinische Rehabilitation reduzieren lassen. Unterstützung findet dies durch die Einschätzungen des Gutachtens über Reduktionspotenziale im Gesundheitswesen von Schwartz et al. (1999). In diesem Gutachten wurden u.a. die Gesundheitsausgaben unterschiedlicher Erkrankungen aus dem Jahr 1994 berechnet. Für Neurosen (ICD-9, 300), funktionelle Störungen (ICD-9, 306) und andere depressive Erkrankungen (ICD-9, 311) werden die Ergebnisse in Tabelle 4.5.1.-1. dargestellt und in Abbildung 4.5.1.-1. illustriert. Von den indikationsspezifischen Gesamtausgaben in Höhe von 8.125 Mio. DM entfällt nahezu ein Viertel auf Frühberentungen (25,24%). Ein weiteres Viertel (28,40%) der Gesamtsumme entspricht anderen Einkommensersatzleistungen und Entgeltzahlungen von Arbeitgebern.

Tab. 4.5.1.-1.: Gesundheitsausgaben 1994 für Neurosen, Funktionelle Störungen und andere depressive Störungen

	Mio. DM	Anteilige Ausgaben in Prozent
Ambulante Behandlung	947	11,65%
Stationäre Behandlung	1.501	18,47%
Stationäre verhaltensmedizinische Rehabilitation	769	9,46%
Medikamente	548	6,47%
Entgeldleistungen der Arbeitgeber	1.122	13,80%
Sonstige Einkommensersatzleistungen	1.187	14,60%
Erwerbs- und Berufsunfähigkeitsrentenleistungen	2.051	25,24%
Gesamtausgaben	**8.125**	**100%**

(aus: Zielke 2001a)

Lediglich die Hälfte der Gesamtausgaben (46,36%) wird für die indikationsspezifischen Behandlungsleistungen, wie z.B. ambulante Behandlung, stationäre akutmedizinische Behandlungen, medizinische Rehabilitation und Medikamente aufgewendet. Unter alleiniger Betrachtung der stationären verhaltensmedizinischen Rehabilitation und dem von Zielke (1999a) ermittelten Kosten-Nutzen-Verhältnis, ergibt sich ein Verhinderungsgewinn von Folgekosten in Höhe von

2,422 Milliarden DM, der sich in einer Verringerung der Behandlungsausgaben in Höhe von 1,122 Milliarden DM und einer Verringerung der Krankheitsfolgekosten von 1,3 Milliarden DM niederschlägt (Zielke 2001a; Zielke, Dehmlow 1998). Den Hauptanteil der Verringerung in den Krankheitsfolgeleistungen nimmt die Verhinderung von Erwerbs- und Berufsunfähigkeitsrentenzahlungen mit einem Umfang von 611 Millionen DM ein (Zielke 2001a).

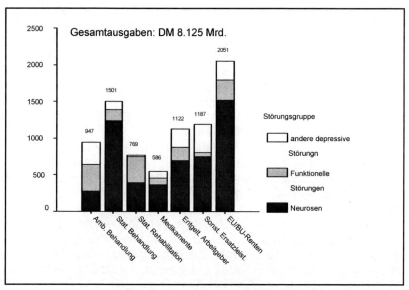

Abb. 4.5.1.-1.: Gesundheitsausgaben 1994 für Neurosen, funktionelle Störungen und andere depressive Störungen
(geändert aus: Zielke 2001a, S. 600)

5. Evaluationsstrategien in der Psychotherapieforschung

Das Untersuchungsdesign stellt eine wichtige Vorentscheidung für die Durchführung wissenschaftlicher Forschungsvorhaben dar. In der Regel werden experimentelle Untersuchungspläne bevorzugt. In der medizinischen und psychologischen Grundlagenforschung werden randomisierte kontrollierte Vergleichsstudien (RTC)[5] verwendet, welche den bestmöglichen Nachweis über Ursache-Wirkungs-Beziehungen erbringen. In der Grundlagenforschung zur Wirksamkeit von Programmen ist die Auswahl von Kriterien dem Forscher überlassen. Mit extrem kontrollierten Studien werden verschiedenste potenzielle Störvariablen bzw. deren Verteilung (Steyer 1992) konstant gehalten, um einige wenige Kausalfaktoren adäquat untersuchen zu können. In diesem Bereich wird über die Wahl des besten Kriterienbereichs diskutiert, um den Wirkmechanismus der unabhängigen Variablen am Exaktesten abzubilden. Dadurch wird die interne Validität (Cook, Campbell 1979) maximiert.

Mit Hilfe von Metaanalysen wird dann das kausale Wirkungspotenzial unter optimalen Bedingungen synthetisiert (Wittmann 1995; Hartmann, Herzog 1995; Wittmann, Nübling, Schmidt 2002; Hager 2000). Zu berücksichtigen ist, dass das Wissen über die Wirkung einer Intervention und deren Ursache unter kontrollierten Bedingungen unverzichtbar ist, jedoch keine Aussage darüber erlaubt, ob sich die Wirkung überhaupt und in welcher Weise unter natürlichen Bedingungen nachweisen lässt (Wittmann, Nübling, Schmidt 2002).

Aus diesem Grund sind in praxisorientierten Forschungsfeldern, wie der rehabilitationswissenschaftlichen Forschung, die Anwendung experimenteller Untersuchungspläne häufig enge Grenzen gesetzt. Ethische Bedenken stehen dabei im Vordergrund. So gilt es in der Rehabilitation als ethisch nicht vertretbar, einer bestimmten Gruppe – wenn auch nur zeitweilig – eine Behandlung vorzuenthalten. Voraussetzung für eine Berechtigung dieser Kritik ist aber, dass die Wirksamkeit dieser Intervention bereits nachgewiesen ist (Wittmann 1996). Aber nicht nur ethische Bedenken setzen Grenzen. Auch eine Zufallszuweisung zu einer Behandlungsmaßnahme ist in der Praxis der Rehabilitationsforschung sehr oft nicht möglich, weil z.B. die Zuweisung zu einer Einrichtung durch die Kostenträger automatisch erfolgt bzw. auch die Vorenthaltung einer Versorgungsmaßnahme rechtliche und finanzielle Fragen nach sich zieht. Darüber hinaus

---

[5] RTC randomized clinical trials in der medizinischen Forschung

können kontrollierte Untersuchungspläne für Verlaufsuntersuchungen nur sehr begrenzt verwendet werden, denn zwischenzeitliche Einflüsse durch die Inanspruchnahme familiärer, semiprofessioneller, paramedizinischer oder anderer Hilfen sind in der Kontroll- oder Vergleichsgruppe nicht auszuschließen (Hartmann, Herzog 1995)

5.1. Die Konzeption der Fünf-Datenboxen

Wittmann (1990) bzw. Wittmann, Nübling, Schmidt (2002) halten eine eindrucksvolle Konzeption zur Wahl der Forschungsstrategie vor. Sie werfen die Frage auf, welche Versuchspläne, Datenerhebungen und Bewertungs- und Entscheidungshilfen für die Überprüfung einer medizinischen Maßnahme am Besten geeignet sind. Dazu wird ein konzeptueller Rahmen vorgeschlagen, welcher auf verschiedene Evaluationen angewendet werden kann und in Abbildung 5.1.-1. veranschaulicht ist. Hierbei handelt es sich um die Konzeption der fünf Datenboxen, welche die wichtigen Datenbereiche visualisieren soll. Basis bildet das in der psychologischen Forschung von Cattell (1957) vorgeschlagene „covariation chart", welches drei Dimensionen beinhaltet, die der Personen, die der Variablen und die der Messzeitpunkte bzw. Situationen.

Da zumeist sehr unterschiedliche Interessengruppen (Stakeholder) von der Evaluation betroffen sind, müssen diese zunächst eruiert werden. Zu diesen Gruppen zählen an erster Stelle alle direkt Betroffenen, wie Patienten oder Personal des intervenierenden Bereiches, aber auch Kostenträger, die Gesundheitspolitik und die Öffentlichkeit im Allgemeinen. Diese Interessensgruppen verfolgen mit einer Evaluation ganz unterschiedliche Ziele, welche bekannt sein müssen. Diese repräsentiert die Evaluations-Box (Eva-Box). Diese Vielzahl unterschiedlicher Interessen und Ziele mündet in der logischen Konsequenz, viele unterschiedliche Kriterienmaße aufzunehmen, veranschaulicht in der Kriterien-Box (CR-Box). Um die Variabilität in den Kriterienmaßen zu erklären und zu prognostizieren werden drei Datenboxen vorgeschlagen, welche die entsprechende Forschungsstrategie repräsentiert. Die experimentelle Treatmentbox (ETR-Box) beinhaltet die randomisierten Kontrollgruppendesigns. Die nichtexperimentelle Treatmentbox (NTR-Box) repräsentiert nicht-äquivalente Kontrollgruppen-designs bzw. reine korrelative Untersuchungen. Zwischen der ETR-Box und der NTR-Box befindet sich ein Doppelpfeil, der auf den fließenden Übergang von randomisierten Kontrollgruppendesigns über Quasi-Experimente zu den korrelativen Untersuchungsdesigns hinweisen soll.

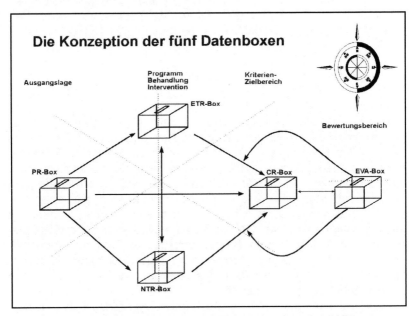

Abb. 5.1.-1.: Die Konzeption der fünf Datenboxen nach Wittmann (1990)

Die PR-Box oder auch Prädiktoren-Box beinhaltet den Ausgangszustand vor jedweder Intervention, unabhängig davon, ob die Kriterien (CR-Box) experimentell oder nichtexperimentell untersucht werden sollen. Die Konzeption veranschaulicht die Forschungsstrategie, d.h. insofern der Pfad über die ETR-Box eingeschlagen wird, handelt es sich um ein kontrolliertes Kontrollgruppendesign, wobei methodische Gütestandards der internen Validität und statistischen Schlussfolgerungsvalidität zentral sind. Als hauptsächliche Vertreter dieser Forschungsstrategie sind Campbell (1969), Campbell, Stanley (1966) Cook, Campbell (1979) bzw. Glass (1983) zu nennen. Diese Richtung der Forschungsstrategie wurde v.a. durch Rossi (1978) bzw. Cronbach (1982) mit Blick auf die ausschließliche Beachtung der internen Validität kritisiert. Sie favorisieren korrelative Untersuchungspläne, bei denen der externen Validität, der Konstruktvalidtät und v.a. der Generalisierbarkeit der Ergebnisse große Bedeutung zukommt. Diese Forschungsstrategie wird angewendet, wenn der Pfad über die NTR-Box eingeschlagen wird. Eine Gefahr bei der Beschreitung dieses Pfades liegt in der Konfundierung von Prädiktoren und nichtexperimentellen Treatmentvariablen, was unter der Bezeichnung „Selektion in das Treatment" bekannt geworden ist.

5.2. Experimentell versus korrelativ-naturalistische Forschungsstrategie in der medizinischen Rehabilitation

Kausale Wirksamkeitsanalysen unter kontrollierten Bedingungen geben Auskunft über Wirkungen und Nebenwirkungen einer Intervention. Nur das Wissen darüber entscheidet nicht über deren Nutzen unter natürlichen Gegebenheiten. Als Argument für die korrelativ-naturalistischen Forschungsstrategie zeigen Wittmann, Nübling, Schmidt (2002), dass in den USA ein Umdenken stattgefunden hat. So hat das National Institute of Mental Health (NIMH) seine Politik dahingehend geändert, Forschungsgelder in Höhe von jährlich 40 Millionen Dollar aufzuwenden, um der Frage nachzugehen, welche Ergebnisse tatsächlich in die klinische Praxis effektiv umgesetzt werden. In Deutschland unternehmen unterschiedlichste Interessengruppen, wie private Träger und Anbieter von Rehabilitationsmaßnahmen, die Bundesanstalt für Angestellte (BfA), die Bundesregierung und der Verband deutscher Rentenversicherungsträger Bemühungen zur Untersuchung der Effektivität intervenierender Maßnahmen im bestehenden Rehabilitationssystem. In einer vom Verband deutscher Rentenversicherungsträger initiierten Konferenz „Umsetzung" wurde eine Plattform für eine Expertendiskussion zur „Umsetzung von Forschungsergebnissen" der Rehabilitationsforschung in die Rehabilitationspraxis geschaffen. Ziel war es, ein gemeinsames Verständnis von „Umsetzung" bei Reha-Wissenschaftlern, Rehabilitationsträgern und Reha-Praktikern zu bewirken, Empfehlungen zu prioritären Umsetzungsfeldern und Umsetzungsinhalten abzugeben sowie Ideen zu konkreten Umsetzungsaktivitäten und Vorschläge zu Kooperationen in der Umsetzung zu entwickeln (Buschmann-Steinhage 2003). Die eben beschriebenen Aspekte sind Argumente, die gegen die Wahl eines experimentellen Untersuchungsplans sprechen. Haupteinwände, welche die Wahl eines experimentellen Vorgehens erschweren bzw. unmöglich machen nennt darüber hinaus Smith (1980). Dabei geht er davon aus, dass nicht für jede Aufgabenstellung ein experimentelles Vorgehen möglich ist und unterscheidet nach dessen „Durchführbarkeit" und „Erwünschtheit". Dafür sprechen eine Reihe von Argumenten, wobei sich Nübling (1992, S. 23) auf die Wichtigsten beschränkt, die auch an dieser Stelle genannt werden sollen.

Die folgenden fünf Punkte beziehen sich auf die Durchführbarkeit:

- die Variabilität der Behandlung lässt keine homogenen Gruppen zu
- Gefahr von Ausfällen (Drop-Outs) durch attraktivere Behandlungen
- Reaktivität experimenteller Verfahren, welche zu unnatürlichen Nebeneffekten führen können und somit keine Generalisierungen erlauben
- die Kontrolle einer bestimmten Situation im experimentellen Setting ist nicht oder nur schwer möglich
- die Behandlung ist nicht standardisiert

Zum Punkt der Erwünschtheit, welcher nur in solchen Fällen relevant wird, in denen ein experimentelles Design grundsätzlich möglich ist, werden ebenfalls eine Vielzahl von Kritikpunkten angebracht, von denen auch hier nur die nach Nübling (1992) Wichtigsten genannt werden sollen:

- einfache Quasi-Experimente führen häufig zu derselben Information, die sich in kontrollierten Studien ergeben
- experimentelle Ansätze vernachlässigen oft wichtige subjektive und qualitative Daten
- Designs mit Zufallszuweisung berücksichtigen nicht die unterschiedliche Reaktion der Patienten auf eine Behandlung
- experimentelle Untersuchungspläne lassen nur eine begrenzte Variablenanzahl zu
- der Behandlungskontext ist u.U. in einem Behandlungssetting ein wichtiger Einflussfaktor, welcher in experimentellen Designs versucht wird zu kontrollieren
- Behandlungen unter experimentellen Bedingungen stimmen nur in einem begrenzten Ausschnitt mit den natürlichen Gegebenheiten überein, was eine Generalisierung nur schwer möglich macht

Das korrelativ-naturalistische Forschungsdesign stellt somit eine Alternative zum experimentellen Vorgehen dar, weil dieser Ansatz die Analyse eines unmittelbar beobachtbaren unveränderten und nicht-manipulierten Verhaltens zulässt (Kiesler 1977). Diese Forschungsstrategie hat den Vorteil, dass unterschiedliche Aspekte gleichzeitig untersucht werden können, ohne in die natürlich ablaufenden Prozesse einzugreifen, was zur Folge hat, dass die Ergebnisse auf andere Personen und Situationen generalisierbar sind und somit eine hohe externe Validität besitzen. Aus genannten Gründen sind in solchen Fällen besonders längerfristig angelegte Zeitreihenstudien mit mehreren Messzeitpunkten die Versuchspläne der Wahl. Diese gelten nach Cook und Campbell (1979) als die stärksten quasi-experimentellen Untersuchungsdesigns. Wittmann, Nübling und Schmidt (2002) berichten in Tabelle 5.2.-1. eine umfangreiche Anzahl unterschiedlicher Evaluationsstudien zur Ergebnisqualität in der psychosomatischen Rehabilitation mit mindestens einem Katamnesezeitpunkt.

Tab. 5.2.-1.: Evidenz aus umfassenden Evaluationsstudien zur Ergebnisqualität in der psychosomatischen Rehabilitation mit mindestens einem Katamnesezeitpunkt (Auswahl)

Studie	Messzeitpunkte	N	Publikationen/Autoren (Auswahl)
BKK-Studie	3	148	Zielke 1993
Berus-Studie	4	370	Broda et al. 1996
Zauberberg-I-Studie	4	365	Lamprecht, Schmidt 1990, Schmidt 1991
Zauberberg-II-Studie	3	565	Schmidt et al. 1994, Schmidt, Lamprecht 1992, Nübling 1992
Bliestal-Studie	3	1088	Sandweg et al. 1991
Reinerzauer Katamnese-Studie	4	560	Nübling et al. 1994, 1995, 1999
Bad Herrenalber Katamnnese-Studie	3	317	Nübling et al. 2000a, Bürgy et al. 2000
Grönenbacher Studie		767	Mestel et al. 2000a, Mestel et al. 2000b
Bad Kreuznacher Studie	4	376	Schulz et al. 1999, Rüddel et al. 1999
Protos-Studie, Teilstichprobe Psychosomatik	3	884	Dilcher et al. 2000, Gerdes et al. 2000
Gelderland-Studie	3	345	Kriebel et al. 1999
EQUA-Studie	3	899	Schmidt et al. 2000a

Fortsetzung Tabelle 5.2.-1.

Studie	Messzeitpunkte	N	Publikationen/Autoren (Auswahl)
INDIKA-Studie, Teilstichprobe Psychosomatik	3	274	Nübling et al. 2000b
CED-Studie	3	175	Maatz, Schmidt 1998
GR-Studie	3	292	Amann et al. 1995, Amann 1997
Priener Lehrer-Projekt		61	Hillert et al 1999, Hillert et al. 2000
Katamnese-Studie Eifelklinik	3	47	Tigiser 1997
Berliner PT-Studie, Teilstichprobe Psychosomatische Rehabilitation	3	132	Rudolf et al. 1991, Wilke et al. 1998
Multizentrische Studie Esstörungen (MZ-ESS), Teilstichprobe Psychosomatische Rehabilitation	4	ca. 500	Kächele et al. 1999
Prä-Post-Studie	6	145	Bischoff et al. 2000

(geändert, aus: Wittmann, Nübling und Schmidt 2002, S. 44)

5.2.1. Exkurs: Methodische Forderungen an kontrollierte Therapieevaluationsstudien und Ebenen der Veränderung

Metzler und Krause (1997) fordern, einheitliche methodische Standards zu entwickeln, um Psychotherapiestudien vergleichen und bewerten zu können. Das betrifft v.a. die Versuchspläne, die Auswahl der Patienten, die Zuverlässigkeit und Aussagekraft der Ergebnisse und die Qualität der Studiendokumentation. Vor dem Hintergrund des in der Metaanalyse von Grawe, Donati und Bernauer (1994) betriebenen Aufwands, die Ergebnisse der verschiedenen Studien zumindest annähernd vergleichen und bewerten zu können, plädieren sie für methodische Mindestanforderungen an Psychotherapiestudien. Sie orientieren sich dabei an den Standards der Arzneimittelforschung, die unter dem Namen „Good Clinical Practice" bekannt geworden sind. Sie schränken jedoch gleichzeitig ein, dass eine direkte Übertragung auf die Psychotherapieforschung nicht möglich und auch nicht sinnvoll erscheint. Vor allem für kontrollierte klinische Studien, mit denen die Wirkung einer Behandlung durch den Vergleich mit anderen Behandlungen abgeschätzt wird, stellten

Metzler und Krause (1997) folgenden Katalog methodischer Grundforderungen auf:

1. Der Untersuchungsplan muss die Grundform eines Kontrollgruppendesigns haben, um die zu prüfende Wirkung einer Intervention mit der Wirkung des Behandlungsstandards vergleichen zu können
2. Die Patientenpopulation und die Einschluss- bzw. Ausschlusskriterien müssen angegeben werden, so dass nachvollziehbar ist, auf welche Patientengruppen sich der Wirkungsnachweis bezieht
3. Die Studien müssen prospektiv angelegt sein
4. Die Zuweisung zu der Behandlungs- und der Kontrollgruppe muss randomisiert erfolgen
5. Es muss in Analogie zu Doppelblindstudien in der Medizin gelten, dass dem Patienten die Alternativbehandlung nicht bekannt ist und die Ergebnisbeurteilung ausschließlich einem neutralen Dritten obliegt
6. Es muss kontrolliert werden, ob die Therapiebedingungen seitens des Patienten und des Therapeuten eingehalten werden. Bei der Auswertung müssen insbesondere die Therapieabbrecher berücksichtigt werden
7. Das Zielkriterium muss für den Patienten relevant sein, um die Wirkung der Therapie beurteilen zu können
8. Die Studienergebnisse müssen einer konfirmatorischen statistischen Analyse unterzogen werden, worin die Festlegung der Irrtumswahrscheinlichkeit und die Planung des Stichprobenumfangs inbegriffen ist

Die ersten fünf Grundforderungen betreffen die Art des Untersuchungsplans und Teile der Studiendurchführung. Darüber hinaus sollen durch den Ausschluss von retrospektiven Kontrollgruppen und dem Einbezug eines unabhängigen Beurteilers zur Einschätzung der Ergebnisse systematische Fehler vermieden werden.

Probleme werden in der Auswahl der Zielkriterien (Ziel- und Suggoratkriterien), in der Stichprobenplanung und in der Behandlung der Compliance gesehen. Hager (1998) stimmt in erster Linie darin überein, dass Psychotherapien grundsätzlich an dem Erreichen therapiespezifischer Ziele zu messen und davon deutlich „Suggoratkriterien"[6] abzugrenzen sind. Er vermisst jedoch, welche zeitlichen

---

[6] „Suggoratkriterien" sind im Allgemeinen fakultative Ziele und Maße wie die Zufriedenheit mit der Therapie.

Präferenzen an die Therapiewirkung gestellt werden. Es muss die Ebene der Therapieziele definiert werden, speziell ob es sich um Nahziele, um Zwischenziele oder um Endziele handelt (vgl. Schulte 1993), welche durch die Therapie verfolgt werden. Daneben muss festgelegt sein, auf welcher Ebene die Therapie Veränderungen bewirken soll. Damit werden Veränderungsbereiche angesprochen die sich auf beobachtbares Verhalten, auf die Verhaltesbereitschaft oder den Transfer und die Generalisierung beziehen. Erst wenn diese Fragen geklärt sind hält Hager (1998) es für sinnvoll, sich der Frage nach Untersuchungsplänen zu stellen, um zu hinreichend validen Prüfungen entsprechender Hypothesen zu gelangen. Denn daraus ergeben sich bestimmte Folgerungen bezüglich des Vorgehens, des Untersuchungsplanes und der Wahl der Kriteriumsmaße, die eventuell eine Katamnesemessung notwendig machen. Darüber hinaus hält Hager (1998) es für fraglich, ob der Therapieerfolg grundsätzlich und ausschließlich von einem Anderen als den an der Therapie beteiligten Personen einzuschätzen ist. Er ist der Meinung, dass verschiedene Einschätzungen unterschiedliche Informationen vermitteln und darauf nicht grundsätzlich verzichtet werden sollte. Denn nur über die subjektiven Einschätzungen der Betroffenen lässt sich etwas über die Zufriedenheit mit der Therapie erfahren (Hollon 1996). Die Zufriedenheit wird in diesem Zusammenhang wiederum als wichtige Voraussetzung für die erforderliche aktive Mitarbeit der Patienten am Therapieprozess angesehen.

Wird Patientenzufriedenheit mit Kundenzufriedenheit gleichbedeutend angesehen, so definiert sich diese als Ergebnis eines Bewertungsprozesses, bei dem die von jemandem wahrgenommene Leistung eines Anbieters mit den eigenen Erwartungen verglichen wird. (Tomczak, Dittrich 1996). Dies beinhaltet (a) das Ergebnis eines subjektiven Vergleichs zwischen Erwartungen und wahrgenommenen Leistungen (b) das Erlebnis in einer diskreten Dienstleistungsepisode gegenüber der Beurteilung der Dienstleistungsbeziehung und (c) den emotionalen Zustand (Groß-Engelmann 1999).

6. Therapieziele psychotherapeutischer Interventionen

Therapieziele gewinnen in der heutigen Zeit theoretisch als auch gesundheitspolitisch eine immer größere Bedeutung, zumal die Diskussion um kriterien- und therapiezielorientierte Messverfahren noch andauert (Ambühl, Strauß 1999). Im Hinblick auf immer geringer werdende finanzielle Ressourcen im Gesundheitssystem stellen sich vermehrt Fragen nach Therapiezielen und den zu ihrer Erreichung notwendigen Mittel. Verdeutlicht wird dies in den aktuellen Debatten um die gerade eingeführten Gesundheitsreformgesetze.
Um an dieser Stelle weiter zu kommen ist es zunächst notwendig Psychotherapie zu definieren. Strotzka (1975) definiert Psychotherapie als einen bewussten und geplanten interaktionellen Prozess, bei dem Verhaltensstörungen und Leidenszustände beeinflusst werden. Die Einflussnahme bezieht sich dabei auf die Leidenszustände, welche von Patient und Therapeut gemeinsam als behandlungsbedürftig gehalten werden. Veränderungen sollen durch psychologische Mittel in Richtung auf ein gemeinsam definiertes Ziel, zumeist Symptomreduktion, mittels lehrbarer Techniken auf einer theoretischen Grundlage des normalen und pathologischen Verhaltens herbeigeführt werden (Ambühl, Strauß 1999). Hier wird deutlich, dass die Zielfindung in der Psychotherapie, ein zwischen Patient und Therapeut gemeinsamer Prozess ist, in dem der Patient ausreichend aufgeklärt und über Alternativen informiert wird.

6.1. Bedingungen individueller Rehabilitationsziele und Zielvereinbarungsprozesse

Die qualifizierte verhaltensmedizinische Rehabilitation wird mit der Einflussnahme auf das Verhalten von Menschen im Umgang mit Krankheiten, Einschränkungen und Behinderungen definiert, so dass sie in die Lage versetzt werden, den eigenen Gesundungsprozess aktiv mitzugestalten und sich weniger gesundheitsschädigend verhalten (Zielke et al. 2001). Deshalb ist es notwendig, dem Patienten eine breite Informationsbasis zu bieten, welche ihn über seine Beschwerden aufklärt und eine Verbindung mit seinem subjektivem Krankheitsverständnis herstellt. In diesem Zusammenhang müssen zwischen Patienten und Therapeuten die individuellen Problemkonstellationen geklärt und darauf aufbauend Therapieziele konkretisiert werden. Die im SGB IX gesetzlich vorgegebenen Rehabilitationsziele werden in einem individuellen Zielvereinbarungsprozess erarbeitet, bei dem die individuelle Problemlage der Rehabilitanden berücksichtigt wird. Dies wird aufgrund der hohen Komplexität der Rehabilitationsprozesse, welche organisatorischer als auch inhaltlicher Art sind, v.a. Seitens der Rehabilitationsforschung gefordert, um den Rehabilitationsprozesses erfolgreich zu gestalten. Die Interdisziplinarität der Rehabilitation macht mit seinen unterschiedlichen wissenschaftlichen Disziplinen und therapeutischen Professionen und seiner Vielfalt inhaltlicher Perspektiven, eine Integration zwingend erforderlich. Eine notwendige Bedingung für eine Integration stellt deshalb die systematische Orientierung des gesamten Rehabilitationsprozesses an konkret definierten individuellen Rehabilitations-Problemlagen und Rehabilitationszielen des Patienten dar (Gerdes, Bengel, Jäckel 2000).

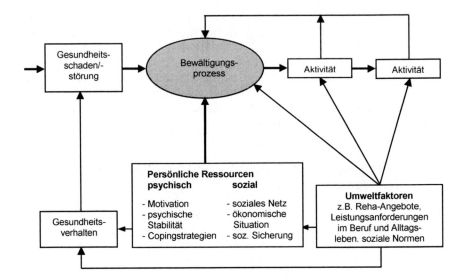

Abb. 6.1.-1.: Theoriemodell der Rehabilitation
(aus: Gerdes et al 2000, S. 8)

Um dies zu gewährleisten, unterliegen die individuellen Rehabilitationsziele einigen Bedingungen, die erfüllt sein müssen. Diese werden von Gerdes, Bengel und Jäckel (2000, S. 11) folgendermaßen definiert: (a) Die spezifischen Problemlagen der Patienten müssen durch die Rehabilitationsziele reflektiert werden, (b) mit den Erwartungen und Möglichkeiten des Patienten abgestimmt sein, (c) eindeutig und in operationalisierter Form definiert sein, (d) therapeutische Interventionen indizieren können, (e) prinzipiell durch Interventionen beeinflussbar und bei optimalen Rahmenbedingungen auch tatsächlich erreichbar sein, (f) für alle am Rehabilitationsprozess Beteiligten verständlich, bedeutsam und akzeptabel sein, (g) bei aller Individualität ein gewisses Maß an Generalisierbarkeit aufweisen und (h) sich in Zielhierarchien einordnen lassen, in denen kurzfristige Therapieziele in mittel- oder langfristige Rehabilitationsziele überführt werden können. Die subjektive Sicht des Patienten stellt einen nicht zu vernachlässigenden Faktor im Rehabilitationsprozess dar, denn das Ergebnis der Rehabilitationsmaßnahme in Bezug auf die dauerhafte Sicherung der Wiedereingliederung in das Erwerbsleben ist letztendlich von der subjektiven Bewertung der Leistungsfähigkeit des Patienten abhängig (Vogel, Tuschoff 1994; Schuntermann 2003). Sieber (1995) weist darauf hin, dass das Rehabilitationsziel bereits zu Beginn der Rehabilitationsmaßnahme als einvernehmliche Vereinbarung zwischen Arzt, Patient und Kostenträgern getroffen werden muss. Um diese Aspekte zu gewährleisten wurde im § 9, SGB IX die Berücksichtigung der Wünsche sowie die Beteiligung des Rehabilitanden an der Zielvereinbarung festgeschrieben:

„Bei der Entscheidung über die Leistungen und bei der Ausführung der Leistungen zur Teilhabe wird berechtigten Wünschen der Leistungsberechtigten entsprochen."

Die individuellen Problemlagen müssen funktionsbezogen festgestellt und Therapieziele unter Berücksichtigung der Ebenen der Veränderungen (Performanzen und Kompetenzen) vereinbart werden. Faller (2003) beschreibt diesen individuellen Zielfindungsprozess mit dem aktuellen Konzept zum „Shared Decision Making"[7]. Dieses Modell expliziert die Mitwirkung von mindestens zwei Beteiligten, die sich an einem wechselseitigen Informationsaustausch aktiv beteiligen und zu einer gemeinsamen Entscheidung gelangen, für die sich beide Seiten verantwortlich zeichnen. Bei diesem Modell wird die Informationsvermittlung nicht nur einseitig vom behandelnden Arzt oder Therapeut übernommen, sondern der Patient äußert seine individuellen Wertvorstellungen, Ziele, Erwartungen und Befürchtungen bezüglich seiner subjektiven Krankheitstheorie und persönlichen Präferenzen. Von dieser Art der Zielfindung wird erwartet, dass der

---

[7] Shared Decision Making bedeutet hier gemeinsame Entscheidungsfindung

Patient ein größeres Gefühl der Kontrolle in der Behandlung hat und sich zufriedener mit der Behandlung äußert und in der Therapie besser mitarbeitet. Sofern sich diese Erwartung erfüllt, sollte sich ein besseres Behandlungsergebnis einstellen und ein besserer Alltagstransfer gewährleistet sein, was sich im veränderten individuellen Krankheitsverhalten widerspiegelt. Wittmann (1996) vertritt gleichsam die Auffassung, dass vor allem die aktive Auseinandersetzung mit den eigenen Problemen der bedeutendste Einflussfaktor hin zu einem stabil veränderten Krankheitsverhalten darstellt, was als Grundvoraussetzung für einen partizipativen Zielfindungs- und Zielvereinbarungsprozesses gesehen werden kann.

Mögliche Hindernisse, welche diesen Zielfindungsprozess beeinflussen können betreffen v.a. Kompetenzen in der ärztlichen Gesprächsführung inklusive dem beiderseitigen Interesse an einer gemeinsamen Entscheidungsfindung. Strukturelle Einschränkungen wie etwa Zeitdruck oder mangelnde Flexibilität im Behandlungsprogramm einer Institution sind dafür ebenso hinderlich. Eine gemeinsame Entscheidungsfindung im Zielvereinbarungsprozess benötigt aber auch das Interesse des Patienten. Diese besitzen im Allgemeinen ein hohes Informationsbedürfnis, jedoch ist ihre Bereitschaft an der Zielfindung teilzuhaben unterschiedlich ausgeprägt (Faller 2003).

6.2. Rehabilitationsziele in der Psychosomatik und deren Bedeutung

Vandereycken und Meermann (1996) definieren chronisches Krankheitsverhalten für den Bereich der Psychosomatik als *"subjektives Krankheitsgefühl und das daraus resultierende Verhalten was in keiner angemessenen Relation zu den medizinischen Befunden steht"* (geändert aus: Zielke et al. 2001, S.2). Dieses subjektive Krankheitsgefühl äußert sich darin, dass sich die Patienten so verhalten, als ob sie schwer erkrankt wären, ohne dass die aktuellen medizinischen Befunde dies begründen würden. Bei wiederholten Untersuchungen ohne klinisch auffällige Befunde, aber weiter bestehenden Beschwerden, können die Patienten immer weniger nachvollziehen, was in ihrem Körper geschieht (Zielke et al. 2001). Daneben wird ihnen von den Behandlern wenig über das Zustandekommen ihrer Beschwerden berichtet, was in einem zunehmenden Verlust an Selbsthilfemöglichkeiten, Passivität und Hilflosigkeit mündet. Der Vertrauensverlust in die Funktionstüchtigkeit des eigenen

Körpers, und in die psychische Funktionstüchtigkeit der eigenen Person verbunden mit körperlichem, psychischem und sozialem Schonverhalten, subjektivem Krankheitsgewinn und eingeschränkte passive Entspannungsmöglichkeiten sind Ausdruck eines chronischen Krankheitsverhaltens (Zielke 1993a). Das äußert sich in einem zunehmenden ärztlich-medizinischen (Über)-Inanspruchnahmeverhalten sowie der damit verbundenen medizinisch-diagnostischen Maßnahmen und medikamentösen Behandlungen. Eine steigende Abhängigkeit vom medizinischen Versorgungssystem als auch vermehrte und längere Arbeitsunfähigkeiten und stationäre Krankenhausaufenthalte sind die Folge (Zielke 1993a; Zielke et al. 2001). Hinsichtlich dieser speziellen Konstellation psychosomatischer Erkrankungen zielt die verhaltensmedizinische Behandlung in der psychosomatischen Rehabilitation darauf ab, zur Verbesserung und Stabilisierung der Krankheitsbewältigung beizutragen und das Gesundheits- und Leistungsverhalten der Patienten anhaltend zu verändern, was langfristig zu einer Reduktion der Inanspruchnahme medizinischer Versorgungsstrukturen und zu einer Verbesserung der Lebensqualität führt sowie die Voraussetzungen dafür schafft, die erwerbsbezogene Belastbarkeit weitestgehend aufrecht zu erhalten. Unter Berücksichtigung der immer geringer werdenden Ressourcen des Gesundheitssystems sind die potenziell positiven Folgen dieser therapeutischen Intervention sehr bedeutsam, denn die Behandlung in der stationären psychosomatischen Rehabilitation zielt ja gerade darauf ab, dem Rehabilitanden möglichst wieder eine Teilhabe am Leben in der Gesellschaft zu ermöglichen, ihn – wenn möglich – in den Arbeitsprozess wieder einzugliedern und insgesamt sein Krankheitsverhalten zu verändern. Aus diesem Grund ist die Therapie nicht nur an der Veränderung therapeutisch vereinbarter Ziele (unabhängig von der Ebene der Veränderungen) zu bemessen, sondern auch an deren erwarteter „Nachwirkung". Zielke (1999) konnte bspw. in einer Multicenter-Verlaufsstudie über fünf Jahre feststellen, dass es durch die aktive Mitgestaltung des Patienten am Gesundungsprozess während einer verhaltensmedizinischen Rehabilitationsmaßnahme zu einer wesentlichen und anhaltenden Verbesserung des Gesundheitszustandes kam, was sich in weniger Arbeitsunfähigkeitszeiten, kürzeren Krankheitsfällen und verringertem Medikamentenkonsum äußerte und sich diese positiven Veränderungen auch in einer erheblichen Verringerung von Lohnnebenkosten der Arbeitgeberseite sowie geringeren Krankengeldzahlungen der Krankenkassen zeigte.

Grundsätzlich sollten Interventionsmaßnahmen neben- bzw. folgewirkungsfrei sein. Hager und Hasselhorn (2000) definieren Folgewirkungen oder auch Nebenwirkungen eines Programms, die negativ bzw. positiv bewertet werden können, als nicht auszuschließende, durch das Programm oder die Intervention verursachte, jedoch nicht intendierte Veränderung. Bei einer psychologischen Interventionsmaßnahme werden spezifische Veränderungen angestrebt, welche in den Zielen der Konzeption verankert sind. Das theoretische Wirkmodell bezieht sich somit auf diese intendierten Wirkungen. In Abgrenzung zu positiv oder negativ bewertbaren Neben- oder Folgewirkungen werden Begriffe wie erwünschte oder unerwünschte Neben- oder Folgewirkungen einer Intervention gebraucht, wenn diese von der Intervention intendierten Ziele erwartet werden. Insofern können diese Neben- oder Folgewirkungen von Beginn an zu den spezifischen intendierten Programm- oder Interventionszielen, quasi als Zusatz aufgenommen werden.

Bei den hier als „Nachwirkungen" aufgezählten Veränderungen handelt es sich somit um Folgewirkungen, welche von der Intervention erwartet werden und sind deshalb als Zusatzziele zu kennzeichnen, die im vorliegenden Fall das Krankheitsverhalten beschreiben. Diese Zusatzziele stellen monetär bewertbare Kriterien dar, weil v.a. Veränderungen im Ressourcenverbrauch wie etwa bei Zielke (1999; Zielke et al. 2001) angesprochen sind. Darunter fallen v.a. ärztlich medizinische Leistungen, Arbeitsunfähigkeit, stationäre akutmedizinische Behandlungen und die Einnahme von Medikamenten. Gleichzeitig zieht dies die Konsequenz nach sich, dass für die Ergebniserfassung zunächst Kriterien gewählt werden müssen, welche die spezifisch intendierten Ziele des Programms oder der Intervention widerspiegeln. Erst im Anschluss daran ist es sinnvoll erwünschte Nebeneffekte oder „Nachwirkungen" eines Programms oder Intervention in die Kriterienwahl einzubeziehen, denn die spezifischen durch die Intervention intendierten Ziele gehen den fakultativen „nachwirkenden" Zielen zeitlich voran. Auch der Zeitpunkt der Erfassung dieses Behandlungsergebnisses spielt dabei eine nicht unwesentliche Rolle. Intendierte spezifische Ziele einer psychotherapeutischen Intervention sind direkt nach Abschluss einer Therapie als auch in Nacherhebungen zu erfassen. Die erwarten „Nachwirkungen" des veränderten Krankheitsverhaltens hingegen lassen sich erst später erfassen, was zur Folge hat, dass hierfür ausschließlich Untersuchungspläne Anwendung finden können, die mindestens einen Katamnesemesszeitpunkt beinhalten. Damit lassen sich dann auch

Ursache-Wirkungs-Beziehungen herstellen. Für die Feststellung, inwieweit die Ziele erreicht worden sind, bedarf es beobachtbarer Maße bzw. Kriteriumsvariablen, welche „als Operationalisierung der in den Zielen vorkommenden nicht-beobachtbaren Begriffe angesehen werden" müssen (Hager, Hasselhorn 2000, S. 67).

7. Ergebnisdimensionen und Erfolgsmaße

Rehabilitationsziele können gleichzeitig mehrere unterschiedliche Ebenen (somatisch, funktional, psychosozial, edukativ) betreffen, welche sich in der Kriterienwahl widerspiegeln sollten. Aus diesem Grund müssen alle, für eine Abbildung der Rehabilitationsergebnisse bedeutsamen Parameter in der Ergebnismessung berücksichtigt werden. Das bedeutet aber gleichzeitig, dass eine große Anzahl von Ergebnisvariablen erhoben werden muss, was dazu führen kann, dass ohne die konkrete, auf die individuelle Rehabilitationsproblematik ausgerichtete Zielformulierung, statistische Schwierigkeiten auftreten, welche sich in zusammenfassenden Summenscores auf individueller Ebene oder in Mittelwerten auf der Ebene der Stichprobe zeigen. Das ist dann der Fall, wenn Ergebnisparameter für Patienten irrelevant sind und führt zu einer systematischen Nivellierung der Rehabilitationseffekte (Gerdes, Bengel, Jäckel 2000). In der Ergebnismessung sollte das Erreichen der [individuellen] Ziele Priorität haben (Hager, Hasselhorn 2000).

Depressive Erkrankungen, die bei psychosomatisch erkrankten Patienten sehr häufig vorkommen, sind oft sekundärer Art (Hautzinger 2000) und mit anderen psychischen und somatischen Störungen assoziiert, was mit vielfältigen sozialen Einschränkungen verbunden ist und als depressives Syndrom verstanden werden kann (Beutler 1997). Deshalb sollten bei psychosomatisch erkrankten Patienten Veränderungen nicht nur auf der Ebene einzelner Symptome erfasst werden, sondern vielmehr auf der Basis eines breiten Konstrukts des psychischen Befindens. Als externe fakultative Maße gelten im Fall von psychotherapeutischen Interventionsmaßnahmen die bereits beschriebenen Maße, die hier mit dem Begriff „Nachwirkungen" versehen wurden. Dazu zählen die Häufigkeit von Arztkontakten, Arbeitsunfähigkeitszeiten oder Medikamentenkonsum. Darüber hinaus können fakultative Maße auch zur Erfassung der Zufriedenheit bzw. der Akzeptanz der Maßnahme durch die Betroffenen dienen. Diese Maße sind in dem Fall nicht mehr als fakultativ anzusehen sondern werden verbindlich, wenn sie dahingehend interpretiert werden sollen, wie gut ein Transfer oder eine Generalisierung des in der Therapie Erlernten in Alltagssituationen gelungen ist. Psychologische Interventionen haben den Anspruch, die aufgebauten Verhaltensmodifikationen auch in Alltagssituationen bereit zu halten. Zur Bewertung des Erfolges wird man dementsprechend Maße wählen müssen, die es erlauben, alltagsrelevantes Verhalten zu messen (Schulte 1993; Hager, Hasselhorn 2000). Der Erfolg einer Interventionsmaßnahme wird dann an dem Grad der Zielerreichung und an dem Ausmaß der Veränderungen bewertbar. Dabei bezieht sich der Grad der Zielerreichung nach Hager und Hasselhorn (2000, S. 70) auf das *"Ausmaß, in dem die postulierten programmspezifischen internen und externen Ziele tatsächlich erreicht werden"*, wobei der Abstand von diesem Ziel ausschlaggebend ist. Demgegenüber wird beim Ausmaß der Veränderungen der Abstand von einem Ausgangspunkt vor einer Intervention (Prä-Messung) betrachtet.

7.1. Klassifikation von Therapieerfolgsmessungen

Schulte (1993) vertritt im Konsens vieler Psychotherapieforscher, dass Therapieerfolg durch multiple Kriterien multidimensional, multimethodal und multimodal gemessen werden sollte, kritisiert aber die Reichhaltigkeit der Einteilungsversuche und deren Unterschiedlichkeit. Es sollte unterschieden werden zwischen dem inhaltlichen und dem methodischen Aspekt der Erfassung von Therapieerfolg. Er ist der Ansicht, dass die Messung von Therapieerfolg nicht anders zu bewerten ist, wie die Messung jedes anderen psychologischen Konstrukts in der psychologischen Forschung. Die Indizes bzw. Variablen durch welche das Konstrukt inhaltlich erfasst werden soll, müssen theoretisch begründet sein. Im Anschluss daran ist zu entscheiden, wie diese Variablen operationalisiert und gemessen werden können. Er schlägt vor, dass eine Beurteilung des Therapieerfolges auf der inhaltlichen Seite mit Hilfe von Therapiezielen erfolgen sollte. Der Therapieerfolg sollte auf zwei bis drei Ebenen gemessen werden. Dies betrifft die Ebene theoriespezifischer Maße, die Ebene der Symptome oder Beschwerden und die Ebene der Krankheitsfolgen. Die Methodik der Erfolgsmessung lässt sich nach der Operationalisierung der Erfolgsvariablen, der Kriterienbildung und dem Design der Datenerhebung einteilen. Die Operationalisierung der Erfolgsvariablen beinhaltet dabei die Festlegung von Instrumenten, einschließlich der Entscheidung über die Datenquelle (z.B. Patient und/oder Therapeut) und der diagnostischen Methoden (z.B. Selbst- oder Fremdbeurteilung). Das Erfolgskriterium als Grad der Veränderung ist dann der Vergleich zwischen einem Norm- oder Bezugswert und dem erzielten Wert, der in den eingesetzten Messinstrumenten zum Therapieende erreicht wurde. Diese Vergleiche können dann auf unterschiedliche Arten vorgenommen werden. Erstens als subjektive Schätzung zum Therapieende (direkte Veränderungsmessung), zweitens als beobachtete Differenz zwischen Werten bei Therapiebeginn und dem Wert bei Abschluss oder einer Nacherhebung (indirekte Veränderungsmessung) und drittens durch einen statistischen Vergleich zur Bestimmung der Position eines Patienten bei Beendigung der Therapie in Bezug auf die Messwertverteilung der zum Vergleich herangezogenen Werte (reliable Veränderung und Effektstärken). Als Grad der Zielerreichung werden sowohl globale Urteile zum Therapieende (z.B. Zufriedenheit mit der Therapie) vorgeschlagen als auch das Ausmaß der individuellen Zielereichung (Goal attainment Scaling). Als dritte Variante wird die klinische Relevanz erwähnt, bei der entschieden wird, ob der Patient in Bezug auf eine Messwertverteilung einer Normalpopulation als gesund gelten kann. Das Design der Datenerhebung richtet sich nach dem zeitlichen Zusammenhang zwischen Messung und Intervention bzw. der Breite und der Dauerhaftigkeit der erzielten Veränderungen. Danach wird nach Arten der Generalisierbarkeit, welche über die Zeit, den Situationen, dem Verhalten und über Personen unterschieden.

7.1.1. Multimodale (singuläre) und Multiple Ergebniserfassung

Es muss gefragt werden, inwiefern es zweckmäßig ist, zwischen Wirkung und Wirksamkeit eines Programms oder Intervention zu unterscheiden. Das Problem liegt in der Wahl der Kriteriumsmaße. So kann eine Intervention in Bezug auf spezifische Testwertergebnisse psychometrischer Tests Wirkung zeigen, ohne Kenntnis über die Kausalität, d.h. ihrer Wirksamkeit zu erlangen (Hager, Hasselhorn 2000). Ein Programm zur Reduktion von Ängsten kann Wirkung zeigen, indem Testwertergebnisse in einem Vor- und einem Nachtest erhoben und Differenzmaße gebildet werden. Diese Differenzmaße erlauben jedoch keine Aussage darüber, welche Variablen für die Testwertdifferenzen ursächlich sind. Deshalb ist es nach Hager und Hasselmann (2000) wichtig Kriteriumsmaße einzusetzen, welche Kausalschlüsse zulassen und somit im Sinne der Testtheorie hinsichtlich der zu erfassenden Prozesse, Merkmale, Verhaltensweisen etc. valide sind. Auf die Auswahl von Kriteriumsmaßen zur Erfassung des Rehabilitationserfolges haben bereits vor einiger Zeit Schmidt, Bernhardt, Wittmann und Lamprecht (1987) hingewiesen. Sie merkten an, dass es problematisch sei Prädiktoren zu finden, welche eine Prognose für Behandlungsergebnisse erlauben (s.g. Vorhersage- oder Erklärungsproblem). Gründe für den „chronisch" niedrigen Zusammenhang zwischen Prädiktor- und Kriteriumsmaßen können darin liegen, dass (1) die bisher verwendeten Prädiktoren real wenig mit den Behandlungsergebnissen zu tun haben, (2) die bisher verwendeten Prädiktoren für eine Ergebnisprognose unangemessen sind, (3) die verwendeten Ergebniskriterien unangemessen sind und (4) die verwendeten Prädiktoren und Ergebniskriterien unangemessen sind.

Hager und Hasselhorn (2000) fassen zusammen, dass es einerseits weniger wichtig erscheint bei der Wahl mehrerer unterschiedlicher Ergebniskriterien möglichst viele Maße einzusetzen. Es sollten solche Maße Verwendung finden, die aufgrund der Kenntnis über deren moderierenden Einfluss oder mit Neben- oder Folgewirkungen verbunden sind. Bei der Erfassung von Neben- oder Folgewirkungen sind Überlegungen zur Plausibilität der eingesetzten Maße unabdingbar, welche dann mittels Evaluationshypothesen geprüft werden. So wünschenswert es auch ist, mögliche Neben- oder Folgewirkungen mit unterschiedlichen Maßen zu erfassen, um mit Hilfe derer relevante Kriteriumsbereiche valide abzubilden, entsteht unter Beachtung der Forschungsökonomie ein neuerliches Problem.

Auf der anderen Seite sind in dem Fall mehrere Kriteriumsmaße zu wählen, wenn sich das Ziel eines Programms nicht ausreichend mit nur einem Maß abbilden lässt. Selbiges trifft zu, wenn mit einem Programm mehrere Ziele verfolgt werden (Hager, Hasselhorn 2000). Schmidt, Bernhardt, Wittmann und Lamprecht (1987, S. 294) unternehmen einen Systematisierungsversuch, um Ergebniskriterien zu typisieren. Sie definieren isolierte Aspekte von Ergebniskriterien als „singuläres Ergebniskriterium", welches durch eine einmalige oder wiederholte Messung erfasst wird. Damit wird z.B. die alleinige Erfassung der Gewichtszunahme bei Anorexia nervosa als Ergebnis einer Behandlung beschrieben. Die wie weiter oben bereits dargestellte und im SGB IX geforderte Betrachtung der Folgen einer Erkrankung fallen dabei aus dem Blickfeld. Eine Gewichtszunahme für einen solchen Fall ist sicher vorderdringlich, um den Patienten vor einer eventuell vorhandenen lebensbedrohliche Lage zu bewahren. Die Folgen der meist sehr lang andauernden Mangelernährung wie z.B. Ödeme, zahlreiche endokrine Störungen, Blutbildveränderungen etc. sind damit jedoch noch nicht behoben. Gleiches trifft auf die damit verbundenen komorbiden Erkrankungen, wie bspw. depressive Erkrankungen zu. Hintergrund ist eine in den westlichen Industrieländern ambivalente Einstellung zu Körperfigur und Gewicht (Tölle 1999).

Demgegenüber werden „multiple Ergebniskriterien" wie folgt definiert: Unter der Annahme, dass das Behandlungsergebnis sehr facettenreich ist und außerdem interindividuelle Unterschiede zwischen den Patienten bestehen, werden unterschiedliche Einzelaspekte des Behandlungsergebnisses unabhängig von einer einmaligen oder wiederholten Messung erfasst und zu einem Index zusammengefasst. Damit wird eine zuverlässigere Abbildung des individuellen Behandlungsergebnisses erreicht (Schmidt, Bernhardt, Wittmann und Lamprecht 1987). In Abbildung 7.1.1.-1. wird die Klassifizierung bzw. Typisierung möglicher Ergebniskriterien gezeigt. Hintergrund einer solchen Typisierung von Ergebnisaspekten war es Kenntnis darüber zu erlangen, inwieweit Patienten innerhalb eines definierten Zeitraumes die Wirkung der Therapie aufrecht erhalten können. Voraussetzung für die Prognose eines über einen Summen-Index ermittelten multiplen Ergebniskriteriums ist dabei, dass eine Symmetrie von Prädiktoren und Kriterium erreicht werden kann (Schmidt, Bernhardt, Wittmann, Lamprecht 1987). Symmetrie meint dabei, dass inhaltlich vergleichbare Variablen zwischen den Messungen in Beziehung gesetzt werden. Im Gegensatz dazu bedeutet Asymmetrie, dass unterschiedlichste Prädiktoren (objektive Daten, soziodemographische Variablen oder Testwerte) bezüglich ihres Zusammenhangs auf nur ein Kriterium hin untersucht werden. Der Summen-Index wird dabei auf der Kriterienseite über eine Aggregation von Einzelvariablen gebildet. Zum Prinzip der Datenaggregation nach Wittmann (1985) fasst Nübling (1992, S. 20) zusammen, dass es unter Berücksichtigung zahlreicher Prädiktor-, Treatment- und Kriterienvariablen zu einer „Parameter- bzw. Faktoreninflation" kommen kann, was sich nachteilig auf die Höhe der Korrelationen zwischen Prädiktoren und Kriterien auswirkt. Die spezifische Datenaggregation unterschiedlicher Variablen kann aber auch zu einer Reliabilitätssteigerung im Sinne einer Testverlängerung führen. Fishbein und Ajzen (1975) bzw. Ajzen und Fishbein (1980) entwickelten den Aggregationsansatz innerhalb ihres REACT-Modells (theory of reasoned action). Sie unterscheiden spezifische Verhaltensweisen (single acts) von Verhaltenskategorien bzw. -klassen (multiple acts). Verhaltenskategorien entstehen durch die Auswahl spezifischer Verhaltensweisen (Items), die als bedeutsam erachtet werden, über die mittels einer Null-Eins-Kodierung (s.g. Dichotomisierung) ein Index gebildet wird.

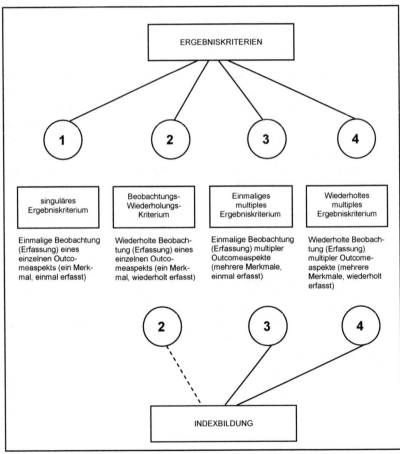

Abb. 7.1.1.-1.: Typen von Ergebniskriterien nach Wittmann und Schmidt (1983)
(geändert aus: Schmidt, Bernhard, Wittmann, Lamprecht 1987, S. 294)

Fishbein und Ajzen (1975) konnten damit zeigen, dass sich durch eine derartige Indexbildung wesentlich bessere Kriteriumsprognosen ergeben (Nübling 1992). Kritisch anzumerken bleibt jedoch, dass dieses Vorgehen auch problematisch werden kann, wenn Daten unspezifisch aggregiert und eventuelle Gewichtungen außer Betracht gelassen werden.

7.1.1.1. Das multiple Ergebniskriterium EMEK nach Schmidt et al. (1987)

Für eine weitergehende Auseinandersetzung mit multiplen Ergebniskriterien, soll zunächst das EMEK (Einmaliges multiples Ergebniskriterium) vorgestellt und anschließend unter Berücksichtigung weiterer Gesichtspunkte diskutiert werden.
Insgesamt wurden 17 verschiedene Ergebnisaspekte ungewichtet zu einem Summen-Index verknüpft und explorativ (itemanalytisch, faktorenanalytisch) untersucht (Tab. 7.1.1.1.-1.). Dabei handelt es sich um Angaben zu Beschwerden, derzeitigem Befinden, Gesundheitszustand, Allgemeinbefinden, Arztbesuche, Leistungsfähigkeit, Umgang mit alltäglichen Belastungen, Medikamentenkonsum, Zuversicht, Rentenantragsstellung und Zufriedenheit mit der Partnerbeziehung zum Zeitpunkt der Ein-Jahres-Katamnese. Die Itembasis bildeten dabei subjektive Einschätzungen mittels veränderungssensitiver Fragen und quasiobjektiver Angaben der Patienten ein Jahr nach Entlassung aus der Klinik. Um die Daten zu aggregieren, wurden alle 17 Ergebnisitems mit 0 und 1 dichotomisiert. Wenn ein Proband angab, dass sich die Beschwerden zumindest etwas gebessert haben, wurde eine 1 vergeben. Sofern sich eine Null-Veränderung bzw. Verschlechterung der Beschwerden ergab, wurde eine 0 vergeben. Somit konnte theoretisch jeder Patient auf dem EMEK einen Wert zwischen 0 und 17 erreichen. Ein höherer Wert steht demnach für eine Mehrzahl verbesserter Ergebnisaspekte als bei Patienten mit geringeren Werten. Die Itemmittelwerte können nach diesem Schema als „Erreichungsprozente" (Schmidt et al. 1987, S. 296) der singulären Ergebnisaspekte interpretiert werden. Insgesamt ergaben sich mehrheitlich positive Veränderungen. Vergleichende Korrelationsanalysen zwischen einem Einzelkriterium (Beschwerdebesserung) und dem multiplen Ergebniskriterium sowie mit insgesamt 52 Prädiktoren aus den Bereichen sozialmedizinischer, soziodemografischer Variablen sowie Persönlichkeitsmerkmalen und Behandlungs-

variablen ergaben keine großen Unterschiede in der Höhe der Koeffizienten. Jedoch zeigte sich ein deutlich höherer Zusammenhang zwischen katamnestischer Nutzenbeurteilung der Patienten mit dem multiplen Ergebniskriterium (Schmidt et al. 1987). Dieses Ergebniskriterium wurde im Folgenden weiter überarbeitet (Wittmann 1994, 1995, Wittmann, Nübling, Schmidt 2002, Schmidt et al. 2003), auf insgesamt 27 Einzelbereiche erweitert und beinhaltet neben nicht monetär bewertbaren Bereichen auch fünf monetär bewertbare Bereiche – in Tabelle 7.1.1.1.-1. kursiv gedruckt – und wurde neben der Psychosomatik auch im Bereich der Suchtbehandlung angewendet (Wittmann 1995, 1996). Eine Indexbildung zur Zusammenfassung mehrerer Einzelaspekte kann folglich nicht nur auf der Seite der Kriterien zu Vorteilen führen, sondern auch auf der Prädiktorenseite. Zu beachten ist dabei, dass diese auf der gleichen Ebene ansetzen (zum Symmetrieprinzip s.a. Wittmann 1985). Das führt auf beiden Seiten zu einer strukturierten, überschaubaren und systematischen Reduktion der interessierenden Dimensionen (Wittmann 1985).

Tab. 7.1.1.1.-1.: Multiples Ergebniskriterium zum Zeitpunkt der Katamnese EMEK_27

1	Veränderung des allgemeinen Zustandes (zum Katamnesezeitpunkt)
2	Veränderung „Lebensqualität"
3	Veränderung körperliche Verfassung
4	Veränderung seelische Verfassung
5	Veränderung Allgemeinbefinden
6	Veränderung Leistungsfähigkeit
7	Veränderung Beschwerden
8	Veränderung Gesundheitszustand
9	Veränderung Umgang mit Problemen /alltäglichen Belastungen
10	Veränderung Beziehung zu Bezugspersonen
11	Veränderung Beziehung zum Partner
12	Veränderung Familienleben
13	Veränderung Arbeitsfähigkeit
14	*Veränderung Anzahl der Arztbesuche (1 Jahr vor und 1 Jahr nach HB)*
15	Veränderung Wohlbefinden

Fortsetzung Tabelle 7.1.1.1.-1.

16	Veränderung Umgang mit Problemen
17	Veränderung Fähigkeit zur Selbsthilfe
18	Veränderung Ertragen von Enttäuschungen
20	*Veränderung Zurechtkommen mit der Arbeit*
21	Veränderung Belastbarkeit
22	Veränderung Auskommen mit Mitmenschen
23	Veränderung Leben können mit Einschränkungen/Problemen
24	Veränderung Ausgeglichenheit
25	*Veränderung Tablettenkonsum*
26	*Veränderung Krankenhaustage*
27	*Veränderung Arbeitsunfähigkeitszeiten, Fehltage*

(aus: Wittmann 1996, S. 30)

Es kann jedoch nicht allein primäres Ziel sein, die Kriteriumsprognosen zu verbessern, was durch die Dichotomisierung erreicht wird, da Extremwerte unterschiedlicher Personen in einem Einzelmaß auf nur einen gemeinsamen Wert – null oder eins – reduziert werden. Wird dieses Vorgehen mit mehreren Kriteriumsmaßen vollzogen und darüber ein Summenindex gebildet, müssen sich zwangsläufig höhere Vorhersagekoeffizienten ergeben. Ein grundsätzliches und nicht zu vernachlässigendes Problem für die Veränderungsdiagnostik besteht in der Informationsausschöpfung, unabhängig davon, ob dies auf Prädiktor- und/oder Kriterienseite vollzogen wird. Sofern eine mehrstufige Einschätzung durch die Patienten in der Ergebnisbefragung vorgesehen ist und diese dann anschließend in 1 gebessert und 0 unverändert bzw. verschlechtert dichotomisiert wird, geht eine Vielzahl wichtiger Informationen verloren. Bei dieser Art der Dichotomisierung ist eine Betrachtung der Outcomeaspekte nur noch auf Gruppenebene möglich, indem die Mittelwerte i.S.v. „Erreichungsprozenten" (s.o.) der summierten Einzelaspekte betrachtet werden. Grawe und Braun (1994, S. 243) meinen dazu, dass „...*die Veränderungsmessungen zwar an Einzelpersonen erhoben, aber dann in der Regel zu gruppenstatistischen Kennwerten und zu inhaltlichen Ergebnisaussagen auf der Ebene von Behandlungsgruppen verarbeitet*" werden. Sofern dem Praktiker jedoch interindividuelle Unterschiede bzw. einzelne Ergebnisbereiche des multiplen Ergebniskriteriums eines Patienten interessieren, steht diese Information nicht mehr zur Verfügung. *"Psychotherapiepraktiker sind aber vor allem an Aussagemöglichkeiten auf der Ebene des Einzelfalls interessiert"* (Grawe, Braun 1994, S. 243). Darüber hinaus werden keine „Null-Veränderungen" und/oder Verschlechterungen durch die Behandlung, sondern nur mehr oder weniger auftretende Verbesserungen sichtbar. Alle Probanden, die in den Items des multiplen Ergebniskriteriums keine Veränderung bzw. ausschließlich Verschlechterungen angeben, entziehen sich somit einer differenzierten Betrachtung. Daraus ergibt sich, dass nur diejenigen Patienten berücksichtigt bleiben (auch wenn dies nach medizinischen oder psychologischen Interventionen nur sehr selten vorkommt), die eine Änderung in mindestens einem Einzelaspekt in die therapeutisch gewünschte Richtung angeben. Diese sind m.E. jedoch wichtig, um notwendige Anhaltspunkte zur Qualitätsverbesserung der Behandlung gewinnen zu können sowie die daraus resultierenden Anpassungen von Behandlungskonzepten zu entwickeln. Darüber hinaus stellt sich die Frage, ab welchem Punktwert ein Patient auf diesem Globalmaß eine bedeutsame Veränderung in die gewünschte Richtung erreicht. In einem multiplen Ergebniskriterium mit insgesamt 27 Veränderungsaspekten sollte, will man sich der neuen Gesetzeslage des SGB IX nicht entziehen, auch angegeben werden, in wie vielen Einzelbereichen mindestens eine „leichte" Verbesserung (kodiert mit 1) erzielt werden sollte, um von einer erfolgreichen Behandlung sprechen zu können. Zudem ist es fraglich, ob eine leichte Veränderung, die der Patient subjektiv angibt, auch einen zumindest kleinen Effekt im Sinne eines Effektmaßes hatte. Dieses Problem wird später wieder aufgegriffen (vgl. Kap. 7.3). Will sich die medizinische Rehabilitation vor dem Hintergrund der Bemühungen um eine konsequente Qualitätssicherung mit den in die gewünschte Richtung erreichten Veränderungen am Patienten nicht nur selbst „beweihräuchern", dann sind gerade Informationen über diese „Null"-Veränderungen bzw. „Verschlechterungen" für die qualitätsorientierte Weiterentwicklung von Behandlungskonzepten wichtig. Dies kann und muss sich nicht auf alle Bereiche der Behandlung beziehen, sondern betrifft vielmehr Teilbereiche. Ein anderer nicht zu vernachlässigender Aspekt betrifft die Ergebnisqualität einer Behandlung, welche eng mit dem Zufriedenheitskonzept verknüpft ist (z.B. Schmidt, Lamprecht, Wittmann 1989; Tomczak, Dietrich 1996; Schmidt 1997; Groß-Engelmann 1999; Stapel 2003). Die Ergebnisqualität bezieht sich hier auf das für verschiedene Normen, z.B. DIN ISO EN 9000 grundlegende Qualitätsmodell von Donabedian (1980). Sofern ein Patient aus einer Heilbehandlung mit subjektiv berichteter nicht-veränderter oder gar verschlechterter Beschwerde- und Problemlage entlassen worden ist, wird sich dieser sicher auch nicht als zufrieden (i.e.S. qualitativ gut medizinisch bzw. psychotherapeutisch behandelt) mit der Behandlung äußern und somit der behandelnden Klinik eine nicht befriedigende Ergebnisqualität bescheinigen. Einerseits wird ein Kostenträger, der von den Behandlungsergebnissen Kenntnis erlangt (Beschwerden Seitens der Patienten), seine Belegungspraxis der Klinik überdenken und Nachweise über qualitätssichernde Maßnahmen einfordern. Andererseits wird dieser Anteil der Patienten sicher wieder einmal vor einer Klinikwahlentscheidung stehen. In Zeiten wachsenden Wettbewerbs zwischen den Kliniken ist jeder Patient für das „Überleben am Rehabilitationsmarkt" wichtig. Sollte ein Patient mit subjektiv berichteten „Nicht-Veränderungen" bzw. Verschlechterungen und seiner persönlichen unveränderten bzw. gar verschlechterten Beschwerde- und Problemkonstellation aus der Heilbehandlung entlassen werden und damit verbunden sich unzufrieden über die Behandlungsergebnisse äußern, kann sich dies auf das Qualitätsimage der Klinik (Zielke 1995; Stapel 2003) negativ auswirken. Daraus folgt für den Fall einer wiederholten Rehabilitationsbehandlung, dass sich dieser Patient wohl für eine andere Klinik entscheidet und zudem anderen potenziellen Patienten diese Klinik nicht empfehlen wird. Noch extremer wäre der Fall, wenn diese Patientengruppe sich dazu entschließt deshalb nie wieder in eine psychosomatische Heilbehandlung zu begeben. Es ist allzu menschlich und auch durchaus verständlich, dass sich unzufriedene Patienten bei den Kostenträgern beschweren und sich negativ über die Einrichtung äußern. Ziel ergebnisqualitätssichernder Maßnahmen ist letztendlich die Zufriedenheit des „Kunden" Patient. Der Umgang mit Kundenbeschwerden sollte deshalb auch zum Anlass für die Sicherung der Ergebnisqualität genommen werden. Die Ergebnisqualität muss also, wenn ein erfolgreiches Beschwerdemanagement installiert werden soll, bereits nach der Entlassung aus der Heilbehandlung ansetzen. Katamnestische Ergebniserhebungen werden insgesamt als wünschenswert angesehen, jedoch werden für die Bearbeitung von Beschwerdefällen bereits Outcome-Maße benötigt, die direkt nach Entlassung aus der Heilbehandlung erhoben wurden.

7.2. Evaluation in der Psychotherapiepraxis

Ausgangspunkt ist die Diskussion um die Qualitätssicherung in der Psychotherapie. Ein unverzichtbarer Bestandteil der Qualitätssicherung ist nach Grawe und Braun (1994) die Qualitätskontrolle. Dabei geht es um die Kontrolle der Übereinstimmung von Ist- und Sollwerten. Zudem waren die Autoren an einem Instrument interessiert, welches sich in den psychotherapeutischen Alltag integrieren lässt, ohne größeren Aufwand betreiben zu müssen. Mit Hilfe einer einfachen Visualisierungsmethode s.g. „Figurationen", wurden Computerprogramme entwickelt, die es ermöglichen mit einem sehr geringen Aufwand und in sehr kurzer Zeit Veränderungsinformationen anschaulich zu visualisieren. Bemerkenswerter Weise stellten sie darüber hinaus fest, dass die Patienten diese Messungen weniger als Zumutung empfinden. Denn wenn der Therapeut die Messungen als selbstverständlichen, integralen Bestandteil der Therapieplanung sowie der Verlaufs- und Ergebniskontrolle behandelt und die Ergebnisse mit den Patienten bespricht, empfinden sie dies als besondere Sorgfalt des Therapeuten und entwickeln ein starkes Interesse daran, was mit einer Erhöhung der Compliance am Therapieprozess einhergehen kann. In ihrer Arbeit „Qualitätskon-trolle in der Psychotherapiepraxis" konstatieren Grawe und Braun (1994), dass bis dahin sehr viele unterschiedliche Messmethoden zur Abbildung des Therapieprozesses und des Therapieergebnisses entwickelt und evaluiert worden sind. Dahingegen wenden sie ein, dass die extreme inhaltliche Differenzierung und das methodische Niveau der Forschungsbemühungen eine Schwelle erreicht hat, die es der Praxis schwer macht mit den Forschungsergebnissen kompetent umzugehen. Daraufhin unterbreiteten sie einen Vor-schlag, der die Möglichkeiten der Veränderungsdiagnostik für die tägliche psychotherapeutische Arbeit unter der Maßgabe der Kontrolle der Prozess- und Ergebnisqualität nutzen und umsetzen sollte. Als Ergebnis konnte ein Computerprogramm entwickelt werden, welches den Veränderungsverlauf während einer Therapie in anschaulicher Weise abbildet. Diese Abbildungen nennen sie „Figurationen", die sehr schnell berechnet werden können, so dass sie als Entscheidungsgrundlage bereits für die nächste Therapie-sitzung zur Verfügung stehen. Abbildung 7.2.-1. stellt den Ablauf dieser Verlaufsuntersuchung graphisch dar. Zu klären ist nun die Frage, welche Instrumente für eine solche Veränderungsverlaufs-diagnostik in Frage kommen. Grawe und Braun (1994) schlagen eine Standardbatterie vor, welche um

Instrumente direkter Veränderungs-messung ergänzt werden sollte. Um die individuelle Problemlage des Patienten abzubilden, wird die Batterie zudem um entsprechende Instrumente ergänzt, z.B. durch Depressions- oder Angstskalen. Gleichzeitig betonen sie aber, dass die verwendeten Standardinstrumente nicht zwangsläufig verwendet werden müssen.
In Abbildung 7.2.-1. wird deutlich, dass auf die Kriterien zur Ermittlung des Ausmaßes an Veränderungen auf die indirekte und direkte Veränderungsmessung zurückgegriffen wird. Die Vortest-Nachtest-Differenz hat sich als weit verbreitetes Maß durchgesetzt. Bei dieser Methode zur Einschätzung der Wirksamkeit psychotherapeutischer Interventionsprogramme werden die zu einem späteren Zeitpunkt erhobenen Maße von denen zu einem frühren Zeitpunkt erhobenen Maße abgezogen. Damit werden eventuell auftretende Probleme, welche bei der Festlegung von Normen auftreten können umgangen, da die Maße an denselben Personen erhoben werden. Die Relevanz dieser Kriterien müssen jedoch eingeschätzt werden (Hager, Hasselhorn 2000). Eine Alternative zu der genannten Methode ist die globale retrospektive Schätzung der erreichten Veränderungen zu einem Zeitpunkt nach der Intervention. Hier werden die Veränderungen direkt eingeschätzt, d.h. es werden Erhebungen aus einem früheren Zeitpunkt nicht explizit einbezogen (Zur Kritik an der „direkten" Veränderungsmessung vgl. Kohlmann, Raspe 1998). Auch diese Form der Veränderungsbeurteilung wird von Grawe und Braun (1994) unter Verwendung des VEV (Veränderungen im Erleben und Verhalten, Zielke 1999b, Zielke, Kopf-Mehnert 2001b) einbezogen. Um Missverständnisse zu vermeiden sollen hier kurz die beiden Varianten der angesprochenen Veränderungsmessung erläutert werden. Bei der ersten Variante wird retrospektiv die wahrgenommene Veränderung gegenüber einem Bezugspunkt erfasst und zu den Kategorien verbessert, unverändert oder verschlechtert zugeordnet. Diese Methode der „direkten" Veränderungsmessung wird im VEV verwendet. Bei der zweiten Variante, die auch unter der Bezeichnung quasi-indirekte Veränderungsmessung (Schmidt et al. 2003, Steffanowski et al. 2003) bekannt ist, wird retrospektiv der erinnerte Prä-Status erhoben. Die Veränderung wird als Differenz zwischen Post-Status und erinnertem Prä-Status erhoben.

Ergebnisdimensionen und Erfolgsmaße

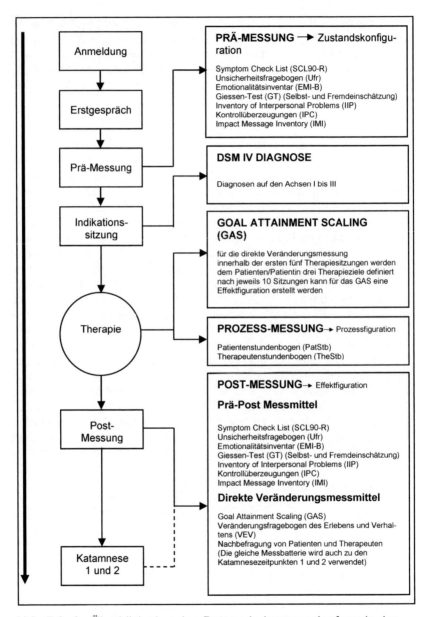

Abb. 7.2.-1.: Überblick über den Datenerhebungsverlauf sowie der verwendeten Messinstrumente
(aus: Grawe, Braun 1994; S. 244)

Um nun zu der Effektkonfiguration zu gelangen, werden die Patientendaten aus den Fragebögen nach dem üblichen Verfahren der Testauswertung ausgewertet und die korrespondierenden Normwerte nach den entsprechenden demografischen Merkmalen des Patienten für die einzelnen Subskalen der Messinstrumente berechnet. Damit gelangt man zu der für diesen Test gewählten Metrik bzw. Normenverteilung, z.B. T-Werte. Um die Unterschiede in der Metrik zu beseitigen wurden die Skalenwerte durch eine lineare Transformation in eine gemeinsame Metrik, der z-Metrik mit einem Mittelwert von 0 und einer Standardabweichung von 1, transformiert. Die Metrik der Veränderungswerte wurde so gewählt, dass positive Werte eine Verbesserung, negative Werte eine Verschlechterung und eine Null keine Veränderung bedeutet. Somit kann über alle Skalen ein Veränderungsprofil für jeden einzelnen Patienten gezeichnet werden. Dem individuellen Veränderungsprofil wurde das Gruppenprofil einer Referenzgruppe mit einem Streuungsbereich von einer Standardabweichung über und unter dem Gruppenmittelwert gegenüber gestellt. Die aus der Berner Psychotherapievergleichsstudie (Grawe, Caspar, Ambühl 1990) ermittelten Effektwerte, die auf der Basis dieser Referenzgruppe produziert wurden, bilden die Norm für die Bewertung der Ergebnisqualität. Um zu den Effektstärken zu gelangen wird der individuelle Veränderungswert eines Patienten aus der direkten Veränderungsbeurteilung ins Verhältnis zur Streuung der Veränderungswerte der Referenzgruppe gesetzt. Das heißt, die Prä-Post-Differenzen werden ins Verhältnis zu der von der Behandlung noch unbeeinflussten Streuung der Prätest-Werte gesetzt. Der Vergleich des individuellen Effektstärkeprofils mit dem Profil der Referenzgruppe erlaubt dann Aussagen bezüglich der Ergebnisqualität (Grawe, Braun 1994).
Auch wenn es das Thema der vorliegenden Arbeit nur tangiert, soll hier kurz die Art der Zustandsfiguration erwähnt werden. Mit Hilfe der Zustandsfiguration, die mit den Prätest-Werten berechnet wird, kann der Therapeut dem Patienten wichtige Hinweise auf Problembereiche geben, welche in dem explorativen Erstgespräch eventuell übersehen oder anders eingeschätzt wurden. Diese Art der Figuration bedient sich dem interpersonalen Kreismodell (Kiesler 1982). Dieses Modell liefert in sehr anschaulicher und verständlicher Weise Abbildungen, welche die Ausprägung des Patienten auf den erhobenen Dimensionen wiedergeben. Die Aktualität der Figuration in der von Grawe und Braun (1994) berichteten „Praxis der Qualitätskontrolle" wird in dem Computerprogramm „Rehab-Cycle standard" deutlich,

welche als erste ICF-basierte Software für das Rehabilitationsmanagement beworben wird (Stucki, Steiner, Huber, Aeschlimann 1999).

7.2.1. Effektstärkenberechnung

Maier-Riehle und Zwingmann (2000, S.190) definieren Effektstärken[8] als *„deskriptive, dimensionslose Kennwerte, die im Fall eines Mittelwertvergleichs die Mittelwertsdifferenz in Standardabweichungseinheiten ausdrücken".* Effektstärken werden nach Hager *„als mögliche (wenn auch nicht zwingende) statistische Operationalisierungen für die Intensität einer Wirkung begriffen." „Es gilt dabei: Je größer der statistische Effekt unter sonst gleichen Bedingungen, desto größer ist auch die Intensität der Wirkung."* (Hager 2000, S.160). Die Effektstärke ist jedoch abhängig von den Kriteriumsmaßen. Je weniger ein Anforderungs-Transfer in Bezug auf die Interventionsinhalte notwendig ist, um so höher ist die Effektgröße unter gleichen Bedingungen zu erwarten. Daneben hängt sie aber auch von der Verschiedenheit der jeweiligen Situation ab. Je ähnlicher die Erhebungssituation der Interventionssituation, desto höher ist auch hier der Effekt zu erwarten. Selbiges trifft zu, wenn der zeitliche Abstand der Ergebnismessung in Bezug auf das Ende der Intervention gering ist (Hager 2000). Effektstärken zur Beurteilung der Wirkung einer Intervention unterliegen auch unter-schiedlichen Wertigkeiten. Sofern sich in einem Kriteriumsmaß ein großer Effekt zeigt, ist dies zunächst positiv zu bewerten. Wenn dieser Effekt zur Katamneseerhebung verschwindet, kann nicht von einer zeitlich stabilen Wirkung gesprochen werden.

Neben den genannten Aspekten ist die Größe des statistischen Effekts auch von den an der Intervention teilnehmenden Personen, wie z.B. deren intellektueller und kognitiver Ausgangsstatus abhängig. Gleiches trifft auf die Personen und ihren Erfahrungen mit dem Interventionsprogramm zu, welche die Intervention durchführen. Darüber hinaus ist die Effektstärke von der Gruppengröße, von den institutionellen Rahmenbedingungen und von der interindividuellen Unterschiedlichkeit der bei der Problembearbeitung aktivierten kognitiven Prozesse abhängig.

---

[8] Der Begriff Effektstärken wird zumeist nur in der deutschsprachigen Literatur, im Gegensatz zu Effektgrößen verwendet. Hager und Hasselhorn (2000) schlagen deshalb vor, das englische Wort „effect size" mit „Effektgröße" zu übersetzen, um mögliche Verbindungen zu dem Begriff „Teststärke" zu vermeiden.

Zusammenfassend meint Hager (2000, S.161), dass „*die Werte von Effektgrößen über mehrere Untersuchungen, ja sogar in einer Untersuchung mit mehreren Kriteriumsmaßen oder abhängigen Variablen trotz einer möglicherweise „gemeinsamen Metrik" nicht miteinander vergleichbar sind.*". Dennoch stellen Effektgrößen seiner Ansicht nach, die „*relativ beste Möglichkeit dar, die Intensität einer Wirkung auf statistischer Ebene zu operationalisieren.*" (Hager 2000, S.161). Welche statistischen Kennwerte werden als Effektgrößen verwendet? Für den standardisierten Mittelwertsabstand wird ein Vergleich zweier Mittelwerte zwischen den Versuchsgruppen zu einem Zeitpunkt gebildet. Smith, Glass und Miller (1980) bzw. Smith und Glass (1977) waren die ersten, die für den Bereich der Psychotherapie das Ausmaß der Veränderung in den Behandlungsgruppen in Effektstärken dargestellt haben. Das Konzept der Effektstärke geht auf Cohen (1969, 1988, 1992) zurück, der für unterschiedliche statistische Testverfahren Effektstärke-Indizes definiert hat. Bei der konzipierten Art der Effektstärkenberechnung wird die Differenz des Mittelwertes der Behandlungsgruppe und des Mittelwertes einer Kontrollgruppe im Post-Test ins Verhältnis zu der Streuung der Posttestwerte in der Kontrollgruppe gesetzt.

$$d = \frac{\mu_{EG\ post} - \mu_{KG\ post}}{\mu_{KG\ post}}$$

Formel zur Effektstärkenberechnung nach Smith und Glass (1977)
(aus: Grawe, Braun 1994, S.251)

Diese Art der Ermittlung von Behandlungseffekten setzt allerdings das Vorhandensein einer Kontrollgruppe voraus. Um zu standardisierten Behandlungseffekten zu gelangen, wenn eine Kontrollgruppe fehlt, wird oft auch die Differenz zwischen Behandlungs- und Kontrollgruppe durch die mittlere Prä-Post-Differenz innerhalb der Behandlungsgruppe ersetzt (Grawe, Braun 1994). Basis der Standardisierung ist dann die Streuung der Prä-Werte, die über alle Messzeitpunkte gepoolte Streuung der Prä- und Post-Testwerte oder die Streuung der Prä-Post-Differenzen.

Häufig stehen in rehabilitationswissenschaftlichen Untersuchungen aus o.g. Gründen keine Kontrollgruppen zur Verfügung. Aus diesem Grund sollen an dieser Stelle kurz einige häufig verwendete Effektstärke-Indizes vorgestellt werden. Ein wichtiger Punkt bei der Wahl der Effektstärkenvariante ist nach Hartmann und Herzog (1995) die Frage nach der Wahl der Standardabweichung, die in die Berechnung eingeht sowie die Frage nach ihrer Sinnhaftigkeit und inhaltlicher Begründbarkeit der Verwendung. Am Gebräuchlichsten ist die Standardisierung an der Standardabweichung der Prä-Werte, die Standardisierung an der gepoolten Standardabweichung der Prä- und Post-Werte und die Standardisierung an der Standardabweichung der Prä-Post-Differenzen. Bei der Standardisierung an der Standardabweichung der Prä-Werte werden, wie in allen anderen Fällen der Effektstärkeberechnung für einen Eingruppen-Prä-Post-Untersuchungsplan auch, die Mittelwerte des Prä-Tests von den Mittelwerten des Post-Tests abgezogen. Die entscheidende Standardisierungsgröße ist hier, dass die Differenz aus den Prä- und Post-Mittelwerten ins Verhältnis zu der Standardabweichung der Prä-Werte gesetzt wird. Zufällige Mittelwertsveränderungen werden bei dieser Art der Effektstärkenberechnung um diese Zufallskomponente korrigiert, da sich die Mittelwertsdifferenz auf die Verteilung zum Eingangszeitpunkt bezieht.

$$ES_{prä} = \frac{M_{prä} - M_{post}}{SD_{prä}}$$

Diese Art der Standardisierung wird für Ergebnisse von gesundheitswissenschaftlichen Veränderungsmessungen ausdrücklich empfohlen und wird auch in der vorliegenden Untersuchung verwendet, wobei davon ausgegangen wird, dass die Standardabweichung der Prä-Werte eine Schätzung der Standardabweichung der Prä-Werte der fehlenden Kontrollgruppe darstellt (Kazis, Anderson, Menan 1989). Daneben ist diese Art der Effektstärkenberechnung für Verlaufsuntersuchungen besonders empfehlenswert, weil die Standardisierung der Mittelwertsdifferenzen zu jedem Erhebungszeitpunkt anhand der selben Standardabweichung vorgenommen wird. Das bedeutet, dass die Effektsstärke die Mittelwertsentwicklung über die Zeit direkt abbildet. Eine Effektstärke von eins bedeutet, dass der Mittelwert der Stichprobe nach der Behandlung um eine Standardabweichung über bzw. unter[9] dem Mittelwert vor der Behandlung liegt.

---

[9] Es ist eine inhaltliche Entscheidung, ob der Prä-Mittelwert von dem Post-Mittelwert abgezogen wird oder umgekehrt. Hat eine psychotherapeutische Intervention eine Symptomreduktion als Zielgröße, dann sollte sich dies auch in der Effektgröße ausdrücken. Der Betrag bleibt davon unberührt.

Bei der Variante der gepoolten Effektstärkenberechnung wird die Mittelwertsdifferenz ins Verhältnis zu der gepoolten Standardabweichung der Prä- und Post-Werte gesetzt. Für den Eingruppen-Prä-Post-Untersuchsplan entspricht die gepoolte Standardabweichung der Wurzel aus dem Mittelwert der Prä- und Post-Varianzen, da jeweils eine Prä- als auch eine Post-Messung vorliegt.

$$ESpool = \frac{M_{prä} - M_{post}}{\sqrt{\frac{(N_{prä}-1) \times SD^2_{prä} + (N_{prä}-1) \times SD^2_{prä}}{N_{prä} - N_{post} - 2}}}$$

Die gepoolte Standardabweichung aus den Prä- und Post-Standardabweichungen stellt in Korrespondenz zu experimentellen Studiendesigns, eine bessere Schätzung der Populationsstandardabweichung dar, als die der Prä-Standardabweichung. Eine Effektstärke von eins bedeutet für den vorliegenden Fall, dass der Stichprobenmittelwert bezüglich der geschätzten Verteilung der Populationswerte nach der Behandlung um eine Standardabweichung höher liegt als vor der Behandlung. Bei dieser Effektstärkenberechnung ist darauf hinzuweisen, dass zwar mögliche zufällige Veränderungen korrigiert werden – bei zeitlich konstanter Varianz stellt sich die gleiche Effektstärke ein, die sich aus der Standardisierung an der Standardabweichung der Prä-Werte ergibt – dabei aber die Varianzveränderungen von der Prä- zur Post-Messung berücksichtigt werden müssen. Aufgrund der möglichen Varianzerweiterung durch die Intervention ist das Pooling der Varianzen nicht unproblematisch bzw. nicht zulässig, wenn die Varianzen der Prä- und Post-Werte nicht homogen sind. Eine Varianzerweiterung führt zu kleineren Effekten, wobei die Kritik von Hartmann und Herzog (1994) nicht gelten kann, dass eine Intervention als risikobehaftet gelten muss, weil in der Interventionsgruppe nicht vergleichbare mittlere Veränderungen erzielt werden. Eine Varianzerweiterung setzt darüber hinaus nicht unbedingt eine Verschlechterung einzelner Patienten voraus, denn sie liegt auch dann vor, wenn die Patienten von der Behandlung in unterschiedlichem Ausmaß profitieren (Maier-Riehle, Zwingmann 2000). Zu berücksichtigen bleibt aber, dass eine Varianzerweiterung auch ein Indiz für die unterschiedliche Wirksamkeit der Intervention sein kann. Eine Varianzreduktion führt in jedem Fall zu größeren Effektstärken, unabhängig davon, ob sich die Patienten einheitlich im äußersten Range angestrebter Veränderungen (Verschwinden der Beschwerden) oder im mittleren Range intendierter Veränderungen (leichte Beschwerdebesserung) befinden. Stellt man einen Vergleich der beiden bisher genannten Effektstärkenvarianten mit experimentellen Studien her, so ist festzuhalten, dass sich die zur Standardisierung herangezogenen Standardabweichungen in beiden Fällen auf die Verteilung der Messwerte beziehen (Maier-Riehle, Zwingmann 2000). Grawe und Braun (1994) haben die Effektstärke aus der Mittelwertdifferenz der Vorher-Nacher-Untersuchungen anhand der Standardisierung an der Standardabweichung der Prä-Werte mit Therapievergleichsstudien (vgl. Grawe, Donati, Bernauer 1994) verglichen und kamen zu dem Ergebnis, dass die durchschnittlichen Effektstärken um .36 höher sind als die aus kontrollierten Untersuchungen. Dies resultiert aus dem Anteil an Veränderungen die auf spontane Remission oder zwischenzeitliche Einflüsse zurückzuführen sind, welche aus der Gegenüberstellung mit einer Kontrollgruppe bereits ausgeschlossen sind. Es ist aber auch möglich, wie Maier-Riehle und Zwingmann (2000) berichten, dass Effektstärken von unkontrollierten Ein-Gruppen-Prä-Post-Designs kleiner ausfallen, als die in einer entsprechenden kontrollierten Studie. Dies ist dann der Fall, wenn sich Veränderungen (i.S.v. Verschlechterungen) im Untersuchungszeitraum innerhalb der Kontrollgruppe ergeben. Dabei greifen sie auf eine Reanalyse von 45 Meta-Analysen (Lipsey, Wilson 1993) aus dem Bereich pädagogischer und psychologischer Interventionen zurück. Hier sollte der mittlere Unterschied zwischen Effektstärken aus kontrollierten Studien mit Effektstärken unkontrollierter Studien ermittelt werden. In 36 von 45 Fällen ergab sich eine größere mittlere Effektstärke für unkontrollierte Studien, aber auch in neun Fällen eine größere mittlere Effektstärke für kontrollierte Studien.

Bei der hier als letzte vorgestellte Variante zur Berechnung der Effektstärke wird die Mittelwertdifferenz ins Verhältnis zu der Standardabweichung der Prä-Post-Mittelwertdifferenz gesetzt. Bortz und Döring (1995) definierten für den t-Test für abhängige Stichproben eine Effektstärke d', wobei die Mittelwertdifferenz ins Verhältnis zu der Standardabweichung der Prä-Post-Mittelwertdifferenzen gesetzt wird multipliziert mit der Wurzel aus zwei.

$$d' = \frac{\mu_1 - \mu_2}{\sigma_D} \times \sqrt{2}$$

Die Multiplikation rührt daher, dass lediglich eine anstatt zwei Stichproben untersucht werden. Darauf aufbauend werden auch Effektstärkenberechnungen durchgeführt, bei denen die Standardisierung an der Standardabweichung der Differenzen (ES_{Diff}) erfolgt, wobei nicht mit der Wurzel aus zwei multipliziert wird. Diese Variante wird in der amerikanischen Lebensqualitätsforschung auch ohne eine Multiplikation mit der Wurzel aus zwei durchgeführt (Maier-Riehle, Zwingmann 2000)

$$ES_{Diff} = \frac{M_{prä} - M_{post}}{\sqrt{SD^2_{prä} + SD^2_{post} - 2 \times r \times SD_{prä} \times SD_{post}}}$$

Bei gleichen Prä-Post-Standardabweichungen gilt die vereinfachte Beziehung:

$$ES_{Diff} = \frac{M_{prä} - M_{post}}{SD_{prä} \times \sqrt{2 \times (1-r)}}$$

Bei der skizzierten Version wird die Mittelwertsdifferenz nicht an der Variabilität der Messwerte standardisiert, sondern an Hand der Verteilung der Differenzen, woraus folgt, dass die Standardisierung an der Unterschiedlichkeit individueller Veränderungen erfolgt. Im vorliegenden Fall drückt eine Effektstärke von eins aus, dass die Mittelwertsdifferenz der Stichprobe die gleiche Größe besitzt wie die Standardabweichung der individuellen Veränderungen. Die Standardabweichung der Prä-Post-Mittelwertsdifferenzen lässt sich auch aus den Prä- und Post-Varianzen und der Korrelation der Messwerte beider Zeitpunkte errechnen. Die Interpretation dieser Effektstärke ist nicht unproblematisch, denn je höher die Korrelation der Messwerte zwischen den Zeitpunkten ist, desto geringer wird die Standardabweichung der Differenzen und je größer wird die Effektstärke. In Abhängigkeit von der Korrelation der Messwerte können kleine Mittelwertsveränderungen zu sehr großen Effektstärken und umgekehrt große Mittelwertsveränderungen zu sehr kleinen Effektstärken führen. Da ein direkter Zusammenhang zwischen der skizzierten Effektstärke und der Korrelation der Messwerte beider Erhebungszeitpunkte besteht, wird diese Art der Effektstärkenberechnung für Verlaufsuntersuchungen nicht empfohlen. Selbst bei konstanten Mittelwertsdifferenzen über die Zeit wird die Effektstärke mit zunehmendem zeitlichem Abstand zu der Intervention abnehmen, da in Verlaufsuntersuchungen zumeist die Korrelation der Prä-Werte mit den Werten einer Nacherhebung um so geringer ausfällt, je größer der zeitliche Abstand ist (Maier-Riehle, Zwingmann 2000). Grawe (1996) kritisiert diese Art der Effektstärkenberechnung und nimmt dabei Bezug auf die Studie von Hautzinger et al. (1996), welche nicht die empirischen Korrelationen in die Formel zur Effektstärkenberechnung an Hand der Standardabweichung der Mittelwertsdifferenzen einsetzten, sondern die Korrelation für die Post-Erhebung mit r=0,5 und für die Ein-Jahres-Katamnese von r=0,3 schätzten. Das bedeutet, dass bereits a priori festgelegt ist, dass zum Katamnesezeitpunkt eine geringere Effektstärke gegenüber der Post-Erhebung resultiert selbst wenn die Mittelwertsdifferenz (Prä-Katamnese-Mittelwertsdifferenz) zum Katamnesezeitpunkt besser ist als zum Post-Zeitpunkt (Prä-Post-Mittelwertsdifferenz).

Aus den bisherigen Ausführungen ergibt sich die Frage nach der Verwendbarkeit von Effektstärken und ihrer Bewertung. Die absolute Höhe der Effektstärke stellt auch nach der Transformation auf die gleiche Effektstärkenmetrik noch keine aus-reichende Information für die Bewertung des Behandlungserfolges dar (Grawe, Braun 1994) und unterliegen, wie die Ergebnisse statistischer Tests auch, erheblichen Zufallsschwankungen (Hager, Hasselhorn 2000). Gerade in Bezug auf die erforderliche Größe des statistischen Effektes, die mindestens erreicht werden muss, um von einer wirksamen Intervention sprechen zu können, gehen die Meinungen auseinander (Hager 2000). Es wird betont, *„dass es eine befriedigende oder gar verbindliche Lösung des Problems der Bewertung von Effektgrößen für alle Interventionsmaßnahmen nicht gibt, nicht einmal für alle diejenigen, die nach irgendeinem Kriterium vergleichbar oder ähnlich sind, ja, nicht einmal für die Kriteriumsmaße in ein und derselben Untersuchung."* (Hager 2000, S. 161). Grawe und Braun (1994) sind der Auffassung, dass bei der Interpretation von Effektstärken keine unterschiedlichen Berechnungsvarianten eingesetzt werden sollten, denn diese führen zu unterschiedlich hohen absoluten Werten, welche nichts mit dem eigentlichen Behandlungserfolg zu tun haben sondern nur auf die Art der Berechnung zurückzuführen ist.

Die Einteilung der Effektstärken von Cohen (1988) in kleine ($d \geq 0{,}2$), mittlere ($d \geq 0{,}5$) und große Effektstärken ($d \geq 0{,}8$) wird einvernehmlich übernommen, doch ist die Beurteilung der Größe der Effektstärke im Einzelfall, je nach Untersuchung und gewählten Kriterien zu entscheiden. Ein kleiner statistischer Effekt kann in einer vergleichenden Evaluation als sehr bedeutsam interpretiert werden. Im Gegensatz dazu kann ein großer Effekt in einer isolierten Evaluation als unbedeutend bewertet werden (Hager 1998). Darüber hinaus kritisiert Hager (2000), dass Effektstärken zumeist einen von Null unterschiedlichen Wert annehmen, und das auch dann, wenn aus einem statistischen Test ein insignifikanter Unterschied oder Zusammenhang resultiert. Die Verwendung von Effektstärken ist besonders dann vorteilhaft, wenn aufgrund eines zu geringen Stichprobenumfangs ein statistischer Test insignifikant bleibt. Damit ist es möglich, trotz einem statistisch nicht bedeutsamen Ergebnisses von einem bedeutsamen Effekt der Intervention zu sprechen. Zu beachten gibt er jedoch, dass die Effektgröße mit den aufgestellten statistischen Hypothesen und den zur Prüfung ausgewählten statistischen Tests übereinstimmen.

Auch vor dem Hintergrund der „Suche nach den Sternen" – gemeint ist die Hoffnung der Forscher statistisch bedeutsame also signifikante Ergebnisse bei der Überprüfung ihrer aufgestellten statistischen Hypothesen zu erhalten (dazu auch Rosenthal 1979 mit dem „file drawer"-Problem[10] in Metaanalysen) – schlägt Hager (2000) vor, die statistische Hypothesentestung systematisch mit der Bestimmung von Effektstärken zu verbinden. Der statistische Nachweis, dass die Wirkung einer Intervention größer ist als zufällige Schwankungen kann so mit der Effektgröße direkt in Zusammenhang gebracht werden, da diese angibt wie intensiv die Wirkung der Intervention ausfällt. Ansätze zur Lösung des Problems der Bewertung von Effektgrößen und Testung von Wirksamkeits- und Wirksamkeitsunterschieden finden sich bei Hager (2000).

7.3. Multiple Veränderungskriterien (EVEK, KVEK)

In der vorliegenden Untersuchung soll der Versuch unternommen werden, den Verlauf psychosomatischer Erkrankungen – im Speziellen nicht-endogene depressive Erkrankungen – zu untersuchen. Darüber hinaus sollen Therapiekonzeptbeurteilungen der Patienten zur Vorhersage der Ergebnisse und des kurz- und langfristigen Verlaufs stationärer verhaltensmedizinischer Behandlungen bei psychosomatischen Erkrankungen identifiziert werden.

---

[10] Nur signifikante Ergebnisse haben eine Chance publiziert zu werden.

Ergebnisdimensionen und Erfolgsmaße

Die Datenbasis liefert die Studie von Zielke et al. (2001), in der eine umfangreiche Informationsbasis zu unterschiedlichen Einzelaspekten des Krankheitsverhaltens psychosomatisch erkrankter Patienten geschaffen wurde, indem das gesamte Krankheitsverhalten in einem zweijährigen Zeitraum vor und nach einer stationären verhaltensmedizinischen Behandlung dokumentiert wurde.

In Anbetracht der neuen Gesetzeslage (SGB IX), bei der die International Classification of Function, Disability and Health (ICF) verbunden mit dem Krankheitsfolgen-Modell grundlegend ist, werden derartige Untersuchungen notwendig. Ziel dieser Studie ist es zum Einen, das Handlungsmodell des mündigen Patienten, der sich zum Experten im Umgang mit der eigenen Krankheit und Gesundheit entwickelt, abzubilden (Zielke et al. 2001) und zum Anderen zu zeigen, dass die Bemühungen darum einen hohen volkswirtschaftlichen Nutzen besitzen.

Wie bereits oben beschrieben besteht das Ziel einer psychologischen Intervention in einer Veränderung des Ausgangszustandes, welche häufig in mehreren Einzelkriterien operationalisiert und gemessen wird. Problematisch ist, dass gerade bei der Effektstärkenberechnung jedes Maß für sich alleine betrachtet wird. Sofern ein Veränderungs- bzw. Effektmuster von Interesse ist, kommt man an dieser Stelle nicht weiter. Denn gerade für Verlaufsuntersuchungen psychischer Störungen ist wohl die individuelle Zielerreichung prioritär, jedoch hängt der Grad der individuellen Zielerreichung auch mit dem Ausmaß der individuellen Veränderung zusammen. Ohne den Willen der Patienten etwas für den Gesundungsprozess zu tun und ein Ziel zu formulieren, worauf während einer therapeutischen Interventionsmaßnahme hingearbeitet werden kann, werden sich nur zufällige Veränderungen in den Beschwerden ergeben. Es liegt die Vermutung nahe, dass psychosomatisch erkrankte Menschen trotz unterschiedlicher Behandlungsdiagnosen ein mehr oder minder gemeinsames Beschwerdebild aufweisen. Dies ist gekennzeichnet durch depressive Verstimmungen, welche mit anderen psychischen, sozialen und somatischen Beeinträchtigungen assoziiert sind. Somit soll dieses Beschwerdemuster folgend als ein übergeordnetes Konstrukt des psychischen Befindens formuliert werden. Zielke (1979) konnte bereits vor geraumer Zeit faktorenanalytisch zeigen, dass unterschiedliche Skalen zur Erfassung von Symptombelastungen einen Generalfaktor bilden, der einen sehr hohen Varianzanteil auf sich vereint.

Um den Verlauf psychischer Erkrankungen abbilden zu können, soll mit Hilfe der indirekten Veränderungsmessung (i.e.S. Effektstärkenberechnung) ein Veränderungskriterium operationalisiert werden, das dazu geeignet ist, das Behandlungsergebnis sowie den Verlauf psychosomatischer Erkrankungen auf der Basis eines solchen Konstrukts abzubilden. Es geht dabei nicht in erster Linie darum, die Wirkung einer Heilbehandlung nachzuweisen, die ohnehin mit singulären Ergebniskriterien erfasst werden kann, sondern ein Veränderungsmuster zu operationalisieren, welches den vielfältigen Symptomausprägungen psychosomatischer Erkrankungen gerecht wird. In der vorliegenden Untersuchung wurden etablierte Screeninginstrumente verwendet, bei denen es sich im einzelnen um das Beck-Depressions-Inventar (BDI), das Beck-Angst-Inventar (BAI), den Stressverarbeitungsfragebogen (SVF), die Psychosomatische Symptom-Checkliste (PSCL), dem Fragebogen zur Untersuchung der Lebenszufriedenheit (LEZU) und dem Fragebogen zu Funktionseinschränkungen und körperliche Belastbarkeit (FUKB 3) handelt. Frydrich, Laireiter, Saile, Engberding (1996) empfehlen ein symptomorientiertes Screening zur Standardisierung der Diagnostik und Evaluation in der Psychotherapie, welches u.a. zur Ermittlung von Veränderungswerten mittels Effektstärkenberechnungen und klinisch signifikanten Veränderungen in Prä-Post-Vergleichen herangezogen wird. In dem Screening inbegriffen sind neben der sozialen und biographischen Anamnese v.a. Instrumente zur Erfassung der Lebenszufriedenheit, Depressivität, Ängstlichkeit, psychosomatischen Symptome und körperlichen Beschwerden. Um zu Veränderungswerten zu gelangen ist es notwendig, dass diese in der Standardeingangsroutine erfassten Maße auch zum Ende der Heilbehandlung bzw. in Nachuntersuchungen erhoben werden, um Veränderungsaussagen indirekt zu erfassen. Diese Vorgehensweise ähnelt der von Grawe und Braun (1994) vorgestellten Möglichkeit der Qualitätskontrolle in der Psychotherapiepraxis. Es werden mehrere Instrumente zur Eingangs- und Entlassdiagnostik eingesetzt und Veränderungswerte bestimmt. Diese werden dann neben anderen Berechnungen in Effektstärken umgerechnet. Abbildung 7.3.-1. illustriert das Veränderungskriterium EVEK. Um zu den Veränderungsmustern zu gelangen, werden zunächst die Mittelwertsveränderungen in Effektstärken umgerechnet und positiv kodiert. Diese Effektstärken werden dann in Analogie zu Schmidt et al. (1987) dichotomisiert. Das heißt, sofern eine Veränderung in die therapeutisch gewünschte Richtung erreicht ist, wird in Korrespondenz zu Cohens Einteilung der Effektstärken

(Cohen 1988) ab einer Effektstärke von d≥.2 eine 1 vergeben. Die Höhe der Effektstärke von ES=.2 soll sicherstellen, dass nur bei denjenigen Patienten eine Verbesserung kodiert wird, bei denen sich auch eine Wirkung im Sinne eines kleinen Effekts zeigt. Damit wird aber auch deutlich, dass dieses Kriterium die Veränderungen eher konservativ bemisst.

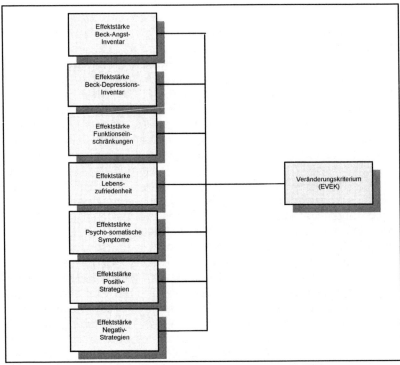

Abb. 7.3.-1.: Das multiple Veränderungskriterium EVEK

Wenn sich in einem Einzelmaß eine Veränderung unter dem Effektstärkemaß von d≥.2 oder eine Veränderung in die therapeutisch *nicht* gewünschte Richtung (negative Veränderung) ergibt, wird eine 0 vergeben. Somit können die Werte auf dem Veränderungskriterium zwischen den Werten null bis sieben variieren. Die Einzelwerte können dann auch hier als „Erreichungsprozente" interpretiert werden. Problematisch ist aber auch, dass die Höhe der erzielten Verände rungen in den Einzelkriterien durch die Dichotomisierung verloren geht.

8. „Patientenexpertise" und „Behandlungstransfer" als Bedingungen erfolgreicher psychosomatischer Rehabilitation

8.1. „Patientenexpertise"

Es besteht ein allgemeiner Konsens über die Funktion der Rehabilitation, welche die Aufgabe hat, betroffenen Menschen eine Hilfestellung bei der Bewältigung einer Behinderung oder einer chronischen Erkrankung zu geben. Sie soll dem Betroffenen dabei helfen, sein Krankheitsverständnis und Krankheitsverhalten zu verändern, um weitgehend und möglichst selbstständig am alltäglichen Leben in Familie, Beruf und Gesellschaft teilnehmen zu können. Aus diesem Grund sind patientenbezogene Faktoren für die Rehabilitationsforschung von großer Bedeutung. Zentral dabei ist, dass die Patienten mit individuell sehr unterschiedlichen Voraussetzungen eine Rehabilitationsmaßnahme beginnen. Das betrifft die oft sehr spezifischen Problemlagen und sozialen Hintergründe, unterschiedliche Erwartungen an die Rehabilitationsbehandlung und dem Aufenthalt im Allgemeinen. Die Motivation zur Verhaltensänderung ist oft dürftig, weil viele Patienten in der psychosomatischen Rehabilitation ein eher somatisches Krankheitsverständnis besitzen und über sehr unterschiedliche Bewältigungsressourcen und -strategien verfügen. Darüber hinaus sind sie vor dem Hintergrund meist sehr lang zurückliegender Erstmanifestationszeiten ihrer Erkrankung mit durchschnittlich sieben bis zehn Jahren, langen Arbeitsunfähigkeitszeiten (Zielke 1993b) und dem schwierigen Zuweisungskontext der Rentenversicherungsträger für eine psychotherapeutische Behandlung oft schwer zugänglich. Häufig kommen die Patienten auch nicht freiwillig zur stationären Rehabilitationsbehandlung, weil im Grunde ein Versorgungswunsch im Sinne einer vorzeitigen Rentenzahlung vorliegt (Bischoff, Schulze, v. Pein, Czikkelky, Limbacher 2003).

Das bedeutet für die psychosomatische Rehabilitation, dass sie an den individuellen Voraussetzungen des Patienten anknüpfen muss, um eine wirksame Behandlung zu gewährleisten. Um den Patienten zum Experten im Umgang mit seiner Krankheit werden zu lassen, ist das primäre Ziel der Rehabilitation ein verändertes Krankheitsverhalten, an der sich die berufliche Reintegration anschließt. Dazu müssen Patienten zunächst lernen ihre individuelle krankheitsbedingte Problemlage zu erkennen und zu akzeptieren, um hilfreiche Bewältigungsstrategien zu entwickeln oder auszubauen, welche sie anschließend in den persönlichen Alltag integrieren. Das bedeutet, dass der Patient lernen muss, die auftretenden Symptome und Funktionseinschränkungen richtig einzuordnen, um darauf entsprechend zu reagieren. Gerade für Patienten die unfreiwillig zu einer Rehabilitationsbehandlung aufgenommen werden, gilt darüber hinaus, dass sie die gesetzlichen Grundlagen erklärt und den Zuweisungskontext der Rentenversicherungsträger auf verständliche Weise erläutert bekommen. Gerade in dieser Subgruppe der Patienten wird der therapeutische Misserfolg ausschließlich als Konsequenz des Berentungswunsches interpretiert (Bischoff et al. 2003). Zudem muss der Patient angehalten werden gesundheitsschädliche Gewohnheiten abzulegen und einen gesundheitsfördernden Lebensstil anzunehmen.

Um diesem Ziel näher zu kommen, werden Patientenschulungen zum integralen Bestandteil jeder psychosomatischen Rehabilitationsmaßnahme. Diese beinhalten die Informationsvermittlung für einen adäquaten Umgang mit der Erkrankung sowie die Einordnung der Kenntnisse in das Alltagsleben, um so den Übergang des geänderten Krankheitsverhaltens in die Eigenverantwortung zu erleichtern und den Transfer in den Alltag nach Beendigung der Maßnahme zu gewährleisten. Das bedeutet, dass die subjektive Sicht des Patienten in angemessener Weise berücksichtigt werden muss, denn der Betroffene bemisst den Rehabilitationserfolg letztendlich an der subjektiven Wahrnehmung seines Gesundheitszustandes.

8.1.1. Patientenschulungen

Mit Hilfe von wissenschaftlich überprüften Schulungsprogrammen soll das Krankheitsverständnis über chronische Erkrankungen der Patienten verändert und ein verbessertes Krankheitsmanagement aufgebaut werden (Petermann 1997). Das beinhaltet u.a. die Vermittlung von Kenntnissen über die Ursachen der Entstehung und des Aufrechterhaltens einer Erkrankung. Voraussetzung für eine erfolgreiche Schulungsmaßnahme ist jedoch die Kenntnis über die individuellen kognitiven und motivationalen Fähigkeiten und Fertigkeiten der Patienten. Das heißt, sofern ein Patient nicht über die Fähigkeiten verfügt, das vermittelte Wissen zu verstehen und ausreichend zu reflektieren, wird die Schulung nicht zu den gewünschten Effekten

führen, was Holler (1999) mit dem Begriff „Beratungsverständnis" bezeichnet.
Ein anderer Punkt ist die transparente Gestaltung des Rehabilitationsprozesses. Hierfür ist es notwendig, dem Patienten die einzelnen Behandlungsschritte zu erklären und ihn bspw. über den Zusammenhang von Sporttherapie und psychotherapeutischen Gruppengesprächen bzw. die Notwendigkeit einzelner Behandlungsmaßnahmen aufzuklären. Die Wahl didaktischer Mittel und Methoden spielt dabei eine wichtige Rolle.
In psycho-edukativen Gruppen werden Aspekte (Tabelle 8.1.1.-1.) allgemeiner wie auch krankheitsspezifischer Art thematisiert. Die Vermittlung von Informationen zum Krankheitsverlauf sollte dabei für die Patienten krankheitsnah erfolgen und hoffnungsvermittelnden Charakter besitzen. Mit erlebniszentrierten und zur Verhaltensänderung motivierenden Gruppenangeboten werden vorhandene Gesundheitspotenziale aktiviert. Nur ein aufgeklärter und informierter Patient wird am Rehabilitationsprozess mitwirken können und auch wollen und sich während der „Übungsphase" in der Rehabilitationseinrichtung interessiert und engagiert zeigen, womit letztendlich erst ein Transfer bzw. ein „Umsetzen" in die häusliche Umgebung und in Alltagssituationen ermöglicht wird.

Tab. 8.1.1.-1.: Aspekte der Gesundheitsbildung

Wissen	Notwendige und verständliche Form der Vermittlung von krankheitsspezifischem Wissen, Aufklärung und Beratung
Sensibilisierung Bewusstmachung	Die Sinne, die Stärken, die Schwächen und das Potential des eigenen Körpers unter einer gesundheitsorientierten Einstellung erkennen
Einstellung	Die eigene Rolle für die Erhaltung und Wiederherstellung der eigenen Gesundheit erkennen und die Verantwortung dafür übernehmen
Motivierung	Aus- bzw. Aufbau von Gesundheitsverhalten und Reduktion von individuellem, vermeidbaren Gesundheitsrisiken

(ergänzt aus: Reschke 1994, S. 181)

Bei der Informationsvermittlung ist die Zukunftsorientierung ein wesentliches Element, bei der mögliche Transfer- und Umsetzungsschwierigkeiten antizipiert werden sollen. Denn häufig fällt es Patienten schwer, die in der Therapie erzielten Behandlungsfortschritte im weiteren Verlauf zu stabilisieren sowie angesichts der Auseinandersetzung mit alltäglichen Belastungen und hemmenden (sozialen) Faktoren die noch wenig gefestigten psychischen Veränderungen, Lernerfahrungen und neu erworbenen Fähigkeiten aufrechtzuerhalten und in den privaten und beruflichen Alltag zu integrieren (Husen, Erhardt, Bischoff 2000; Gönner, Bischoff, Husen, Erhardt, Limbacher 2003). Dem Patienten sollten eigene Wissensdefizite, Lernerfordernisse und Lernmöglichkeiten ohne Gesichtsverlust deutlich werden. Dabei ist die Orientierung auf den eigenen Körper, den eigenen Möglichkeiten und dem eigenen Selbstkonzept so zu lenken, dass sich eine Sensibilisierung für Befindlichkeiten und Situationen entwickeln kann. Dies stellt auch hohe Anforderungen an den Moderator dieser Gruppen. Diese beziehen sich in erster Linie auf Erfahrungen in der Anwendung von Techniken der themenzentrierten Interaktion und die Bereitschaft zur persönlichen Beziehungsgestaltung. Daneben müssen sie auf die Patienten emotionsinduzierend und erlebnisaktivierend wirken können und Einstiegsübungen für Gruppen beherrschen (Reschke 1994).

Patientenschulungen besitzen einen unmittelbaren und mittelbaren Effekt auf die Erkrankung, die sich in klinisch bedeutsamen Veränderungen auf medizinisch-biologischer, psychologischer und sozialer Ebene zeigen. Worbach, Vogel, Reusch und Faller (2003) führten eine Studie zu allgemeinen und indikationsspezifischen Einflussfaktoren auf den Erfolg von Patientenschulungen durch. Ihre Ergebnisse zeigen, dass die subjektiv erlebte Gesundheitsveränderung schulungs- und indikationsunabhängig durch allgemeine Selbstwirksamkeit vorhergesagt werden kann und sich hinsichtlich körperlicher und psychischer Probleme bedeutsame Veränderungen ergaben. Auch indikationsspezifische Patientenschulungen, wie z.B. bei einer chronisch obstruktiven Bronchitis (Wittmann, Spohn, Schultz, Pfeifer, Petro 2003) ergaben positive Effekte, die sich in Merkmalen des psychischen Befindens (Lebenszufriedenheit) aber auch in monetär bewertbaren sozialmedizinischen Variablen wie der Reduktion von Krankenhaustagen, Arbeitsunfähigkeitszeiten und Notarzteinsätzen innerhalb von sechs Monaten bzw. eines Jahres nach Abschluss der Heilbehandlung zeigten.

Wie bereits aufgezeigt wurde, stellt die Patientenexpertise im Zusammenhang mit der aktiven Auseinandersetzung mit der eigenen Krankheit verbunden mit der subjektiven Krankheitstheorie einen gewichtigen Faktor für das Behandlungsergebnis dar. Diese reicht vom Erkennen der subjektiven Krankheitstheorie über die Aktivierung vorhandener bzw. noch aufzubauenden Bewältigungsstrategien bis hin zu Informationen zur adäquaten Inanspruchnahme professioneller Hilfen. Den Patienten zum Experten im Umgang mit seiner Erkrankung werden zu lassen sollte in jedem verhaltensmedizinischen Therapiekonzept einer psychosomatischen Fachklinik verankert sein. Darin inbegriffen ist, dass der Patient bereits vor der Aufnahme in die Klinik über die Behandlung informiert wird, was dazu führt, dass sich einerseits der Patient auf die Behandlung einstellen kann, andererseits entwickeln sich dadurch auch auf Seiten der Patienten bestimmte Erwartungen an die Behandlung. In einer eigenen Studie (Stapel 2003) konnte für den Bereich der Kinder- und Jugendlichenrehabilitation gezeigt werden, dass die Vorinformationen einen erwartungsbildenden Faktor darstellen und einen gewichtigen Einfluss auf die Gesamtbeurteilung und somit der Gesamtqualität der Behandlungsmaßnahme besitzen. Neben diesen Vorinformationen sind dem Patienten die Zusammenhänge mit seinen Beschwerden in verständlicher Form zu verdeutlichen, so dass der Kreislauf der Hilflosigkeit durchbrochen und der Weg zum Aufbau bzw. zur Aktivierung von Selbsthilfefunktionen geebnet werden kann. Neben der unabdingbaren individuellen Zielvereinbarung (vgl. Kap. 6), bei denen auch der Weg zum Erreichen dieser Ziele dem Patienten klar aufgezeigt werden muss, ist es wichtig, klare Verhaltensregeln zu definieren, um die Behandlung zu einem erfolgreichen Abschluss zu führen. Das betrifft v.a. den Abbau gesundheitsschädlichen Risikoverhaltens (z.B. Rauchen, Alkoholkonsum) und den Aufbau gesundheitsförderlichen Verhaltens (z.B. körperliche Bewegung). In diesem Zusammenhang steht auch die Aufklärung über die Art der Behandlung. Dem Patienten muss bewusst gemacht werden, warum eine bestimmte einzelne Therapiemaßnahme durchgeführt wird. Es wäre denkbar, dass z.B. ein Patient mit einer „anderen" subjektiven Krankheitswahrnehmung (z.B. Herzproblemen) in die Klinik kommt als es die Indikationsbereiche der Klinik zulassen. Dies steht wieder in einer engen Verbindung mit den Informationen über den Zusammenhang der Beschwerden.

8.2. „Behandlungstransfer"

Neben der Patientenexpertise ist es auch Ziel verhaltensmedizinischer Therapieansätze, dass in dem stationären therapeutischen Rahmen aufgebaute Krankheitsverhaltensspektrum in alltagsnahe Situationen umzusetzen. Um dem näher zu kommen, sollen zunächst die Transfer-Arten und die wesentlichen Transfer-Theorien erläutert werden.

8.2.1. Transferarten

Grundsätzlich werden drei Transferarten unterschieden. Dabei handelt es sich um den Anforderungs-Transfer, den Situations-Transfer und den zeitlichen Transfer. Mit Anforderungs-Transfer oder Übertragung werden Vorgänge beim Lernen oder Denken bezeichnet, welche in einer ersten Aufgabe erworben worden sind und auf eine andere Aufgabe übertragen werden (Dorsch, Häcker, Stapf 1994). Werden z.B. programmferne Aufgaben gewählt kann bei deren erfolgreicher Bearbeitung von Anforderungs-Transfer gesprochen werden (Hager, Hasselmann 2000). Von Situations-Transfer wird gesprochen, wenn etwas Gelerntes auf andere Situationen übertragen wird. Das ist dann der Fall, wenn die Inhalte eines Programms z.B. ein soziales Kompetenztraining auf den Alltag übertragen werden. Hager und Hasselhorn definieren wie folgt: *„Das Ausmaß des zu leistenden Anforderungs-Transfers steigt mit dem Ausmaß der Unähnlichkeit der Kriteriumsaufgaben relativ zu den Aufgaben oder Problemstellungen des Programms. In gleicher Weise steigt das Ausmaß des Situations-Transfers mit der Unähnlichkeit der Erhebungs- im Vergleich zu den Interventionskontexten."* (Hager, Hasselhorn 2000, S. 175). Von zeitlichem Transfer wird gesprochen, wenn programmnahe Aufgaben mit zeitlicher Distanz erfolgreich bearbeitet werden. Man spricht in diesem Fall auch von „Wirkungspersistenz" eines Programms. Der zeitliche Transfer ist um so größer, je zeitlich entfernter er überprüft wird. Aus diesem Grund sind Nachtesterhebungen im direkten Anschluss an das Programm denkbar ungeeignet, zeitlichen Transfer zu prüfen (Hager, Hasselhorn 2000).
Auf welche Theorien geht Transfer zurück? Hasselhorn und Mähler (2000) unterscheiden drei wichtige Transfertheorien, nämlich die Theorie der identischen Elemente, die Theorie des Transfers als Übertragung von Prinzipien und die Theorie des Transfers durch

metakognitive Kontrolle. Erstere beruht auf der Annahme, dass ein Transfer nur dann stattfindet, wenn in der Transfersituation gleiche Elemente vorhanden sind wie in der Lernsituation. Die Theorie des Transfers als Übertragung von Prinzipien nimmt an, dass Transfer dann erfolgt, wenn in der Transfersituation oder Aufgabe in der Transfer zu leisten ist, gleiche Teilprozesse angewendet werden müssen, wie in der Lernsituation oder Lernaufgabe, wobei in der Lernphase Regeln und Lösungsprinzipien vermittelt werden, die als Abstraktion in Transfersituationen angewendet werden. Die Theorie des Transfers durch metakognitive Kontrolle betont die Kontrolle und Überwachung von Informationsverarbeitungsprozessen bzw. Fertigkeiten, wobei Prozesse der Selbstregulation und Selbstkontrolle zentral sind. Mit dem Begriff Metakognition sind unterschiedliche Phänomene, Aktivitäten und Erfahrungen mit dem Wissen und der Kontrolle über die eigenen kognitiven Funktionen verknüpft. Sie können somit eine Art Prozesssteuerungsfunktion bewussten Lernens übernehmen, welche darin besteht, die Problemanforderungen zu erfassen, einen Lösungsplan zu entwerfen, die schrittweise Annäherung an die Lösung zu überwachen und den Lösungsplan ggf. zu modifizieren.

Die meisten Methoden zur Sicherung des Transfers in den unterschiedlichsten psychologischen Anwendungsbereichen bedienen sich häufig nicht nur einer Transfertheorie. Es werden Aspekte aus allen drei Theorien einbezogen, wobei die Selbst-aktivierung und Selbstkontrolle des Individuums für einen Transfer von Fertigkeiten und Strategien zentral sind (Hasselhorn, Mähler 2000). Unterschiedliche Techniken wie selbstgesteuerte Verhaltensformung über Verstärkerpläne, verbale Selbstinstruktion oder situiertes Lernen rücken als Methoden zur Erreichung von Transferwirkungen in den Vordergrund.

Welche Variablen gelten als geeignet, Transferwirkungen zu erfassen? Für die vorliegende Arbeit kann gelten, dass *„ein Testverfahren [...] dann als angemessene abhängige Variable zur Bewertung der Transferwirkungen einer Interventionsmaß-nahme gelten kann, wenn sie sich einerseits direkt auf die Veränderungsziele der Intervention bezieht und sich andererseits hinreichend stark von den Inhalten der Interventionsanforderungen (also den verwendeten Aufgaben und den realisierten Kontexten und Situationen) unterscheidet"* (Hasselhorn, Mähler 2000; S.98).

8.2.2. Förderung und Hindernisse

Um Transfer überhaupt zu ermöglichen ist es erforderlich die Probleme, die Patienten in ihrer häuslichen Umgebung haben in die Therapie mit einzubeziehen. Die häufig anzutreffende Einstellung der Patienten, dass zuerst die Beschwerden beseitigt werden und im Anschluss an die stationäre Behandlung die anderen Probleme angegangen werden sollen, stehen einem Transfer in den privaten Alltag entgegen. Darüber hinaus muss der Patient durch einzelne Behandlungsbausteine, wie z.B. Arbeitsbelastungsproben (Hillert, Staedtke, Heldwein, Toth, Cuntz 2003) oder spezielle Übungsphasen lernen, wie er sich bei auftretenden Symptomen oder Problemen verhalten kann. Schröder (2003) geht davon aus, dass Selbststeuerungs-prozesse eine notwendige Basis für einen erfolgreichen „Behandlungstransfer" sind. Daher müssen in der Behandlung bewusste, effektive und gesundheitsfördernde Selbststeuerungskompetenzen vermittelt werden. Damit wird auch die Notwendigkeit deutlich, dass bereits während der Therapie kontinuierlich Möglichkeiten gesucht werden müssen, wie die in der Therapie entwickelten Änderungsaspekte in die Lebenswelt des Patienten übertragbar sind und auch stabilisiert werden können (Fiedler 1996). Schwarzer (1996, 1999) geht in seinem sozial-kognitiven Prozessmodell des Gesundheitsverhaltens von zwei Phasen, einer Motivations- und einer Volitionsphase aus, welches die Aufnahme und das Beibehalten von Gesundheitsverhalten konzeptualisiert. Dabei spielen Selbstwirksamkeitserwartungen eine zentrale Rolle.

In dem Workshop „Transfer in den Alltag" der Arbeitsgruppe Patientenschulung im rehabilitationswissenschaftlichen Förderprogramm wurde diese Problematik eingehend diskutiert. Der „Behandlungstransfer" besteht demnach aus Einzelschritten, die es – ohne Anspruch auf Vollständigkeit – zu durchlaufen gilt (Höffler 2000). Dabei handelt es sich vorderdringlich um die „Patientenexpertise", denn nur wenn der Patient sein eigenes Krankheitsverhalten als „krank" begreift, wird ein zweiter Schritt, nämlich die Antizipation der Umsetzung des Erlernten oder Erfahrenen in den Alltag erst möglich. Mögliche Widerstände, die eine Umsetzung erschweren, müssen antizipiert sowie soziale Unterstützungsmöglichkeiten gesucht werden. Viele Hindernisse erschweren den „Behandlungstransfer", welche einerseits auf Seiten des Patienten und andererseits auch auf Seiten seines Umfeldes zu finden sind (Höffler 2000) und im Folgenden aufgelistet werden:

Individuelle Hindernisse

- Gewohnheiten, Routineverhalten, Routinedenken
- Fehlende finanzielle Ressourcen
- Gedankliche Abgrenzung der Rehabilitationsmaßnahme vom Alltag
- Das Zielverhalten hat für den Alltag der Patienten nicht genügend Wertigkeit
- Die Kontrollüberzeugung der Patienten ist eher an „powerful others" orientiert
- Mangelndes Selbstbewusstsein und Selbstüberzeugung
- Das „Wie", „Wo", oder „Wann" kann nicht beantwortet werden
- Schamgefühle hinsichtlich des neuen Verhaltens
- Unvermögen ein neues Verhalten zu kommunizieren
- Stress, Zeitmangel hinsichtlich des Ausprobierens neuen Verhaltens
- Die subjektive Erwartung an die Rehabilitationsmaßnahme ist zentriert auf die „Be-handlung" statt auf „Eigen-handlung"
- Die Patienten erkennen nicht, dass sie sich bisher schon teilweise richtig verhalten haben und wurden während der Rehabilitationsmaßnahme dafür auch nicht sensibilisiert bzw. verstärkt
- Ein Vorhaben wird schlicht vergessen
- Patienten haben keine Notizen über ein für den Alltag vorgenommenes Verhalten
- Patienten fühlen sich überfordert, weil sie zu viele Dinge nach der Rehabilitationsmaßnahme ändern sollen

Hindernisse, die in der Umwelt liegen

- Fehlende Angebote vor Ort (z.B. kein Schwimmbad, das am Abend geöffnet hat)
- Die soziale Umwelt vertritt eine andere subjektive Theorie und erzeugt kognitive Dissonanz, auf die Patienten nicht vorbereitet sind
- Der Alltag gestaltet sich differenzierter und komplizierter als gedacht und während der Rehabilitationsmaßnahme dargestellt

Konkrete Ansatzpunkte zur **Förderung des Behandlungstransfers** in den Alltag stellen nach Höffler (2000) folgende Punkte dar:

- Die persönliche Betroffenheit und Emotionalität der Patienten sollte geweckt werden
- Die Patientenschulung knüpft an den Alltag an und fordert keine absoluten Brüche mit einer vor der Rehabilitationsmaßnahme praktizierten Therapie am Heimatort
- Aufgreifen von individuellen Gegebenheiten und Krankheitstheorien
- Aufgreifen und gegebenenfalls Modifizieren der Erwartungen an die Rehabilitation im Sinne einer Beeinflussung in Richtung „Training für den Alltag"
- Betonung der Selbstverantwortung der Patienten
- Aufgreifen und Verstärken der Ressourcen der Patienten
- Die subjektive Theorie von Nachsorge in Richtung eines Feedback-Einholens verändern

Grundsätzlich sollte in Therapiekonzeptionen psychosomatischer Behandlungen eine generelle Aktivierung des Patienten erzeugt werden, gegen seine Erkrankung selbst etwas zu unternehmen, um für sich selbst eine erträgliche Teilhabe am Leben zu ermöglichen. Dabei kann sich die Diskussion mit Mitpatienten als bedeutsame Einflussgröße herausstellen. Schaal, Rohner und Studt (1998) fanden bspw. in ihrer Studie an koronarerkrankten depressiven Patienten im Akutkrankenhaus heraus, dass die Anwesenheit von Mitpatienten im Krankenzimmer als wünschenswert und hilfreich angesehen wird, wobei sich einerseits eine differenzierte emotionale Entlastung, andererseits sich aber auch eine Relativierung der eigenen Beschwerden ergab. Die Anwesenheit von Mitpatienten wird auch dann als therapeutisch hilfreich angesehen, wenn sich die Patienten in anderen Bereichen der Klinik (z.B. im Krankenhauskaffe) treffen und über ihre Erkrankung und deren Bewältigungsversuche sprechen. Gruppentherapeutische Sitzungen können als Initiator einer solchen Gesprächskonstellation angesehen werden. Auch das nähere soziale Umfeld des Patienten spielt bei der Umsetzung neuer Verhaltensweisen eine wesentliche Rolle, denn häufig wird der Kranke geschont, gepflegt, betreut und die selbstverantwortete Lebensgestaltung zunehmend abgenommen, was zu einem subjektiven Krankheitsgewinn auf beiden Seiten führt. Der Frage zum „Behandlungstransfer" des im Rehabilitationsverlauf Erlernten bzw. Erfahrenen in den Alltag wurde auch während der 22. Jahrestagung

"Klinische Psychologie in der Rehabilitation" mit dem Thema "Rehabilitation und sozialer Kontext – Psychologische Konzepte für Klinik und Nachsorge" im September 2003 nachgegangen und diskutiert (Caspar 2003), womit gezeigt werden soll, dass dieses Thema in der gegenwärtigen Diskussion eine bedeutende Stellung einnimmt.

8.3. Therapiekonzeptbeurteilungen zur Vorhersage des Verlaufs psychosomatischer Erkrankungen

Die subjektive Beurteilung des Therapiekonzepts und des Therapieprogramms durch die Patienten wird mit Hilfe eines Entlassfragebogens erhoben. Dieser ist Teil der in die Klinikroutine implementierten Basisdokumentation und wird den Patienten am Tag der Entlassung ausgehändigt. Der Entlassfragebogen erfasst v.a. Ergebnisvariablen, die für das interne Qualitätsmanagement bedeutsam sind und beinhaltet Fragen zu Veränderungen durch die Therapie (Veränderungen der Symptomatik, Problemlösefähigkeiten, Interaktionsverhalten etc.), Fragen zu einzelnen Klinikbereichen (Bezugstherapeuten, medizinische Betreuung, Pflegepersonal), Fragen zu einzelnen Maßnahmen (Einzeltherapie, Gruppenangebote, Sporttherapie), Fragen zu Serviceleistungen (Unterbringung, Essen, Freizeitangebote) und Fragen zum Therapiekonzept und Therapieprogramm (Abstimmung zwischen den Abteilungen, Transparenz, Praxisrelevanz) aus der Sicht der Patienten. Letzteres ist bisher noch nicht zur Vorhersage von Ergebnisaspekten untersucht worden. Insgesamt ist davon auszugehen, dass v.a. die transparente Gestaltung der Therapiemaßnahmen verbunden mit der Aufklärung über Zusammenhänge der Beschwerden mit psychischen Erkrankungen dazu führt, dass Patienten ihr subjektives Krankheitsverständnis und das damit verbundene Krankheitsverhalten aufgeben. In Tabelle 8.3.-1. werden die Items zur Beurteilung des Therapiekonzepts und des Therapieprogramms dargestellt.

Tab. 8.3.-1.: Dimensionen der Beurteilung des Therapiekonzepts und des Therapieprogramms durch die Patienten

Qualitätsimage

Ich finde, in dieser Klinik arbeiten gut ausgebildete und erfahrene Mitarbeiter.

Ich glaube, die Mitarbeiter verstehen was von ihrem Fach.

Das Verhältnis zwischen den Therapeuten und mir war offen und freundlich.

Die Therapeuten arbeiten nach meiner Einschätzung wirklich Hand in Hand.

Nach meiner Einschätzung können sich die Erfolge der Klinik sehen lassen.

Einer Freundin/einem Freund mit ähnlichen Gesundheitsproblemen würde ich diese Klinik sehr empfehlen.

Soviel ich weiß, hat die Klinik einen guten Ruf.

Praxisbezug

Es wurde viel Wert darauf gelegt, mir praktisches Handeln beizubringen.

Ich habe in dieser Einrichtung Fertigkeiten gelernt, die ich im „Leben" gut brauchen kann.

Die Probleme, die ich mit Personen in meiner Umgebung habe, wurden in die Therapie mit einbezogen.

Von mir wurde erwartet, in der Therapie eine aktive Rolle zu übernehmen.

Ich wurde auf die Anforderungen des Berufslebens vorbereitet.

Man kümmerte sich darum, mich auf die Zeit nach der Entlassung aus der Klinik vorzubereiten.

Zusatz: Behandlungserfolg gesamt

Die in der Therapie erzielten positiven Veränderungen kann ich vermutlich zu Hause ...

Transparenz und Verbindlichkeit

Die Therapeuten erklärten mir die Art der Behandlung.

Zwischen mir und den Therapeuten wurden konkrete Absprachen über die Behandlung getroffen.

Mir wurden auf sehr verständliche Art, alle Zusammenhänge mit meinen Beschwerden erklärt.

Alle Abmachungen, die in der Therapie getroffen wurden, wurden auch kontrolliert.

Ich wurde von der Klinik vor der Aufnahme gut über die Behandlung informiert.

Wenn sich neue Problembereiche und Erkenntnisse in der Therapie ergaben, wurde der Behandlungsplan entsprechend angepasst.

Die Beurteilung meiner Arbeits-/Leistungsfähigkeit hat mit meiner eigenen Einschätzung übereingestimmt.

Fortsetzung Tabelle 8.3.-1.

Organisation

Die Behandlungen sind zeitlich gut aufeinander abgestimmt.

Die therapeutischen Maßnahmen begannen pünktlich.

Ich finde, die Patienten strengen sich sehr an, etwas für ihre Gesundheit zu tun.

Auf die Einhaltung der Hausordnung wird nach meiner Einschätzung von allen Mitarbeitern geachtet.

Dies ist eine lebendige Einrichtung.

Die Hausordnung der Klinik finde ich angemessen.

Mangelnde Prozesstransparenz

Mir war manchmal nicht ganz einsichtig, was verschiedene Therapiemaßnahmen miteinander zu tun haben.

Ich hätte von den behandelnden Einrichtungen/Personen besser auf die Behandlung vorbereitet werden sollen.

Ich wusste nie genau, wann meine Behandlung so weit fortgeschritten war, dass sie beendet werden konnte.

Nach meiner Beobachtung sind die Patienten den Therapeuten gegenüber vorsichtig mit dem, was sie sagen.

Durch den Wechsel des jeweils zuständigen Behandlungspersonals ergaben sich ständig Veränderungen in meinem Therapieplan.

(geändert, aus: Dehmlow, Zielke, Limbacher 1999)

In dem Veränderungsfragebogen, der insgesamt 20 Items enthält, schätzen die Patienten auf einer siebenstufigen Skala – von wesentlich gebessert bis wesentlich verschlechtert – die jeweils erlebten Veränderungen zur Symptomatik ein. Zugleich haben sie die Möglichkeit, eine neutrale Position anzugeben, was mit der Stufe „unverändert" ermöglicht wird. Diese Antwortmöglichkeit wurde den Patienten eingeräumt, da es durchaus der Realität entsprechen kann und in der Basisdokumentation, in der die Therapeuten die Veränderungen der Patienten einschätzen ebenfalls die Antwortmöglichkeit „unverändert" verfügbar ist. Für den Veränderungsfragebogen resultiert eine Faktorenstruktur mit insgesamt drei Faktoren die eine Gesamtvarianz von 60% erklären und inhaltlich die interpretierbaren Faktoren (1) „Gesundheitliche Stabilisierung, Veränderungskompetenz und Wohlbefinden, (2) „Soziale Kompetenz, Sensibilität und familiäre Einbindung" und (3) „Leistungsfähigkeit und berufliche Perspektive" ergeben. Für die anderen Ergebnisbereiche werden die Patienten gebeten, auf einer fünfstufigen Skala einzuschätzen, wie sehr diese Aussage auf sie zutrifft. Dabei wird die „forced-choice"-Methodik

angewendet, welche den Antwortenden zu einer Meinungsäußerung bringen soll. Diese Methode erlaubt keine neutrale Position, wie z.B. „weis nicht" oder „sowohl als auch". Der Entlassfragebogen ist v.a. vor dem Hintergrund von Bemühungen um ein effektives Qualitätsmanagement entwickelt worden. Dabei interessiert weniger die durchschnittliche Patientenbeurteilung der Behandlung, sondern vielmehr auf welche Faktoren Unterschiede in der Beurteilung zurückzuführen sind. Dies betrifft Faktoren wie demographische und sozialmedizinische Variablen (z.b. Altersgruppen, Arbeitsfähigkeitsstatus, Rentenstatus etc.) oder auch krankenspezifische Daten wie Diagnosen, Schweregrad oder Vorbehandlungen. Erst durch die Kenntnis über beeinflussende Faktoren kann die Klinikleitung spezifische Konzeptanpassungen im Sinne der stetigen Qualitätsverbesserung veranlassen, um spezielle Behandlungsbausteine für Patientengruppen anzubieten, die schlechtere Beurteilungen aufweisen.
Dieser Fragebogen ist an einer Analysestichprobe von etwa N=2.200 stationär behandelter Patienten aus unterschiedlichen psychosomatischen Fachkliniken entwickelt worden. Die Faktorenstruktur konnte einige Zeit später an einer weiteren gleichartigen Analysestichprobe von N=2.500 Patienten bestätigt werden.

8.4. Fragestellungen und Zielsetzung der Arbeit

Es liegt die Vermutung nahe, dass psychosomatisch erkrankte Menschen trotz unterschiedlicher Behandlungsdiagnosen ein gemeinsames Beschwerdebild aufweisen. Dies ist v.a. gekennzeichnet durch depressive Verstimmungen, welche mit anderen psychischen, sozialen und somatischen Beeinträchtigungen assoziiert sind. Die depressive Störung ist in diesem Zusammenhang auf der syndromalen Ebene zu verstehen. Mit den Worten Wittmanns (1996) wird das Ausmaß an „Demoralisierung" psychosomatischer Patienten durch ein Set an Symptomen wie Depressivität, Ängstlichkeit, ungünstige Stressverarbeitung, psychosomatische Symptome oder Funktionseinschränkungen im Alltag aber auch Lebens(un)-zufriedenheit, welche mehr oder minder bei allen psychosomatischen Patienten gemeinsam auftreten, zu einem Konstrukt des „psychischen Befindens" zusammengefasst und bei Aufnahme in die Klinik erhoben. Im Gegensatz dazu wurde bei Wittmann (1996) das Ausmaß an „Demoralisierung" als zentrales Konstrukt über die Hoffnungen und Erwartungen der Patienten an den Behandlungserfolg durch die medizinische

Rehabilitationsmaßnahme erfasst. Das Ausmaß an „Remoralisierung" wird im vorliegenden Fall über die erzielten Behandlungseffekte mittels standardisierter Mittelwertdifferenzen (Effektstärken) ermittelt, die dichotomisiert zu einem multiplen Veränderungskriterium aggregiert werden. Hierzu wird die standardisierte Mittelwertdifferenz zwischen der Aufnahme und der Entlassung sowie zwischen der Aufnahme und der Nacherhebung zwei Jahre nach Entlassung aus der Heilbehandlung bestimmt. Abbildung 8.4.-1. verdeutlicht die Messzeitpunkte.

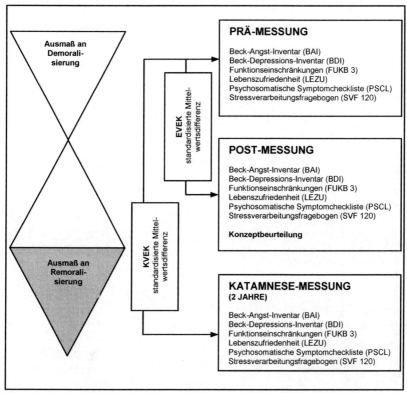

Abb. 8.4.-1.: Messzeitpunkte der Skalen zur Konstruktion eines multiplen Veränderungskriteriums EVEK bzw. KVEK

Die „Patientenexpertise", welche in Tabelle 8.3.-1. unter der Bezeichnung „Transparenz und Verbindlichkeit" beschrieben wird, sollte dabei ein für die Veränderungen zum Zeitpunkt der Entlassung kausal zu interpretierenden Wirkfaktor ergeben, da den Veränderungen die Behandlung und darin inbegriffen alle beratenden und therapeutischen Maßnahmen zeitlich vorangehen. Der „Behandlungstransfer", welcher in Tabelle 8.3.-1. unter dem Label „Praxisbezug" mit dem Zusatz „Behandlungserfolg gesamt" beschrieben wird, sollte ein für die Veränderungen zum Zeitpunkt der Nacherhebung ursächlichen Charakter besitzen, da die Patienten bereits zur Entlassung angeben, inwieweit sie sich in der Lage fühlen, das neu Erlernte in ihre häusliche Umgebung umzusetzen. In der folgenden Abbildung 8.4.-2. wird das Modell verdeutlicht.

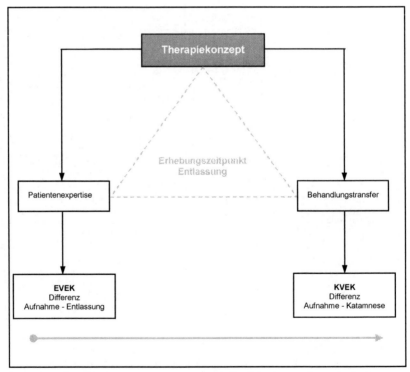

Abb. 8.4.-2.: „Patientenexpertise" und „Behandlungstransfer" als Kausalprädiktoren zur Vorhersage kurz- und langfristiger Behandlungsergebnisse

Weiterhin sollen Verbindungen mit objektiven Daten der Deutsche Angestellten Krankenkasse (DAK) in bezug auf das Arbeitsunfähigkeitsgeschehen und stationären akutmedizinischen Behandlungen sowie ambulanten Arztkonsultationen und weiteren sozialmedizinischen Variablen hergestellt werden. Daraus ergeben sich folgende Fragestellungen:

1.) Die Behandlungsergebnisse der stationären verhaltenstherapeutischen Intervention beeinflussen den Schweregrad depressiver Erkrankungen, d.h. es ist im zeitlichen Verlauf eine bedeutsame Reduktion im Depressionsscore des Beck-Depressions-Inventars zu beobachten.

1.1.) Es zeigen sich Gruppenunterschiede in der Reduktion der Schwere der Depressivität im Beck-Depressions-Inventar bei ausgewählten soziodemographischen und sozialmedizinisch relevanten Variablen wie Geschlecht und Dauer seit der Erstmanifestation der Erkrankung.

Die Diskussion der Behandlungsergebnisse von stationären psychosomatischen Rehabilitationsmaßnahmen bezogen sich lange Zeit ausschließlich auf die Wirkung bzw. Wirksamkeit dieses Interventionsverfahrens. Seit einiger Zeit findet jedoch auch der wirtschaftliche Nutzen einer stationären psychosomatischen Rehabilitationsmaßname große Beachtung. Aus diesem Grund ist eine weitere Fragestellung der vorliegenden Arbeit, den Rehabilitationserfolg anhand objektiver Krankheitsdaten aufzuzeigen. Diese Fragestellung lässt sich folgendermaßen spezifizieren:

2.) Die stationäre verhaltensmedizinische Rehabilitationsmaßnahme bewirkt eine Reduktion der Arbeitsunfähigkeitsfälle und deren Dauer, eine Reduktion stationärer akutmedizinischer Behandlungen und deren Dauer, eine Reduktion des Inanspruchnahmeverhaltens ambulanter Arztkonsultationen sowie eine Reduktion des Konsums von Psychopharmaka.

Bemühungen, den Patienten zum Experten mit seiner Erkrankung werden zu lassen sowie einen Transfer des Erlernten in den Alltag der Patienten zu ermöglichen, stellen zentrale Aspekte der aktuellen rehabilitationswissenschaftlichen Forschung dar. Zum Einen wird mit speziellen, auf die jeweilige Erkrankung der Patienten abgestimmten, Patientenschulungen darauf hin gearbeitet, Fähigkeiten der Patienten zu stärken und Fertigkeiten zu vermitteln, die einen adäquaten Umgang mit der Erkrankung bewirken. Zum Anderen wird bereits während der stationären Behandlung sehr darauf geachtet, dass die

Fähigkeiten und vermittelten Fertigkeiten in den persönlichen Alltag der Patienten transferiert werden können. Um dies zu erleichtern werden z.T. spezielle Transferförderungsprogramme (z.B. Schröder 2003) für die Behandlung entwickelt.

Die genannten Prädiktoren stellen Indikatoren von Therapiekonzeptbeurteilungen durch die Patienten dar. Nur mit Hilfe derartiger Therapiekonzeptbeurteilungen ist ein effektives internes Qualitätsmanagement, das auf eine kontinuierliche und an den aktuellen Ergebnissen orientierten Verbesserungsprozess abzielt, möglich (Dehmlow, Zielke, Limbacher 1999). In der vorliegenden Untersuchung beurteilten die Patienten zum Ende der Heilbehandlung diese therapeutischen Bemühungen. Um den Einfluss dieser speziellen Therapiekonzeptpunkte nachzuweisen und kurz- und langfristige Behandlungsergebnisse psychosomatischer Erkrankungen im Verlauf abzubilden, wurde das multiple Veränderungskriterium des „Psychischen Befindens" operationalisiert, welches eine Mindestwirkung der Therapie in Einzelbereichen dieses Kriteriums voraussetzt. Diese Aspekte lassen sich in folgender Fragestellung festhalten:

3.) Die Indikatoren „Patientenexpertise" und „Behandlungstransfer" erweisen sich in einer simultanen Berechnung als Prädiktoren zur Vorhersage kurz- und langfristiger Veränderungen im psychischen Befinden der Patienten.

Dies begründet sich inhaltlich damit, dass die Kenntnisse für einen adäquaten Umgang mit der Erkrankung während der stationären Heilbehandlung vermittelt werden und sich im langfristigen Verlauf in einem mehr oder minder gelungenem Transfer ausdrücken. Insofern ein derartig angenommener Zusammenhang existiert, besteht die berechtigte Frage, ob sich in Prä-Post-Vergleichen Unterschiede in den objektiven sozialmedizinischen Variablen hinsichtlich gebildeter Gruppen innerhalb der „Patientenexpertise" bzw. dem „Behandlungstransfer" finden lassen. Diese sollen darüber hinaus nach dem Schweregrad der Depressivität im Beck-Depressions-Inventar zur

Aufnahmeuntersuchung unterteilt werden. Daraus ergibt sich folgende Fragestellung:

4.) Es werden Gruppen mit dem Trennwert des theoretischen Skalenmittelwertes der Prädiktoren, die eine Einteilung in mehr bzw. weniger beinhalten, gebildet. In Prä-Post-Vergleichen zeigen sich für die Gruppe mit geringerer Ausprägung auf den Variablen keine statistisch bedeutsamen Veränderungen hinsichtlich des Schweregrades der Depressivität im Verlauf der Erkrankung. Das Gleiche gilt für die Vergleiche hinsichtlich der objektiven sozialmedizinischen Variablen.

9. Die Untersuchung
9.1. Ablauf der Datenerhebung

Sofern ein Versicherter der DAK zur stationären Behandlung in die Klinik aufgenommen wurde, ist ihm die Untersuchung erläutert und um sein Einverständnis zur Dateneinsicht gebeten worden. Hat der Patient dem zugestimmt, wurde der Bezugstherapeut hinsichtlich der bevorstehenden Untersuchungen informiert. Die Aufnahmeuntersuchung wurde in zwei Teile zu je drei Stunden aufgegliedert und innerhalb der ersten Aufenthaltswoche durchgeführt. Nachdem die Einwilligungserklärung vorlag, wurde die Mitglieds- und Leistungsdatei von der DAK-Hauptverwaltung angefordert. Die zweite Untersuchung der Patienten, welche weniger Aufwand nach sich zog, fand in der Entlassungswoche statt. Zu den objektiven Daten der DAK und den eingesetzten Testverfahren, gelangte die Basisdokumentation und eine Kopie des Entlassungsbriefes des behandelnden Arztes in den Datenpool (vgl. Abb. 9.1.-1.).

Die Katamneseuntersuchung wurde auf zwei Jahre nach Entlassung aus der Heilbehandlung festgelegt. Zu diesem Zeitpunkt sind die Katamneseuntersuchungen durchgeführt und die aktuelle Mitglieds- und Leistungsdatei bei der DAK angefordert worden. Da keine individuellen Patientendaten in die Auswertung gelangen sollten, bekam jeder Patient eine Identifikationsnummer, welche sich aus dem Code der Klinik, der Aufnahmenummer und dem Code aus dem jeweiligen Messzeitpunkt zusammensetzt.

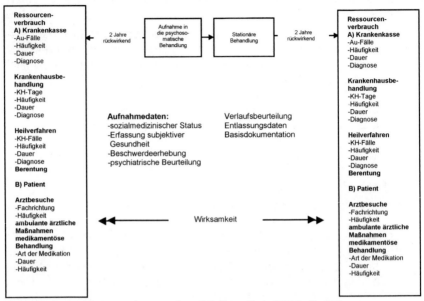

Abb. 9.1.-1.: Untersuchungsplan (Zielke et al. 2001, S. 30)

9.1.1. Probleme in der Ermittlung objektiven Krankheitsverhaltens

Die bislang durchgeführten Analysen zum Krankheitsverhalten von Patienten mit psychosomatischen Erkrankungen begründen die Annahme, dass diese Patienten das medizinische Versorgungssystem stärker in Anspruch nehmen als Patienten mit organischen Erkrankungen (Zielke 1993a, Zielke et al. 2001). Aufgrund der aktu-ellen gesundheitspolitischen Problemlage und in Zeiten geringer Etats der Sozialversicherungsinstitutionen stellt sich mehr und mehr die Frage nach Kostentransparenz und wissenschaftlichem Nach-weis der Wirksamkeit durchgeführter Heilbehandlungen. Hierzu ist es notwendig, „harte" (objektive) Daten (diagnosebezogene Arbeitsunfähigkeitszeiten, diagnosebezogene stationäre akutmedizinische Behandlungen, ambulante Arztkontakte etc.) zur Hand zu haben, um entsprechenden Forderungen in befriedigendem Maß nachkommen zu können. Sofern einer Forschungsfrage mit systematischen Untersuchungen zum objektiv ermittelbaren Krankheitsverhalten und den daraus folgenden realen Krankheitskosten nachgegangen werden soll, stößt man jedoch sehr schnell an Grenzen. Derartige Studien werden als sehr schwierig und aufwendig beschrieben (Zielke et al. 2001). Das betrifft v.a. patientenbezogene Daten über Arbeitsunfähigkeitszeiten, ambulante Arztkontakte und Medikamentenverordnungen. Derartige Daten werden bei den meisten großen Krankenkassen beinahe ausschließlich zur Budgetplanung und weniger zur Steuerung und Bewertung individueller Krankheitsverläufe ihrer Versicherten erhoben. Ambulante ärztliche Leistungen werden über regionale Kassenärztliche Vereinigungen abgerechnet, womit das Problem verbunden ist, dass keine Daten patientenbezogen recherchiert werden können. Auch der individuelle Medikamentenverbrauch lässt sich leider nicht objektiv patientenbezogen nachvollziehen, da die Apotheken den Krankenkassen die verordneten Medikamente gesammelt in Rechnung stellen (Zielke et al. 2001). Demgegenüber werden bei den Rentenversicherungsträgern Daten über aktive Beitragszahlungen an Sozialversicherungsbeiträgen sowie beitragsfreie Zeiten zur Bewertung der Anspruchsberechtigung von Sozialleistungen gespeichert. Es ist einsichtig, dass sich eine Datenzusammenführung somit organisatorisch sehr schwierig und aufwändig gestaltet und überhaupt nur durch eine sehr enge Kooperation aller Beteiligten gelingen kann. Deshalb beschränkte man sich bei der Datenerhebung auf wenige Bereiche der Patientenbefragungen und konzentrierte die Bemühungen auf die Datenzusammenführung der individuellen Krankheitsdaten der Versicherungsinstitutionen der am Projekt teilnehmenden Patienten. Man begrenzte den Zeitraum der Beobachtungen auf zwei Jahre vor dem Beginn der Behandlung und zwei Jahre nach Beendigung der Behandlung. Einerseits aus projektökonomischen Gründen, andererseits befürchtete man, dass kausale Wirkungsannahmen von gezielten Interventionen mit zunehmender zeitlicher Entfernung der Entlassung aus einer Heilbehandlung an wissenschaftlicher Glaubwürdigkeit verlieren (Zielke et al. 2001).

9.2. Beschreibung der verwendeten Messinstrumente

Im Folgenden werden die Messinstrumente, deren Differenzmaße für die Konstruktion des multiplen Veränderungskriteriums verwendet wurden, vorgestellt.

9.2.1. Psychosomatische Symptomcheckliste (PSCL)

Dieser Fragebogen erfasst die Häufigkeit und die Intensität psychosomatischer Symptome. Die erfassten Symptome gelten als Leitsymptome für psychosomatische und psychovegetative Erkrankungen. Dabei handelt es sich um Schmerzen, wie z.b. Kopf-, Rücken- oder Bauchschmerzen oder allgemeine Symptome wie bspw. Schlafstörungen, Niedergeschlagenheit oder Schwächegefühle. Die Patienten werden zur Häufigkeit des Auftretens Symptome befragt sowie um eine Einschätzung der Ausprägung bzw. Intensität der Beschwerden gebeten. Die verwendete fünfstufige Skala zur Einschätzung der Häufigkeit des Auftretens reicht von „tritt täglich auf" (4) über „tritt mehrmals in der Woche auf" (3), „tritt einmal in der Woche auf" (2) und „tritt einmal im Monat auf" (1). Zudem besteht die Möglichkeit anzugeben, dass die erfragten Beschwerden überhaupt nicht auftreten (0). Daneben sollen die Patienten auf einer fünfstufigen Skala die Intensität der Beschwerden angeben. Diese reicht von „extrem beeinträchtigend wenn es auftritt" (4) und „schwer beeinträchtigend wenn es auftritt" (3) sowie „mäßig beeinträchtigend wenn es auftritt" (2) bis hin zur Bewertung „leicht beeinträchtigend wenn es auftritt" (1). Auch hier haben die Patienten die Möglichkeit anzugeben, dass sie sich durch die Beschwerden nicht beeinträchtigt fühlen (0). Um zu einer Aussage zu gelangen, werden die Produkte der Angaben zur Häufigkeit und der Intensität summiert und bilden einen Gesamtscore. (Athanasio, Andrasik, Blanchard, Arena 1984; Zielke 1993a). Dieser Fragebogen wurde den Patienten zu den Zeitpunkten Aufnahme, Entlassung und Katamnese vorgelegt (Zielke et al. 2001). Bei dem beschriebenen Fragebogen handelt es sich um ein sehr änderungssensitives Instrument, da die Häufigkeit und die Intensität des Auftretens der Beschwerden erfasst werden. Es liegen jedoch keine teststatistischen Untersuchungen vor.

9.2.2. Fragebogen zur Untersuchung der Lebenszufriedenheit (LEZU)

Die in der Studie eingesetzte Skala ist von Muthny (1989) als eine zusätzliche Skala zu dem „Freiburger Fragebogen zur Krankheitsverarbeitung" (FKV) entwickelt worden. Die Skala umfasst 12 Items, welche auf einer fünfstufigen Skala unterschiedliche Aspekte der Lebenszufriedenheit erfragen. Hierbei handelt es sich um eher globale Fragen zur Zufriedenheit mit der eigenen Gesundheit, der körperlichen Verfassung, der Zufriedenheit mit dem eigenen äußeren Erscheinungsbild bzw. der Zufriedenheit mit dem Familienleben (Zielke et al. 2001).

9.2.3. Beck-Depressions-Inventar (BDI)

Das Beck-Depressions-Inventar ist ein Screeninginstrument zur Erfassung der depressiven Symptomatik, welche durch die Methode der Selbstbeurteilung erhoben wird. Das Inventar gilt als ein weit verbreitetes und bewährtes Instrument zur Erfassung der derzeitig vorhandenen depressiven Symptomatik. Es basiert auf klinischen Beobachtungen der Beschwerden und Klagen depressiver Patienten und wird seit mehr als 20 Jahren im deutschen Sprachraum angewendet (Zielke et al. 2001). Die inhaltliche Gestaltung erklärt die häufige Verwendung des BDI. Die Items bilden nahezu alle Diagnosekriterien des DSM III ab, was eine hohe inhaltliche Validität des Instruments verspricht. Jedes von den 21 Items beinhaltet jeweils vier Aussagen, welche in einfachen Sätzen mit aufsteigender Ausprägung die depressive Symptomatik mit zunehmender Ausprägung beschreibt. Die Aussagen stellen sich z.B. für die traurige Stimmung folgendermaßen dar:

„0 = ich bin nicht traurig"
„1 = ich bin traurig"
„2 = ich bin die ganze Zeit traurig und komme nicht davon los"
„3 = ich bin so traurig oder unglücklich, dass ich es kaum noch ertrage"

Der Patient wird aufgefordert aus jeder Aussagengruppe diejenige Aussage zu markieren, die am Besten beschreibt, wie er sich im Verlauf der letzten Woche, einschließlich des Befragungstages, gefühlt hat. Mehrfachantworten sind möglich, wenn diese gleichermaßen zutreffend sind. Die Ausprägung der depressiven Symptomatik wird durch die Summation der jeweils am Höchsten zählenden Aussage bestimmt. Die Streubreite des Summenwertes bewegt sich zwischen 0 und 63 Punkten, wobei Patienten mit Werten unter 11 Punkten als normal und unauffällig bezeichnet werden. Sofern ein Punktwert zwischen 11 und 17 Punkten erreicht ist, wird von einer milden bis mäßigen Ausprägung der depressiven Symptomatik ausgegangen. Als klinisch relevante Depression gilt ein Punktwert ab 18 Punkten. Die Gütekriterien stellen sich wie folgt dar: Für die Test-

Halbierungs-Reliabilität wird im Handbuch ein Wert von .72 angegeben. Die interne Konsistenz der Skala ergab in mehreren unterschiedlichen Stichproben Werte des Cronbach's α von α=.73 in einer Stichprobe von nicht depressiven älteren Menschen (Gallagher, Nies, Thompson 1982) bzw. α=.95 in einer Stichprobe männlicher Alkoholiker (Steer, McElroy, Beck 1982). In einer Stichprobe ambulant behandelter Patienten zeigte sich eine Konsistenz von α=.86 (Beck, Steer 1984). Darüber hinaus besitzt der BDI eine gute differenzielle Validität, denn er erlaubt eine sichere Trennung von depressiven und nicht depressiven Patienten (Beck 1970; Richter 1991). Die Gütekriterien sind somit als zufriedenstellend zu bewerten. Darüber hinaus finden sich deutlich positive Zusammenhänge zwischen dem BDI und anderen Selbst- und Fremdbeurteilungsmaßen der depressiven Symptomatik. Die auch als konvergente Validität bezeichnete Korrelation zwischen den unterschiedlichen Methoden zur Beurteilung der Depressivität ergeben Validitätskoeffizienten zwischen r=.58 (Schaefer, Brown, Watson, Plemel, DeMotts, Howard, Petrik, Balleweg, Anderson 1985) bei gemischten Stichproben und r=.89 in einer Stichprobe psychiatrischer Patienten (Harrell, Ryon 1983) mit dem Verfahren MMPI-D (Depressionsskala des Minnesota Multiphasic Personality Inventory). Darüber hinaus gilt der BDI als ein änderungssensitives Instrument (Beck, Steer, Garbin 1988). Außerdem konnte wiederholt gezeigt werden, dass mit fortscheitender Therapie und abnehmender Schwere der depressiven Symptomatik die Punktsummenwerte bei klinisch relevant depressiven Patienten geringer ausfallen (Hautzinger, Bailer, Worall, Keller 1995).

9.2.4. Beck-Angst-Inventar (BAI)

Mit diesem Selbstbeurteilungsinstrument werden verschiedene Empfindungen erfasst, wie sie im Allgemeinen in Angst auslösenden Situationen erlebt werden. Dazu zählen Empfindungen wie Schwindel oder Benommenheit, Herzrasen oder Herzklopfen, Erstickungsgefühle. Aufgabe der Probanden ist es, auf einer vierstufigen Skala anzugeben, wie stark sie sich in der letzten Woche einschließlich des Befragungstages durch die Angstempfindungen belastet fühlten. Die auf der Skala zu markierende Ausprägung der Empfindungen reicht von „überhaupt nicht" bis hin zu „ich konnte es kaum aushalten". Ausgewertet wird das Beck-Angst-Inventar, indem ein Gesamtscore über alle 21 Items gebildet wird. Die Retestreliabilität beträgt für 48 Stunden r=.90 und für 14 Tage r=.68. Die interne Konsistenz (Cronbach´s α) des Inventars beträgt in einer repräsentativen Stichprobe mit einem Umfang von N=3.000 der deutschen Allgemeinbevölkerung α=.88 (Zielke et al. 2001). Bei Patienten mit Angststörungen beträgt die interne Konsistenz α=.92. Für Patienten mit anderen Diagnosen liegen vergleichbare Werte vor. Hinweise für die konvergente Validität des Instruments ergeben sich aus einer hohen Korrelation mit dem State Trait Angst Inventar (STAI) und anderen Angstmaßen. Statistisch nicht bedeutsame Korrelationen ergeben sich mit konstruktfernen Variablen wie Essverhalten oder Zufriedenheit mit der Partnerschaft (Markgraf, Ehlers 2000). Zudem weisen Patienten mit Angststörungen deutlich höhere Werte im BAI auf als Patienten mit anderen psychischen Störungen oder psychisch gesunde Personen (Zielke et al. 2001). Der BAI ist auf unterschiedliche klinische Stichproben als auch für die Allgemeinbevölkerung normiert. Hierfür existieren Prozentrangnormen sowie T-Werte.

9.2.5. Stressverarbeitungsfragebogen (SVF 120)

Der Stressverarbeitungsfragebogen erfasst die Wahrscheinlichkeit, auf welche Art ein Proband in unterschiedlichen Belastungssituationen auf Stress reagiert. Jedes Item beschreibt ein mögliches Reaktionsverhalten einer Person, wenn sie sich durch etwas beeinträchtigt, innerlich erregt oder aus dem inneren Gleichgewicht gebracht fühlt. Der Fragebogen besteht aus 120 Items, welche zu 20 Skalen zusammengefasst werden können und in Tabelle 9.2.5.-1. dargestellt sind. Die ersten 10 Skalen können zu Sekundärwerten einer Stressverarbeitungsstrategie zusammengefasst werden, welche zur Stressreduktion beitragen und als Positivstrategien bezeichnet werden. Die Positivstrategien lassen sich in die Unterarten „kognitive Bewältigung" (Skala 1-3), „Ablenkung und positive Orientierung" (Skala 4-7) und „Kontrolle des Stressors" (Skala 8-10) differenzieren. Daneben können Verarbeitungsstrategien zusammengefasst werden, welche eher Stress verstärkend bzw. Stress vermehrend wirken (Skala 13-18). Diese werden mit Negativstrategien bezeichnet (Jahnke, Erdmann, Kallus, Boucsein 1997; Zielke et al. 2001; Gangnus 2001).

Tab. 9.2.5.-1.: Skalenzuordnung des Stressverarbeitungsfragebogens (SVF 120)

„Bagatellisierung"	Abwertung der Stärke, Dauer oder Gewichtigkeit einer Belastung
„Herunterspielen"	sich selbst im Vergleich zu anderen geringeren Stress zuschreiben
„Schuldabwehr"	die fehlende Eigenverantwortlichkeit betonen
„Ablenkung"	sich von stressbezogenen Aktivitäten/Situationen ablenken bzw. stressinkompatiblen Aktivitäten/Situationen zuwenden
„Ersatzbefriedigung"	sich positiven Aktivitäten/Situationen zuwenden
„Selbstbestätigung"	sich Erfolg, Anerkennung und Selbstbestätigung verschaffen
„Entspannung"	sich insgesamt oder einzelne Körperteile entspannen
„Situationskontrolle"	die Situation analysieren, Handlungen zur Kontrolle/Problemlösung planen und ausführen
„Reaktionskontrolle"	eigene Reaktionen unter Kontrolle bringen oder halten
„Positive Selbstinstruktion"	sich selbst Kompetenzen und Kontrollvermögen zusprechen
„Soziales Unterstützungsbedürfnis"	Aussprache, soziale Unterstützung und Hilfe suchen
„Vermeidung"	sich vornehmen, Belastungen zu verhindern oder ihnen auszuweichen
„Flucht"	(resignative) Tendenz, einer Belastungssituation zu entkommen
„Soziale Abkapselung"	sich von anderen zurückziehen
„Gedankliche Weiterbeschäftigung"	sich gedanklich nicht lösen können, grübeln
„Resignation"	Aufgeben mit Gefühlen von Hilflosigkeit, Hoffnungslosigkeit
„Selbstbemitleidung"	sich selbst bemitleiden mit missgünstiger (aggressiver) Komponente
„Selbstbeschuldigung"	Belastungen eigenen Fehlhandlungen zuschreiben
„Aggressionen"	gereizt, ärgerlich, aggressiv reagieren
„Pharmakaeinnahme"	psychotrope Substanzen (Medika-mente, Alkohol, Nikotin) einnehmen

Die Testgütekriterien der internen Konsistenz (Cronbach's α) für die Skalen liegen bei unterschiedlichen Stichproben (Standardisierungsstichprobe und Zusatzstichprobe) zwischen α=.64 und α=.94, wobei in der Mehrzahl Werte von über α=.80 erreicht wurden. Die Test-Halbierungs-Reliabilitäten der Skalen liegen zwischen r=.63 und r=.96. Auch hier liegt die Mehrzahl der Koeffizienten über einem Wert von r=.80, was insgesamt für eine hohe Zuverlässigkeit des Instruments spricht. Der Stressverarbeitungsfragebogen ist für 20 bis 64-jährige Personen, nach Geschlecht getrennt in Form flächentransformierter T-Werte normiert (Jahnke, Erdmann, Kallus, Boucsein 1997; Gangnus 2001).
In die Konstruktion des Veränderungskriteriums gehen ausschließlich die Sekundärskalen „Positivstrategien" und „Negativstrategien" ein.

9.2.6. Funktionseinschränkungen und körperliche Belastbarkeit (FUKB)

Die in der Katamnesestudie eingesetzten Skalen I, II und III des FUKB sind Skalen bzw. Indices aus dem MEDIS-Fragebogen zur „subjektiven Gesundheit". Das Inventar wurde am Institut für Medizinische Informatik und Systemforschung von Potthoff (1982) entwickelt. Erfasst werden soll das „Ausmaß persönlich beurteilter Beeinträchtigungen der Lebensqualität und des Wohlbefindens in Folge von Krankheiten und anderen Belastungen" (Zielke et al. 2001, S. 34) mit dem Ziel, differenzierte Gesundheitsindikatoren zu entwickeln. Diese sollten dann zur medizinischen Effektivitätsmessung eingesetzt werden können (Potthoff 1983). Die Funktionsfähigkeit wird in den drei elementaren Lebensbereichen Mobilität, physische Aktivität und soziale Aktivität mit Hilfe von Funktionszustandsskalen erfasst (Zielke et al. 2001). Der FUKB I enthält Globaleinschätzungen des Gesundheitszustandes, wie z.B. „Leiden Sie an Beschwerden oder Behinderungen, die schon jahrelang anhalten?", dann Einschätzungen zum Krankheitsverhalten, wie z.B. „Sind Sie in den letzten zwei Wochen operiert worden?", aber auch Einschätzungen zur sozialen Integration, z.B. zur Haushaltsbelastung, z.B. „Wie viele Stunden Freizeit haben Sie pro Wochentag, in denen Sie tun können, was Ihnen Spaß macht?" sowie Fragen zur Haushaltsgröße, sozialen Schicht und Berufsbelastung. Die Skala II des FUKB erfasst die „Krankheitsverarbeitung" über 27 Erkrankungsbereiche für die letzten zwölf Monate. Die Skala III des FUKB erfasst Funktionseinschränkungen und Krankheitsbelastungen „in den letzten sieben Tagen" mit elf Fragen zur Beeinträchtigung bei Tätigkeiten des täglichen Lebens (Zielke et al. 2001, S. 35). Alle hier beschriebenen Instrumente wurden den Patienten zu den Zeitpunkten Aufnahme, Entlassung und Katamnese vorgegeben. In die multiplen Veränderungskriterien wird lediglich die FUKB III aufgenommen.

9.2.7. Entlassfragebogen

Der Entlassungsfragebogen „Qualitätsbeurteilungen durch Patienten nach der medizinischen Rehabilitation und stationären Behandlung" erfasst vier Facetten von Beurteilungskriterien durch die Patienten einer psychosomatischen Fachklinik. Hierunter fallen die Veränderungsbeurteilung der Patienten nach dem stationärem Aufenthalt, die Zufriedenheit mit den therapeutischen Maßnahmen, den Serviceleistungen und insbesondere die Zufriedenheit mit dem Therapiekonzept. Die Items unterscheiden sich nach 20 Fragen zu den erlebten Veränderungen, vier Fragen zu den Bereichen der Klinik, zehn Fragen zu einzelnen Therapiemaßnahmen, zwölf Fragen zu den Serviceleistungen und 31 Fragen zu den Erfahrungen mit dem Therapiekonzept und dem Therapieprogramm. Es ergaben sich für die Veränderungsbeurteilungen eine faktorielle Struktur von insgesamt drei Faktoren, welche inhaltlich in (1) „Gesundheitliche Stabilisierung, Veränderungskompetenz und Wohlbefinden, (2) „Soziale Kompetenz, Sensibilität und familiäre Einbindung" und (3) „Leistungsfähigkeit und berufliche Perspektive" interpretieren lassen. Daneben ergaben sich fünf inhaltlich interpretierbare Faktoren zu den Programm- und Konzeptbeurteilungen: (1) „Qualitätsimage", (2) „Transparenz und Verbindlichkeit", (3) „Praxisbezug", (4) „mangelnde Prozesstransparenz" und (5) „Organisation und Integration der Behandlungsbausteine". In unterschiedlichen Analysen resultierten deutliche Interkorrelationen zwischen den Veränderungen im Verlauf der stationären Behandlung und den von den Patienten beurteilten Konzeptbeurteilungen der psychosomatischen Fachkliniken (Zielke et al. 2001; Dehmlow, Zielke, Limbacher 1999).

9.2.8. Basisdokumentation Psychosomatik

Die Basisdokumentation Psychosomatik wurde mit dem Ziel einer systematischen Beschreibung der aufgenommenen und behandelten Patienten in Kooperation mit mehreren verhaltenstherapeutischen Kliniken entwickelt und in die Klinikroutine implementiert. Die Datenerfassung erfolgt durch die zuständigen Bezugstherapeuten. Diese beinhalten demographische Daten, Behandlungsdiagnosen, sozialmedizinische Daten zur Arbeitsfähigkeit, zur Rentensituation, zur Dauer seit der Erstmanifestation der Haupterkrankung, stationäre Vorbehandlungen, therapeutische Maßnahmen, die Entlassungsart sowie Therapeuteneinschätzungen zum Zustand des Patienten bei Entlassung und eine Prognose mit den vereinbarten Folgemaßnahmen (Zielke et al. 2001; Fachausschuss Psychosomatik 1994; Zielke 1994).

9.3. Die Projektstichprobe

Die vorliegende Untersuchung ist eine Sekundäranalyse der Projektstichprobe „Langzeitveränderungen im Gesundheitsverhalten (Ressourcenverbrauch) bei Patienten mit psychischen Erkrankungen und stationärer verhaltensmedizinischer Behandlung unter besonderer Berücksichtigung arbeits- und berufsbezogener Problemstellungen" des kooperativen Katamneseprojektes zwischen der DAK Hauptverwaltung Hamburg (Deutsche Angestellten Krankenversicherung), drei psychosomatischen Fachkliniken (Bad Dürkheim, Bad Pyrmont und Berus) und dem AHG Wissenschaftsrat (Allgemeine Hospitalgesellschaft AG).[11] In diese Untersuchung einbezogen wurde zunächst jeder Versicherte bzw. Mitversicherte der DAK, der 1999 zur stationären Behandlung in eine der drei Kliniken aufgenommen wurde. Dem Patienten wurde vor der Datenerhebung die Untersuchung erläutert und die Einwilligungserklärung vorgelegt. Erklärte sich der Patient bereit an der Untersuchung teilzunehmen, wurden die Mitglieds- und Leistungsdaten bei der DAK-Hauptverwaltung eingeholt. Um Anonymität zu gewährleisten, wurde eine Patientenidentifikationsnummer, die sich aus einem Code für die Klinik, der Aufnahme-

---

[11] Da ausschließlich Versicherte der DAK in die Untersuchung einbezogen wurden, beziehen sich folglich alle Aussagen in der vorliegenden Arbeit ausschließlich auf die Population der Versicherten und Mitversicherten der Deutschen Angestellten Krankenversicherung (DAK).

nummer und des Messzeitpunktes zusammensetzt, vergeben. (Zielke et al. 2001). Patienten mit TBC, Bettlägerigkeit, Kontakt-, inhalativ- und hämatogen-infektiöse Hauterkrankungen sowie alle akuten Erkrankungen, welche intensivmedizinische Intensivmaßnahmen erfordern, wurden nicht in die Untersuchung einbezogen. Zudem blieben Patienten mit einer Erkrankung aus dem engeren Bereich der psychiatrischen Krankheitsbilder aus der Studie ausgeschlossen. Dazu zählen Patienten mit einer akuten Psychose oder akuter Suizidgefährdung sowie Substanzabhängigkeit. Ausgeschlossen bleiben ferner Patienten mit Aids oder chronisch hirnorganischem Syndrom. Sofern bereits bei der Aufnahme festzustellen war, dass ein Patient eine unmotivierte Haltung zur aktiven Mitarbeit bei der Krankheitsbewältigung aufwies, wurde dieser ebenfalls nicht in die Untersuchung einbezogen (Zielke et al. 2001). Um die Stichprobe hinsichtlich ausgewählter soziodemografischer und sozialmedizinischer Merkmale sowie Behandlungsdiagnosen zu charakterisieren wird sich der routinemäßig erhobenen Daten der Basisdokumentation Psychosomatik bedient. Hieraus werden soziodemographische Merkmale wie Alter, Geschlecht dargestellt. Der höchste Bildungsabschluss, der letzte berufliche Status, die derzeitige Berufsausübung (z.B. Vollzeitbeschäftigung) und der Rentenstatus – seine Relevanz besitzt diese Variable in sozialmedizinischen Aspekten (z.B. Arbeitsunfähigkeitszeiten) – werden detailliert aufgezeigt. Der letzte Teil des Kapitels beschreibt die familiäre Verantwortung der Patienten. Darin enthalten sind die aktuelle Partnersituation oder die Wohnsituation der Projektteilnehmer sowie Variablen, welche die Anzahl zu versorgender Kinder im Haushalt sowie die Verantwortungsverteilung der Erziehungssituation (Alleinerziehende) beschreiben. Im Anschluss daran werden sozialmedizinische Variablen der Stichprobe beschrieben, die aus der Basisdokumentation entnommen wurden. Dabei handelt es sich vornehmlich um Hauptbehandlungsdiagnosen und Angaben zur Komorbidität sowie ambulante und stationäre Vorbehandlungen. Insgesamt konnten 338 Patienten zur Teilnahme an dem Projekt gewonnen werden. Diese Stichprobe reduzierte sich jedoch zum Nacherhebungszeitpunkt auf insgesamt 225 Patienten, was einem Rücklauf von 66,57% entspricht. Darüber hinaus liegen für insgesamt 16 Patienten (7,11%) keine Daten aus den Veränderungseinschätzungen bzw. den Qualitäts- und Konzeptbeurteilungen vor. Dies kann für die vorliegende Analyse problematisch werden, denn diese Daten sind für die Beantwortung der Fragestellungen wesentlich. Zudem sind für das dazu verwendete Analyseverfahren möglichst vollständige Daten nötig. Bei den Patienten, die den Entlassfragebogen nicht beantworteten, handelt es sich vorwiegend um weibliche Patienten (Anteil 3 männlich, 13 weiblich) mittleren Alters mit durchschnittlich 50 Behandlungstagen, die regulär entlassen wurden. Auch andere soziodemographische Variablen, wie die Partnersituation oder zu versorgende Kinder scheinen keine Indikatoren für das Nicht-Beantworten der Ergebnis- und Qualitätsbeurteilungen zu sein. Auffallend ist jedoch, dass sich 11 von den Patienten bisher mindestens einmal in einer längerfristigen psychotherapeutischen Behandlung befanden. Diese Patienten wurden aus allen weiteren Untersuchungen eliminiert, was zur Folge hat, dass sich die Stichprobe auf insgesamt 209 Patienten mit vollständigen Daten reduziert (Rücklauf: 61,8%), über die im Folgenden berichtet wird. Die Größe der Stichprobe von N=209 ist für klinische Studien trotzdem noch als sehr umfangreich anzusehen.

9.4. Beschreibung der Stichprobe anhand ausgewählter soziodemografischer Merkmale (Basisdokumentation)

9.4.1. Alter und Geschlecht

Der Vergleich der Anteile von Männern und Frauen an der Projektstichprobe (Tab. 9.4.1.-1.und Abb. 9.4.1.-1.) ergibt, dass Frauen mit einem Anteil von 78,5% deutlich häufiger vertreten sind als Männer.

Tab. 9.4.1.-1.: Anteile männlicher und weiblicher Patienten an der Stichprobe (N=209)

Geschlecht				Gesamt	
männlich		weiblich		Anzahl	
Anzahl	Prozent	Anzahl	Prozent	Summe	Prozent
45	21,5%	164	78,5%	209	100%

Der überwiegende Anteil der Stichprobe ist zwischen 41 und 60 Jahre alt (vgl. Tab. 9.4.1.-1. und 9.4.1.-2.) wobei die 41 bis 50 jährigen den größten Anteil einnehmen. Frauen (78,5%) sind deutlich häufiger als Männer (21,5%) vertreten. Der Altersdurchschnitt liegt bei 41,98 Jahren mit einer Standardabweichung von 12,05 Jahre. Der jüngste Projektteilnehmer ist 16 Jahre, der älteste 70 Jahre alt. Der

Hauptanteil der männlichen Patienten ist zwischen 41 und 50 Jahre alt (42,2%), gefolgt von der Altersgruppe 51 bis 60 Jahre (28,9%).

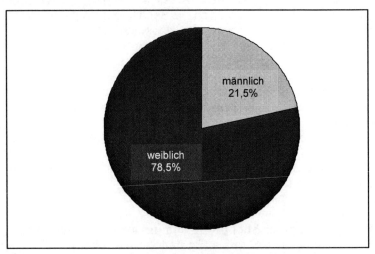

Abb. 9.4.1.-1.: Verteilung der Geschlechterzugehörigkeit der untersuchten Stichprobe

Tab. 9.4.1.-2.: Altersverteilung der untersuchten Stichprobe getrennt nach dem Geschlecht (N=209)

	Geschlecht				Gesamt	
	männlich		weiblich		Anzahl	
Alter	Anzahl	Prozent	Anzahl	Prozent	Summe	Prozent
bis 20 Jahre	0	0%	5	3,0%	5	2,4%
21 bis 30 Jahre	4	8,9%	39	23,8%	43	20,6%
31 bis 40 Jahre	8	17,8%	36	22,0%	44	21,1%
41 bis 50 Jahre	19	42,2%	43	26,2%	62	29,7%
51 bis 60 Jahre	13	28,9%	36	22,0%	49	23,4%
61 Jahre und älter	1	2,2%	5	3,0%	6	2,9%
Gesamt	45	100%	164	100%	209	100%
Mittelwert (M) Standardab. (SD)	M	SD	M	SD	M	SD
	46,02	9,26	40,87	12,51	41,98	12,05

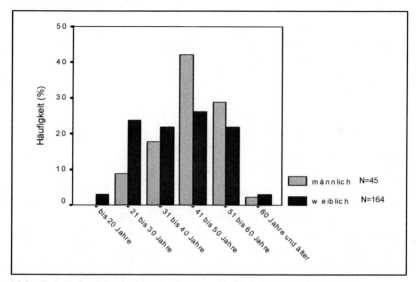

Abb. 9.4.1.-2.: Altersverteilung der untersuchten Stichprobe

Bei den Frauen nimmt ebenfalls die Altersgruppe 41 bis 50 Jahre den ersten Rangplatz (26,2%) unter den Patientinnen ein, bleibt jedoch mit ihrem Anteil weit unter dem der männlichen Patienten. Bis auf die jüngste und älteste Altersgruppe ist die Verteilung der Anteil der weiblichen Patienten mit ca. 20% nahezu gleich.

9.4.2. Bildungsstand, Beruflicher Status und Berufsausübung

In den folgenden Tabellen werden die Anteile getrennt nach dem Geschlecht aufgeführt. Die dazugehörenden Abbildungen veranschaulichen die Anteile an der Gesamtstichprobe ohne eine Trennung nach dem Geschlecht.

9.4.2.1. Bildungsstand

Den Hauptanteil an der Stichprobe (vgl. Tab. 9.4.2.-1.) mit insgesamt 76,1% bilden Patienten mit einem Hauptschul- bzw. Realschulabschluss, wobei der Anteil derjenigen mit einem Realschulabschluss (32,1%) deutlich geringer ist als der Anteil der Hauptschulabgänger mit Abschluss (44,0%).

Tab. 9.4.2.-1.: Verteilung des höchsten Bildungsabschlusses in der Stichprobe (N=209)

Höchste Schulbildung	Geschlecht				Gesamt	
	männlich		weiblich		Anzahl	
	Anzahl	Prozent	Anzahl	Prozent	Summe	Prozent
Hauptschule ohne Abschluss	1	2,2%	4	2,4%	5	2,4%
Hauptschule mit Abschluss	18	40,0%	74	45,2%	92	44,0%
Mittlere Reife	17	37,7%	50	30,5%	67	32,1%
Fachschule	1	11,1%	8	4,9%	9	4,3%
Abitur ohne Studium	3	2,2%	16	9,6%	19	9,1%
Studium ohne Abschluss	0	0	5	3,1	5	2,4%
Studium mit Abschluss	5	11,1%	7	4,3%	12	5,7%
Gesamt	45	100%	164	100%	209	100%

Patienten, die einen Hauptschulabschluss ohne bestandene Abschlussprüfung besitzen, nehmen einen Anteil von 2,4% an der Gesamtstichprobe ein. Einen Fachschulabschluss können 4,3% der Patienten vorweisen. Der Anteil der Patienten mit Abitur, jedoch ohne Studienabschluss beträgt zusammen 11,5%, wobei hierin auch diejenigen Patienten enthalten sind, die bisher kein Studium aufgenommen haben. Der Anteil an Akademikern fällt mit 5,7% eher gering aus. Abbildung 9.4.2.-1. veranschaulicht die Verteilung.

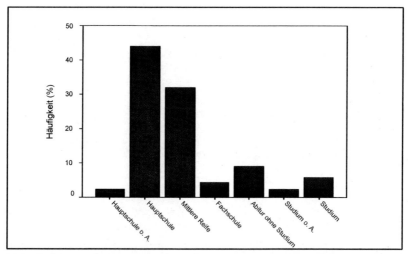

Abb. 9.4.2.-1.: Verteilung des höchsten Bildungsabschlusses in der Stichprobe

9.4.2.2. Beruflicher Status und Berufsausübung

In der folgenden Tabelle 9.4.2.2.-1 wird dargestellt, welchen beruflichen Status die Patienten vor der Aufnahme in die Klinik inne hatten. In dieser Variable bilden die einfachen bzw. mittleren Angestellten bzw. Beamten den Hauptanteil mit 56%. Der Grund für diesen hohen Anteil ist sicherlich in der Versichertenstruktur der DAK zu finden. In dieser Kategorie sind weibliche und männliche Patienten mit etwa 56% gleich häufig vertreten. Patienten, die einen Facharbeiterberuf bzw. einen Lernberuf bekleiden, bilden den nächst geringeren Anteil der Patienten, welcher 21,1% beträgt. Hier sind Frauen mit einem Anteil 23,2% ihren männlichen Mitpatienten deutlich überlegen (Männer 13,3%). Arbeiter bilden einen Anteil von insgesamt 8,6%, höhere Angestellte bzw. Beamte einen Anteil von 5,7% an der Gesamtstichprobe. In dieser Kategorie ist auffällig, dass Männer mit einem Anteil von 20% gegenüber Frauen (1,8%) deutlich häufiger vertreten sind. Insgesamt sind 2,9% der Patienten selbstständigen bzw. freiberuflich tätig. In einer Ausbildung befinden sich 3,8% der Patienten, wobei hierin Lehrlinge, Umschüler, Schüler und Studenten enthalten sind. Der Anteil an Patienten, welche im eigenen Haushalt

(Hausfrau, Hausmann) tätig sind, beträgt 1,9% an der Gesamtstichprobe.

Tab. 9.4.2.2.-1.: Beruflicher Status und Berufsausübung der untersuchten Stichprobe (N=209)

beruflicher Status	Geschlecht				Gesamt	
	männlich		weiblich		Anzahl	
	Anzahl	Prozent	Anzahl	Prozent	Summe	Prozent
Arbeiter	2	4,4%	16	9,7%	18	8,6%
Facharbeiter, Lernberuf	6	13,3%	38	23,2%	44	21,1%
einfacher/ mittl. Angst./Beamter	25	55,6%	92	56,2%	117	56,0%
höherer Angst./ Beamter	9	20,0%	3	1,8%	12	5,7%
Selbständig, freiberuflich tätig	2	4,43%	4	2,4%	6	2,9%
Lehrling, Umschüler	1	2,2%	2	1,2%	3	1,4%
Schüler, Student	0	0%	5	3,1%	5	2,4%
Hausfrau, Hausmann	0	0%	4	2,4	4	1,9%
Gesamt	45	100%	164	100%	209	100%
Berufsausübung	Anzahl	Prozent	Anzahl	Prozent	Summe	Prozent
Vollzeit	29	64,4%	78	47,6%	107	51,2%
Teilzeit	0	0%	35	21,3%	35	16,7%
arbeitslos	12	26,7%	27	16,5%	39	18,7%
Rentner/ Pensionär	3	6,7%	8	4,9%	11	5,3%
Sonstiges	1	2,2%	16	9,7%	17	8,1%
Gesamt	45	100%	164	100%	209	100%

Von den in der Stichprobe enthaltenen Patienten waren zum Zeitpunkt der Aufnahme insgesamt 51,2% vollzeitbeschäftigt. In Teilzeitbeschäftigung befanden 16,7%, wobei Männer in dieser Kategorie nicht vertreten sind. Der Anteil an Patienten ohne Arbeitsstelle beträgt 18,7%. In Rente bzw. Pension befinden sich 5,3%. In anderen Beschäftigungsverhältnissen befinden sich 8,1% der Patienten. Die Abbildungen 9.4.2.2.-1. und 9.4.2.2.-2. illustrieren die Verteilungen.

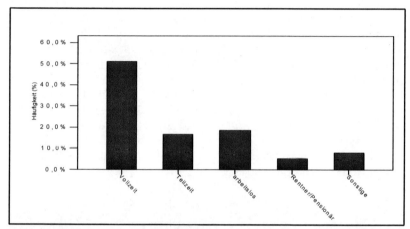

Abb. 9.4.2.2.-1.: Beruflicher Status der untersuchten Stichprobe

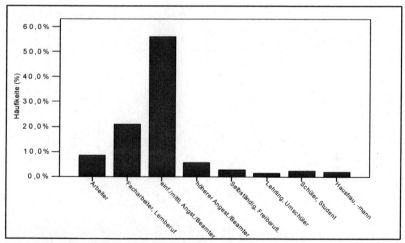

Abb. 9.4.2.2.-2.: Berufsausübung nach Geschlecht der untersuchten Stichprobe

9.4.3. Rentenverfahren

Im Folgenden wird die Berentungssituation der Projektpatienten beschrieben. Wie aus Tabelle 9.4.3.-1.und Abbildung 9.4.3.-1. ersichtlich, ist der Hauptteil der Patienten (84,2%) an keinem Rentenverfahren beteiligt, was für die weitere Betrachtung des Arbeitsunfähigkeitsgeschehens bedeutsam ist. Bereits berentet sind insgesamt 5,3% der Patienten. Darin inbegriffen sind diejenigen, die bereits eine Altersrente bzw. Pension (2,4%) erhalten sowie diejenigen Patienten, welche erwerbsunfähig (2,9%) berentet sind. Einen Rentenantrag stellten 7,2% der Patienten bei denen die Maßgabe „Rehabilitation vor Berentung" zutrifft. Im Rentenstreit, d.h. der bereits eingereichte Berentungswunsch wurde abgelehnt, befinden sich 1,9% der Patienten. Eine Zeitrente erhalten 1,4% der Patienten. Somit kann davon ausgegangen werden, dass in der Behandlung bei 94,7% der Patienten die Wiederherstellung der Partizipation und Teilhabe am Arbeitsleben vordergründig ist.

Tab. 9.4.3.-1.: Rentenverfahren in der Stichprobe (N=209)

Renten-verfahren	Geschlecht				Gesamt	
	männlich		weiblich		Anzahl	
	Anzahl	Prozent	Anzahl	Prozent	Summe	Prozent
Keine Rente	33	73,4%	143	87,2%	176	84,2%
Rentenantrag	6	13,3%	9	5,5%	15	7,2%
Rentenstreit	2	4,4%	2	1,2%	4	1,9%
Altersrente/ Pension	0	0%	5	3,1%	5	2,4%
Zeitrente	1	2,2%	2	1,2%	3	1,4%
Erwerbs-unfähigkeit	3	6,7%	3	1,8%	6	2,9%
Gesamt	45	100%	164	100%	209	100%

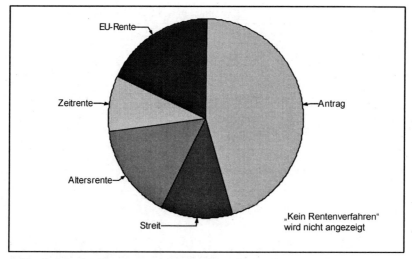

Abb. 9.4.3.-1.: Rentenverfahren in der Stichprobe

9.4.4. Partnerschaft und Familie

Der abschließende Teil zur Beschreibung der Stichprobe anhand soziodemographischer Variablen setzt sich mit den familiären Bindungen, wie Partnerschaft und Kindererziehung sowie mit der Wohnsituation der Patienten auseinander.
Der Anteil verheirateter Patienten in der Stichprobe überwiegt mit 54,1%, gefolgt von ledigen Patienten mit einem Anteil von 28,7% (vgl. Tab. 9.4.4.-1.). Eine geschiedene Ehe weisen 13,9% der Patienten in der Stichprobe auf. Ein weitaus geringerer Anteil ist verwitwet (3,3%). Die Frage zur aktuellen Partnersituation beantworteten 11,5% damit, dass sie kurzfristig keinen Partner haben, dauerhaft ohne Partner leben 20,1%. Der überwiegende Anteil der Stichprobe (68,4%) lebt mit einem festen Partner zusammen, von denen die Mehrzahl verheiratet (50,7%) ist.

Tab. 9.4.4.-1.: Familienstand und Partnerschaft in der Stichprobe (N=209)

Familienstand	Geschlecht				Gesamt	
	männlich		weiblich		Anzahl	
	Anzahl	Prozent	Anzahl	Prozent	Summe	Prozent
Ledig	6	13,3%	54	33,0%	60	28,7%
verheiratet	31	68,9%	82	50,0%	113	54,1%
geschieden	6	13,3%	23	14,0%	29	13,9%
verwitwet	2	4,4%	5	3,0%	7	3,3%%
Gesamt	45	100%	164	100%	209	100%
Partner	Anzahl	Prozent	Anzahl	Prozent	Summe	Prozent
kurzfristig kein Partner	5	11,1%	19	11,6%	24	11,5%
dauerhaft kein Partner	5	11,1%	37	22,6%	42	20,1%
fester Partner (Ehepartner)	28	62,2%	78	47,5%	106	50,7%
fester Partner (nicht Ehepartner)	7	15,6%	30	18,3%	37	17,7%
Gesamt	45	100%	164	100%	209	100%

9.4.5. Erziehungssituation und zu versorgende Kinder

Die beiden folgenden Übersichten (Tab. 9.4.5.-1. und Abb. 9.4.5.-1.) befassen sich mit der familiären Verantwortung der Patienten. Einerseits wird gezeigt, wie viele zu versorgende Kinder in dem Haushalt der Patienten leben. Andererseits wird dargestellt, wie groß der Anteil Alleinerziehender an der Stichprobe ist.
Im Haushalt des überwiegenden Anteils der Patienten, befinden sich keine zu versorgenden Kinder. Dieser Anteil nimmt 43,5% der Stichprobe ein. Ein zu versorgendes Kind lebt bei 20,6%, zwei bzw. drei Kinder bei 32,1% der Patienten. Mehr als drei Kinder leben bei 3,8% der Patienten. Der Anteil Alleinerziehender beträgt an der Gesamtstichprobe 6,7%.

Tab. 9.4.5.-1.: Zu versorgende Kinder und Erziehungssituation in der Stichprobe (N=209)

zu versorgende Kinder	Geschlecht				Gesamt	
	männlich		weiblich		Anzahl	
	Anzahl	Prozent	Anzahl	Prozent	Summe	Prozent
Keine Kinder	12	26,7%	79	48,2%	91	43,5%
1 Kind	13	28,9%	30	18,3%	43	20,6%
2-3 Kinder	17	37,8%	50	30,5%	67	32,1%
mehr als 3 Kinder	3	6,6%	5	3,0%	8	3,8%
Gesamt	45	100%	164	100%	209	100%
Erziehungssituation	Anzahl	Prozent	Anzahl	Prozent	Summe	Prozent
Nicht Alleinerziehend	45	100%	150	91,5%	195	93,3%
Alleinerziehend	0	0%	14	8,5%	14	6,7%
Gesamt	45	100%	164	100%	209	100%

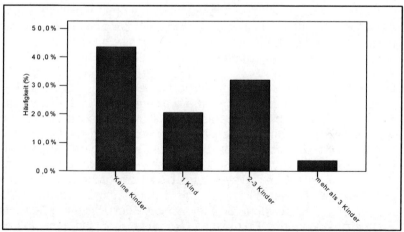

Abb. 9.4.5.-1.: Anteil der Patienten mit zu versorgenden Kindern an der Stichprobe

9.5. Beschreibung der Stichprobe anhand ausgewählter sozialmedizinischer Merkmale (Basisdokumentation)

Im Folgenden soll die Stichprobe anhand ausgewählter sozialmedizinischer Merkmale beschrieben werden. Diese Daten werden ebenfalls der Basisdokumentation Psychosomatik entnommen. Dabei handelt es sich um die Dauer seit der Erstmanifestation der Erkrankung sowie um die Anzahl ambulanter und stationärer psychotherapeutischer und somatischer Vorbehandlungen. Hinzu kommen die stationäre Behandlungsdauer in der Klinik sowie die Entlassungsart. Zudem wird eine detaillierte Betrachtung der Hauptdiagnosen und der Komorbidität in der Patientenstichprobe erfolgen.

9.5.1. Dauer seit Erstmanifestation der Erkrankung

Die Dauer seit der Erstmanifestation der Erkrankung ist von großer Bedeutung zur Bewertung des „chronischen Krankheitsverhaltens" von psychosomatisch erkrankten Patienten. Darunter ist die Zeit zu verstehen, die vergangen ist bis ein Patient mit einer psychischen oder psychosomatischen Erkrankung eine adäquate fachpsychotherapeutische Behandlung erfährt. Die Anamnesedauer psychischer bzw. psychosomatischer Erkrankungen wird in der Literatur zwischen 6 und 10 Jahren angegeben, wobei in verschiedenen Untersuchungen gezeigt werden konnte, dass der Zeitraum vom ersten Auftreten der entsprechenden Symptomatik bis zum Beginn einer fachpsychotherapeutischen Behandlung durchschnittlich bei etwa 7 Jahren liegt (Reimer, Hempfing, Dahme 1979; Sturm, Zielke 1988; Zielke 1993a, 1993b).
Die mittlere Ersterkrankungsdauer der vorliegenden Stichprobe liegt bei 6,98 Jahren mit einer Standardabweichung von 8,32 Jahren. Die Anamnesezeiten schwanken zwischen null und 60 Jahren. In Tabelle 9.5.1.-1. wird ein Überblick gegeben, wie sich die Anteile der Patienten an der Stichprobe über die Dauer seit der Erstmanifestation verteilen. Abbildung 9.5.1.-1. illustriert diesen Sachverhalt. Der Anteil der Patienten mit Krankheitsverläufen bis zu zwei Jahren nimmt etwa ein Drittel der Gesamtstichprobe (bis 1 Jahr=20,6%, bis zu 2 Jahren=17,2%) ein. Bei dem Großteil (26,8%) der Patienten liegt die Erstmanifestation der Erkrankung zwischen drei und fünf Jahren zurück. Patienten, welche bis zum Beginn einer fachpsychotherapeutischen Behandlung eine Krankheitsdauer von bis zu 10 Jahren

aufweisen, besitzen einen Anteil an der Stichprobe von 16,3%. Erstaunlich hoch ist der Anteil der Patienten mit 19,1%, deren Erstmanifestation bereits mehr als 10 Jahre zurück liegt.

Tab. 9.5.1.-1.: Dauer seit Erstmanifestation der Erkrankung (N=209)

Erst-manifestation	Geschlecht				Gesamt	
	männlich		weiblich		Anzahl	
	Anzahl	Prozent	Anzahl	Prozent	Summe	Prozent
bis 1 Jahr	5	11,1%	38	23,2%	43	20,6%
bis 2 Jahre	12	26,7%	24	14,6%	36	17,2%
3 bis 5 Jahre	10	22,2%	46	28,0%	56	26,8%
bis 10 Jahre	7	15,6%	27	16,5%	34	16,3%
mehr als 10 Jahre	11	24,4%	29	17,7%	40	19,1%
Gesamt	45	100%	164	100%	209	100%

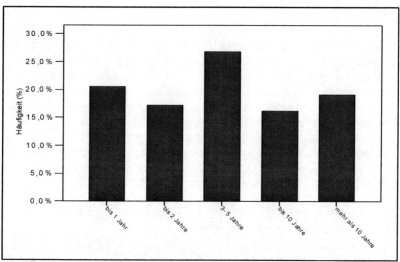

Abb. 9.5.1.-1.: Verteilung der Dauer seit Erstmanifestation der Erkrankung

9.5.2. Behandlungsdiagnosen und Komorbidität

Die Zuverlässigkeit und Eindeutigkeit der gestellten Behandlungsdiagnosen sind ein grundlegendes Qualitätskriterium medizinisch/therapeutischer Leistungen in psychosomatischen Fachkliniken. Sie sind das Ergebnis eines interdisziplinären diagnostischen Klärungsprozesses an dem sich ärztliche wie psychologische Fachdisziplinen beteiligen. Sie dienen zum Einen der Kommunikation mit vor- und nachbehandelnden Einrichtungen und Institutionen der Sozialversicherung und zum Anderen auch für gerichtliche Auseinandersetzungen im Fall eines Rentenantragsverfahrens am Sozialgericht. Darüber hinaus gehen die Behandlungsdiagnosen sowie die erbrachten Leistungsdaten in unterschiedliche Statistiken ein, wie z.b. den Krankheitsartenstatistiken der gesetzlichen Krankenkassen oder der Rehabilitationsstatistik der Rentenversicherungsträger. Auch bei den Leistungsträgern selbst werden die Behandlungsdiagnosen für die Erstellung von Jahresberichten und zur Darstellung des Behandlungsspektrums verarbeitet. Nicht zuletzt dienen sie auch als Grundlage wissenschaftlicher Untersuchungen.

Für die Patienten ist die Behandlungsdiagnose zur Klärung des Krankheitsbildes und der daraus ableitbaren Formulierung von Veränderungszielen in der Behandlung wichtig. Daneben dient sie aber auch für die Patienten als Kommunikationsmittel innerhalb der Behandlungsinstitution, denn sie werden diagnosebezogen in Therapiegruppen zusammengefasst. Patienten diskutieren aber auch untereinander und außerhalb ihrer Therapiegruppe über die Angemessenheit der eigenen Behandlungsdiagnose. Die beteiligten psychosomatischen Fachkliniken unterscheiden Behandlungsdiagnosen in verschiedene Differenzierungsstufen, was u.a. zur Feststellung komorbider Erkrankungen dient. Aus diesem Grund werden zunächst die Hauptbehandlungsdiagnosen (erste Diagnose) nach Krankheitsgruppen mit einstelliger Systematik und anschließend mit zweistelliger Systematik vorgestellt. Im Anschluss daran werden die Behandlungsdiagnosen der Krankheitsgruppe psychische und Verhaltensstörungen in dreistelliger Systematik dargestellt. Zum Ende sollen die weiteren Diagnosen mit bis zu vier Diagnosen pro Patient in zwei Differenzierungen dargestellt werden.

9.5.2.1. Erste Diagnose

Zunächst soll die Verteilung der Erstdiagnosen nach Krankheitsgruppen in Tabelle 9.5.2.1.-1. vorgestellt werden. In einem zweiten Schritt werden dann die psychotherapeutisch relevanten F-Diagnosen in Tabelle 9.5.2.2.-1.detaillierter vorgestellt.
Aus Tabelle 9.5.2.1.-1. geht hervor, dass der Anteil an „Psychischen Störungen und Verhaltensstörungen" (ICD-10, F-Klassifikation) mit 91,4% deutlich überwiegt. Das erstaunt nicht, da die Zuweisungssteuerung zu den psychosomatischen Fachkliniken nach entsprechender Indikation durch die Kostenträger erfolgt. Die nächstfolgende Krankheitsgruppe „Krankheiten des Nervensystems" (ICD-10, G-Klassifikation), nimmt mit elf Patienten (5,2%) einen nur sehr geringen Anteil ein. Gleiches trifft für "Endokrine, Ernährungs- und Stoffwechselkrankheiten" (ICD-10, E-Klassifikation) mit insgesamt fünf Patienten (2,4%) und „Krankheiten des Skelettes, der Muskeln und des Bindegewebes" (ICD-10, M-Klassifikation) mit zwei Patienten zu. Im Ganzen wurde demnach bei insgesamt 8,6% der Patienten eine Erkrankung aus dem somatischen Bereich vergeben.

Tab. 9.5.2.1.-1.: Erste Behandlungsdiagnose: Krankheitshauptgruppen (A-Z)

		Anzahl	Prozent
E00-E90	Endokrine, Ernährungs- und Stoffwechselkrankheiten	5	2,4%
F00-F99	Psychische und Verhaltensstörungen	191	91,4%
G00-H99	Krankheiten des Nervensystems	11	5,2%
M00-M99	Krankheiten des Muskel-Skelett-Systems und des Bindegewebes	2	1,0%
F00-F99	Psychische und Verhaltensstörungen	191	91,4%
A00-Z99	Andere Somatische Diagnosen	18	8,6%
Gesamt		209	100%

9.5.2.2. Hauptbehandlungsdiagnose nach Krankheitsgruppen in zweistelliger Systematik

Wie aus Tabelle 9.5.2.2.-1. hervorgeht, wurde für etwa die Hälfte der Patienten eine ICD-10-Diagnose aus dem Bereich „Neurotische, Belastungs- und somatoforme Störungen" (F4) gestellt. An zweiter Rangposition befindet sich die Diagnose aus dem Bereich der „Affektiven Störungen" (F3) mit einem Anteil von 26,8%. Als dritthäufigste Diagnose wurden „Verhaltensauffälligkeiten mit körperlichen Störungen und Faktoren" (F5) mit einem Anteil von 11% gestellt.

Tab. 9.5.2.2.-1.: Erste Behandlungsdiagnose: Krankheitshauptgruppen (A0-Z9)

		Anzahl	Prozent
E6	Adipositas und sonstige Überernährung	5	2,4%
F1	Psychische und Verhaltensstörungen durch psychotrope Substanzen	1	0,5%
F3	Affektive Störungen	56	26,8%
F4	Neurotische-, Belastungs- und somatoforme Störungen	106	50,7%
F5	Verhaltensauffälligkeiten mit körperlichen Störungen und Faktoren	23	11,0%
F6	Persönlichkeits- und Verhaltensstörungen	5	2,4%
G2	Extrapyramidale Krankheiten und Bewegungsstörungen	1	0,5%
G4	Episodische und paroxysmale Krankheiten des Nervensystems	3	1,4%
G5	Krankheiten von Nerven, Nervenwurzeln und Nervenplexus	1	0,5%
H9	Krankheiten des Ohres	6	2,9%
M5	Sonstige Krankheiten der Wirbelsäule und des Rückens	1	0,5%
M7	Sonstige Krankheiten des Weichteilgewebes	1	0,5%
Gesamt		209	100%

Bei fünf Patienten (2,4%) wurden eine „Persönlichkeits- und Verhaltensstörung" (F6) identifiziert. Bei insgesamt 18 Patienten (8,6%) wurde eine behandlungsrelevante somatische Erkrankung erkannt. Darin enthalten sind „Extrapyramidale Krankheiten und Bewegungsstörungen" (G2) mit einem Anteil von 0,5%, „Episodische und paroxysmale Krankheiten des Nervensystems" (G4) mit einem Anteil von 1,4%, „Krankheiten von Nerven, Nervenwurzeln und Nervenplexus" (G5) mit 0,5% und „Krankheiten des Ohres" mit 6 Patienten (2,9%). Zudem sind „Sonstige Krankheiten der Wirbelsäule und des Rückens" (M5) sowie „Sonstige Krankheiten des Weichteilgewebes" (M7) mit einem Anteil von jeweils 0,5% an der Stichprobe vertreten. Bei 5 Patienten (2,4%) waren „Adipositas und sonstige Überernährung" (E6) primäre Behandlungsdiagnosen.

9.5.2.3. Detaillierte Darstellung der ersten Diagnose: F-Diagnosen

Wie aus Tabelle 9.4.2.3.-1. ersichtlich, sind die „Affektiven Störungen" mit 26,8% aller F-Diagnosen in der Stichprobe am häufigsten vertreten, wobei sich 21 Patienten (10,0%) mit der Diagnose „Anhaltende affektive Störung" (F34), gefolgt von 20 Patienten (9,6%) mit der Diagnose „Depressive Episode" (F32) und 14 Patienten (6,7%) mit der Diagnose „Rezidivierende depressive Störung" (F33) in der Stichprobe befinden. Bei einem Patienten (0,5%) wurde die Diagnose „Bipolare affektive Störung" (F31) gestellt. Die Diagnose „Belastungsreaktion/Anpassungsstörung" (F43) wurde bei insgesamt 39 Patienten als behandlungsrelevant gestellt, was einem Anteil von 18,7% an der Gesamtstichprobe entspricht und somit die zweithäufigste Diagnosegruppe darstellt. Auf dem nächsten Rangplatz befinden sich die „phobischen Störungen" (F40) und „Angststörungen" (F42) mit 38 Patienten und einem Anteil von 18,2% an der Stichprobe. Davon wurden 22 Patienten (10,5%) mit einer „Phobischen Störung" und 16 Patienten (7,7%) mit einer „Angststörung" diagnostiziert. Als nächsthäufigste Diagnosen kommen in der Stichprobe die „Essstörungen" (F50) mit einem Anteil von 10,54% vor, was insgesamt 22 Patienten betrifft. Die Diagnose „Andere neurotische Störung" (F48) sowie „Zwangsstörungen" (F42) wurde bei insgesamt neun Patienten (4,3%) vergeben. Patienten mit der Diagnose „Somatoforme Störung" (F45) sind in der Stichprobe mit einem Anteil von 3,8% vertreten. Bei jeweils drei Patienten (Anteil jeweils 1,4%) wurde die Diagnose „Abnorme Gewohnheiten oder Störung der Impulskontrolle" (F63) bzw. „Dissoziative Störung" (F44) gestellt. Eine behandlungsrelevante Persönlichkeitsstörung (F60) wurde bei insgesamt zwei Patienten (1,0%) diagnostiziert. Bei einem Patienten (0,5%) wurde die Diagnose „Nichtorganische Schlafstörung" (F51) gestellt.

Tab. 9.5.2.3.-1.: Erste Behandlungsdiagnose: Krankheitshauptgruppen (F10-F99)

			Anzahl	Prozent
F17	Störungen durch Tabak		1	0,5%
F30 – F 34, affektive Störungen, davon			56	26,8%
	F31	Bipolare affektive Störung	1	0,5%
	F32	Depressive Episode	20	9,6%
	F33	Rezidivierende depressive Episode	14	6,7%
	F34	Anhaltende affektive Störungen	21	10,0%
F40 – F41, phobische und Angststörungen, davon			38	18,2%
	F40	Phobische Störungen	22	10,5%
	F41	Andere Angststörungen	16	7,7%
F42	Zwangsstörungen		9	4,3%
F43	Belastungsreaktionen / Anpassungsstörungen		39	18,7%
F44	Dissoziative Störungen		3	1,4%
F45	Somatoforme Störungen		8	3,8%
F48	Andere neurotische Störungen		9	4,3%
F50	Essstörungen		22	10,5%
F51	Nicht-organische Schlafstörungen		1	0,5%
F60	Persönlichkeitsstörungen		2	1,0%
F63	Abnorme Gewohnheiten / Impulskontrollstörungen		3	1,4%
	übrige Diagnosen		18	8,6%
Gesamt			209	100%

9.5.3. Diagnosekombinationen: Komorbidität

Mit dem Begriff „Komorbidität" („multiple Diagnosen") wird das gleichzeitige Vorliegen unterschiedlicher Krankheitsbilder beschrieben. Um von Komorbidität sprechen zu können, müssen also mindestens zwei Diagnosen vorliegen. Das bezieht sich auf das Vorliegen zweier psychischer bzw. psychiatrischer Erkrankungen als auch auf die Kombination von psychischen bzw. psychiatrischen und somatischen Erkrankungen oder die Kombination von somatischen Erkrankungen. Sofern ein Patient von mehreren komorbiden Erkrankungen betroffen ist, was als ein Indikator für die größere Komplexität einer Störung gesehen wird, erfordert dies eine differenzierte und systematische Behandlungsstrategie. Durch die Entwicklung von systematischen Klassifikationssystemen, wie das ICD oder DSM mit klar definierten Krankheitsklassen und entsprechenden formalen Operationalisierungen der Störungsbereiche verbunden mit Häufigkeits- und Intensitätsangaben der korrespondierenden Symptome, Beschwerden und Auffälligkeiten wurden Studien zu komorbiden Erkrankungen erst möglich. Zielke et al. (2001) berichten für 1999 von etwa 300 empirischen Arbeiten in der englisch/amerikanischen Literatur und stellen für Deutschland fest, dass diese Forschungsrichtung noch in den Anfängen steckt. Die Jahresberichte unterschiedlicher verhaltensmedizinischen Fachkliniken weisen auf eine ausgeprägte Komorbidität der behandelten Patienten hin. So berichtet die Psychosomatische Fachklinik Bad Dürkheim in Ihrem Jahresbericht 2000/2001 von 7.439 komorbiden Erkrankungen bei insgesamt 3.409 behandelten Patienten. Das bedeutet, dass bei jedem Patienten durchschnittlich 2,2 Nebendiagnosen gestellt wurden. (Psychosomatische Fachklinik Bad Dürkheim 2002). In einer Verlaufsanalyse der psychosomatischen Fachklinik Berus von 1999 bis 2001 konnte festgestellt werden, dass im Durchschnitt über alle Patienten 2,8 behandlungsrelevante Diagnosen vergeben wurden (Klinik Berus 2002). Im Folgenden sollen die Diagnosekombinationen in zwei Differenzierungen dargestellt werden. Zunächst wird ein Überblick über die zweite bis vierte Diagnose nach Krankheitshauptgruppen (A-Z) gegeben. Insgesamt wurden 309 behandlungsrelevante Diagnosen vergeben. Die Prozentwerte in Tabelle 9.5.3.-1. beziehen sich auf die Gesamtzahl der Patienten (N=209) und summieren sich auf 147,2%, was bedeutet, dass bei jedem Patienten durchschnittlich 1,48 Behandlungsdiagnosen vergeben wurden. Als häufigste vergebene Behandlungsdiagnose sind „Psychische und Verhaltensstörungen" (F-Diagnosen) mit 59,8%, gefolgt von „Krankheiten des Muskel-Skelett-Systems und des Bindegewebes" mit 58 Diagnosen (27,7%) und „Endokrine, Ernährungs- und Stoffwechselkrankheiten" mit 37 Diagnosen (17,7%) sowie „Krankheiten des Nervensystems" mit insgesamt 30 Diagnosen (14,3%) zu nennen.

Tab. 9.5.3.-1.: Zweite bis vierte Diagnose nach Krankheitshauptgruppen (A-Z)*

		Anzahl	Prozent
A00-B99	Bestimmte infektiöse und parasitäre Krankheiten	3	1,4%
C00-D48	Neubildungen	2	0,9%
D5-D99	Krankheiten des Blutes und der blutbildenden Organe	2	0,9%
E00-E99	Endokrine, Ernährungs- und Stoffwechselkrankheiten	37	17,7%
F00-F99	Psychische und Verhaltensstörungen	125	59,8%
G00-G99	Krankheiten des Nervensystems	30	14,3%
H00-H99	Krankheiten des Auges, Ohres und des Warzenfortsatzes	13	6,2%
I00-I99	Krankheiten des Kreislaufsystems	16	7,6%
J00-J99	Krankheiten des Atmungssystems	9	4,3%
K00-K99	Krankheiten des Verdauungssystems	6	2,8%
L00-L99	Krankheiten der Haut und der Unterhaut	3	1,4%
M00-M99	Krankheiten des Muskel-Skelett-Systems und des Bindegewebes	58	27,7%
N00-N99	Krankheiten des Urogenitalsysems	2	0,9%
Q00-Q99	Schwangerschft, Geburt und Wochenbett	2	0,9%
S00-T99	Verletzungen, Vergiftungen	1	0,4%
Gesamt		309	

* Mehrfachnennungen möglich: Prozentangabe bezieht sich auf 209 Patienten

Im Weiteren folgen „Krankheiten des Kreislaufsystems" mit 16 Diagnosen (7,6%), „Krankheiten des Auges, Ohres und des Warzenfortsatzes" mit 13 Diagnosen (6,2%) und mit 9 Diagnosen „Krankheiten

des Atmungssystems" (4,3%). Die anderen Krankheiten kommen in nur sehr geringen Häufigkeiten (ein bis drei Fälle) vor.
Zielke et al. (2001) weisen jedoch ausdrücklich darauf hin, dass die eher gering auftretenden Krankheitsbilder für den einzelnen Patienten und dessen Behandlungsverlauf von großer Bedeutung sein können und somit eine hohe fachspezifische Kompetenz des ärztlichen Personals erfordern.
Insgesamt können bis zu zehn Diagnosen vergeben werden, die hier nicht im Einzelnen dargestellt werden sollen. Zieht man die Summe aller zehn vergeben Diagnosen heran, so ergibt sich eine Gesamtsumme von 565 vergebenen Diagnosen von denen 316 psychiatrischen Erkrankungen und 249 Diagnosen somatischern Erkrankungen zuzuordnen sind (vgl. Tab. 9.5.3.-2.).

Tab. 9.5.3.-2.: Anzahl somatischer und psychiatrischer Diagnosen* (N=209)

	Anzahl	Prozent
Psychiatrische Diagnosen	316	55,9%
Somatische Diagnosen	249	44,1%
Gesamt	565	100%

* bis 10 Diagnosen möglich

Bei einer angenommenen Gleichverteilung der Diagnosen werden bei 209 Patienten 249 Diagnosen aus dem Bereich der somatischen Erkrankungen vergeben, was 1,2 Diagnosen je Patient entspricht. Das bedeutet gleichzeitig, dass jeder Patient eine behandlungsrelevante somatische Erkrankung aufweist. Bei insgesamt 316 vergeben psychiatrischen Diagnosen ergeben sich 1,5 Diagnosen je Patient. Zusammen werden für jeden der 209 Patienten demnach 2,7 Diagnosen vergeben (Tab. 9.5.3.-3.).

Tab. 9.5.3.-3.: Durchschnittliche Anzahl somatischer und psychiatrischer Diagnosen je Fall

	Anzahl	Diagnosen je Fall
Psychiatrische Diagnosen	316	1,5
Somatische Diagnosen	249	1,2
Gesamt	565	2,7

9.5.3.1. Komorbidität in Abhängigkeit von der Hauptbehandlungsdiagnose

Im Folgenden soll die Häufigkeit der Diagnosekombinationen gezeigt werden. Zunächst werden in Tabelle 9.5.3.1.-1. die Diagnosekombinationen dargestellt die vergeben wurden, wenn die Hauptbehandlungsdiagnose aus dem Bereich der Psychischen und Verhaltensstörungen (F-Diagnosen) stammt. Im zweiten Teil der Tabelle wird die Häufigkeitsverteilung der Diagnosekombinationen mit einer somatischen Hauptbehandlungsdiagnose gezeigt. Nahezu drei Viertel der Patienten sind von komorbiden Erkrankungen betroffen. Lediglich 27,2% weisen nur eine Diagnose auf. Von einer Diagnosekombination mit mindestens einer weiteren Erkrankung sind 74,2%, mit bis zu zwei weiteren Diagnosen 47,8% der Patienten betroffen. Der Anteil an Patienten, für die bis zu vier Diagnosekombinationen vergeben wurden liegt bei 26,8%. Eine differenzierte Betrachtung der Diagnosekombinationen ergibt, dass bei einer Hauptbehandlungsdiagnose aus dem Bereich der psychiatrischen Erkrankungen (N=191) bei 39,3% der Patienten eine weitere psychiatrische Erkrankung festzustellen ist. Eine somatische Erkrankung wird bei 33,5% vergeben. Als dritte Diagnose wurde in 15,7% der Fälle eine weitere psychiatrische Diagnose und bei 31,9% eine somatische Diagnose gestellt. Keine zweite komorbide Erkrankung konnte bei etwa der Hälfte (52,3%) der Patienten festgestellt werden. Bei insgesamt 50 Patienten wurden bis zu drei weitere Diagnosen vergeben, wovon 2,4% aus dem Bereich psychiatrischer Erkrankungen und 21,5% aus dem Bereich der somatischen Erkrankungen stammen. Bei insgesamt 18 Patienten wurde eine Diagnose gestellt, die von der Kodierungssystematik den somatischen Krankheitsbildern zuzuordnen ist. Bei diesen Patienten wurde als Zweitdiagnose in 66,7%, als Drittdiagnose in 11,1% und als Viertdiagnose in 5,6% der Fälle eine psychiatrische Erkrankung diagnostiziert. Ein weiteres somatisches Behandlungsleiden wurde bei 22,2% als Zweitdiagnose, bei 38,9% als Drittdiagnose und bei 27,8% als Viertdiagnose gestellt.

Tab. 9.5.3.1.-1.: Komorbidität in Abhängigkeit von der Hauptbehandlungsdiagnose (N=209)

			Anzahl	Prozent
1. Diagnose: F-Diagnose (N=191)	2. Diagnose	F-Diagnose	75	39,3%
		somatische Diagnose	64	33,5%
		keine weitere Diagnose	52	27,2%
	3. Diagnose	F-Diagnose	30	15,7%
		somatische Diagnose	61	31,9%
		keine weitere Diagnose	100	52,3%
	4. Diagnose	F-Diagnose	5	2,6%
		somatische Diagnose	45	23,6%
		keine weitere Diagnose	141	73,8%
1. Diagnose: andere Diagnose (N=18)	2. Diagnose	F-Diagnose	12	66,6%
		somatische Diagnose	4	22,2%
		keine weitere Diagnose	2	11,1%
	3. Diagnose	F-Diagnose	2	11,1%
		somatische Diagnose	7	38,9%
		keine weitere Diagnose	9	50,0%
	4. Diagnose	F-Diagnose	1	5,6%
		somatische Diagnose	5	27,8%
		keine weitere Diagnose	12	66,7%

9.6. Vorbehandlungen
9.6.1. Stationäre psychotherapeutische Vorbehandlungen

Die Anzahl von Vorbehandlungen sind nach Zielke et al. (2001) als ein Teilaspekt des chronischen Krankheitsverhaltens zu werten, da bei vielen Patienten eine vermehrte Inanspruchnahme diagnostischer Klärungsversuche und Vorbehandlungen zu beobachten ist. Einschränkend muss jedoch festgehalten werden, dass unbekannt ist um welche Art psychotherapeutischer Behandlung (unterschiedliche Psychotherapieschulen) es sich bei den Vorbehandlungen gehandelt hat und wie lange diese zurück liegen. An dieser Stelle werden die aus der Basisdokumentation entnommenen Angaben der stationären Bezugstherapeuten dargestellt. In Tabelle 9.6.1.-1. und Abbildung 9.6.1.-1. wird gezeigt, wie viele Patienten sich bereits vor Beginn der Rehabilitationsmaßnahme in einer stationären psychotherapeutischen Behandlung befunden haben.

Tab. 9.6.1.-1.: Anzahl stationärer psychotherapeutischer Vorbehandlungen (N=209)

Stationäre psychotherap. Vorbehandlungen	Geschlecht				Gesamt	
	männlich		weiblich		Anzahl	
	Anzahl	Prozent	Anzahl	Prozent	Summe	Prozent
0 Fälle	31	68,9%	125	76,2%	156	74,6%
1 Fall	5	11,1%	20	12,20%	25	12,0%
2 Fälle	5	11,1%	15	9,1%	20	9,6%
3 und mehr Fälle	4	8,9%	4	2,4%	8	3,8%
Gesamt	45	100%	164	100%	209	100%

Insgesamt hatten 74,6% der Patienten keine entsprechende Vorbehandlung. Über eine einmalige stationäre psychotherapeutische Vorbehandlung berichteten insgesamt 12% der Patienten. Darüber hinaus geben insgesamt 13,4% an, bereits mehrfach in stationärer psychotherapeutischer Behandlung gewesen zu sein.

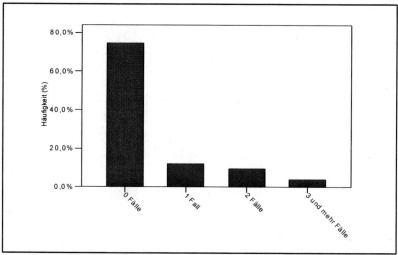

Abb. 9.6.1.-1.: Anzahl stationärer psychotherapeutischer Vorbehandlungen

9.6.2. Ambulante psychotherapeutische Vorbehandlungen

Der Anteil an psychotherapeutisch unbehandelten Patienten in der Vorgeschichte beträgt 28,2%, was gleichzeitig bedeutet, dass mindestens 71,8%, d.h. 150 der 209 Patienten nach Angaben ihrer Behandler bereits mindestens einmal psychotherapeutische Hilfe gesucht haben (Tab. 9.6.2.-1.). Verdeutlicht wird dies auch an der Zunahme ambulant durchgeführter Verhaltenstherapien von 1992 bis 2001 um das 3,5 Fache (Bundesvereinigung der Kassenpsychotherapeuten 2001). Erstaunlich hoch ist der Anteil der Patienten, die über eine einmalige psychotherapeutische Vorbehandlung berichteten. Dieser Anteil beträgt mehr als die Hälfte aller Patienten (59,8%), wobei hier hervorzuheben ist, dass Frauen eher als Männer einen Psychotherapeuten aufsuchen.

Tab. 9.6.2.-1.: Anzahl ambulanter psychotherapeutischer Vorbehandlungen (N=209)

Ambulante psychother. Vorbehandlungen	Geschlecht				Gesamt	
	männlich		weiblich		Anzahl	
	Anzahl	Prozent	Anzahl	Prozent	Summe	Prozent
0 Fälle	15	33,3%	44	26,8%	59	28,2%
1 Fall	25	55,6%	100	61,0%	125	59,8%
2 Fälle	5	11,1%	14	8,6%	19	9,1%
3 und mehr Fälle	0	0%	6	3,6%	6	2,9%
Gesamt	45	100%	164	100%	209	100%

9.6.3. Stationäre somatische Vorbehandlungen

Für Patienten mit psychischen und psychosomatischen Erkrankungen stellen Krankenhausaufenthalte in Akutkliniken eine besondere Belastung dar, denn sie sehen sich in einer Beweissituation bzgl. des Schweregrades der aktuellen Beschwerden. Darüber hinaus sind deren Aufenthaltszeiten in somatischen Akutkliniken in der Regel länger als bei vielen körperlichen Erkrankungen. Diese Erfahrungen werden von den betroffenen Patienten eher als Hinweis auf die Schwere und subjektive Bedeutung ihrer Erkrankung gewertet und beeinflussen nachhaltig ihr Krankheitsverhalten (Zielke et al. 2001)
Die Ergebnisse in Tabelle 9.6.3.-1. zeigen, dass mehrheitlich (83,3%) keine stationären somatischen Klinikaufenthalte von den Patienten berichtet wurden. Von jeweils einem bzw. zwei Fällen berichteten 6,7% der Patienten ihrem Bezugstherapeuten. Mehr als drei Fälle wurden von insgesamt 3,3% der Patienten berichtet.

Tab. 9.6.3.-1.: Anzahl stationäre somatische Vorbehandlungen (N=209)

Stationäre somatische Vorbehandlungen	Geschlecht				Gesamt	
	männlich		weiblich		Anzahl	
	Anzahl	Prozent	Anzahl	Prozent	Summe	Prozent
0 Fälle	35	77,8%	139	84,7%	174	83,3%
1 Fall	3	6,7%	11	6,7%	14	6,7%
2 Fälle	5	11,1%	9	5,5%	14	6,7%
3 und mehr Fälle	2	4,4%	5	3,1%	7	3,3%
Gesamt	45	100%	164	100%	209	100%

9.7. Behandlungszeiten

Die Behandlungsdauer in einer psychosomatischen Fachklinik ist von unterschiedlichen Einflüssen abhängig. Diese können in der Motivation oder anderen Merkmalen des Patienten liegen die dazu führen, dass Patienten vorzeitig aus der Klinik entlassen werden. Eine vorzeitige Beendigung der Behandlung ist aber auch durch die behandelnde Klinik möglich, z.B. wenn eine vorzeitige Entlassung mit ärztlichem Einverständnis oder aus disziplinarischen Gründen erfolgt. Eine umfangreiche empirische Analyse zu Einflussfaktoren auf die Behandlungsdauer bei psychischen und psychosomatischen Erkrankungen in der stationären Verhaltenstherapie führten Zielke, Dehmlow, Wühlbeck und Limbacher (1997) durch. Ein nicht zu vernachlässigender Einflussfaktor auf die Behandlungszeiten liegt bei den Kostenträgern, deren Sparmaßnahmen sich inzwischen auch auf die Behandlungsdauer einer Fachklinik auswirken. Obgleich sich die Kostenträger darüber bewusst sind, dass psychotherapeutische Prozesse zur Behandlung von meist über viele Jahre hinweg chronifizierten Erkrankungen lange Behandlungszeiten nach sich ziehen, wird zunächst eine Behandlungsdauer von sechs Wochen genehmigt. Die Behandlungsdauer kann auch, nach individueller Begutachtung der Problemlage, verlängert werden. Unter Berücksichtigung von bestimmten Patienteneigenschaften und -Fähigkeiten, wie psychotherapeutische Vorerfahrung, somatischem Krankheitsverständnis oder bedingter Mitarbeit für eine psychosomatische Rehabilitationsmaßnahme, wird lediglich eine vierwöchige Behandlung genehmigt (Irle, Amberger, Nischan 2001). Dies führte u.a. zu Umstellungen der Behandlungskonzepte in den Fachkliniken, was der durch die Behandler eingeschätzten Besserungsrate am Ende des stationären Aufenthaltes eher entgegen wirken muss. Evaluationsstudien ergaben, dass sich bedeutsame Veränderungen in den Symptomen nach einer dreiwöchigen Behandlungsdauer ergeben, jedoch davon auszugehen ist, dass die Symptomreduktion nach einem Jahr verschwindet (Nosper 1999). Eine Standardisierung der Behandlungsdauer ist aus organisatorischen Gründen sowie zur Reduktion des Verwaltungsaufwandes empfehlenswert, jedoch wird aus fachlicher Sicht massiv bezweifelt, dass eine solche Regelung der individuellen Problemlage der Patienten entsprechen kann (Bürger, Koch 1999). Einzelne Kostenträger haben Zeitkontingente als Richtwerte für die Behandlungsdauer mit den zu belegenden Fachkliniken ausgehandelt. Dafür wurde vertraglich festgelegt, dass die durchschnittliche stationäre Behandlungsdauer über das Kalenderjahr hinweg einen bestimmten Durchschnittswert nicht übersteigen darf. Die Koordination der Behandlungsdauer in Bezug auf das ausgehandelte Durchschnittskontingent der aufgenommenen Patienten liegt in der Verantwortung der Klinik (Zielke et al. 2001). Hier stellt sich die Frage, ob diese Vorgehensweise den Kliniken genügend Handlungsspielraum lässt, um den individuellen Problemlagen der Versicherten zu genügen.

9.7.1. Stationäre Verweildauer

In der vorliegenden Untersuchungsstichprobe beträgt die mittlere Behandlungsdauer etwas mehr als 7 Wochen (durchschnittlich 55,8 Tage) mit einer Standardabweichung von etwa 3 Wochen (22,0 Tage). Frauen blieben durchschnittlich etwa acht Wochen (SD=22 Tage), Männer etwa 7 Wochen (SD=16 Tage) stationär. Eine detaillierte Übersicht über die Häufigkeitsverteilung der stationären Behandlungsdauer über beide Geschlechter gibt Tabelle 9.7.1.-1 und Abbildung 9.7.1.-1.. Darin wird die durchschnittliche stationäre Behandlungsdauer mit einer Standardabweichung dargestellt. Die in der Regel für sechs Wochen genehmigten Rehabilitationsmaßnahmen spiegeln sich auch in den stationären Behandlungszeiten in den

Kliniken wieder. Die bereits erwähnte sechswöchige Behandlungszeit in den Kliniken nehmen 92 Patienten (44,0%) in Anspruch. Darin enthalten sind insgesamt 27 Patienten, die eine geringere stationäre Behandlungszeit aufweisen (in Tabelle 9.7.1.-1. nicht dargestellt). Bis zu drei Wochen wurden sieben Patienten, bis zu vier Wochen wurden zwölf Patienten und bis zu fünf Wochen wurden acht Patienten stationär behandelt.

Tab. 9.7.1.-1.: Stationäre Behandlungsdauer männlicher und weiblicher Patienten (N=209)

stationäre Behandlungsdauer	Geschlecht				Gesamt	
	männlich		weiblich		Anzahl	
	Anzahl	Prozent	Anzahl	Prozent	Summe	Prozent
bis 6 Wochen	25	55,6%	67	40,8%	92	44,0%
bis 8 Wochen	9	20,0%	47	28,7%	56	26,8%
bis 3 Monate	11	24,4%	40	24,4%	51	24,4%
mehr als 3 Monate	0	0%	10	6,1%	10	4,8%
Gesamt	45	100%	164	100%	209	100%
Mittelwert (M) Standarda. (SD)	M	SD	M	SD	M	SD
	49,64	16,1	55,74	22,05	54,43	21,02

Einer Behandlung von bis zu acht Wochen haben sich insgesamt 56 Patienten (26,8%) unterzogen. Weitere 51 Patienten weisen eine Behandlungsdauer von bis zu drei Monaten auf, was einem Anteil von 24,4% entspricht. Lediglich zehn Patienten (4,8%), die ausschließlich weiblich sind, wurden länger als drei Monate behandelt.

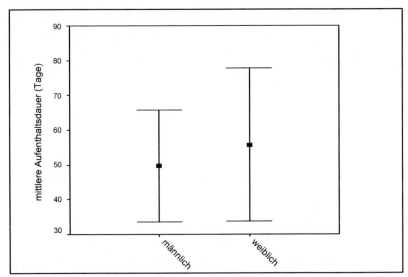

Abb. 9.7.1.-1.: Stationäre Behandlungsdauer männlicher und weiblicher Patienten

9.7.2. Entlassungsart

Zu klären ist, welche Kategorien die Therapeuten in den Fachkliniken für diese Variable der Basisdokumentation zur Auswahl haben. Wenn eine Behandlung zu einem geplanten Zeitpunkt abgeschlossen und die zu Beginn der therapeutischen Maßnahme vereinbarten Therapieziele weitestgehend erreicht werden konnten, wird von den Behandler eine reguläre Entlassung angegeben. Wie aus Tabelle 9.7.2.-1. hervorgeht, betrifft dies die meisten Patienten der Stichprobe (95,7%). In dem Fall, ein Patient drängt auf eine Beendigung der Therapie, jedoch der zuständige Bezugstherapeut der Auffassung ist, dass die vereinbarten Therapieziele noch nicht im entferntesten erreicht oder sich die Gründe für diesen Wunsch des Patienten aus einer Problemkonstellation therapieimmanenter Faktoren ergeben haben, deren Bewältigung jedoch ein wichtiges therapeutisches Element darstellen, wird die Kategorie „Entlassung gegen ärztlichen Rat" angegeben. Bei zwei Patienten (0,9%) kam es zu dieser Entlassungsart. Der Maßstab für das Kriterium „disziplinarische Entlassung" ist klar anzusetzen, da es nur in dem Fall zur Anwendung kommt, wenn ein Patient wiederholt oder in vorsätzlicher Art gegen die Regeln der Hausordnung bzw. gegen die Behandlungsauflagen verstoßen hat. Dieses Kriterium kam in der Untersuchungsstichprobe jedoch nicht zur Anwendung. In den Fällen, wenn Patienten nicht veränderungsmotiviert sind oder bestimmte unangenehme Behandlungsschritte nicht akzeptieren wollen, jedoch eine Behandlungsfortsetzung wünschen, wird die Kategorie „Entlassung auf ärztliche Veranlassung" angegeben. Diese Kategorie bleibt in der Stichprobe ebenfalls unbesetzt. Es gibt aber auch Fälle, in denen die vereinbarten Therapieziele innerhalb kürzerer Zeit als vorgesehen erreicht werden konnten und die Behandler wie der Patient derselben Auffassung sind, wird die Kategorie „vorzeitige Entlassung mit ärztlichem Einverständnis" vergeben.

Tab. 9.7.2.-1.: Entlassungsart der Patienten aus der Heilbehandlung (N=209)

Entlassungs-art	Geschlecht				Gesamt	
	männlich		weiblich		Anzahl	
	Anzahl	Prozent	Anzahl	Prozent	Summe	Prozent
Regulär	42	93,3%	158	96,4%	200	95,7%
Vorzeitig mit ärztlichem Einverständnis	3	6,7%	4	2,4%	7	3,3%
Vorzeitig gegen ärztlichen Rat	0	0%	2	1,2%	2	0,9%
Gesamt	45	100%	164	100%	209	100%

Sie kommt auch dann zum Tragen, wenn der Patient auf eine Beendigung der Behandlung drängt, obwohl die vereinbarten Behandlungsziele noch nicht erreicht wurden, die aber bis dahin erzielten Behandlungsfortschritte durch den Therapeuten als positiv beurteilt werden und er die langfristige Therapeut-Patient-Beziehung nicht gefährden möchte. Mitunter sehen sich die Therapeuten einer Problemkonstellation gegenüber, die eine unmittelbare Beendigung der Behandlung erforderlich machen. Dabei handelt es sich zumeist um akute familiäre oder berufliche Probleme der Patienten. Für diese Fälle ist ebenfalls die Kategorie „Entlassung mit ärztlichem Einver ständnis" vorgesehen. In dieser Kategorie befinden sich 7 Patienten mit (3,3%) der Stichprobe.

10. Behandlungsergebnisse stationärer Verhaltenstherapie
10.1. Problemstellung

Die vorliegende Untersuchung befasst sich u.a. mit der Analyse des kurz- und langfristigen Verlaufs psychosomatischer Erkrankungen nach einer verhaltensmedizinischen Rehabilitationsmaßnahme. Im Mittelpunkt der Untersuchungen stehen dabei depressive Erkrankungen, da dieses Krankheitsbild in allen Bereichen der klinisch-psychotherapeutischen Versorgung – ambulant wie stationär – die häufigste Erkrankung darstellt. In der stationären psychosomatischen Behandlung und Rehabilitation werden diesbezüglich Anteile zwischen 30% und 60% berichtet (Zielke 2001c). Allein der Anteil der Hauptbehandlungsdiagnose aus dem Bereich der affektiven Störungen hat in der vorliegenden Stichprobe einen Anteil von 26,8%. Zudem nehmen depressive Reaktionen und depressiv gefärbte Verarbeitungsprozesse, wie sie auch bei anderen Hauptbehandlungsdiagnosen (z.B. Neurotische, Belastungs- und Anpassungsstörungen, Angststörungen und Essstörungen) symptomatisch sind, eine gewichtige Rolle ein. Mehr als die Hälfte der Patienten der untersuchten Stichprobe kam mit einer Hauptbehandlungsdiagnose aus dem Bereich der affektiven Störungen (F3) und der Neurotischen, Belastungs- und somatoforme Störungen (F4) sowie stark ausgeprägter depressiver Symptomatik in die Klinik. Diesbezügliche kurz und langfristige Behandlungsergebnisse sowie Veränderungen im Krankheitsverhalten bzgl. sozialmedizinischer Variablen werden dargestellt.

Die Erfassung von Veränderungen und Behandlungsergebnissen in der Evaluation klinisch-psychotherapeutischer Interventionen wurde bereits ausführlich diskutiert. In dieser Arbeit wird diesbezüglich ein multiples Evaluationskriterium vorgestellt, welches die Veränderungen einer ganzen Reihe psychosomatischer Symptome beinhaltet. Darüber hinaus sollen Indikatoren der Wirksamkeit der stationären Verhaltenstherapie identifiziert werden, welche Rückschlüsse auf eine gelungene Vermittlung von Informationen für einen adäquaten Umgang mit der Erkrankung sowie die Einordnung der Kenntnisse in das Alltagsleben erlauben. Diese sollen dann kurz- und langfristige Prognosen des Verlaufs psychosomatischer Erkrankungen erlauben.

Unter diesen Gesichtspunkten soll die Stichprobe untersucht und deren Ergebnisse im Folgenden dargestellt werden.

10.2. Schweregrad der Depressivität

Die standardisierten Angaben zur Depressivität der Patientenstichprobe stammen aus den Beantwortungen im Beck-Depressions-Inventar, das bereits in Kapitel 9 vorgestellt wurde. Die Verteilung des so ermittelten Schweregrades der Depressivität der Patientenstichprobe wird in Tabelle 10.2.-1. dargestellt und in Abbildung 10.2.-1. illustriert. Die Ausprägung der depressiven Symptomatik wird durch die Summation der jeweils am Höchsten zählenden Aussage bestimmt. Die Streubreite des Summenwertes reicht zwischen 0 und 63 Punkten, wobei Werte bis 10 Punkte als normal und unauffällig bezeichnet werden. Patienten mit Werten dieser Kategorie sollen im Weiteren als die Subgruppe der „depressiv unauffälligen" Patienten bezeichnet werden. Bei Punktwerten zwischen 11 und 17 Punkten wird von einer milden bis mäßigen Ausprägung der depressiven Symptomatik gesprochen. Diese Subgruppe wird deshalb im Weiteren mit der Bezeichnung „subklinisch depressiv" versehen. Als klinisch relevante Depression gilt ein Punktwert ab 18 Punkten. Patienten mit dieser Ausprägung der Symptomatik sollen im Folgenden als die Subgruppe der „klinisch relevant depressiven Patienten" bezeichnet werden. Der mittlere Depressionsscore über alle Patienten liegt zur Aufnahmeuntersuchung bei 19,10 Punkten mit einer Standardabweichung von 10,42 Punkten. Der Anteil der mit dem Beck-Depressions-Inventar als klinisch relevant klassifizierten Patienten nimmt zu diesem Zeitpunkt mit einem Anteil von 54,5% mehr als die Hälfte der gesamten Patientenstichprobe ein.

Tab. 10.2.-1.: Schweregradverteilung im Beck-Depressions-Inventar (Aufnahmeuntersuchung, N=209

Depressions-Score		N	%
0 - 10	unauffällig	51	24,4%
11 - 17	subklinisch	44	21,1%
18 - 63	klinisch relevant	114	54,5%
		M	SD
mittlerer Depressions-Score		19,10	10,41

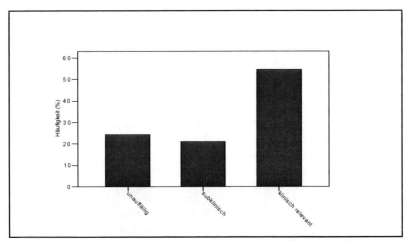

Abb. 10.2.-1.: Beck-Depressions-Inventar: Verteilung des Schweregrades (Aufnahmeuntersuchung)

Die Patientenanteile der Subgruppen der „subklinisch depressiven" Patienten (21,1%) und der „unauffällig depressiven" (24,4%) Patienten sind nahezu gleich. Zu beantworten bleibt die Frage, ob dies der Verteilung der Hauptbehandlungsdiagnosen entspricht, dem im Folgenden nachgegangen werden soll (Tab. 10.2.-2.).

Tab. 10.2.-1.: Verteilung der Hauptbehandlungsdiagnosen nach Subgruppen im Beck-Depressions-Inventar (Aufnahmeuntersuchung)

Diagnose	Subgruppen im Beck-Depressions-Inventar							
	unauffällig		subklinisch		klinisch relevant			
	Anzahl	%	Anzahl	%	Anzahl	%	Gesamt	%
psych. Diagnosen	38	19,9%	42	22,0%	111	58,1%	191	91,4%
davon: F3, F4, F5	36	19,4%	41	22,2%	108	58,4%	185	96,8%
übrige Diagnosen	13	72,2%	2	11,1%	3	16,7%	18	8,6%
Gesamt	51	24,4%	44	21,1%	114	54,5%	209	100%

Wie zu erwarten ist, nimmt die Subgruppe der klinisch relevant depressiven Patienten nicht nur den größten Anteil an psychiatrischen Hauptbehandlungsdiagnosen ein, sondern vereinigt auch den größten Anteil (58,1%) der Behandlungsdiagnosen aus dem Bereich der affektiven Störungen, den Neurotischen, Belastungs- und Anpassungsstörungen und den Essstörungen auf sich. Wird die Subgruppe der subklinisch depressiven Patienten diesbezüglich mit einbezogen, trifft dies auf einen Anteil von insgesamt 80% der Stichprobe zu. Das bedeutet, dass Patienten mit einer klinisch relevanten und einer Behandlung bedürfenden depressiven Symptomatik mit entsprechenden Hauptbehandlungsdiagnosen wie Affektive Störungen (F3) und Neurotische, Belastungs- und Anpassungsstörungen (F4), deren Hauptsymptomatik v.a. depressive Zustandsbilder, depressive Reaktionen und depressiv gefärbte Verarbeitungsprozesse darstellen, zur Behandlung in die Klinik aufgenommen werden.

10.3. Schweregrad der Depressivität und sozialmedizinische Korrelate

Im Folgenden soll untersucht werden, inwieweit ein Zusammenhang zwischen der Ausprägung der depressiven Symptomatik und dem objektiven Krankheitsverhalten besteht. Dabei sollen die in einem zweijährigen Zeitraum vor der stationären Behandlung eingetretenen Arbeitsunfähigkeitsfälle und -tage insgesamt und für psychiatrische Erkrankungen gesondert, die stationären akutmedizinischen Behandlungsereignisse, die Einnahme von Psychopharmaka und die ambulanten Arztkonsultationen untersucht werden. Zunächst wird der Erhebungsmodus dieser Variablen vorgestellt.

10.3.1. Erhebungsmodus sozialmedizinischer Variablen
10.3.1.1. Arbeitunfähigkeit und stationäre akutmedizinische Behandlungen

Aufgrund der engen Kooperation zwischen der DAK und den beteiligten psychosomatischen Fachkliniken ist es mit dem Einverständnis der Patienten gelungen die bei der DAK gespeicherten Krankheitsdaten mit den klinischen Behandlungsfällen und -verläufen zusammenzuführen. Die Informationen der Krankenkasse beinhalten das

Kalenderdatum zu Beginn und zum Ende einer Arbeitsunfähigkeit oder einem stationären akutmedizinischen Krankenhausaufenthalt mit der entsprechenden ICD-Kodierung zwei Jahre vor Beginn der Behandlung und zwei Jahre nach Entlassung aus der Klinik.

10.3.1.2. Ambulante Arztkontakte

Weil die Daten zu ambulanten Arztkonsultationen bei den Krankenkassen nicht personenbezogen gespeichert sind, wurden diese Informationen über eine differenzierte Patientenbefragung gewonnen. Dazu wurde den Patienten eine Liste mit 14 medizinischen und therapeutischen Fachbereichen vorgelegt mit der Bitte anzugeben, wie häufig sie in den vergangenen Zeitabschnitten (vier Wochen, drei Monate, ein Jahr, zwei Jahre) bei welcher Fachdisziplin ambulante Arztkonsultationen suchten. Die Messung erwies sich als ausreichend zuverlässig (Zielke et al. 2001).

10.3.1.3. Medikamentenkonsum

Der in dem Projekt angewendete Erhebungsmodus war mit einem erheblichen Aufwand verbunden und erforderte ein Höchstmaß an Genauigkeit und Geduld, um über Schätzurteile der Medikamenteneinnahme hinaus zu kommen (Zielke et al. 2001). Dazu wurde in einer Liste für ausgewählte Indikationsgruppen die 50 am häufigsten verordneten Medikamente dieser Indikationsgruppen vorgelegt. Daneben wurde zusätzlich eine alphabetische Liste mit jeweils 150 bis 200 Medikamenten aus dieser Gruppe entsprechend der Verordnungshäufigkeit zur Verfügung gestellt. Darüber hinaus stand eine alphabetisch geordnete Liste der 2.000 meist verordneten Medikamente bereit. Sofern ein Medikament in den Listen nicht zu finden war, konnte die Zuordnung über eine Datenbank der in Deutschland bekannten 70.000 Medikamente erfolgen. Der Zeitraum für die Medikamenteneinnahme umfasst die letzten vier Wochen vor Beginn der Rehabilitationsmaßnahme bzw. vor der Nacherhebung. Es wurde unter Verwendung der jeweiligen Medikamentenliste der einzelnen Indikationsgruppen der Name des Medikaments, die Darreichungsform, die Packungsgröße, die Dosierung pro Tag und die Einnahmedauer in Tagen erfragt. Daraus wurde dann die entsprechende Einnahmemenge errechnet (Zielke et al. 2001).

Die vorliegende Untersuchung befasst sich vorderdringlich mit depressiven Erkrankungen und dem damit verbundenen Krankheitsverhalten. Deshalb werden die Analysen in Bezug auf das Medikamentenverhalten, auf eingenommene Psychopharmaka mit der Medikamentenhauptgruppennummer 71 beschränkt.

10.3.2. Der Zusammenhang zwischen dem Grad der Depressivität und sozialmedizinischen Variablen

Das Krankheitsverhalten der Patienten in dem Zeitraum vor Beginn der Rehabilitationsmaßnahme soll im Weiteren hinsichtlich des Zusammenhangs mit dem Ausmaß der Depressivität untersucht werden. Die Ergebnisse in Tabelle 10.3.2.-1. geben einen Hinweis darauf, dass die objektiv erfasste Häufigkeit einer Arbeitsunfähigkeit nicht von der Ausprägung der Depressivität beeinflusst wird. Unabhängig von der Diagnose korreliert das Ausmaß der Depressivität nicht überzufällig mit den Arbeitsunfähigkeitsfällen oder -tagen. Unter einer differenzierteren Betrachtung zeigt sich aber, dass die Patienten mit größer werdendem Schweregrad der Depressivität, häufiger wegen psychiatrischer Diagnosen arbeitsunfähig sind. Dieser Zusammenhang zeigt sich jedoch nicht in deren Dauer. Für die Häufigkeit stationärer akutmedizinischer Behandlungen zeigt sich unabhängig von der Einweisungsdiagnose kein bedeutsamer Zusammenhang mit dem Ausmaß der Depressivität. Hingegen ist ein signifikanter Zusammenhang mit der stationären Verweildauer zu verzeichnen. Werden jedoch ausschließlich psychiatrische Einweisungsdiagnosen betrachtet, so zeigt sich in der Häufigkeit und der Dauer der stationären akutmedizinischen Aufenthalte ein bedeutsamer Zusammenhang mit dem Schweregrad der Depression. Eine erhöhte Depressivität ist demnach mit vermehrter Arbeitsunfähigkeit und häufigeren akutstationären Behandlungen wegen psychiatrischer Erkrankungen, welche dann auch länger stationär behandelt werden verbunden. Die Einnahme von Psychopharmaka steht in einem deutlichen Zusammenhang mit dem Ausmaß an Depressivität, d.h. depressive Patienten bleiben vor dem Beginn einer verhaltenstherapeutischen Behandlung in ihren Bewältigungsversuchen eher passiv.

Tab. 10.3.2.-1.: Zusammenhang zwischen dem objektiven Krankheitsverhalten und dem Ausmaß der Depressivität im Beck-Depressions-Inventar (BDI)

Bereiche des Krankheitsverhaltens		BDI	Sign.
		r	p ≤
Arbeitsunfähigkeitsfälle		.063	.361
Arbeitsunfähigkeitstage		.059	.396
Arbeitsunfähigkeitsfälle	Psychiatrische Diagnose	.136	.049
Arbeitsunfähigkeitstage	Psychiatrische Diagnose	.103	.138
Krankenhausfälle		.126	.070
Krankenhaustage		.229	.001
Krankenhausfälle	Psychiatrische Diagnose	.155	.025
Krankenhaustage	Psychiatrische Diagnose	.198	.004
Medikamentenkonsum		r	p ≤
Psychopharmaka		.224	.001
Arztkontakte	**Fachrichtung**	r	p ≤
24 Monate vor Aufnahme	alle Fachrichtungen	.082	.241
24 Monate vor Aufnahme	nur Psychotherapie	.122	.079

Die mit der Medikamentenverordnung im direkten Zusammenhang stehenden ambulanten Arztkonsultationen zeigen keine signifikante Korrelation.

10.4. Kurz- und langfristige Veränderungen im Verlauf depressiver Erkrankungen

Die im Weiteren dargestellten Ergebnisse zeigen ausgeprägte kurz- und langfristige Veränderungen depressiver Erlebens- und Verarbeitungsweisen der Patienten. Im katamnestischen Verlauf bleibt das Niveau der durch die Verhaltenstherapie erreichten Reduktion der depressiven Symptomatik weitestgehend stabil. In der Förderung und Unterstützung des Genesungsprozesses spielen dabei antidepressive Bewältigungsstrategien, die in der stationären Verhaltenstherapie in nahezu allen Behandlungsbausteinen integriert sind, unabhängig ob es sich dabei um eine Einzeltherapie, eine Problemlösegruppe, eine themenzentrierte Gruppe oder um ein entsprechendes Therapieangebot aus den Funktionsbereichen handelt, eine wesentliche Rolle. Das therapeutische Milieu einer verhaltenstherapeutischen Klinik stellt eine konsistente Aufforderung und Anregung dar, Aktivitäten und offensive Bewältigungsstrategien zu entwickeln, dem sich die Patienten nur mit größter Mühe entziehen können. In der folgenden Darstellung sollen zunächst die Veränderungen im stationären Behandlungsverlauf für die Subgruppen des Beck-Depressions-Inventars gezeigt werden. Darauf folgt eine Darstellung der langfristigen Veränderungen. Im Anschluss daran wird eine differenzierte Betrachtung der kurz- und langfristigen Veränderungen in ausgewählten sozialmedizinischen Untergruppen vorgenommen. Es werden die berechneten Differenzen und die prozentuale Reduktion gezeigt sowie eine statistische Prüfung der zentralen Tendenz mit dem Wilcoxon-Test vorgestellt. Dieser Test wurde verwendet, da davon auszugehen ist, dass die Voraussetzungen für einen Mittelwertsvergleich auf der Basis eines t-Tests nicht für jeden Einzelvergleich erfüllt sind.

10.4.1. Veränderungen der Depressivität im stationären Behandlungsverlauf

Es zeigen sich – wie aus Tabelle 10.4.1.-1. und Abbildung 10.4.1.-1. hervorgeht – nach Beendigung der stationären Behandlung erhebliche Veränderungen in den einzelnen Schweregraden der Depressivität. Aus dem Vergleich der Mittelwerte geht eine hochsignifikante Abnahme der Depressivität im stationären Behandlungsverlauf hervor, was sich auch in dem Over-All-Test über die Veränderungen in den Häufigkeiten der Subgruppen widerspiegelt. Insgesamt verschiebt sich der Mittelwert von 19 Punkten, der das Kriterium einer Behandlung bedürfenden Depression erfüllt, um nahezu acht Punkte. Der Anteil der Patienten mit einer klinisch relevanten Depressionsstärke hat sich von 54,5% auf 23,9% verringert, was einer Abnahme um 57,9% entspricht. Übereinstimmend dazu ist eine Zunahme der Patientenanteile mit einer klinisch unauffällig depressiven Symptomatik um 137,5% auf 58,9% zu verzeichnen.

Tab. 10.4.1.-1.: Beck-Depressions-Inventar: Vergleich der kurzfristigen Behandlungsergebnisse (Npar-Test/Wilcoxon, N=209)

Depressions-Score		Aufnahme		Entlassung		Statist. Prüfung	Sign.
		N	%	N	%	Z	p ≤
0 - 10	unauffällig	51	24,4%	123	58,9%		
11 - 17	subklinisch	44	21,1%	38	18,2%		
18 - 63	klinisch relevant	114	54,5%	48	23,0%	-8,410	.000
		M	SD	M	SD	Z	p ≤
mittlerer Depressions-Score		19,10	10,41	11,1	9,78	-9,395	.000

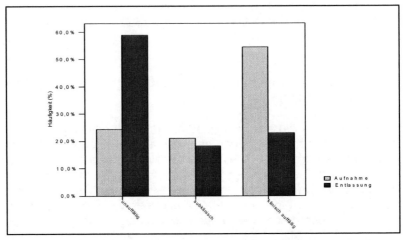

Abb. 10.4.1.-1.: Beck-Depressions-Inventar: kurzfristige Veränderungen der Depressivität im stationären Behandlungsverlauf (Aufnahme-Entlassung)

10.4.2. Langfristige Veränderungen der Depressivität

Für einen besseren Überblick soll zunächst ein Vergleich zwischen den Ausgangswerten der Depressivität zur Aufnahmeuntersuchung mit dem Ausmaß der Symptomatik zum Nacherhebungszeitpunkt angestellt werden. Im Anschluss daran wird geprüft, inwieweit die erreichten Behandlungseffekte stabil bleiben.

10.4.2.1. Vergleich zwischen Aufnahmeuntersuchung und Nachuntersuchung

Insgesamt zeigt sich über alle Patienten (Tab. 10.4.2.1.-1. und Abb. 10.4.2.1.-1.) in den Klassenhäufigkeiten eine hochsignifikante Abnahme der Depressivität. Die hochsignifikante Linksverschiebung der mittleren Depressivitätsstärke hin zu niedrigeren Depressivitätswerten (M=12,6) bleibt langfristig auch erhalten. Darüber hinaus zeigt Tabelle 10.4.2.1.-1., dass auch langfristig eine deutliche Abnahme des Patientenanteils mit einer klinisch relevanten Depressionsstärke von 54,5% auf 28,2% zu verzeichnen ist, was einer Reduktion um insgesamt 51,7% entspricht.

Tab. 10.4.2.1.-1.: Beck-Depressions-Inventar: Vergleich der langfristigen Behandlungsergebnisse (Npar-Test/Wilcoxon, N=209)

	Aufnahme		Katamnese		Statist. Prüfung	Sign.
Depressions-Score	N	%	N	%	Z	p ≤
0 - 10 unauffällig	51	24,4%	103	49,3%		
11 - 17 subklinisch	44	21,1%	47	22,5%		
18 - 63 klinisch relevant	114	54,5%	59	28,2%	-6,872	.000
	M	SD	M	SD	Z	p ≤
mittlerer Depressions-Score	19,10	10,41	12,6	10,44	-8,112	.000

Gleichzeitig erhöht sich der Anteil der Patienten mit einer klinisch unauffälligen Symptomatik auf 49,3%, was immer noch einer Zunahme um 102% entspricht. Es blieben jedoch insgesamt 20 Patienten (9,5%) in ihren Behandlungsergebnissen innerhalb des Nacherhebungszeitraumes instabil. Zu klären ist nun die Frage, inwieweit die Patienten zum Nacherhebungszeitpunkt wieder klinisch relevante Depressivitätswerte aufweisen.

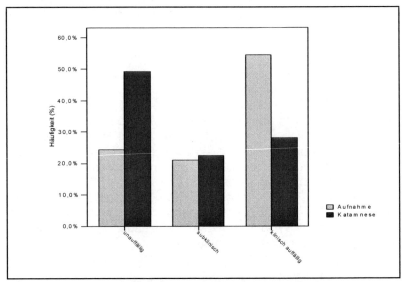

Abb. 10.4.2.1.-1.: Beck-Depressions-Inventar: langfristige Veränderungen der Depressivität im stationären Behandlungsverlauf (Aufnahme-Katamnese)

10.4.2.2. Entlassuntersuchung versus Nachuntersuchung

Um der Frage nachzugehen, ob und inwieweit die Behandlungsergebnisse nach Beendigung der Behandlung stabil bleiben, soll im Weiteren ein Vergleich zwischen den Zeitpunkten der Entlassuntersuchung und der Nachuntersuchung vorgenommen werden.
Insgesamt ist eine leichte Rechtsverschiebung der mittleren Depressionsstärke zu verzeichnen, die auf dem Niveau einer fünfprozentigen Irrtumswahrscheinlichkeit signifikant ist. Sind aber diejenigen Patienten von Interesse, bei denen sich im stationären Behandlungsverlauf ausgehend von einer stark ausgeprägten depressiven Symptomatik eine klinisch unauffällige Depressivitätsstärke ergeben hat, aber ihre Behandlungsergebnisse im langfristigen Verlauf nicht

aufrecht erhalten konnten, soll geklärt werden, ob diese Patienten im Katamnesezeitraum wieder auf das Ausgangsniveau des Schweregrades der Depressivität zurückfallen oder zumindest noch eine leichte Besserung erhalten bleibt.
Insgesamt konnten 20 Patienten ihre im stationären Behandlungsverlauf erzielten Veränderungen in der Depressivität nicht aufrecht erhalten (Tab. 10.4.2.2.-1. und Abb. 10.4.2.2.-1.).

Tab. 10.4.2.2.-1.: Beck-Depressions-Inventar: Vergleich der Behandlungsergebnisse nach der Behandlung (Npar-Test/Wilcoxon, N=209)

	Entlassung		Katamnese		Statist. Prüfung	Sign.
Depressions-Score	N	%	N	%	Z	p ≤
0 - 10 unauffällig	123	58,9%	103	49,3%		
11 - 17 subklinisch	38	18,2%	47	22,5%		
18 - 63 klinisch relevant	48	23,0%	59	28,2%	-2,277	.023
	M	SD	M	SD	Z	p ≤
mittlerer Depressions-Score	11,15	9,78	12,6	10,44	-2,557	.011

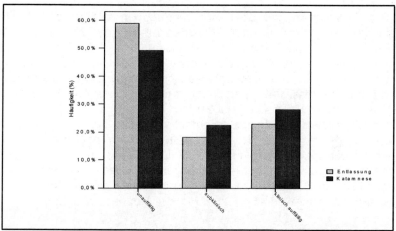

Abb. 10.4.2.2.-1.: Beck-Depressions-Inventar: Vergleich der Behandlungsergebnisse nach der Behandlung (Entlassung-Katamnese)

Von denen gelten zum Zeitpunkt der Nachuntersuchung neun als mäßig und elf als klinisch relevant depressiv, was sich auch insgesamt im Over-All-Test mit einem signifikanten Resultat auf dem Niveau einer fünfprozentigen Irrtumswahrscheinlichkeit zeigt. Für eine weitergehende Bewertung dieses Ergebnisses ist aber wichtig, dass die Wirkung der Therapie insgesamt nicht – wie bereits gezeigt werden konnte – nach zwei Jahren verschwindet. Es ergibt sich für den Nacherhebungszeitraum lediglich eine leichte und erwartbare Varianzerweiterung in dieser Subgruppe.

10.5. Differenzielle Verläufe kurz- und langfristiger Behandlungsergebnisse ausgewählter sozialmedizinischer Untergruppen

Unter sozialmedizinischer Perspektive stellt die untersuchte Patientenstichprobe eine heterogene Gruppe dar. Aus diesem Grund werden die Verlaufsergebnisse zur Depressivität bei den Untergruppen Frauen, Männer und Dauer seit Erstmanifestation mit den Kategorien „bis zu drei Jahren" und „länger als drei Jahre", Arbeitsunfähigkeitsfälle mit den Kategorien „kein Fall", „ein bis zwei Fälle" und „drei und mehr Fälle" sowie stationäre akutmedizinische Behandlungen mit den Kategorien „keine Behandlung" und „mindestens eine Behandlung" berichtet.

Wird die Vorgeschichte über alle Untergruppen betrachtet, so ergibt ein Vergleich, dass Frauen, Patienten mit langer Krankheitsdauer und Patienten mit stationären Behandlungen im Akutkrankenhaus ausnahmslos höhere Depressivitätswerte aufweisen. Unabhängig davon ist aber in jeder Untergruppe eine hochsignifikante Verminderung der Depressivität im stationären Behandlungsverlauf wie auch im langfristigen Verlauf zu beobachten.

Männer können zudem im Katamnesezeitraum die Depressivitätswerte auf dem Niveau der Entlassuntersuchung stabil halten, was den Frauen nicht gelingt (Tab. 10.5.-1. und Abb. 10.5.-1.). Frauen besitzen jedoch ein höheres Ausgangsniveau der Depressivität und erreichen zur Entlassuntersuchung in etwa das gleiche Niveau der Männer mit einer Reduktion um 8 Punkte (Männer: 5 Punkte).

Tab. 10.5.-1.: Beck-Depressions-Inventar: Differenzielle Verläufe kurz- und längerfristiger Behandlungsergebnisse getrennt nach Geschlecht (Npar-Test/Wilcoxon, N=209)

			Männer (N=45)		
			Depressions-Score	Statistische Prüfung Z	Signifikanz p
Aufnahme	M		16,3		
	SD		10,8		
Entlassung	M		11,3		
	SD		10,8	-3,163	p=.001
Aufnahme	M		16,3		
	SD		10,8		
Katamnese	M		12,0		
	SD		10,6	-2,853	p=.003
Entlassung	M		11,3		
	SD		10,8		
Katamnese	M		12,0		
	SD		10,6	-0,848	p=.397
			Frauen (N=164)		
			Depressions-Score	Statistische Prüfung Z	Signifikanz p
Aufnahme	M		19,9		
	SD		10,2		
Entlassung	M		11,1		
	SD		9,5	-8,882	p=.000
Aufnahme	M		19,9		
	SD		10,2		
Katamnese	M		12,7		
	SD		10,4	-7,666	p=.000
Entlassung	M		11,1		
	SD		9,5		-
Katamnese	M		12,7		
	SD		10,4	-2,423	p=.018

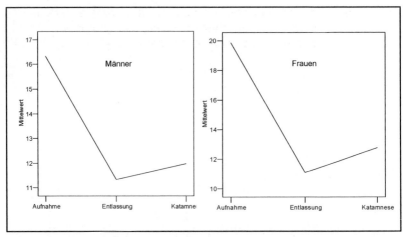

Abb. 10.5.-1.: Langfristige Veränderungen im Beck-Depressions-Inventar bei Männern und Frauen

Ein ganz ähnliches Bild zeigt sich in Tabelle 10.5.-2. bei Patienten mit langer Krankheitsanamnese, was in der Abbildung 10.5.-2. veranschaulicht wird. Patienten mit längerer Krankheitsgeschichte halten die Depressivitätswerte, welche sie nach Beendigung der Behandlung erreicht hatten, bis zur Nachuntersuchung nicht aufrecht. Dieses Ergebnis spricht für die Argumentation, dass eine verhaltensmedizinische Intervention wesentlich früher ansetzen muss als dies bisher zu beobachten ist. Das heißt, dass mit durchschnittlich sieben bis zehn Jahren (Zielke 1993) zu viel Zeit vergeht, bis ein Patient eine adäquate Behandlung erfährt und auch dadurch die Stabilität der Behandlungsergebnisse beeinflusst wird.

Tab. 10.5.-2.: Beck-Depressions-Inventar: Differenzielle Verläufe kurz- und längerfristiger Behandlungsergebnisse getrennt nach der Dauer seit Erstmanifestation (Npar-Test/Wilcoxon, N=209)

		Erstmanifestation< 3 Jahre (N=97)		
		Depressions-Score	Statistische Prüfung Z	Signifikanz p
Aufnahme	M	17,6		
	SD	9,6		
Entlassung	M	10,6		
	SD	9,6	-6,308	p=.000
Aufnahme	M	17,6		
	SD	9,6		
Katamnese	M	11,4		
	SD	10,5	-5,965	p=.000
Entlassung	M	10,6		
	SD	9,6		
Katamnese	M	11,4		
	SD	10,5	-0,782	p=.434
		Erstmanifestation >3 Jahre (N=112)		
		Depressions-Score	Statistische Prüfung Z	Signifikanz p
Aufnahme	M	20,4		
	SD	10,9		
Entlassung	M	11,6		
	SD	9,9	-6,998	p=.000
Aufnahme	M	20,4		
	SD	10,9		
Katamnese	M	13,7		
	SD	10,3	-5,536	p=.000
Entlassung	M	11,6		
	SD	9,9		
Katamnese	M	13,7		
	SD	10,3	-2,619	p=.010

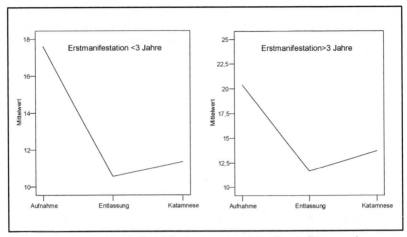

Abb. 10.5.-2.: Langfristige Veränderungen im Beck-Depressions-Inventar getrennt nach Dauer seit Erstmanifestation

Patienten mit mindestens einer stationären akutmedizinischen Behandlung weisen in etwa die gleiche Reduktion der Depressivitätswerte im Zeitraum zwischen der Aufnahme- und Nachuntersuchung mit sieben Punkten auf (Tab. 10.5.-3.). Auch diese Verminderung der Depressivitätswerte ist in beiden Fällen hochsignifikant. Diejenigen Patienten mit mindestens einer stationären Behandlung besitzen jedoch höhere Ausgangswerte (M=21,1), was bedeutet, dass sich langfristig in dieser Gruppe durchschnittlich keine derartigen Depressivitätswerte ergeben, die einer klinisch unauffälligen Symptomatik entsprechen.

Tab. 10.5.-3.: Differenzielle Langzeitverläufe von Projektuntergruppen unter Berücksichtigung des prästationären KH-Geschehens (Npar-Test/Wilcoxon, N=209)

	kein KH-Fall (N=136)					
	Aufnahme		Katamnese			Sign.
	M	SD	M	SD	Z	p ≤
Depressions-Score	18,0	10,2	11,5	9,1	-6,675	.000
	mindestens ein KH-Fall (N=73)					
	Aufnahme		Katamnese			Sign.
	M	SD	M	SD	Z	p ≤
Depressions-Score	21,1	10,6	14,5	12,4	-4,664	.000

Patienten mit häufiger Arbeitsunfähigkeit im Zeitraum vor Beginn der psychosomatischen Rehabilitationsmaßnahme sind im Vergleich zu Patienten mit wenigen prästationären Fehlzeiten in der Aufnahmeuntersuchung depressiver. Unabhängig von der Erkrankungshäufigkeit nimmt aber auch hier das Ausmaß der Depressivität deutlich und hochsignifikant ab (Tab. 10.5.-4.).

Tab. 10.5.-4.: Differenzielle Langzeitverläufe von Projektuntergruppen unter Berücksichtigung des prästationären AU-Geschehens (Npar-Test/Wilcoxon, N=209)

	Kein AU-Fall (N=42)					
	Aufnahme		Katamnese			Sign.
	M	SD	M	SD	Z	p ≤
Depressions-Score	19,2	9,1	11,3	10,5	-4,153	.000
	1-2 AU-Fälle (N=74)					
	Aufnahme		Katamnese			Sign.
	M	SD	M	SD	Z	p ≤
Depressions-Score	17,5	9,9	11,8	10,1	-4,481	.000
	3 und mehr AU-Fälle (N=93)					
	Aufnahme		Katamnese			Sign.
	M	SD	M	SD	Z	p ≤
Depressions-Score	20,3	11,2	13,8	10,6	-5,385	.000

10.6. Veränderungen im Krankheitsverhalten der Patienten (DAK-Angaben)

Patienten mit psychischen und psychosomatischen Erkrankungen nutzen die Hilfen des Gesundheitssystems deutlich intensiver als Patienten mit ausschließlich somatischen Erkrankungen. Wie bereits in Kapitel 2. berichtet, wird dieses Verhalten mit dem Begriff „chronisches Krankheitsverhalten" bezeichnet. Dieses „chronische Krankheitsverhalten" beinhaltet eine zunehmende Inanspruchnahme medizinisch-diagnostischer Maßnahmen, Befürchtungen der Betroffenen, an schweren bzw. lebensbedrohlichen Erkrankungen zu leiden verbunden mit körperlichem und sozialem Schonverhalten, was zur Folge hat, dass deren Belastbarkeit abnimmt und ein erhöhter Verfügbarkeitsdruck nach medizinischen Interventionen besteht. Zusammen bedeutet dies, dass die Betroffenen sich „kranker" verhalten, als es nach Begutachtung der entsprechenden somatischen Befunde zu erwarten wäre. Untersuchungen belegen einen extremen Zuwachs des Inanspruchnahmeverhaltens medizinischer Leistungen bei psychosomatischen Erkrankungen (z.B. Zielke 1999a). Darüber hinaus zeigen systematische Analysen von Krankenkassen eine insgesamt zunehmende Entwicklung der Arbeitsunfähigkeit wegen psychischer Erkrankungen (vgl. Kap. 4.3.). Aus diesem Grund soll in der vorliegenden Untersuchung der Rehabilitationserfolg – neben den Behandlungsergebnissen – auch anhand der bereits vorgestellten sozialmedizinischen Kriterien überprüft werden.

10.6.1. Veränderungen in der Arbeitsunfähigkeit im Verlauf von zwei Jahren vor und nach der Rehabilitation

Wie bereits gezeigt wurde, sind die Veränderungen in den Depressionsschweregraden zum Zeitpunkt der Entlassung wie auch zum Nacherhebungszeitpunkt erheblich. Im Folgenden soll nun gezeigt werden, wie sich die Häufigkeit und die Dauer der Arbeitsunfähigkeit verändert hat. Im Anschluss daran werden die Veränderungen in stationären akutmedizinischen Behandlungen dargestellt. Zunächst wird in Tabelle 10.6.1.-1. ein Überblick über die Diagnosehauptgruppen (A-Z) der prä- und poststationären Arbeitsunfähigkeit und in Tabelle 10.6.2.-1. über die stationären akutmedizinischen Behandlungen unabhängig von dem Schweregrad der Depressivität gegeben. Daran schließt sich eine differenzierte Darstellung nach der Schweregradeinteilung im Beck-Depressions-Inventar an.

Insgesamt sind zwei Jahre vor Beginn der Rehabilitationsmaßnahme 590 Arbeitsunfähigkeitsfälle mit einer durchschnittlichen Dauer je Fall von 68,5 Tagen zu verzeichnen. Erkrankungen der Atmungsorgane stellen mit 149 Fällen die häufigste prästationäre Ursache für eine Arbeitsunfähigkeit dar, jedoch rangiert die durchschnittliche Dauer einer Arbeitunfähigkeit wegen dieser Erkrankung mit ca. 18 Tagen nicht an erster Stelle. Bereits an zweiter Stelle der Arbeitsunfähigkeitsfälle stehen die psychiatrischen Erkrankungen mit 115 Fällen. Erkrankungen dieser Art stehen jedoch mit einer durchschnittlichen prästationären Dauer der Arbeitsunfähigkeit je Fall mit mehr als vier

Monaten deutlich an der Spitze. Diese deutliche Abweichung der durchschnittlichen Arbeitsunfähigkeitstage wegen psychiatrischen Erkrankungen von allen anderen Krankheiten zeigt sich auch in den Jahresberichten der Krankenkassen (Kap. 4.3.).

Tab. 10.6.1.-1.: Veränderungen der Arbeitsunfähigkeitsfälle nach Diagnosehauptgruppen (A-Z, N=209)

Diagnosehauptgruppe:	Aufnahme	Katamnese	Differenz[1]
	Anzahl	Anzahl	Prozent
Psychiatrische Krankheiten	115	72	-37,4%
Krankheiten des Nervensystems	49	29	-40,8%
Krankheiten des Kreislaufsystems	24	11	-54,1%
Krankheiten der Atmungsorgane	149	123	-17,4%
Krankheiten der Verdauungsorgane	66	58	-12,1%
Krankheiten des Skeletts und der Muskeln	54	53	-1,8%
Symptome	51	33	-35,2%
Verletzungen	21	22	+4,7%
Sonstige Krankheiten	61	60	-3,3%
Gesamt	590	461	-21,8%
Diagnosehauptgruppe:	Aufnahme	Katamnese	Differenz[1]
	durchschn. Tage je Fall	durchschn. Tage je Fall	Prozent
Psychiatrische Krankheiten	115,2	46,6	-59,52%
Krankheiten des Nervensystems	29,9	40,3	+34,93%
Krankheiten des Kreislaufsystems	47,1	25,9	-44,96%
Krankheiten der Atmungsorgane	17,9	8,55	-52,46%
Krankheiten der Verdauungsorgane	22,3	5,65	-74,63%
Krankheiten des Skeletts und der Muskeln	37,9	21,4	-43,57%
Symptome	53,2	22,1	-58,43%
Verletzungen	40,2	46,8	+16,21%
Sonstige Krankheiten	78,3	29,0	-63,0%
Gesamt	68,5	27,4	-60,0%

[1] Anamnesewerte=100%

Aufgrund anderer Erkrankungen, z.B. wegen Krankheiten der Verdauungsorgane (66 Fälle), Krankheiten des Skeletts und der Muskeln (54 Fälle) oder die unter der Kategorie sonstige Krankheiten (61

Fälle) dargestellten Erkrankungen kam es demgegenüber prästationär wesentlich seltener zu Arbeitsunfähigkeit. In dem zweijährigen Zeitraum nach Entlassung aus der Heilbehandlung wurden insgesamt 461 Arbeitsunfähigkeitsfälle bei der DAK registriert. Somit ist insgesamt durch die Rehabilitationsmaßnahme eine Reduktion der Arbeitsunfähigkeitsfälle um 21,8% bei einer gleichzeitigen Abnahme der durchschnittlichen Dauer einer Arbeits-unfähigkeit um 60,0% zu verzeichnen. Im poststationären Zeitraum rangiert die Arbeitsunfähigkeit aufgrund von Krankheiten der Atmungsorgane wiederum an erster Stelle. Wie aus Tabelle 10.6.1.-1. hervorgeht, nahmen diese Fälle insgesamt um 17,4% ab. Deutlicher ist jedoch die Reduktion der Dauer der Arbeitsunfähigkeit wegen dieser Erkrankung mit einer Abnahme um 53,46%, d.h. die Patienten suchen wegen Erkältungskrankheiten poststationär fast genauso häufig einen Arzt auf, sind aber in diesem Fall nicht mehr so lange arbeitsunfähig. Bei den Arbeitsunfähigkeitsfällen aufgrund psychiatrischer Krankheiten zeigt sich eine Reduktion um 37,7%. Sehr viel deutlicher drückt sich dieses Ergebnis in der Reduktion der durchschnittlichen Dauer einer Arbeitsunfähigkeit aus. Hier wurde eine Reduktion um fast 60% durch die Rehabilitationsmaßnahme erreicht. Ähnliches konnte auch bei den Arbeitsunfähigkeitsfällen wegen Symptomen und anderen nicht-klassifizierbaren Zustandsbildern erreicht werden. Von Bedeutung ist diese Kategorie deshalb, da die Vermutung nahe liegt, dass hierin überproportional viele Patienten mit depressiven Symptomen, wie z.B. Schlaflosigkeit enthalten sind. Diese Kategorie steht aber auch für das Bild einer psychischen Erkrankung, die – wie bereits in Kapitel 4 angedeutet – der behandelnde Arzt nicht erkannt hat. Hier reduzierten sich die Arbeitsunfähigkeitsfälle von 51 prästationäre auf 33 poststationäre Fälle, was einer Abnahme um 35,2% entspricht. Deutlicher wird auch dies in der Reduktion der durchschnittlichen Dauer einer Arbeitsunfähigkeit mit einer Abnahme um 58,43%. Am Deutlichsten ist die Reduktion der Arbeitsunfähigkeitsfälle bei den Erkrankungen des Kreislaufsystems mit 54,1% verbunden mit einer Abnahme der durchschnittlichen Dauer der Arbeitsunfähigkeit um etwa 45%. Dabei liegt die Vermutung nahe, dass Patienten mit Panikanfällen oder Herzphobien in der Rehabilitation gelernt haben, dass es sich bei ihrer Erkrankung nicht um eine lebensbedrohliche Erkrankung handelt, was prästationär möglicherweise zu einer gesteigerten Inanspruchnahme medizinischer Leistungen führte. Arbeitsunfähigkeitsfälle aufgrund von Krankheiten des Skeletts und der Muskeln kommen prä- und poststationär nahezu gleich häufig vor, jedoch ist auch hier eine Reduktion der durchschnittlichen Dauer um 43,6% zu verzeichnen. Die deutlichste Reduktion in der durchschnittlichen Dauer einer Arbeitsunfähigkeit zeigt sich bei Erkrankungen der Verdauungsorgane mit einer Reduktion um 74,6%. Die Häufigkeit der Arbeitsunfähigkeit aufgrund sonstiger Erkrankungen konnte nicht in dem Ausmaß gesenkt werden, wie es sich bei den anderen Erkrankungen zeigte. Hier stehen 61 Arbeitsunfähigkeitsfälle im prästationären Zeitraum 60 Arbeitsunfähigkeitsfälle nach Entlassung aus der Heilbehandlung gegenüber. Wie sich aber bereits bei den anderen Erkrankungen zeigte, sind die Patienten im Falle einer Arbeitsunfähigkeit poststationär deutlich kürzer krank geschrieben, d.h. die durchschnittliche Dauer einer Arbeitsunfähigkeit reduzierte sich um mehr als 60%. Bei den Erkrankungen des Nervensystems ist eine Reduktion in der Häufigkeit der Arbeitsunfähigkeit um 40,8% festzustellen. Für diese Erkrankungen erhöhte sich jedoch die durchschnittliche Dauer einer Arbeitsunfähigkeit im Zeitraum nach Entlassung aus der Klinik. Waren es vor Aufnahme in die Heilbehandlung noch durchschnittlich 29,9 Tage sind es nach Entlassung 40,3 Tage, was einer Zunahme von 34,9% entspricht.

10.6.2. Veränderungen in den stationären akutmedizinischen Behandlungen im Verlauf von zwei Jahren vor und nach der Rehabilitation

Bei dem Vergleich der prä- und poststationären Zeiträume der Behandlungen im akutmedizinischen Krankenhaus ergibt sich insgesamt eine Reduktion von 112 auf 77 Fälle, was einer Reduktion um 31,2% entspricht (Tab. 10.6.2.-1.). Die durchschnittliche Verweildauer reduzierte sich insgesamt um 41,4%. Die häufigste Ursache für einen stationären akutmedizinischen Aufenthalt bildeten im Zeitraum vor Beginn der Rehabilitation mit 34 Fällen die psychiatrischen Erkrankungen, die sich im poststationären Zeitraum auf 23 Fälle reduzierte. Dies entspricht einer Reduktion um 32,2%. Gleichzeitig verminderte sich auch die stationäre Verweildauer von durchschnittlich 44,6 Tagen auf 35,4 Tage, was einer Reduktion um 20,6% entspricht. Deutlicher fällt die Abnahme stationärer akutmedizinischer Behandlungen bei Krankheiten des Kreislaufsystems, Krankheiten der Atmungsorgane, Krankheiten der Verdauungsorgane und Krankheiten des Skeletts und der Muskeln aus. Hier ist eine Reduktion um mehr als 50% zu verzeichnen. Die Betrachtung der durchschnittlichen Verweildauer muss differenzierter erfolgen, weil bei den Krankheiten des Kreislaufsystems eine Zunahme um etwa zwei Tage, bei den Krankheiten der Verdauungsorgane eine Zunahme um etwa einen Tag und bei Krankheiten des Skeletts und der Muskeln eine Zunahme um nahezu fünf Tage zu verzeichnen ist. Dies ist jedoch nicht als bedeutsam zu werten, da die Anzahl der Fälle stationärer akutmedizinischer Behandlungen im poststationären Zeitraum sehr gering sind. So befanden sich bspw. nur drei Patienten wegen Krankheiten des Skeletts und der Muskeln in stationärer Behandlung.

Tab. 10.6.2.-1.: Veränderung der Behandlungsfälle im Akutkrankenhaus nach Diagnosehauptgruppen (A-Z, N=209)

Diagnosehauptgruppe:	Aufnahme	Katamnese	Differenz[1]
	Anzahl	Anzahl	Prozent
Psychiatrische Krankheiten	34	23	-32,3%
Krankheiten des Nervensystems	8	7	-12,5%
Krankheiten des Kreislaufsystems	10	5	-50,0%
Krankheiten der Atmungsorgane	10	2	-80,0%
Krankheiten der Verdauungsorgane	13	6	-53,8%
Krankheiten des Skeletts und der Muskeln	7	3	-57,1%
Verletzungen	4	6	+50,0%
Sonstige Krankheiten	26	25	-3,8%
Gesamt	112	77	-31,2%
Diagnosehauptgruppe:	Aufnahme	Katamnese	Differenz[1]
	durchschn. Tage je Fall	durchschn. Tage je Fall	Prozent
Psychiatrische Krankheiten	44,6	35,4	-20,6%
Krankheiten des Nervensystems	11,6	11,0	-5,2%
Krankheiten des Kreislaufsystems	11,2	13,4	+19,6%
Krankheiten der Atmungsorgane	10,1	8,5	-15,8
Krankheiten der Verdauungsorgane	8,8	9,1	+3,4
Krankheiten des Skeletts und der Muskeln	9,8	14,6	+48,9%
Verletzungen	13,0	9,7	-25,4%
Sonstige Krankheiten	8,8	6,8	-22,8%
Gesamt	11,1	6,5	-41,4%

[1] Anamnesewerte=100%

10.6.3. Differenzielle Verläufe des Arbeitsunfähigkeitsgeschehens

Wie bereits angekündigt soll im Weiteren das Arbeitsunfähigkeitsgeschehen differenzierter betrachtet werden. Dazu wird das Arbeitsunfähigkeitsgeschehen innerhalb der Subgruppen des Beck-Depressions-Inventars in zwei Diagnosestufen untersucht. In Tabelle 10.6.3.-1. werden die Anzahl der Arbeitsunfähigkeitsfälle und -tage je Untergruppe, aufgeteilt in psychiatrische und somatische Diagnosen dargestellt, sowie deren Verteilung in den Abbildungen 10.6.3.-1, -2, -3 und -4. veranschaulicht. Wie bereits oben dargestellt, erweisen sich kurz- und langfristige Veränderungen der Depressivität unabhängig vom Ausgangsniveau zum Zeitpunkt der Aufnahmeuntersuchung als statistisch bedeutsam.

Insgesamt lässt sich feststellen, dass die zum Aufnahmezeitpunkt untersuchten Patienten, welche einen klinisch relevanten Depressionsscore aufweisen, auch zu beiden Messzeitpunkten am Häufigsten von Arbeitsunfähigkeit betroffen sind und den größten Anteil an Arbeitsunfähigkeitstagen aufweisen. So weist diese Gruppe im prästationären Zeitraum 324 Arbeitsunfähigkeitsfälle mit insgesamt mehr als 17.000 Arbeitsunfähigkeitstagen auf. Im Zeitraum nach Entlassung wurden 251 Arbeitsunfähigkeitsfälle mit insgesamt 7.286 Arbeitsunfähigkeitstagen registriert. Die Verringerung der Arbeitsunfähigkeitsfälle scheint mit 73 Fällen (Reduktion um 22,5%) nicht sehr hoch, ist jedoch statistisch bedeutsam. Deutlicher ist hier die Verringerung der verursachten Arbeitsunfähigkeitstage. Hier beträgt die Reduktion 9.808 Tage (Reduktion um 57,4%), was volkswirtschaftlich und von Arbeitgeberseite einen hohen Nutzen nach sich zieht. Wird das Arbeitsunfähigkeitsgeschehen nach psychiatrischen und somatischen Erkrankungen differenziert, so muss festgestellt werden, dass sich der Anteil der Arbeitsunfähigkeitsfälle bei den psychiatrischen Diagnosen um nahezu 30% reduziert hat, diese Verringerung jedoch nicht überzufällig ist.

Tab. 10.6.3.-1.: Veränderungen der Häufigkeit von Arbeitsunfähigkeit innerhalb von Subgruppen im Beck-Depressions-Inventar zur Aufnahmeuntersuchung (Npar-Test/Wilcoxon, N=209)

		Aufnahme	Katamnese	Differenz[1]		Stat. Prüfung	Sign.
BDI		Fälle	Fälle	absolut	%	Z	p ≤
klinisch relevant	psychiatrische Diagnosen	72	51	-21	-29,2%	-1,792	.073
	somatische Diagnosen	252	200	-52	-20,6%	-2,500	.012
Gesamt (N=114)	alle Diagnosen	324	251	-73	-22,5%	-2,984	.003
subklinisch	psychiatrische Diagnosen	24	15	-9	-37,5%	-1,221	.222
	somatische Diagnosen	111	86	-25	-22,5%	-1,916	.055
Gesamt (N=44)	alle Diagnosen	135	101	-34	-25,2%	-2,308	.021
unauffällig	psychiatrische Diagnosen	19	6	-13	-68,4%	-2,676	.007
	somatische Diagnosen	112	103	-8	-8,0%	-1,202	.229
Gesamt (N=51)	alle Diagnosen	131	109	-22	-16,8%	-2,082	.037
Gesamt	psychiatrische Diagnosen	115	72	-43	-37,4%	-2,968	.003
	somatische Diagnosen	475	389	-86	-18,1%	-3,338	.001
Gesamt (N=209)	alle Diagnosen	590	461	-129	-22,0%	-4,236	.000
		Aufnahme	Katamnese	Differenz[1]		Stat. Prüfung	Sign.
BDI		Tage	Tage	absolut	%	Z	p ≤
klinisch relevant	psychiatrische Diagnosen	8.269	3.117	-5.152	-62,3%	-3,351	.001
	somatische Diagnosen	8.825	4.169	-4.656	-52,7%	-2,649	.008
Gesamt (N=114)	alle Diagnosen	17.094	7.286	-9.808	-57,4%	-4,434	.000
subklinisch	psychiatrische Diagnosen	2.417	1.946	-471	-19,5%	-0,909	.363
	somatische Diagnosen	3.228	1.159	-2.069	-64,1%	-2,125	.034
Gesamt (N=44)	alle Diagnosen	5.645	3.105	-2.540	-45,0%	-2,268	.023

Fortsetzung Tabelle 10.6.3.-1.

BDI		Aufnahme Fälle	Katamnese Fälle	Differenz[1] absolut	%	Stat. Prüfung Z	Sign. p ≤
unauffällig	psychiatrische Diagnosen	2.099	112	1.987	-94,7%	-2,608	.009
	somatische Diagnosen	4.905	1.235	-3.670	-74,8%	-2,951	.003
Gesamt (N=51)	alle Diagnosen	7.004	1.347	-5.657	-80,8%	-4,127	.000
Gesamt	psychiatrische Diagnosen	12.785	5.175	-7.610	-59,5%	-4,100	.000
	somatische Diagnosen	16.958	6.563	-10.395	-61,3%	-4,391	.000
Gesamt (N=209)	alle Diagnosen	29.743	11.738	-18.005	-60,0%	-6,305	.000

[1] Anamnesewerte=100%

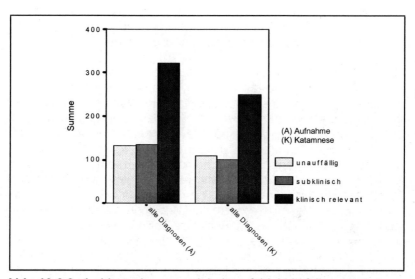

Abb. 10.6.3.-1.: Veränderungen Arbeitsunfähigkeitsfälle getrennt nach Schweregraden der Depressivität in der Aufnahmeuntersuchung aller Diagnosen

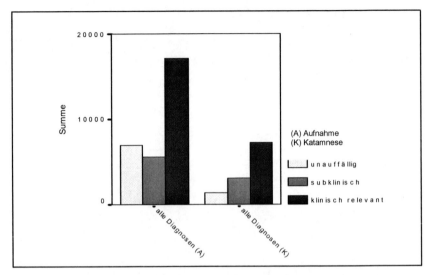

Abb. 10.6.3.-2.: Veränderungen Arbeitsunfähigkeitstage getrennt nach Schweregraden der Depressivität in der Aufnahmeuntersuchung aller Diagnosen

Die Arbeitsunfähigkeitstage reduzierten sich signifikant um mehr als 5.000 Tage. Das bedeutet, dass die Patienten wegen psychischen Problemen prä- und poststationär etwa gleich häufig krank geschrieben werden, jedoch die Dauer ihrer Arbeitsunfähigkeit deutlich kürzer ist, was als ein Hinweis auf die Zielerreichung, den Patienten zum Experten im Umgang mit seiner Erkrankung werden zu lassen, gewertet werden kann. Diese Argumentation wird durch die signifikante Reduktion der Arbeitsunfähigkeitsfälle und -tage somatischer Diagnosen gestützt. Die Abbildungen 10.6.3.-3. und 10.6.3.-4. veranschaulichen diesen Sachverhalt. Diejenigen Patienten, die zum Zeitpunkt der Aufnahme im Beck-Depressions-Inventar als subklinisch depressiv (Depressionsscore 11 bis 18 Punkte) identifiziert wurden, weisen für den Zeitraum vor Beginn der Rehabilitation insgesamt 135 Arbeitsunfähigkeitsfälle mit 5.645 Arbeitsunfähigkeitstagen auf. Diese reduzierten sich signifikant auf 101 Arbeitunfähigkeitsfälle mit einer statistisch bedeutsamen Abnahme von 2.540 Arbeitunfähigkeitstagen. Die Verringerungen in den Diagnosestufen brachten allein keine statistisch bedeutsamen Veränderungen in den Arbeitsunfähigkeitsfällen hervor. Hervorzuheben ist aber die signifikante Abnahme der Dauer der Arbeitsunfähigkeit bei den somatischen Diagnosen um mehr als 2.000 Arbeitstage. Bei den Patienten, die zum Zeitpunkt der Aufnahme einen als klinisch unauffällig zu bezeichnenden Depressionsscore (0 bis 10 Punkte) aufweisen, ist die Gesamtanzahl an Arbeitsunfähigkeitsfällen und -tagen geringer ist als in den anderen Gruppen. Jedoch kann auch für diese Subgruppe die Gesamtanzahl der Arbeitsunfähigkeitsfälle und -tage statistisch bedeutsam reduziert werden. So weist diese Gruppe bei den Arbeitsunfähigkeitsfällen aufgrund psychiatrischer Erkrankungen im Zeitraum vor Aufnahme in die Rehabilitationsklinik 19 Fälle auf. Diese reduzierten sich signifikant im Katamnesezeitraum auf 6 Fälle. Beachtlich hoch sind jedoch die verursachten Arbeitsausfalltage in dieser Subgruppe mit insgesamt 2.099 Tagen aufgrund psychiatrischer Erkrankungen im prästationären Zeitraum. Hier konnte durch die Rehabilitationsmaßnahme im Katamnesezeitraum eine überzufällige Reduktion um mehr als 90% erreicht werden. Eine ähnlich hohe Verringerung der Fehlzeiten zeigt sich auch bei den somatischen Diagnosen. Hier reduzierten sich die Arbeitsausfalltage signifikant um mehr als 70% von 4.904 Tage auf 1.235 Tage.

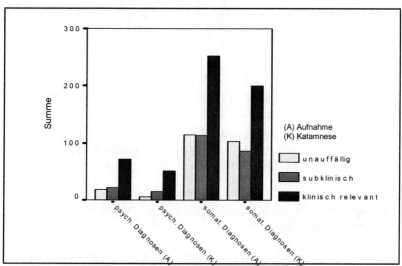

Abb. 10.6.3.-3.: Veränderungen der Arbeitsunfähigkeitsfälle getrennt nach Schweregraden der Depressivität in der Aufnahmeuntersuchung und Diagnosestufen

Diese Gruppe weist jedoch prä- und poststationär in der Häufigkeit der Arbeitsunfähigkeitsfälle aufgrund somatischer Diagnosen keine signifikante Veränderung auf. Diese Gruppe scheint eher an somatischen Symptomen psychischen Ursprungs zu leiden und wird deshalb auch eher wegen somatischer Erkrankungen als arbeitsunfähig erkannt. Auch für diese Gruppe ist die Reduktion der Fehlzeiten als ein Hinweis für eine gelungene Vermittlung von Kenntnissen im Umgang mit der Erkrankung zu werten.

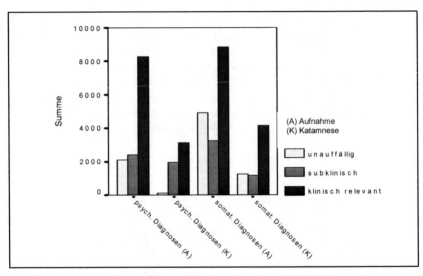

Abb. 10.6.3.-4.: Veränderungen der Arbeitsunfähigkeitstage getrennt nach Schweregraden der Depressivität in der Aufnahmeuntersuchung und Diagnosestufen

10.6.4. Differenzielle Verläufe stationärer akutmedizinischer Behandlungen

In dem Zeitraum vor Beginn der Rehabilitationsmaßnahme wurden bei der DAK zusammen 112 stationäre Behandlungen registriert. Wie aus Tabelle 10.6.4.-1. hervorgeht und die Abbildungen 10.6.4.-1.,-2.,-3.und -4. illustrieren, entfallen davon 34 auf psychiatrische und 78 auf somatische Diagnosen. Auffällig ist, dass die Behandlungsdauer wegen psychiatrischer Diagnosen fast doppelt so hoch ist wie die der somatischen Diagnosen obgleich die Anzahl nicht einmal der Hälfte der somatischen Behandlungsfälle entspricht. So kommen auf 34 stationäre akutmedizinische Behandlungen wegen psychiatrischer Erkrankungen 1.517 Behandlungstage, wohingegen auf die stationäre Behandlung somatischer Erkrankungen insgesamt nur 799 Tage entfallen.

Tab. 10.6.4.-1.: Veränderungen der Häufigkeit stationärer akutmedizinischer Behandlungen innerhalb von Subgruppen im Beck-Dressions-Inventar zur Aufnahmeuntersuchung (Npar-Test/Wilcoxon, N=209)

BDI		Aufnahme	Katamnese	Differenz[1]		Stat. Prüfung	Sign.
		Fälle	Fälle	absolut	%	Z	p ≤
klinisch relevant	psychiatrische Diagnosen	22	19	-3	-13,6%	-0,345	.730
	somatische Diagnosen	47	27	-20	-45,5%	-2,275	.023
Gesamt (N=114)	alle Diagnosen	69	46	-745	-33,3%	-2,161	.031
subklinisch	psychiatrische Diagnosen	8	3	-5	-62,5%	-1,465	.143
	somatische Diagnosen	11	15	+4	36,4%	-0,811	.417
Gesamt (N=44)	alle Diagnosen	19	18	-1	-5,3%	-0,134	.893
unauffällig	psychiatrische Diagnosen	4	1	-3	-75,0%	-1,342	.180
	somatische Diagnosen	20	12	-8	-40,0%	-1,213	.225
Gesamt (N=51)	alle Diagnosen	24	13	-11	-45,8%	-1,641	.101
Gesamt	psychiatrische Diagnosen	34	23	-11	-32,4%	-1,180	.238
	somatische Diagnosen	78	54	-24	-30,8%	-2,005	.045
Gesamt (N=209)	alle Diagnosen	112	77	-35	-31,2%	-2,487	.013
klinisch relevant	psychiatrische Diagnosen	1.198	762	-436	-36,4%	-0,284	.776
	somatische Diagnosen	545	236	-309	-56,7%	-2,573	.010
Gesamt (N=114)	alle Diagnosen	1.743	998	-745	-42,7%	-1,967	.049

Fortsetzung Tabelle 10.6.4.-1.

BDI		Aufnahme Fälle	Katamnese Fälle	Differenz[1] absolut	%	Stat. Prüfung Z	Sign. p ≤
subklinisch	psychiatrische Diagnosen	166	46	-120	-72,3%	-1,542	.123
	somatische Diagnosen	87	139	+52	59,8%	-0,57	.569
Gesamt (N=44)	alle Diagnosen	253	231	-22	-8,7%	-0,436	.663
unauffällig	psychiatrische Diagnosen	153	6	-147	-96,1%	-1,604	.109
	somatische Diagnosen	167	115	-52	-31,1%	-0,698	.485
Gesamt (N=51)	alle Diagnosen	320	121	-199	-62,2%	-1,525	.127
Gesamt	psychiatrische Diagnosen	1.517	814	-703	-46,3%	-1,127	.260
	somatische Diagnosen	799	544	-255	-31,9%	-2,116	.034
Gesamt (N=209)	alle Diagnosen	2.316	1.358	-958	-41,3%	-2,445	.014

[1] Anamnesewerte=100%

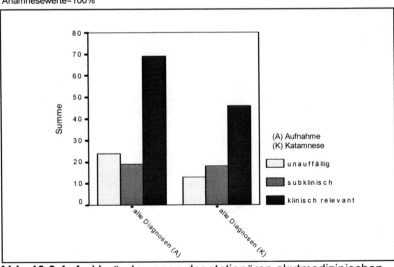

Abb. 10.6.4.-1.: Veränderungen der stationären akutmedizinischen Behandlungsfälle getrennt nach Schweregraden der Depressivität in der Aufnahmeuntersuchung (alle Diagnosen)

Die akutmedizinischen Behandlungsfälle reduzierten sich signifikant im Katamnesezeitraum unabhängig von der Diagnosestufe um etwa 30%. Die Verringerung der psychiatrischen Behandlungsfälle im Akutkrankenhaus ist dem etwa gleich, kommt jedoch nicht überzufällig zustande. Die Reduktion der somatischen Behandlungsfälle ist hingegen statistisch bedeutsam. Wird die stationäre Behandlungsdauer in die Betrachtung einbezogen, ergibt sich ein ganz ähnliches Bild. Insgesamt ist eine signifikante Reduktion der Behandlungstage zu verzeichnen, welche sich im Einzelnen nur bei den somatischen Diagnosen zeigt, obgleich sich bei den psychiatrischen Behandlungsfällen unabhängig vom Schweregrad der Depression eine Reduktion der stationären Behandlungstage um nahezu 50% ergibt.

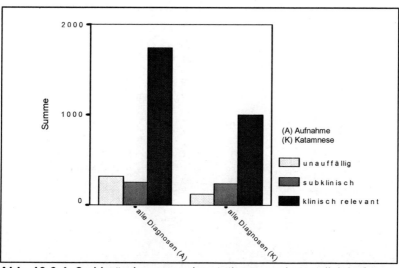

Abb. 10.6.4.-2.: Veränderungen der stationären akutmedizinischen Behandlungstage getrennt nach Schweregraden der Depressivität in der Aufnahmeuntersuchung (alle Diagnosen)

Eine differenziertere Betrachtung ergibt, dass die Subgruppe mit einem klinisch relevanten Depressionsscore im Zeitraum vor der Rehabilitationsmaßnahme die meisten stationären Behandlungsfälle (69 Fälle) und längsten Behandlungszeiten (1.198 Tage) aufweist. Über alle Diagnosen hinweg zeigt sich eine signifikante Reduktion

der Behandlungsfälle und -tage. Differenziert in psychiatrische und somatische Behandlungsdiagnosen zeigt sich diese statistisch bedeutsame Reduktion jedoch nur bei den somatischen Diagnosen. Es muss aber dagegen gehalten werden, dass sich die stationären Behandlungsfälle dieser Subgruppe im Katamnesezeitraum lediglich um 3 Fälle verringert haben, die Behandlungszeit sich jedoch um 436 Tage reduziert hat.
Die Subgruppe der subklinisch depressiven Patienten weist im Zeitraum vor Beginn der Rehabilitation insgesamt 19 stationäre Behandlungsfälle mit 253 Behandlungstagen auf, die sich poststationär auf 18 Behandlungsfälle und 231 Behandlungstage reduzierten.

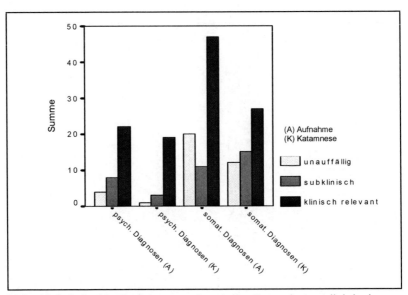

Abb. 10.6.4.-3.: Veränderungen der stationären akutmedizinischen Behandlungsfälle getrennt nach Schweregraden der Depressivität in der Aufnahmeuntersuchung und Diagnosestufen

Jedoch kommen diese Veränderungen nicht überzufällig zustande. Wird die Betrachtung nach Diagnosestufen differenziert, so ergibt sich eine Reduktion der Behandlungsfälle für psychiatrische Einweisungsdiagnosen von acht auf drei Fälle was einer Abnahme von

62,5% entspricht. Auch die stationäre Verweildauer reduzierte sich um 72,3% in dieser Subgruppe. Im Vergleich dazu ergibt sich in dieser Subgruppe für die somatischen stationären Behandlungsfälle poststationär eine Zunahme um 36,4% (4 Fälle), die mit einer Zunahme der Behandlungstage um 59,8% (52 Tage) verbunden ist. In der Subgruppe der nicht-depressiven Patienten reduzierten sich die stationären akutmedizinischen Behandlungen um 45,8% von 24 auf 13 Fälle. Der Prä-Post-Vergleich ergibt für psychiatrische Behandlungsdiagnosen eine Reduktion um drei Fälle, was einer Abnahme um 75% entspricht. Die stationären Behandlungstage reduzierten sich dabei um 96,1% in dieser Subgruppe. In den stationären akutmedizinischen Behandlungen aufgrund somatischer Diagnosen ist in dieser Subgruppe ebenfalls eine Abnahme zu beobachten. Hier reduzierten sich die Fälle um 11 Patienten (45,8%) und die Behandlungstage um 62,2% auf 121 Tage.

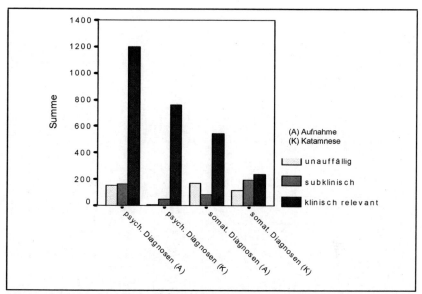

Abb. 10.6.4.-4.: Veränderungen der stationären akutmedizinischen Behandlungstage getrennt nach Schweregraden der Depressivität in der Aufnahmeuntersuchung und Diagnosestufen

10.6.5. Veränderungen ambulanter Arztkonsultationen

Wie berichtet, wurden die Patienten dezidiert zu ihren ambulanten Arztkonsultationen im Zeitraum vor und nach der Rehabilitationsmaßnahme befragt. In Tabelle 10.6.5.-1. wird die Anzahl der ambulanten Arztkonsultationen für den prä- und poststationären Zeitraum getrennt nach Fachdisziplinen aufgelistet und einer Prä-Post-Prüfung unterzogen. In einem zweiten Analyseschritt soll untersucht werden, inwieweit hierfür eine Altersabhängigkeit der Patienten besteht.

Tab. 10.6.5.-1.: Veränderungen der ambulanten Arztkonsultationen (Npar-Test/Wilcoxon, N=209)

	Zeitraum vor Aufnahme		Zeitraum nach Entlassung		Differenz[1]		Stat. Prüfung	Sign.
	Summe	Kontakte pro Patient	Summe	Kontakte pro Patient	absolut	%	Z	p ≤
Allgemeinmedizin	3.766	18,0	2.226	10,6	-1.540	-40,9%	-4,175	.000
Innere Medizin	1.076	5,14	299	1,43	-777	-72,2%	-4,867	.000
Orthopädie	764	3,65	616	2,94	-148	-19,4%	-1,566	.117
Chirurgie	148	0,71	82	0,39	-66	-44,6%	-1,309	.191
Zahnmedizin Kieferchirurgie	997	4,78	942	4,51	-55	-5,5%	-1,545	.122
Gynäkologie	698	3,34	667	3,19	-31	-4,4%	-0,532	.595
Hals-Nasen-Ohren	444	2,12	265	1,27	-179	-40,3%	-2,306	.012
Neurologie/ Psychiatrie	1.246	5,97	663	3,17	-583	-46,8%	-5,682	.000
Psychotherapie	3.276	15,7	3.444	16,5	+168	5,1%	-0,823	.411
Urologie	69	0,33	133	0,64	+64	92,7%	-1,434	.152
Augenheilkunde	341	1,63	297	1,42	-44	-12,9%	-0,407	.684
Dermatologie	532	2,54	404	1,93	-128	-24,1%	-2,262	.024
paramed. Fachrichtungen	144	0,69	237	1,13	+93	64,6%	-0,500	.617
Andere Fachgebiete	122	0,58	120	0,57	-2	-1,6%	-1,791	.073
Gesamt	13.623	65,2	10.395	49,73	-3.228	-23,7%	-4,551	.000

[1] Anamnesewerte=100%

In einem dritten Schritt soll untersucht werden, wie sich die Anzahl der Arztkonsultationen insgesamt sowie die davon in Anspruch genommenen Psychotherapiekonsultationen im Nacherhebungszeitraum innerhalb der Subgruppen im Beck-Depressions-Inventar verändert haben.
Zwei Jahre vor Aufnahme in die psychosomatische Fachklinik ergeben sich insgesamt 13.623 ambulante Arztkonsultationen mit durchschnittlich 65,2 Kontakten pro Patient. An der Spitze stehen hier die „Allgemeinmediziner" mit insgesamt 3.766 Konsultationen, was einer durchschnittlichen Kontaktfrequenz von neun Kontakten pro Jahr entspricht. An zweiter Rangposition befinden sich bereits die ambulanten Konsultationen von Psychotherapeuten mit durchschnittlich acht Konsultationen pro Jahr und an dritter Stelle die Nervenärzte mit durchschnittlich etwa drei Konsultationen pro Jahr. Mit mehr als 1.000 Arztkonsultationen und durchschnittlich 2,57 Jahreskontakten pro Patient folgen die Fachärzte für Innere Medizin. Alle anderen Fachbereiche rangieren zwischen keinem und zwei Jahreskonsultationen pro Patient. Über alle Fachdisziplinen hinweg zeigt sich eine deutliche und signifikante Abnahme des Inanspruchnahmeverhaltens der Patienten. Werden die Veränderungen der ambulanten Arztkonsultationen näher betrachtet, so zeigt sich in den meisten Fällen eine deutliche Reduktion. Die größte Abnahme ambulanter Arztkonsultationen findet sich bei den Fachärzten für Innere Medizin. Hier reduzierte sich die Kontaktfrequenz bedeutsam um mehr als 70%. An zweiter Stelle rangieren die Konsultationen von Nervenärzten mit einer signifikanten Reduktion um 46,8%. Die Kontakthäufigkeit zu Fachärzten für Allgemeinmedizin verringert sich ebenfalls signifikant um 1.540 Kontakte (40,9%). Es ist aber auch eine Zunahme ambulanter Arztkonsultationen zu verzeichnen. Dies betrifft in erster Linie die ambulant tätigen Psychotherapeuten mit einer Zunahme um 168 Konsultationen (5,1%), was bzgl. der Nachsorgeempfehlungen durchaus als wünschenswert angesehen wird (z.B. Maier-Riehle, Schliehe 2002; Köpke 2004). Diese Zunahme ist jedoch nicht statistisch bedeutsam, was bedeutet, dass die Inanspruchnahme ambulanter psychotherapeutischer Hilfen eher zufällig zustande kommt. Ähnliches gilt auch für die Zunahme von Hilfen aus dem Bereich paramedizinischer Fachgebiete und für den Fachbereich der Urologie. Für beide Bereiche ist eine Zunahme des Inanspruchnahmeverhaltens zu verzeichnen, welche aber nicht überzufällig ist.

10.6.6. Altersabhängigkeit prä- und post-stationärer ambulanter Arztkontakte

Im Folgenden soll geklärt werden, ob eine vermutete Altersabhängigkeit ambulanter Arztkonsultation besteht. In Tabelle 10.6.6.-1. wird der Zusammenhang zwischen prä- und post-stationären ambulanten Arztkontakten dargestellt. Es zeigt sich, dass im Zeitraum vor Beginn der Rehabilitationsmaßnahme kein substanzieller Zusammenhang mit den ambulanten Arztkonsultationen besteht. Bemerkenswert ist aber, dass sich innerhalb von zwei Jahren nach der Heilbehandlung einige bedeutsame Korrelationen zwischen dem Alter der Patienten und der Anzahl an ambulanten Arztkonsultationen ergeben. So zeigt sich für die Gesamtanzahl der Arztkontakte für den Fachbereich Innere Medizin ein statistisch bedeutsamer Zusammenhang von r=.19, was bedeutet, dass ältere häufiger als jüngere Patienten im Nacherhebungszeitraum einen Internisten aufsuchen.

Tab. 10.6.6.-1.: Altersabhängigkeit der Inanspruchnahme ambulanter Arztkonsultationen (Pearson, N=209)

	Zeitraum vor Aufnahme Alter	Zeitraum nach Entlassung Alter
	r	r
Allgemeinmedizin	.107	.046
Innere Medizin	.075	.193*
Orthopädie	.175	.171
Chirurgie	-.007	-.049
Zahnmedizin/Kieferchirurgie	.086	.019
Gynäkologie	-.061	-.073
Hals-Nasen-Ohren	.093	.004
Neurologie/Psychiatrie	.098	.200**
Psychotherapie	-.121	-.150*
Urologie	-.030	.134
Augenheilkunde	.017	.079
Dermatologie	.070	.021
Paramed. Fachrichtungen	-.075	.062
Andere Fachgebiete	.075	.017

* signifikant bei p < 0,05, ** signifikant bei p < 0,01

Noch interessanter aber ist die Altersabhängigkeit bei den ambulanten Arztkonsultationen im Fachbereich Neurologie/Psychiatrie und dem Fachbereich der Psychotherapie. Hier besteht ein umgekehrter (negativer) Zusammenhang, d.h. ältere Patienten suchen im poststationären Zeitraum – obgleich eine signifikante Abnahme zu verzeichnen ist – häufiger einen Nervenarzt auf, wohingegen sich jüngere Patienten häufiger in eine ambulante Psychotherapie begeben. Dies lässt vermuten, dass ältere Patienten weniger Kenntnisse für den Umgang mit ihrer Erkrankung während der Rehabilitationsmaßnahme entwickelt haben bzw. sich eher in eine passive Rolle zur Bewältigung ihrer Problematik begeben. Diese Frage lässt sich beantworten, indem der bivariate Zusammenhang zwischen den Indikatoren des Therapiekonzepts und dem Alter geprüft wird.

Tab. 10.6.6.-2.: Altersabhängigkeit der Patientenexpertise und Behandlungstransfer (Pearson, N=209)

	Alter
	r
Patientenexpertise	,092
Behandlungstransfer	-,155*

* signifikant bei p < 0,05,

Aus Tabelle 10.6.6.-2. geht hervor, dass keine Altersabhängigkeit hinsichtlich der „Patientenexpertise" besteht. Es zeigt sich jedoch, dass ältere Patienten zum Entlasszeitpunkt signifikant weniger Transferoptimismus besitzen.

10.6.7. Veränderungen der Inanspruchnahme ambulanter Arztkonsultationen innerhalb der Subgruppen im Beck-Depressions-Inventar

Im Weiteren werden Veränderungen in der Inanspruchnahme ambulanter Arztkonsultationen für Subgruppen des Beck-Depressions-Inventars dargestellt. In Tabelle 10.6.7.-1. werden die Gesamtkonsultationen für jede Subgruppe aufgezeigt und der Fachbereich der Psychotherapeuten gesondert betrachtet.
In der Subgruppe der klinisch relevant depressiven Patienten ergibt sich eine signifikante Reduktion des Inanspruchnahmeverhaltens

ambulant tätiger Ärzte. Werden jedoch die Psychotherapeuten für sich allein genommen, ergibt sich eine Zunahme für diesen Fachbereich um 13,2%, was wie weiter oben bereits geschildert eher als wünschenswert denn als negativ gewertet wird. Dennoch ist diese Zunahme nicht überzufällig. Für die Subgruppe der subklinisch depressiven Patienten ergeben sich keine statistisch bedeutsamen Veränderungen. Insgesamt ist in dieser Subgruppe eine Abnahme (23,2%) der Inanspruchnahme ambulanter Arztkonsultationen sowie auch eine Zunahme der Konsultationen von Psychotherapeuten (11,8%) zu verzeichnen.

Tab. 10.6.5.-1.: Veränderungen in der Nutzung ambulanter Hilfen innerhalb von Subgruppen im Beck-Depressions-Inventar zur Aufnahmeuntersuchung (Npar-Test/Wilcoxon, N=209)

BDI		Ambulanz Anamnese	Ambulanz Katamnese	Fälle Differenz[1]	%	Stat. Prüfung Z	Sign. p ≤
klinisch relevant (N=114)	Summe	7.340	6.119	-1.221	-16,6%	-2,713	.007
davon:	Psychotherapie	2.015	2.282	+267	13,2%	-1,165	.244
subklinisch (N=44)	Summe	3.353	2.576	-777	-23,2%	-1,897	.058
davon:	Psychotherapie	899	1005	+106	11,8%	-0,460	.645
unauffällig (N=51)	Summe	2.930	1700	-1.230	-41,8%	-3,455	.001
davon:	Psychotherapie	362	157	-205	-56,6%	-1,121	.262
Gesamt (N=209)	Summe	13.623	10.395	-3.228	-23,7%	-4,551	.000
davon:	Psychotherapie	3.276	3.444	+168	5,1%	-0,823	.411

[1] Anamnesewerte=100%

Die größte prozentuale Abnahme der ambulanten Arztkonsultationen findet sich bei der Subgruppe der nicht-depressiven Patienten. Bei dieser Gruppe ist eine statistisch bedeutsame Verringerung der Gesamtzahl der ambulanten Arztkonsultationen um 41,8% sowie eine Reduktion der Kontakte mit Psychotherapeuten um 56,6% zu beobachten. Letztere ist jedoch nicht überzufällig. Zusammenfassend verringert sich das Inanspruchnahmeverhalten ambulanter Hilfen in der klinisch relevanten und in der unauffälligen Subgruppe depressiver Patienten. Trotz einer Reduktion der Gesamtanzahl der Arztkontakte in der Gruppe der subklinisch depressiven Patienten ist diese dagegen nicht statistisch bedeutsam.

10.6.8. Veränderungen des Medikamentenkonsums

Im Folgenden wird die Reduktion der Einnahme von Psychopharmaka dargestellt. Hierbei soll jedoch nicht auf die Menge der eingenommenen Präparate eingegangen werden, sondern auf den Anteil der Patienten, die nach der Rehabilitationsmaßnahme gänzlich auf deren Einnahme verzichten konnten. Die Darstellung in Tabelle 10.6.8.-1. und Abbildung 10.6.8.-1. erfolgt zudem in der bereits berichteten Subgruppenkonstellation des Beck-Depressions-Inventars. Die statistische Prüfung wurde mit der χ^2-Teststatistik durchgeführt. Im Zeitraum vor Beginn der Rehabilitationsmaßnahme nahmen insgesamt 92 Patienten Präparate aus der Medikamentenhauptgruppe der Psychopharmaka ein, deren Anteil sich im post-stationären Zeitraum signifikant halbiert hat.

Tab. 10.6.8.-1.: Patientenanteil mit anamnestischer und katamnestischer Einnahme von Psychopharmaka getrennt nach dem Depressionsscore im Beck-Depressions-Inventar (Prüfstatistik: Chi-Quadrat χ^2, N=209)

BDI		Anamnese	Katamnese	Differenz[1] %	Stat. Prüfung χ^2 (df)	Sign. p ≤
Klinisch relevant	Anzahl	61	38	-23	580,680	.000
(N=114)	Prozent	53,5%	33,3%	-37,7%	(364)	
subklinisch	Anzahl	20	5	-15	98,624	.000
(N=44)	Prozent	45,5%	11,2%	-75,0%	(52)	
unauffällig	Anzahl	11	3	-8	41,499	.015
(N=51)	Prozent	21,6%	5,9%	-72,7%	(24)	
Gesamt	Anzahl	92	46	-46	1.237,001	.000
(N=209)	Prozent	44,0%	22,0%	-50,0%	(624)	

[1] Anamnesewerte=100%

Der Hauptanteil mit 23 Patienten liegt bei der Gruppe der klinisch relevant depressiven Patienten, was als ein Hinweis auf die differenzielle Wirksamkeit der stationären Verhaltenstherapie gewertet werden kann, welche die Eigeninitiative zur Entwicklung von Bewältigungsstrategien in nahezu jedem Behandlungsbaustein integriert. Die Subgruppe, in denen die Reduktion des Anteils an Patienten mit Psychopharmakaeinnahme am Größten ist, betrifft die subklinisch depressiven Patienten mit einer Abnahme um 75%. Auch nichtdepressiven Patienten wurden Psychopharmaka verordnet. Von den ursprünglich elf Patienten nahmen im Nacherhebungszeitraum noch lediglich drei Patienten derartige Präparate ein.

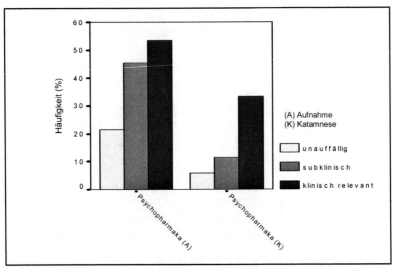

Abb. 10.6.8.-1.: Patientenanteil mit anamnestischer und katamnestischer Einnahme von Psychopharmaka getrennt nach dem Depressionsscore im Beck-Depressions-Inventar

11. Operationalisierung eines multiplen Veränderungskriteriums

Psychosomatische Erkrankungen sind durch eine Reihe unterschiedlichster Symptome und Beschwerden gekennzeichnet. Zumeist berichten die Patienten vermehrt von körperlichen Beschwerden jeglicher Art, deren Ursache nach medizinisch-diagnostischer Abklärung ohne jeglichen Befund sind. Diese sind mehr oder minder ausgeprägt in dieser Patientenpopulation zu finden und führen zur gesteigerten Inanspruchnahme ärztlich-diagnostischer Abklärungsversuche und zu Arbeitsunfähigkeit. Die Wirkung verhaltensmedizinischer Interventionen bei psychosomatischen Erkrankungen, zu denen am Häufigsten depressive Erkrankungen gehören, konnte in vielen Studien belegt werden (z.B. Zielke 1993a, 2001; Schwickerath, Keller, Follert 2001), jedoch werden zumeist nur Einzelkriterien zur Beurteilung des Behandlungsergebnisses herausgegriffen. Bei einem solchen Vorgehen bleiben Veränderungen in assoziierten Problembereichen psychosomatischer Erkrankungen unberücksichtigt. Ziel multipler Veränderungskriterien ist es, nicht nur Aspekte einzelner Behandlungsergebnisse zu erfassen, sondern auf einer breit angelegten Basis die Möglichkeit zu bieten, ein Veränderungsmuster abbilden zu können. Zur Operationalisierung eines multiplen Veränderungskriteriums kurz- und langfristiger Behandlungsergebnisse stationärer verhaltensmedizinischer Interventionsprogramme in der psychosomatischen Rehabilitationsbehandlung wurden ausschließlich Skalen verwendet, die eine Differenzierung in gesunde und klinisch relevante Patienten erlauben.

Die Eingangs formulierte Annahme, dass psychosomatisch erkrankte Patienten, trotz unterschiedlicher Behandlungsdiagnosen ein gemeinsames Beschwerdebild aufweisen, soll nun folgend nachgegangen werden. Dieses gemeinsame Beschwerdebild ist durch depressive Verstimmungen, welche mit anderen psychischen, sozialen und somatischen Beeinträchtigungen assoziiert sind und mehr oder minder bei allen Patienten vorhanden ist, gekennzeichnet. Um dies zu zeigen werden in Tabelle 11.-1 die mittleren Skalenwerte der durchschnittlichen Symptomausprägungen der Patienten getrennt nach dem Schweregrad der Depressivität zur Aufnahmeuntersuchung dargestellt. Es zeigt sich sehr deutlich eine Abstufung der unterschiedlichen Symptomausprägungen in Abhängigkeit vom Schweregrad der Depressivität zwischen den Gruppen. Klinisch relevant depressive Patienten weisen gegenüber den beiden anderen Gruppen wesentlich höhere Symptomausprägungen in den Negativvariablen auf.

Tab. 11.-1.: Mittlere Skalenwerte der durchschnittlichen Symptomausprägung der Patienten zur Aufnahmeuntersuchung (N=209)

Aufnahme	Depressionsscore (Aufnahme)					
	klinisch relevant ES (N=144)		subklinisch ES (N=44)		unauffällig ES (N=51)	
	M	SD	M	SD	M	SD
Angst (BAI)	1,16	0,63	0,89	0,55	0,42	0,43
Depressivität (BDI)	1,27	0,36	0,68	0,09	0,31	0,15
Funktionseinschränkungen (FUKB 3)	0,70	0,39	0,54	0,36	0,46	0,45
Lebenszufriedenheit (LEZU)	2,49	0,53	2,93	0,51	3,35	0,60
Psychosomatische Symptome (PSCL)	1,64	0,57	1,23	0,51	0,89	0,48
Stressverarbeitung Positivstrategien (SVF)	2,22	0,57	2,42	0,56	2,89	0,60
Stressverarbeitung Negativstrategien (SVF)	3,08	0,71	2,60	0,77	1,77	0,81

Dabei handelt es sich neben der Depressivität um Ängstlichkeit, Funktionseinschränkungen, psychosomatische Symptome und negative Stressverarbeitungsstrategien. Darüber hinaus weisen sie erheblich geringere Ausgangswerte in den Positivvariablen wie Lebenszufriedenheit und positive Stressverarbeitung auf. Beim Vergleich der Gruppe der subklinisch depressiven Patienten mit der Gruppe der nicht-depressiven Patienten ist diese Abstufung in der durchschnittlichen Symptomausprägung ebenfalls zu beobachten. Die folgende Korrelationsanalyse unterstützt diese Argumentation. Tabelle 11.-2. zeigt, dass mit zunehmender Ausprägung depressiver Verarbeitungsmuster bei den Patienten zur Aufnahme die damit assoziierten Problembereiche ausgeprägter sind.

Tab. 11.-2.: Zusammenhang zwischen der Ausprägung der Depressivität und damit assoziierten Beeinträchtigungen

Aufnahme	BDI
BAI	.544**
FUKB-3	.295**
LEZU	-.636**
PSCL	.565**
SVF Positivstrategien	-.461**
SVF Negativstrategien	.614**

** signifikant bei p < 0,01

Insgesamt zeigt dieses Ergebnis, dass mit zunehmender Schwere der Depressivität auch damit assoziierte Beeinträchtigungen zunehmen. Aus diesem Grund erscheint es durchaus sinnvoll und berechtigt, den Verlauf depressiver Erkrankungen bei Patienten mit psychosomatischen Erkrankungen nach einer verhaltenstherapeutischen Intervention auf der Basis eines breiten Veränderungsmusters zu operationalisieren.

11.1. Statistische Absicherung der Behandlungsergebnisse

Um ein multiples Veränderungskriterium kurzfristiger Veränderungen im psychischen Befinden auf der Basis von Effektstärken zu operationalisieren, ist es zunächst notwendig einen Prä-Post-Vergleich der Einzelskalen, die in das Veränderungskriterium eingehen, durchzuführen. Wie aus Tabelle 11.1.-1. hervorgeht, sind die Veränderungen im stationären Behandlungsverlauf in allen Einzelbereichen statistisch bedeutsam. Auch der Vergleich zwischen dem Aufnahmezeitpunkt und der Nacherhebung ergab in allen Einzelskalen eine statistisch bedeutsame Besserung der Symptomatik (Tabelle 11.1.-2.). Die Operationalisierung der multiplen Veränderungskriterien auf der Basis von Effektstärken (ES) kann auch als Wirkungsintensität der Therapie (Hager 2000) verstanden werden. Diese wird über standardisierte Mittelwertsdifferenzen (Effektstärken) berechnet.

Tab. 11.1.-1.: Veränderungen in den Variablen des multiplen Veränderungskriteriums (EVEK) im stationären Behandlungsverlauf (N=209)

	Aufnahme		Entlassung		Stat. Prüfung	Sign.
	M	SD	M	SD	Z	p≤
Angst (BAI)	0,93	0,65	0,65	0,54	-7,563	.000
Depressivität (BDI)	0,91	0,50	0,53	0,47	-9,425	.000
Funktionseinschränkungen (FUKB 3)	0,61	0,42	0,41	0,36	-7,774	.000
Psychosomatische Symptome (PSCL)	1,37	0,63	1,06	0,60	-8,476	.000
Stressverarbeitung Negativstrategien (SVF)	2,66	0,93	2,21	0,83	-8,906	.000
Lebenszufriedenheit (LEZU)	2,8	0,66	3,54	0,64	-11,407	.000
Stressverarbeitung Positivstrategien (SVF)	2,43	0,64	2,62	0,61	-5,009	.000

Tab. 11.1.-2.: Langfristige Veränderungen in den Variablen des multiplen Veränderungskriteriums (KVEK, N=209)

	Aufnahme		Katamnese		Stat. Prüfung	Sign.
	M	SD	M	SD	Z	p≤
Angst (BAI)	0,93	0,65	0,71	0,58	-4,783	.000
Depressivität (BDI)	0,91	0,50	0,61	0,50	-7,973	.000
Funktionseinschränkungen (FUKB 3)	0,61	0,42	0,41	0,38	-7,329	.000
Psychosomatische Symptome (PSCL)	1,37	0,62	1,05	0,61	-8,049	.000
Stressverarbeitung Negativstrategien (SVF)	2,66	0,93	2,30	0,87	-6,959	.000
Lebenszufriedenheit (LEZU)	2,79	0,66	3,40	0,69	-9,879	.000
Stressverarbeitung Positivstrategien (SVF)	2,43	0,64	2,54	0,56	-3,239	.001

In Tabelle 11.1.-3. wird die Intensität der Wirkung (Effektstärke) für jede einzelne Skala des multiplen Veränderungskriteriums dargestellt. Wie daraus hervorgeht, wird durch die Therapie am deutlichsten die Lebenszufriedenheit gesteigert. Hier ist ein sehr großer Effekt von ES=1.14 zu verzeichnen. Auch die Positivstrategien in der Stressverarbeitung nehmen mit ES=.31 zu. Depressivität, Ängstlichkeit, Funktionseinschränkungen, psychosomatische Symptome und Negativstrategien in der Stressverarbeitung nehmen im stationären Behandlungsverlauf in der Höhe mittlerer Effektstärken ab. So zeigt sich in der Abnahme der Depressivität eine Effektstärke von ES=.76, gefolgt von der Abnahme psychosomatischer Symptome mit ES=.50 und Negativstrategien mit ES=.48 in der Stressverarbeitung.

Eine Abnahme der Wirkungsintensität der Therapie ist langfristig durchaus erwartbar und verringert sich im Langzeitverlauf um etwa 10 Punkte. Trotz der Abnahme zeigt sich in der Lebenszufriedenheit der Patienten noch nach zwei Jahren nach Beendigung der stationären Behandlung ein als groß zu bezeichnender Effekt (ES=.92). Ähnlich verhält es sich bei der Reduktion depressiver Verarbeitungsmuster. Hier verringert sich der Effekt langfristig um 15 Punkte, ist aber mit ES=.61 immer noch als großer Effekt zu bezeichnen.

Tab. 11.1.-3.: Kurz- und langfristige Therapiewirkungsintensität (Effektstärken) in den Variablen des multiplen Veränderungskriteriums EVEK und KVEK (N=209)

	EVEK		KVEK	
	ES	SD	ES	SD
Lebenszufriedenheit (LEZU)	+1.14	0,93	+.92	1,11
Stressverarbeitung Positivstrategien (SVF)	+.31	0,78	+.17	0,77
Depressivität (BDI)	-.76	0,98	-.61	0,99
Psychosomatische Symptome (PSCL)	-.50	0,72	-.51	0,87
Stressverarbeitung Negativstrategien (SVF)	-.48	0,73	-.39	0,84
Funktionseinschränkungen (FUKB 3)	-.46	0,76	-.48	0,87
Angst (BAI)	-.43	0,79	-.34	0,93

Die Reduktion psychosomatischer Symptome (ES_{EVEK}=.50 sowie ES_{KVEK}=.51) und Funktionseinschränkungen (ES_{EVEK}=.46 sowie ES_{KVEK}=.48) bleibt im Langzeitverlauf nahezu stabil. Der Effekt der

Negativstrategien in der Stressverarbeitung reduziert sich im Langzeitverlauf auf ES=.39 und der Effekt in der Reduktion der Ängstlichkeit der Patienten auf ES=.34, überschreiten jedoch das Kriterium eines kleinen Effektes von ES=.2 noch immer deutlich. Lediglich der Effekt in den Positivstrategien verfehlen langfristig mit ES=.17 diese Marke. Werden die Effektstärken der Einzelskalen des EVEK bzw. KVEK gemittelt, resultiert für Veränderungen im stationären Behandlungsverlauf eine Effektstärke von ES_{EVEK}=.583 und für langfristige Veränderungen im psychischen Befinden eine Effektstärke von ES_{KVEK}=.488. Die folgenden Abbildungen 11.1.-1. und 11.1.-2. illustrieren die Verteilung der kurz- und langfristigen Effektstärken der stationären verhaltensmedizinischen Intervention.

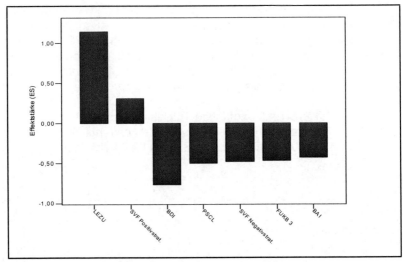

Abb. 11.1.-1.: Therapiewirkungsintensität (Effektstärken ES) in den Variablen des multiplen Ergebniskriteriums (EVEK)

Da die Einzelskalen zu einem multiplen Veränderungskriterium zusammengefasst werden sollen, werden die Effektstärken dichotomisiert, d.h. sofern eine Wirkung der Therapie auftritt, wird diese mit dem Wert eins kodiert. Im umgekehrten Fall soll eine null vergeben werden. Das bedeutet, dass dann eine Verbesserung kodiert wird, wenn ein Effekt der Therapie in den einzelnen Skalen auftritt. Für das multiple Veränderungskriterium EVEK und KVEK wurde zusätzlich eine Restriktion eingeführt, die eine Mindestwirkung der Therapie voraussetzt. Ein Patient gilt demnach erst dann als gebessert, wenn die Intensität der Wirkung der Therapie von mindestens ES=0.2 erreicht worden ist, was nach Cohen (1988) einem kleinen Effekt entspricht. Diese Re-striktion führt zu konservativeren Einschätzungen der Behandlungs-ergebnisse, die aber die Gefahr zufälliger Verbesserungen der Symptomatik in den Hintergrund rücken lässt.

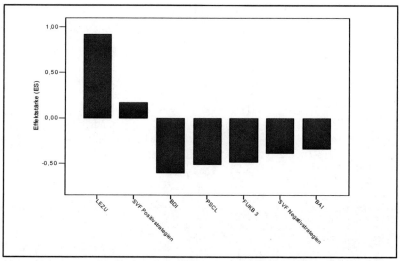

Abb. 11.1.-2.: Therapiewirkungsintensität (Effektstärken ES) in den Variablen des multiplen Ergebniskriteriums (KVEK)

In der folgenden Tabelle 11.1.-4. werden die Häufigkeiten und die prozentualen Anteile der Patienten, die das Kriterium von ES=0.2 erfüllen dargestellt. Diese Übersicht erlaubt dann auch eine Interpretation der Behandlungsergebnisse im Sinne von „Erreichungsprozenten" nach Schmidt et al. (1987). So können insgesamt mehr als 50% der Patienten in allen Bereichen des psychischen Befindens in kurz- und langfristigen Veränderungen als gebessert angesehen werden. Am Deutlichsten zeigt sich dies in dem Anteil der Patienten, deren Lebenszufriedenheit gestiegen ist. Hier beträgt der Anteil in den kurzfristigen Veränderungen 87,6% und in den langfristigen Veränderungen immer noch 78,0% aller Patienten, was als Beleg dafür gelten kann, dass die stationäre verhaltensmedizinische Rehabilitation beim überwiegenden Anteil der Patienten zu einer langfristige Verbesserung der Lebenszufriedenheit führt. Gleiches gilt für die Reduktion psychosomatischer Symptome. Hier gelten 67,0% der Patienten kurzfristig und noch 66,0% der Patienten langfristig als gebessert.

Tab 11.1.-4.: Verteilung der Effektstärken mit mindestens einer Effektstärke von ES=0.2 in den Variablen des multiplen Ergebniskriteriums (N=209)

	EVEK				KVEK			
	ES>0.2	%	ES<0.2	%	ES>0.2	%	ES<0.2	%
Angst (BAI)	131	62,7	78	37,3	107	51,2	102	48,8
Depressivität (BDI)	150	71,8	59	28,2	141	67,5	68	32,5
Funktionseinschränkungen (FUKB 3)	134	64,1	75	35,9	133	63,6	76	36,4
Lebenszufriedenheit (LEZU)	183	87,6	26	12,4	163	78,0	46	22,0
Psychosomatische Symptome (PSCL)	140	67,0	69	33,0	138	66,0	71	34,0
Stressverarbeitung Positivstrategien (SVF)	105	50,2	104	49,8	106	50,7	103	49,3
Stressverarbeitung Negativstrategien (SVF)	141	67,5	68	32,5	124	59,3	85	40,7

Die Ergebnisse zeigen, dass durch die stationäre verhaltensmedizinische Intervention bei einem Anteil von 71,8% der Patienten die depressiven Symptome kurzfristig und bei einem Anteil von 67,5% der Patienten auch langfristig als reduziert angesehen werden können. Ähnliches gilt auch für die Ängstlichkeit der Patienten. Hier erweisen sich 63,7% kurzfristig und 51,2% der Patienten langfristig als gebessert. Der Anteil der Patienten, die in den Funktionseinschränkungen kurz- und langfristig Besserungen erzielten, liegt bei etwa 64%. Auch der Patientenanteil, der kurz- und langfristig mehr positive Strategien zur Stressverarbeitung einsetzt, bleibt nahezu konstant und betrifft etwa 50% der Patienten. Der Anteil der Patienten, deren

negative Stressverarbeitungsstrategien im stationären Behandlungsverlauf reduziert werden konnten und als gebessert gelten, beträgt 67,5% sinkt jedoch im Langzeitverlauf auf 59,3% ab.
Die beiden folgenden Abbildungen 11.1.-3. und -4. veranschaulichen den prozentualen Anteil der Patienten, die in den Einzelskalen der Veränderungskriterien positive Behandlungsergebnisse erzielten.

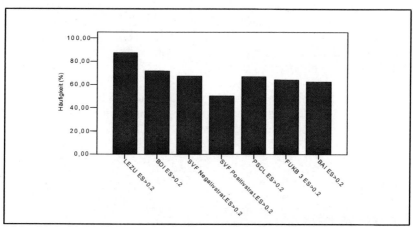

Abb. 11.1.-3.: Verteilung der Effektstärke von mindestens ES=0.2 in den Variablen des multiplen Ergebniskriteriums (EVEK)

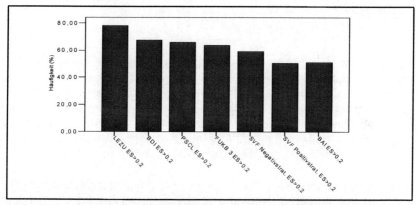

Abb. 11.1.-4.: Verteilung der Effektstärke von mindestens ES=0.2 in den Variablen des multiplen Ergebniskriteriums (KVEK)

11.2. Effekte stationärer Verhaltenstherapie

Im Weiteren soll die kurz- und langfristige Wirkung der Therapie differenziert nach dem Schweregrad der Depressivität in der Aufnahmeuntersuchung dargestellt werden. Erwartungsgemäß weist die Gruppe der klinisch relevant depressiven Patienten insgesamt die höchste Wirkintensität der Therapie auf (Tabelle 11.2.-1.). Der größte Effekt, der nach Cohen (1988) auch als „großer Effekt" zu bezeichnen ist, ist in der Zunahme der Lebenszufriedenheit mit ES=1.33 in der Gruppe der klinisch relevant depressiven Patienten zu beobachten.

Tab. 11.2.-1.: Beck-Depressions-Inventar: Differenzielle Therapiewirkungsintensität in den Variablen des multiplen Ergebniskriteriums EVEK (N=209)

	Depressionsscore (Aufnahme)		
	klinisch relevant ES (N=144)	subklinisch ES (N=44)	unauffällig ES (N=51)
Angst (BAI)	-.58	-.34	-.16
Depressivität (BDI)	-1.13	-.48	-.18
Funktionseinschränkungen (FUKB 3)	-.61	-.33	-.24
Lebenszufriedenheit (LEZU)	+1.33	+1.08	+.77
Psychosomatische Symptome (PSCL)	-.62	-.34	-.36
Stressverarbeitung Positivstrategien (SVF)	+.44	+.27	+.05
Stressverarbeitung Negativstrategien (SVF)	-.57	-.67	-.12

Auch in der subklinisch depressiven Gruppe hat die Therapie in diesem Bereich einen Effekt von ES=1.08 erzielt. Selbst der Effekt in der depressiv unauffälligen Gruppe ist mit ES=.77 als groß zu bewerten. Dieses Ergebnis bestätigt die Argumentation, dass die verhaltensmedizinische Rehabilitation unabhängig von der Ausprägung depressiver Verarbeitungsmuster im stationären Behandlungsverlauf zu einer deutlichen Zunahme der Lebenszufriedenheit bei den Patienten führt.

Wird die Wirkung der Therapie an dem Ausmaß der Veränderungen in den depressiven Symptomen bemessen, so besitzt die Gruppe der klinisch relevant depressiven Patienten auch hier den höchsten Reduktionseffekt (ES=1.33). Das ist nicht befremdend, weil diese Gruppe gegenüber den anderen Gruppen größere Ausgangswerte zur Aufnahmeuntersuchung aufweist. Hier ist jedoch der Unterschied in der Reduktion gegenüber der Gruppe subklinisch depressiver Patienten deutlicher als bei der Lebenszufriedenheit. Zwar ist in dieser Gruppe ein Reduktionseffekt von ES=.48 zu beobachten, fällt aber lange nicht so groß aus wie bei der klinisch relevanten Gruppe. In der nicht-depressiven Gruppe zeigt sich eine geringere Effektstärke von ES=-.18 als in den beiden anderen Gruppen. Das bedeutet aber auch, dass die stationäre Verhaltenstherapie die ohnehin schon geringe Ausprägung depressiver Symptome in dieser Gruppe im stationären Behandlungsverlauf noch reduzieren konnte. Auch bei den Funktionseinschränkungen und psychosomatischen Symptomen erweist sich die Wirkintensität der Therapie bei der Gruppe der klinisch relevant depressiven Patienten mit einer Effektstärke von ES=.61 in den Funktionseinschränkungen und ES=.62 in den psychosomatischen Symptomen als deutlich. In diesen Bereichen können die beiden anderen Gruppen keine derartig großen Effekte erzielen. Hier zeigen sich Effektstärken um etwa ES=.30. Auffällig ist hierbei, dass die Gruppe der nicht-depressiven Patienten eine etwas höhere Intensität der Wirkung der Therapie in den psychosomatischen Symptomen aufweist. Das könnte ein Indiz dafür sein, dass diese Gruppe eher an einer somatischen Krankheitswahrnehmung festhält. Die Ängstlichkeit in der klinisch relevant depressiven Gruppe reduziert sich im stationären Behandlungsverlauf um mehr als eine halbe Standardabweichung (ES=.58). Auch diesen Wert erreichen die beiden anderen Gruppen nicht. Die stationäre Verhaltenstherapie erreicht in den positiven Stressverarbeitungsstrategien der Gruppe der klinisch relevant depressiven Patienten kurzfristig nahezu eine halbe Standardabweichung (ES=.44). Die Effektstärke in der subklinisch depressiven Gruppe ist mit ES=.27 als klein zu bewerten. Hingegen zeigt die Therapie in der Gruppe der nicht-depressiven Patienten nahezu keine Wirkung (ES=.05). In der Reduktion der negativen Stressverarbeitungsstrategien zeigt sich ausnahmsweise in der Gruppe der subklinisch depressiven Patienten der höchste Effekt (ES=.67) gegenüber ES=.57 in der Gruppe der klinisch relevant depressiven Patienten. Auffällig ist, dass die Therapie in der Gruppe der nicht-depressiven Patienten auch hier im stationären Behandlungsverlauf nahezu keine Wirkung zeigt (ES=.12). Die Abbildung 11.2.-1. illustriert die Therapiewirkungsintensität für die drei Gruppen im stationären Behandlungsverlauf.

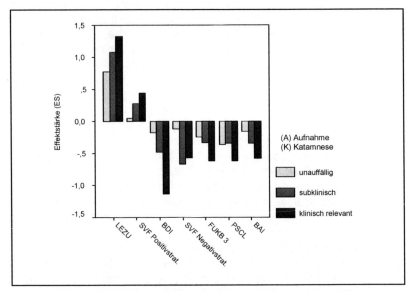

Abb. 11.2.-1.: Beck-Depressions-Inventar: Differenzielle Therapiewirkungsintensität in den Variablen des multiplen Ergebniskriteriums (EVEK)

Unter Berücksichtigung langfristiger Veränderungen im psychischen Befinden, ergibt sich folgendes Bild. Insgesamt lässt die Intensität der Wirkung der Therapie innerhalb von zwei Jahren im Vergleich zu den Veränderungen direkt nach Beendigung der Behandlung etwas nach. Dennoch sind noch, wie aus Tabelle 11.2.-2. hervorgeht und Abbildung 11.2.-2. veranschaulicht, deutliche Effekte der Therapie auch noch nach zwei Jahren nach Beendigung der Behandlung im Vergleich zur Aufnahmeuntersuchung zu beobachten.

Tab. 11.2.-2.: Beck-Depressions-Inventar: Differenzielle Therapiewirkungsintensität in den Variablen des multiplen Ergebniskriteriums (KVEK, N=209))

	Depressionsscore (Aufnahme)		
	klinisch relevant ES (N=144)	subklinisch ES (N=44)	unauffällig ES (N=51)
Angst (BAI)	-.44	-.45	-.01
Depressivität (BDI)	-.92	-.48	-.02
Funktionseinschränkungen (FUKB 3)	-.64	-.43	-.17
Lebenszufriedenheit (LEZU)	+1.0	+.94	+.63
Psychosomatische Symptome (PSCL)	-.72	-.38	-.15
Stressverarbeitung Positivstrategien (SVF)	+.25	+.28	+.11
Stressverarbeitung Negativstrategien (SVF)	-.52	-.48	-.17

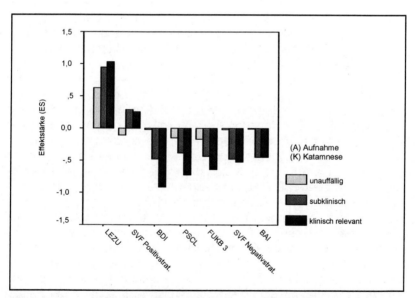

Abb. 11.2.-2.: Beck-Depressions-Inventar: Differenzielle Therapiewirkungsintensität in den Variablen des multiplen Ergebniskriteriums (KVEK)

In der Gruppe der klinisch relevant depressiven Patienten ist nach zwei Jahren noch immer eine deutliche Zunahme der Lebenszufriedenheit um eine Standardabweichung (ES=1.00) zu beobachten. Ähnlich hohe Effekte sind für die Gruppe der subklinisch depressiven Patienten mit ES=.94 und der Gruppe der nicht-depressiven Patienten (ES=.63) zu beobachten. Diese Ergebnisse stützen die Argumentation, dass die Patienten unabhängig vom Schweregrad der Depressivität zu Beginn der Therapie, von der verhaltensmedizinischen Rehabilitation profitieren, was sich in einer deutlichen und langfristigen Zunahme der Lebenszufriedenheit ausdrückt. Auch die Reduktion der Depressivität im Langzeitverlauf erweist sich bei der Gruppe der klinisch relevant depressiven Patienten mit einer Effektstärke von ES=.92 als sehr deutlich. In der Gruppe der subklinisch depressiven Patienten bleibt sich die Wirkung der Therapie über zwei Jahre mit einer Effektstärke von ES=.48 konstant. In der Gruppe der nicht-depressiven Patienten zeigt sich im Langzeitverlauf keine Wirkung der Therapie, d.h. die ohnehin geringe Ausprägung der Depressivität in dieser Gruppe entspricht dem des Aufnahmezeitpunktes. Die Intensität der Wirkung der Therapie nimmt bei der Ängstlichkeit in der Gruppe der klinisch relevant depressiven Patienten etwas ab. Dennoch ist der erzielte Langzeiteffekt mit ES=.44 noch als mittlerer Effekt zu bezeichnen. Hingegen zeigt sich in der Gruppe der subklinisch depressiven Patienten eine weitere Reduktion der Ängstlichkeit im Vergleich zum Zeitpunkt der Entlassung aus der Klinik. Ein Grund dafür könnte darin zu finden sein, dass sich die therapeutischen Bemühungen in der Klinik um die Vermittlung der Zusammenhänge mit den Beschwerden sowie ein gelungener Behandlungstransfer in dieser Gruppe zu einer veränderten subjektiven Krankheitstheorie führte und sich damit die Einstellung an einer lebensbedrohlichen Erkrankung zu leiden verändert hat. In der Gruppe der nicht-depressiven Patienten zeigt sich im Langzeitverlauf bzgl. der Reduktion der Ängstlichkeit kein Effekt, d.h. die Ausprägung der Ängstlichkeit in dieser Gruppe ist auf das Ausgangsniveau zum Zeitpunkt der Aufnahmeuntersuchung zurückgegangen. Hier ist jedoch anzumerken, dass die durchschnittliche Ausprägung der Ängstlichkeit in dieser Gruppe bereits in der Aufnahmeuntersuchung mit MW=8,9 Punkten als gering einzustufen ist[12]. Hinsichtlich der Funktionseinschränkungen im täglichen Leben nimmt die Intensität der Wirkung der Therapie in der Gruppe der klinisch relevant depressi-

---

[12] Die deskriptive Statistik befindet sich im Anhang 2.

ven Patienten um ES=.03 auf ES=.64 weiter ab. Diese weitere Abnahme im Langzeitverlauf zeigt sich auch in der Gruppe der subklinisch depressiven Patienten, wobei in dieser Gruppe eine weitere Reduktion alltäglicher Funktionseinschränkungen um ES=.1 auf ES=.43 zu beobachten ist. Inhaltlich bedeutet dies, dass depressive Patienten nach der Behandlung den alltäglichen Erfordernissen des Lebens leichter nachkommen können. Bei der Gruppe der nicht-depressiven Patienten ist im Langzeitverlauf ein Rückgang dieses Effektes zu beobachten. Ein ähnliches Resultat wie bei den Funktionseinschränkungen ergibt sich auch bei den psychosomatischen Symptomen in der Gruppe der klinisch relevant depressiven Patienten. In dieser Gruppe reduzieren sich die psychosomatischen Symptome im Langzeitverlauf noch einmal um ES=.1 auf ES=.72, d.h. bei dieser Patientengruppe treten die Symptome langfristig weniger häufig und weniger intensiv auf. Gleiches ist auch in der Gruppe der subklinisch depressiven Patienten zu beobachten. Hingegen nimmt die Intensität der Wirkung der Therapie in den psychosomatischen Symptomen in der Gruppe der nicht-depressiven Patienten im Langzeitverlauf etwas ab. War im stationären Behandlungsverlauf noch ein mäßiger Effekt zu beobachten, bleibt zur Nacherhebung nur noch ein geringer Effekt bestehen. Bei den positiven Stressverarbeitungsstrategien zeigt sich im Langzeitverlauf in der Gruppe der klinisch relevant depressiven Patienten eine Reduktion der Wirkintensität der Therapie. Hier konnte im stationären Behandlungsverlauf ein noch nahezu mittlerer Effekt (ES=.44) beobachtet werden der sich im Langzeitverlauf auf einen kleinen Effekt (ES=.25) reduzierte. Hingegen zeigt sich in der Gruppe der subklinisch depressiven Patienten ein dauerhaft stabiler Effekt. In der Gruppe der nicht-depressiven Patienten zeigt sich ebenfalls im Langzeitverlauf eine leichte Zunahme positiver Stressverarbeitungsstrategien, jedoch kann in diesem Fall nicht mehr von einem kleinen Effekt (ES=.11) gesprochen werden, da das Kriterium von ES=0.2 (Cohen 1988) nicht erreicht wird. Die Reduktion der negativen Stressverarbeitungsstrategien bleibt in der Gruppe der klinisch relevant depressiven Patienten mit ES=.52 nahezu konstant. Ähnliches gilt auch für die Gruppe der subklinisch depressiven Patienten. Hier ist zwar eine Zunahme negativer Stressverarbeitungsstrategien zu beobachten, jedoch hat die Therapie im Langzeitverlauf in dieser Gruppe noch immer einen als groß zu bezeichnenden Effekt. In der Gruppe der nicht-depressiven Patienten ist eine weitere Abnahme der Negativstrategien zu beobachten. Dieser Effekt beträgt im Langzeitverlauf ES=.17. Insgesamt zeigen die Ergebnisse, dass die Intensität der Wirkung der stationären Verhaltenstherapie vom Schweregrad der Depressivität am Beginn einer verhaltensmedizinischen Rehabilitationsmaßnahme abhängt. Das heißt einerseits, dass die Reduktion der depressiven Symptomatik mit einer gleichzeitigen Abnahme der damit assoziierten Beeinträchtigungen einhergeht. Und andererseits, das je größer die Ausprägung der depressiven Symptomatik ist, auch größere Effekte in allen mit der Depression assoziierten Beeinträchtigungen zu erwarten sind.

11.3. Auswertungsstrategie zur Überprüfung des Operationalisierungsansatzes

Die Fragestellung, inwieweit die „Patientenexpertise" oder der "Behandlungstransfer" als Indikatoren des verhaltensmedizinischen Therapiekonzepts einen Einfluss auf kurz- und langfristige Behandlungsergebnisse bzw. Veränderungen im psychischen Befinden ausüben, soll durch die Berechnung linearer Strukturgleichungsmodelle beantwortet werden. Mit Hilfe dieses Analyseverfahrens lassen sich vermutete kausale Wirkungspfade auch in einem korrelativen Untersuchungsplan prüfen. Zunächst soll dieses Analyseverfahren im Allgemeinen erläutert werden. Im Anschluss daran wird dieses Verfahren kurz in seinen Grundzügen und Voraussetzungen erklärt und die wichtigsten Prüfverfahren vorgestellt.
In einem zweiten Schritt wird der Frage nachgegangen, inwiefern in den vermuteten Kausalprädiktoren Unterschiede innerhalb von Patientengruppen bzgl. ausgewählter sozialmedizinischer Variablen bestehen. Auf eine Beschreibung des dafür verwendeten Auswertungsverfahrens soll verzichtet werden.

11.3.1. Analyse Linearer Strukturgleichungsmodelle (SEM[13])

Für die Berechnung linearer Strukturgleichungsmodelle stehen Computerprogramme zur Verfügung, die seit Jöreskog´s Publikationen (Jöreskog 1967, 1969, 1973a, b, 1978) immer weiter vereinfacht wurden. So stehen heute PC-Programme wie AMOS (Analysis of Moment Structures, Arbuckle und Wothke 1999) oder EQS (Equati-

---

[13] SEM (structural equation modeling)

ons, Bentler 1995) zur Verfügung, die eine graphische Oberfläche zur Eingabe eines Pfaddiagramms besitzen, welche auch zur Ausgabe verwendet wird. Das graphische Pfaddiagramm wird innerhalb des Programms durch Strukturgleichungen repräsentiert, d.h. die Programme leiten aus der graphischen Umgebung die notwendigen Befehle zur Parameterschätzung und -testung ab und stellen in der Ausgabe die notwendigen Parameter zur Bewertung des Modells zur Verfügung (Bentler, Wu, Houck 1996; Arbuckle, Wothke 1999). Lineare Strukturgleichungsmodelle werden häufig auch als Kausalmodelle bezeichnet, was nicht ganz unproblematisch ist, da ein lineares Strukturgleichungsmodell selbst auch in dem Fall keine Aussagen über Ursache-Wirkungs-Beziehungen zulässt, wenn das spezifizierte Modell auf die empirischen Daten passt, d.h. ein guter Modell-Fit resultiert. Soll die Interpretation einer vermuteten kausalen Wirkrichtung auch als „kausal" erfolgen, dann ist sie m.E. nur dann sinnvoll und auch statthaft, wenn die Ursache-Wirkungs-Beziehungen inhaltlich begründet sind oder besser noch über die Zeit im Kontext von Längsschnittstudien vorgenommen werden.

Die Nutzung linearer Strukturgleichungsmodelle als Auswertungsstrategie erscheint vielen Nutzern oft als zu kompliziert und schwer zu verstehen (Nachtigall, Kroehne, Funke, Steyer 2003). Vermutlich auch aus diesem Grund wird dieses Analyseverfahren noch heute kritisiert, weil die Vereinfachung in der Handhabung der Computerprogramme eher zu einem Missbrauch dieses Analyseverfahrens verführen könnte, so dass sich mit viel Geduld schon irgendwann ein „Kausalmodell" finden lässt, das für die vorliegenden Daten statistisch nicht abgelehnt werden muss. Als gewichtigste Kritik wird angeführt, dass sich durch die Umkehrung kausaler Pfade das Modell in verschiedenste Modellvarianten transformieren lässt (z.B. Stelzl 1986), die alle gleiche Fit-Indices aufweisen (Schönemann, Borg 1996). Dem ist entgegenzuhalten, dass einer wissenschaftlichen Modellbildung über das vermutete Beziehungsgefüge zwischen den Variablen eine explizite oder implizite Theorie zu Grunde liegt (Kline 1998), deren Prüfung immer hypothesengeleitet erfolgt. Zudem ist Kenny (1979, p. 8) der Meinung:

„Causal modeling provides no certain path to knowledge. In fact, causal models are maximally helpful only when good ideas are tested. Good ideas do not come out of computer packages, but from people's heads." (zit. aus Kline 1998, S. 314)

Bentler, Wu, Houck (1996), Kline (1998) wie auch Nachtigall, Kroehne, Funke, Steyer (2003) berichten darüber hinaus von einer zunehmenden Popularität dieses Analyseverfahrens. Ein Grund liegt v.a. in den statistischen Möglichkeiten, die dieses Analyseverfahren bietet. So erlaubt dieses Verfahren Analysen über Varianzen und Kovarianzen, Faktoranalysen, multiple Regressionen und vieles mehr. Zudem können mehrere vermutete Beziehungen gleichzeitig geschätzt werden. Basis für eine Analyse bildet die Kovarianz zwischen den interessierenden Variablen, weil die inferenzstatistische Absicherung linearer Strukturgleichungsmodelle an die Kovarianz gebunden ist, worauf später noch genauer eingegangen wird. Die Beziehungen zwischen den Variablen werden über lineare Regressionen hergestellt, die graphisch dargestellt als Pfaddiagramm bezeichnet werden. Die Berechnungen von Pfadmodellen mit direkten, indirekten und totalen Effekten bei der Herstellung von Beziehungen zwischen beobachteten Variablen ist ein von Wright bereits 1921 entwickeltes Konzept (Nachtigall, Kroehne, Funke, Steyer 2003). Das Verfahren zur Analyse linearer Strukturgleichungssysteme ist wohl durch die Möglichkeit der Herstellung von Beziehungen zwischen latenten (unbeobachteten) Variablen am Bekanntesten geworden, was auch als Strukturmodellierung oder Structural equation modeling (SEM) bezeichnet wird. Die latenten Variablen sind mit beobachteten Variablen in einem s.g. Messmodell verbunden und repräsentieren die Beziehungen zwischen der latenten Variable und ihnen zu Grunde liegenden manifesten oder beobachteten Variablen (Abb. 11.3.1.-1.). Die Beziehungen zwischen den latenten Variablen werden als Strukturmodell bezeichnet.

Die Rechtecke in Abbildung 11.3.1.-1. symbolisieren die beobachteten bzw. manifesten Variablen (z.B. Items oder Subskalen), die Ovale – mit η bezeichnet – kennzeichnen die latenten Variablen (Konstrukte). Latente Variablen werden auch als endogene (erklärte Variablen) bezeichnet und entsprechen den Kriteriumsvariablen.

Operationalisierung eines multiplen Veränderungskriteriums

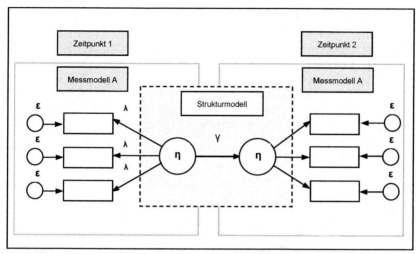

Abb. 11.3.1.-1.: Einfache Kausalbeziehung zwischen zwei latenten Variablen in einem längsschnittlichen Untersuchungsplan

Die latenten exogenen Variablen entsprechen somit den Prädiktorvariablen und dienen zur Erklärung der latenten endogenen Variable, der ihrerseits wiederum beobachtete Indikatorvariablen zugrunde liegen. Die Zuordnung der beobachteten Variablen zu denen auf ihnen basierenden latenten exogenen Variablen erfolgt im Messmodell, was einer konfirmatorischen Faktorenanalyse entspricht (z.B. Messmodell A). In komplexeren Modellen können auch mehrere latente exogene Variablen vorkommen, denen jeweils eigene Indikatorvariablen (beobachtete oder manifeste Variablen) zugrunde liegen und voneinander unabhängig aber auch interkorreliert sein können. Die Pfeile drücken strukturelle Annahmen über das Beziehungsgefüge aus. Die Stärke der Beeinflussungskoeffizienten zwischen den manifesten Indikatorvariablen und den latenten Variablen wird mit λ bezeichnet und entspricht den Faktorladungen. Die Pfeile an den kleinen Kreisen in Richtung auf die beobachteten Variablen (Rechtecke) in Abbildung 11.3.1.-1. drücken den Einfluss von Messfehlern der beobachteten Variable aus. Die kleineren Kreise selbst beinhalten die Varianz der Messfehler bzw. der spezifischen Varianz der manifesten Variable. Die Verknüpfung der beiden Messmodelle erfolgt in einem Strukturmodell, wobei γ die Stärke der Beeinflussung symbolisiert. Die Stärke des Zusammenhangs kann in Abbildung 11.3.1.-1. als kausal interpretiert werden, da die Analyse auf einem längsschnittlichen Untersuchungsdesign basiert. Wird in einem Modell ein vermutetes Beziehungsgefüge mehrerer latenter Variablen wie in Abbildung 11.3.1.-2. dargestellt angenommen, ist sehr häufig die Frage von Interesse, ob A einen direkten Effekt auf C besitzt oder ein indirekter Einfluss über B besteht, bspw. als ein Mediator (Nachtigall, Kroehne, Funke, Steyer 2003).

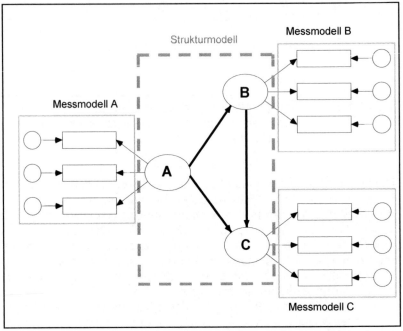

Abb. 11.3.1.-1.: Einfache Kausalbeziehung zwischen zwei latenten Variablen in einem längsschnittlichen Untersuchungsplan
(geändert aus: Nachtigall, Kroehne, Funke, Steyer 2003, S. 5)

Das vermutete Beziehungsgefüge der Variablen, das mit einem solchen Pfaddiagramm in die graphische Oberfläche eines entsprechenden Computerprogramms eingegeben wird, besitzt eine spezifische hypothetische Struktur der Kovarianzen. Mit linearen Strukturgleichungen wird ein Vergleich dieser hypothetischen Struktur bzw. dem vermutetem Beziehungsgefüge zwischen den Variablen und den empirischen Daten hergestellt. SEM-Analysen erlauben aber nicht nur die Überprüfung eines Beziehungsgefüges über latente Variablen. Es können – wie in der vorliegenden Untersuchung – auch komplexe Beziehungen ausschließlich zwischen beobachteten Variablen im Sinne der Pfadanalyse überprüft werden. Zudem können in SEM-Analysen latente Variablen viele unterschiedliche Konstrukte darstellen, z.b. Konstrukte das über Verhalten von Personen oder Messungen von Methodeneffekten (z.B. Selbst- vs. Fremdeinschätzungen). Darüber hinaus bieten SEM-Analysen die Möglichkeit, aufgrund der Unterscheidung zwischen beobachteten und latenten Variablen, die mangelhafte Reliabilität der Messung zu berücksichtigen, womit nicht zum Ausdruck gebracht werden soll, dass dieses Analyseverfahren massive psychometrische Messfehler auszugleichen erlaubt (Kline 1998). PC-Programme zur Analyse von lineare Strukturgleichungssystemen benötigen die Kovarianzmatrix der beobachteten Variablen als Eingabedaten. Der Grund hierfür ist in der inferenzstatistischen Bewertung der Prüfgröße zu finden. Alle multivariaten χ^2-Tests können nur auf der Basis bestimmter Verteilungseigenschaften abgeleitet werden, was zur Folge hat, dass Prüfgrößen, die auf der Basis von Korrelationsmatrizen ermittelt werden, in nur sehr wenigen und begründeten Fällen asymptotisch χ^2-verteilt sind (Rietz, Rudinger, Andres 1996). Darüber hinaus ist Kline (1998) der Meinung, dass die Kovarianzen mehr Informationen enthalten als Korrelationen und als „unstandardisierte" Korrelation zu verstehen sind. Die Kovarianz zweier Variablen ist definiert durch das Produkt ihrer Pearson-Korrelation und ihrer Standardabweichungen in der Metrik der Originalskalierung:

$$\operatorname{cov} xy = rxySDxSDy$$

Eine Pearson-Korrelation ist einfacher zu interpretieren, weil sie nur Werte zwischen -1 und + 1 annehmen kann, hat aber den Nachteil, dass bei unterschiedlicher Metrik zweier Variablen X und Y und X und W dieselbe Information bei unterschiedlichen Standardabweichungen von bspw. r=.50 resultieren kann.
Bestimmte Softwareversionen wie z.B. AMOS erlauben auch als Eingabedaten die Rohdaten der Stichprobe, was den Umgang mit diesem Programm einfacher gestaltet und lassen eine Analyse selbst bei „Missing-Data" zu.

11.3.2. Voraussetzungen
11.3.2.1. Umgang mit fehlenden Daten

Bei der Durchführung von SEM-Analysen sind einige Aspekte zu berücksichtigen. Dazu zählt u.a. ein Screening über zufällig oder systematisch fehlende Daten im Datensatz. Es ist durchaus denkbar, dass z.B. ein Fragebogen sehr lang ist, so dass damit zu rechnen ist, dass die Probanden einige Fragen nicht beantworten. In solchen Fällen ist vor der Untersuchung zu überlegen, ob den Probanden nur Teile dieses Fragebogens vorgelegt und somit Substichproben gebildet werden sollten, um die Gefahr systematisch fehlender Antworten zu begegnen. In dem Fall aber, wenn nicht mit fehlenden Antworten gerechnet wird, ist eine diesbezügliche Überprüfung notwendig, da es sich bei der Gruppe der teilweise nicht antwortenden Probanden um eine Stichprobenselektion handeln könnte. Dazu ist zu klären, wie viele Daten fehlen und ob diese zufällig oder systematisch entstanden sind (Kline 1998). Dabei wird zwischen MAR (missing at random) – die Werte einer Variablen fehlen rein zufällig – und NRM (non random missing bzw. nonignorable) unterschieden. Unter MAR ist zu verstehen, dass die Wahrscheinlichkeit für das Auftreten oder Nicht-Auftreten fehlender Daten einer Variable nicht vom wahren Wert der Probanden auf der Variable abhängt und durch andere Variablen im Datensatz erklärt werden kann. Das bedeutet, dass Ergebnisse aus vollständigen Datensätzen auf Datensätze mit fehlenden Daten generalisiert werden können (Kline 1998). Fehlende Daten werden dann als systematisch bezeichnet, wenn bspw. in einer Längsschnittstudie der Gesundheitsstatus der Personen von Interesse ist und genau jene Personen nicht mehr teilnehmen, deren Gesundheitsstatus eher schlecht ist, denn dann variiert die weitere Nicht-Teilnahme mit dem aktuellen Gesundheitsstatus. Im Gegensatz dazu sind fehlende Daten dann unsystematisch und zufällig, wenn die Nichtteilnahme nichts mit dem aktuellen Gesundheitszustand zu tun hat. Das rein zufällige Fehlen von Daten mit MCAR (missing completely at random) ist eine etwas strengere Voraussetzung als MAR, denn hierbei ist die Wahrscheinlichkeit für das Vorhandensein oder Fehlen von Personenwerten einer Variable unabhängig von anderen Variablen und somit rein zufällig. Mehr zu diesem Thema findet sich bei Little und Rubin (1987).

Eine grundsätzliche Lösung des Problems könnte sein, Personen mit fehlenden Daten komplett aus der Analyse auszuschließen (listwise deletion) mit dem Nachteil, dass sich damit der Stichprobenumfang verringert. Andererseits gibt es die Möglichkeit des paarweisen Fallausschlusses (pairwise deletion), bei der nur die fehlenden Beobachtungspaare aus einer Analyse ausgeschlossen werden mit dem Vorteil, dass sich die Verringerung des Stichprobenumfangs nur auf die einzelne Analyse auswirkt. Hierbei kann jedoch das Problem auftauchen, dass die zu analysierende Matrix nicht positiv definiert ist. Weiterhin können fehlende Daten durch z.B. Gruppenmittelwerte der Variable oder Vorhersagewerte aber auch durch Werte einer anderen Person mit einem über andere Variablen ähnlichen Profil („Zwillinge") ersetzt werden. Im letztgenannten Fall sollte die Datenausfallquote unter 10% liegen (Kline 1998). Für Längsschnittstudien in denen Personen aus der Stichprobe ausfallen wird empfohlen, die fehlenden Daten nicht zu ersetzen (Kline 1998). Eine letzte Variante zum Umgang mit fehlenden Daten ist die Berechnung eines Modells mit der s.g. „full information maximum likelihood"-Methode (FIML), welches die Software AMOS bereitstellt. Hierfür wird aber ausdrücklich darauf hingewiesen, dieses Verfahren nur dann einzusetzen, wenn die fehlenden Daten rein zufällig (MCAR) entstanden sind.

11.3.2.2. Der Umgang mit Multikollinearität

Aufgrund von Multikollinearität kann eine Kovarianzmatrix nicht positiv definiert sein und somit keine Lösung gefunden werden. Dies kommt dann zustande, wenn zwei oder mehrere Variablen mehr oder weniger redundant sind (r>.85). Auf multivariater Ebene ist das Auffinden von Multikollinearität nicht einfach. Eine Möglichkeit ist, die multiple quadrierte Korrelation (R^2) zwischen der Variable und allen anderen Prädiktoren zu bestimmen. Ein resultierendes R^2>.90 ist als ein Hinweis auf das Vorliegen von Multikollinearität zu werten. Eine andere Möglichkeit ist die Berechnung der Toleranz, die sich aus 1-R^2 zwischen einer Variable und allen anderen Prädiktoren berechnet. Für den Fall, die Varianz hat eine Toleranz von 1% bedeutet dies, dass 99% der Varianz mit allen anderen Variablen redundant ist. Werte der Toleranz von <10% gelten als ein Hinweis auf Multikollinearität (Kline 1998). Eine Lösung für dieses Problem ist entweder die Variablen – wenn inhaltlich vertretbar – zu einem Gesamtsore zusammen zu fassen oder die redundanten Variablen zu eliminieren.

11.3.2.3. Der Umgang mit Extremwerten

Extremwerte sind Personenwerte, die sich auffällig von den Werten der anderen Personen unterscheiden. Dabei wird zwischen univariaten und multivariaten Extremwerten unterschieden. Ein univariater Extremwert zeichnet sich durch einen auffallenden Wert (outlier) auf einer einzelnen Variable aus, wobei in der Regel ab einer Abweichung von drei Standardabweichungen vom Gruppenmittelwert von Extremwerten gesprochen wird. Ein multivariater Extremwert einer Person ist dadurch bestimmt, dass auf zwei oder mehr Variablen derartig auffällige Werte zu beobachten sind. Es wird aber auch dann von multivariaten Extremwerten gesprochen, wenn die Personenwerte zwischen zwei und drei Standardabweichungen über den Mittelwert aller Variablen liegt und somit das Wertemuster für die untersuchte Stichprobe untypisch ist. Personen mit univariaten Extremwerten sind einfach über z-Werte zu ermitteln. Multivariate Extremwerte lassen sich über das Mahalanobis d^2 (Distanz zum Zentrum der multivariaten Verteilung) bestimmen. Liegt die quadrierte Mahalanobis-Distanz einer Person nahe dem Wert null, liegt kein multivariater Extremwert vor. Bei großen Stichproben wird die quadrierte Mahalanobis-Distanz als χ^2-Statistik mit Freiheitsgraden (df), welche der Anzahl der Variablen entsprechen, interpretierbar. Ein Grund für ein Extremwert könnte in der Eingabe der Rohdaten liegen, so dass bspw. ein Maximalwert von 10 bei einer Person mit dem Wert 100 eingegeben wurde. Derartige Fälle im Datensatz zu isolieren gilt jedoch auch für jede andere statistische Datenanalyse. Im Fall, dass ein Extremwert kein Eingabefehler ist, gibt es zwei Interpretationsmöglichkeiten. Erstens die Person entstammt einer anderen Population oder zweitens die Person entstammt der selben Population. Die Lösung hierfür ist einerseits nichts zu unternehmen bzw. den Fall aus der Analyse zu eliminieren oder den Extremwert durch den nächst plausibleren Wert zu ersetzen. Insofern viele Extremwerte in der Stichprobe vorkommen ist es auch eine gängige Methode, die Daten z.B. logarithmisch zu transformieren in der Hoffnung eine multivariate Normalverteilung mit weniger Extremwerten zu erhalten. Derartige Datentransformationen erschweren jedoch die inhaltliche Interpretation der Ergebnisse. Für tiefergehende Informationen zur Datentransformationen werden Armitage und Berry (1987) bzw. Hartwig und Dearing (1979) sowie Mosteller und Tukey (1977) empfohlen (Kline 1998).

11.3.2.4. Univariate Normalverteilung

SEM-Analysen setzen die univariate Normalverteilung der Variablen voraus. Insofern eine Werteverteilung nicht der Normalverteilung entspricht, wird dies durch die Schiefe bzw. Kurtosis ausgedrückt. Schiefe Verteilungen sind asymmetrisch, weil sich die Werte der meisten Personen über (negative Schiefe=rechtssteil) oder unter (positive Schiefe=linkssteil) dem Mittelwert der Verteilung befinden. Die Kurtosis beschreibt den relativen Anteil von Fällen in Teilen der Verteilung relativ zur Normalverteilung, d.h. eine positive Kurtosis zeigt eine spitze schmalgipflige Verteilung, eine negative Kurtosis eine breitgipflige Verteilung an. Eine extrem schiefe Verteilung ist einfach an der Häufigkeitsverteilung z-standardisierter Werte zu erkennen. Sofern die Schiefe einer Verteilung gleich Null ist, ist die Verteilung symmetrisch. Zudem bieten gängige Statistikprogramme die Möglichkeit zur Berechnung der univariaten Schiefe und Kurtosis inklusive eines Signifikanztests (z.B. Hopkins, Weeks 1990), welcher aber aufgrund des großen Stichprobenumfangs für SEM-Analysen problematisch ist. Eine gängige Vereinbarung ist die Interpretation der Absolutwerte von Schiefe und Kurtosis (Kline 1998). Dabei gilt ein Absolutwert der univariaten Schiefe eines Datensatzes größer drei als inakzeptabel. Ein Absolutwert der multivariaten Kurtosis zwischen 8 und 20 wird diskutiert, wobei ein konservativer Kompromiss darin besteht, Absolutwerte der Kurtosis größer 10 als problematisch und Werte über 20 als nicht akzeptabel anzusehen (Kline 1998).

11.3.2.5. Die Multivariate Normalverteilung

Die Multivariate Normalverteilung ist ebenfalls eine Voraussetzung für SEM-Analysen. Diese beinhaltet, dass alle Verteilungen univariat normal verteilt sind, alle Kombinationen von Variablen normal verteilt sind und alle bivariaten Streudiagramme linear sind sowie Homoskedastizität vorliegt. Homoskedastizität ist durch Array-Verteilungen gekennzeichnet, die beinhalten, dass die zu einem x-Wert gehörenden y-Werte und die zu einem y-Wert gehörenden x-Werte normal verteilt sowie die Varianzen der Array-Verteilungen homogen sind. Homoskedastizität ist auch eine Voraussetzung für die inferenzstatistische Absicherung von Zusammenhangshypothesen (Bortz 1993). Verletzungen der multivariaten Normalverteilung zeigen sich zumeist auch bei der Prüfung der univariaten Verteilungen. Sofern univariate oder multivariate Extremwerte bei einer Person zu beobachten sind, ist der Ausschluss des Falls die beste Methode zur Lösung des Problems (Kline 1998).

11.3.2.6. Zusammenfassung der Voraussetzungen

Der Stichprobenumfang für SEM-Analysen muss ausreichend groß sein. Als Basis für eine Analyse wird die Kovarianzmatrix der Variablen benötigt. Der Eingabedatensatz muss hinsichtlich deskriptiver Statistiken (z.B. Minimum, Maximum der Werte) geprüft werden. Weiterhin stellt die Überprüfung der Daten hinsichtlich der Anzahl gültiger Fälle, Häufigkeitsverteilungen der Variablen, fehlende Daten sowie Parameter der Verteilungen wie Schiefe und Kurtosis, Extremwerten und univariater wie multivariater Normalverteilung eine wichtige Voraussetzung dar.

11.4. Verfahren zur Berechnung von linearen Strukturgleichungsmodellen

Das bekannteste Verfahren zur Parameterschätzung und Berechnung von Modellanpassungstests ist die Maximum-Likelihood-Methode (ML-Methode). Bei dieser Methode werden für die Schätzung von unbekannten Populationsparametern Stichprobenkennwerte gefunden, welche die Wahrscheinlichkeit des Auftretens der in einer Stichprobe beobachteten Messwerte maximieren. Der Unterschied zur multiplen Regression besteht darin, dass dabei für jede abhängige Variable eine separate Analyse erforderlich ist. Beim ML-Verfahren erfolgt eine simultane Berechnung aller abhängigen Variablen. Das impliziert aber auch, dass auf die Veränderung eines Parameters, eine Veränderung aller anderen Parameter folgt. Eine Voraussetzung bei diesem Verfahren ist auch hier die multivariate Normalverteilung der interessierenden Variablen. Dabei gilt für die Größe der Stichprobe, dass sie etwa das 25fache der zu schätzenden Parameter betragen sollte. Das Personen-Parameter-Verhältnis sollte in der Stichprobe jedoch mindestens 10:1 sein (Nachtigall Kroehne, Funke, Steyer 2003). Kline (1998) bezeichnet Stichprobenumfänge als klein bei N=100, als mittelgroß bei N=100 bis N=200 und als große Stichproben ab einem Umfang von N=200. Für komplexe Modelle gilt eher die Regel größere Stichproben zu analysieren. Für konfirmatorische Faktorenanalysen wird ein Stichprobenumfang von N=50 empfohlen, wenn sechs bis zwölf Indikatoren pro Faktor zur Verfügung stehen. Bei drei bis vier Indikatoren je Faktor wird bereits eine Stichprobengröße von N=100 benötigt. Im Fall, dass nur zwei Indikatoren je Faktor zur Verfügung stehen, sollte die Stichprobe N=400 weit überschreiten. Damit wird deutlich, dass der Einbezug von mehr beobachteten Variablen die Nachteile einer zu geringen Stichprobengröße kompensieren kann. Im Gegensatz dazu kann ein großer Stichprobenumfang zu wenige Indikatoren je Faktor kompensieren (Boomsma, Hoogland 2001). Verfahren wie WLS (Weighted Least Squares) oder ADF (Asymptotically Distribution Free) stellen Alternativen zur ML-Methode dar, sind jedoch an sehr umfangreiche Stichproben gebunden, die in der psychologischen Forschung oft nicht erreicht werden (Nachtigall, Kroehne, Funke, Steyer 2003). WLS-Verfahren benötigen bspw. Stichprobenumfänge von mehr als 1.000 Fälle (Hoogland, Boomsma 1998). Die hier exemplarisch genannten Verfahren sind iterative Verfahren, die sich dadurch unterscheiden, wie robust sie gegen die Verletzung der Normalverteilungsannahme sind. Insofern die beobachteten Variablen intervallskaliert sind, wenn diese annähernd normal verteilt sind und die Stichprobe hinreichend groß ist, ist das Maximum-Likelihood-Verfahren die Methode der Wahl, weil sie relativ robust gegenüber der Verletzung der multivariaten Normalverteilungsannahme ist. Sie kann auch dann genutzt werden, wenn die Variablen nicht normal verteilt sind. Dabei sollten aber die Abweichung von der Normalverteilung nicht zu groß sein (Kline 1998).

11.4.1. Bestimmung der Freiheitsgrade

Unabhängig vom Verfahren ist für die Berechnung von spezifizierten Modellen die Zahl der schätzbaren Parameter begrenzt. Die Begrenzung erklärt sich durch die Zahl der Beobachtungen (Stichprobenmomente), womit nicht die Fallzahl gemeint ist, sondern die Anzahl der Varianzen und Kovarianzen zwischen den beobachteten Variablen. Ein einfacher Weg diese zu berechnen ist :

$$\text{Stichprobenmomente} = \frac{p(p+1)}{2}$$

mit p als Anzahl der beobachteten Variablen.
Damit wird deutlich, dass die Anzahl der Beobachtungen in einem Modell die Obergrenze der Zahl der zu schätzenden Parameter be-

stimmt. Umgekehrt kann die Anzahl der zu schätzenden Parameter nie über die Anzahl der Beobachtungen hinausgehen. In Analogie zu diesem Problem ist es z.b. bei der explorativen Faktorenanalyse statistisch unmöglich eine Berechnung durchzuführen, wenn mehr Items als Fälle vorhanden sind. Kline (1998, S. 104) definiert die Anzahl der zu schätzenden Parameter mit: *"The total number of variances and covariances (i.e. unanalyzed, associations) of exogenous variables that are either observed or unmeasured (i.e. disturbances) and direct effects of endogenous variables from other observed variables equals the number of parameters."*
Folglich bestimmt sich die Anzahl der Freiheitsgrade (df) aus der Anzahl der Beobachtungen abzüglich der zu schätzenden Parameter:

$$df = p - q$$

mit p ist die Anzahl der Beobachtungen
und q ist die Anzahl zu schätzender Parameter.

11.4.1.1. Zur Identifizierbarkeit eines Modells

Ein potenzielles Problem bei der Berechnung von Pfadmodellen ist die Identifizierbarkeit eines Modells. Ein Modell gilt als identifizierbar, wenn es theoretisch möglich ist, jeden einzelnen Parameter des Modells zu schätzen. Der Begriff „theoretisch" bezieht sich dabei auf das Modell und nicht auf die Daten. Ein Modell bleibt unabhängig von der Stichprobengröße auch dann nicht identifizierbar, wenn einige der Parameter nicht schätzbar sind. Eine basale Anforderung für die Identifikation eines Modells ist, dass ein Modell mehr beobachtete Variablen enthält als zu schätzende Parameter (Anzahl der Freiheitsgrade). Darüber hinaus können modellierte „Feedback-Schleifen" eine Identifizierung des Modells unmöglich machen. Auch Multikollinearität der Daten kann zur Nicht-Identifizierbarkeit eines Modells führen. Ein gerade identifiziertes Modell (just identified) hat gleich viele zu schätzende Parameter wie beobachtete Variablen und besitzt somit keine Freiheitsgrade (df=0). Diese Modelle werden häufig auch saturierte Modelle (saturated models) genannt. Die Eigenschaft eines überidentifizierten Modells (overidentified) besteht darin, dass es weniger zu schätzende Parameter besitzt als beobachtete Variablen und hat somit positive Freiheitsgrade (df>0). Ein unteridentifiziertes Modell besitzt hingegen negative Freiheitsgrade (df<0).

11.4.2. Das Maximum-Likelihood-Verfahren

Das ML-Verfahren ist ein iteratives[14] Schätzverfahren. Dabei leitet das PC-Programm eine Initiallösung her und versucht dann diese Lösung durch wiederholte Berechnungen zu verbessern. Damit ist gemeint, dass die im Modell spezifizierte Kovarianz mit jedem Berechnungsschritt der empirischen Kovarianz ähnlicher wird (Kline 1998). Insgesamt läuft es darauf hinaus, den Funktionswert der Fitfunktion

$$F_{ML} = \log|\hat{\Sigma}| + tr(S\hat{\Sigma}^{-1}) - \log|S| - k$$

$\hat{\Sigma}$ ist die aufgrund der Ergebnisse der Parameterschätzungen $\hat{\vartheta}$ berechnete Kovarianzmatrix
k ist die Gesamtzahl der beobachteten Variablen

zu minimieren (Rietz, Rudinger, Andres 1996, S. 256). Für gerade identifizierte Modelle (just identified) stimmt die geschätzte Kovarianz mit der empirischen Kovarianz überein, d.h. es gibt genau eine Lösung. Bei überidentifizierten Modellen (overidentified) stimmen die empirische Kovarianz und die modellimmanente Kovarianz nicht überein. Die Iteration wird erst dann beendet, wenn die Zunahme der Veränderung in der Lösung unter einen vorher definierten Wert sinkt.

11.4.2.1. Voraussetzungen

Grundsätzlich gelten bei dem ML-Verfahren dieselben Voraussetzungen wie bei der multiplen Regression. Beide Verfahren haben als Voraussetzung, dass die erklärenden Variablen (Prädiktoren) unabhängig von den Fehlern sind. Das ML-Verfahren erlaubt jedoch modellimplizierte Korrelationen zwischen endogenen Variablen. Eine zweite Ausnahme ist die Verteilungsannahme, die beinhaltet, dass die endogenen Variablen multivariat normal verteilt und die exogenen Variablen kontinuierliche Variablen sind (Kline 1998). Im Gegensatz dazu hat die multiple Regression nicht die spezielle Verteilungsvoraussetzung für die beobachteten Variablen. Darüber hinaus gilt als Voraussetzung, dass die Kovarianzmatrix positiv definit ist. Die Schätzung der Parameter und Standardfehler erweisen sich sehr stabil, wenn diese Voraussetzungen erfüllt sind (Kline 1998).

---

[14] iterativ: Hier eine mathematische Bezeichnung für ein Rechenverfahren zur schrittweisen Annäherung an die exakte Lösung.

Vorteilhaft ist, dass sich das ML-Verfahren als relativ robust gegenüber der Verletzung der multivariaten Normalverteilungsannahme erweist (Boomsma, Hoogland 2001). Ergebnisse aus Computersimulationen unterstützen diese Argumentation (Kline 1998), jedoch sollten dann Vertrauensintervalle der Parameterschätzungen über Bootstraping-Verfahren gebildet werden. Zwei Aspekte sollen für ein besseres Verständnis noch erwähnt werden.

Zum Einen entsprechen die mit der ML-Methode berechneten Varianzen und Kovarianzen der beobachteten exogenen Variablen den beobachteten Werten der multiplen Regression. Zum Anderen wird die Residualvarianz in PC-Programmen typischerweise in der Routine als latente Variable mit einem einzelnen Indikator repräsentiert, der mit der beobachteten endogenen Variable assoziiert ist. Die meisten Programme erfordern im Programmcode eine Fixierung des Pfadkoeffizienten der Residuen auf den Wert 1.0. Diese Spezifikation erlaubt dem Programm die Varianz der Fehler bzw. der spezifischen (uniquen) Varianz zu berechnen.

11.5. Bewertung der Modellanpassung

Der bekannteste Test für die globale Bewertung – unabhängig von der angewendeten Methode – ist der χ^2-Anpassungstest. Dieser inferenzstatistische Test prüft die Hypothese, ob die empirische Kovarianzmatrix der theoretisch angenommenen Kovarianzmatrix entspricht (Homburg, Pflesser 2000), d.h. es wird die Nullhypothese geprüft, dass die Differenz der Elemente der angenommenen Kovarianzmatrix und der empirischen Kovarianzmatrix gleich null ist. Bei einem saturierten (just-identified) Modell ist der χ^2-Wert gleich null und hat keine Freiheitsgrade (df). Überidentifizierte Modelle besitzen positive Freiheitsgrade (df>0) und die χ^2-Statistik ist ebenfalls positiv. In großen Stichproben und unter der Voraussetzung der multivariaten Normalverteilung wird die χ^2-Statistik für ein überidentifiziertes Modell als Signifikanztest über die Differenz in der Anpassung zwischen dem spezifizierten Modell und einem saturierten Modell interpretiert. Ein nichtsignifikanter χ^2-Wert zeigt an, dass die Anpassung des überidentifizierten Modells sich statistisch nicht von dem des saturierten Modells unterscheidet. Das bedeutet kleine und nicht signifikante χ^2-Werte sind wünschenswert (Kline 1998). Der Anpassungstest mit der approximativ χ^2-verteilten Prüfgröße ist nicht unumstritten. Zum einen ist der kleinste χ^2-Wert immer gleich null und es gibt keinen größten Wert, so dass eine Interpretation nie standardisiert erfolgen kann. Zum Zweiten reagiert der χ^2-Wert sehr sensibel auf die Stichprobengröße, d.h. mit zunehmender Stichprobengröße wächst die Wahrscheinlichkeit, dass ein signifikantes Ergebnis zufällig resultiert. Darüber hinaus reagiert er sehr sensibel auf die Verletzung der multivariaten Normalverteilung und tendiert bei komplexeren Modellen – aufgrund geringer werdender Freiheitsgrade – dazu kleiner zu werden.

In der Literatur werden daher auch unterschiedliche Regeln für die Interpretation der χ^2-Statistik diskutiert. So berichtet bspw. Kline (1998), dass die Freiheitsgrade in einem Verhältnis zum χ^2-Wert von drei zu eins immer noch für eine gute Anpassung des Modells an die Daten stehen (Carmines, MacIver 1981). Neben dem beschriebenen inferenzstatistischen Anpassungstest gibt es für Situationen, in denen konkurrierende Modelle gegeneinander getestet werden sollen einen χ^2-Test der Differenzen. Auf eine weitergehende Darstellung soll an dieser Stelle verzichtet werden, da in der vorliegenden Untersuchung keine Modellvergleiche vorgenommen werden.

Andere Fit-Indices sind eher standardisiert und reagieren weniger sensitiv auf die Stichprobengröße. Diese im Weiteren zu erläuternden Anpassungsmaße sind jedoch lediglich deskriptive Maße, die keiner statistischen Prüfung unterzogen werden. Die theoretische Schwankungsbreite dieser Werte kann zwischen null und eins liegen. Der Wert Null bedeutet keine Anpassung, ein Wert von eins bedeutet eine perfekte Anpassung. Das Problem hierbei ist, dass keine kritischen Werte für diese Maße definiert sind (Hu, Bentler 1995). In der Literatur werden Werte vorgeschlagen, die geringstenfalls erreicht werden sollten, um ein Modell nicht ablehnen zu müssen. Diese Werte sollten bspw. für den Comparative Fit- Index (CFI) und den Normed Fit-Index (NFI) zwischen .90 und .95 liegen (Bentler, Bonett 1980; Hu, Bentler 1998, 1999). Auf eine weitergehende Erläuterung der genannten Fit-Indices wird später genauer eingegangen. Andere Autoren z.B. Kaplan (2000), sprechen bei Fit-Indices ab einem Wert von .95 dem berechneten Modell relativ zu einem Basismodell eine gute Anpassung zu.

11.5.1. Globale deskriptive Anpassungsmaße

Globale deskriptive Anpassungsmaße beschreiben, wie groß die Differenz zwischen der empirischen Stichprobenkovarianzmatrix und der hypothetisch angenommenen Kovarianzmatrix ist. Dabei handelt es sich zum Einen um den RMSEA (Root Mean Square Error of Approximation) und zum Anderen um den RMR (Root Mean Square Residual) bzw. den SRMR (Standardized Root Mean Square Residual). Zunächst soll der RMSEA kurz erläutert werden. Im Anschluss daran wird sich der Beschreibung des RMR zugewendet.

11.5.1.1. Root Mean Square Error of Approximation (RMSEA)

Wie bereits beschrieben führt der übliche Signifikanztest der Nullhypothese bei großen Stichproben in der Praxis fast immer zur Ablehnung des Modells. Bei dem nun beschriebenen Anpassungsmaß wird die Nullhypothese einer exakten Modellanpassung durch die Nullhypothese eines „close fit" (Brown, Cudeck 1993) ersetzt. Der Root Mean Square Error of Approximation (RMSEA) ist eine Messung der näherungsweisen Anpassung an die Population. Der Anpassungsfehler stellt dabei einen Mangel der Anpassung der Kovarianzmatrix des Modells an die Kovarianzmatrix der Population dar. Dieses Maß ist relativ unabhängig von der Stichprobengröße und bevorzugt darüber hinaus sparsame Modelle (Kaplan 2000). Die Untergrenze des RMSEA liegt bei dem Wert null. Brown und Cudeck (1993) definieren einen „close fit" mit einem RMSEA -Wert von RMSEA ≤ .05, welcher auch einer guten Anpassung entspricht.
Der RMSEA berechnet sich nach:

$$\hat{\varepsilon}_a = \sqrt{\max\left\{\left(\frac{F(\mathbf{S},\Sigma(\hat{\theta}))}{df} - \frac{1}{N-1}\right), 0\right\}}$$

mit
$F(\mathbf{S},\Sigma(\hat{\theta}))$ ist das Minimum der Fitfunktion,
$df = s - t$ Anzahl der Freiheitsgrade,
N Stichprobengröße
(aus Schermelleh-Engel, Moosbrugger, Müller 2003, S. 36)

Besser wäre jedoch ein RMSEA von null. Werte zwischen .05 bis .08 bezeichnen sie als eine noch akzeptable Anpassung. Modellen mit RMSEA-Werten jenseits Werten von RMSEA=.08 deuten auf eine begründete Fehlanpassung des Modells hin (Arbuckle, Wothke 1998).

Die Statistikprogramme berechnen auch Vertrauensintervalle für den RMSEA mit einer zehnprozentigen Irrtumswahrscheinlichkeit. Damit ist es möglich mit einer bestimmten Wahrscheinlichkeit anzugeben, in welchem Intervall sich der wahre Wert des Fit-Indices befindet (MacCallum, Brown, Sugawara 1996). Liegt der RMSEA-Wert an der linksseitigen unteren Grenze des Vertrauensintervalls und hat dabei den Wert null, zeigt dies eine perfekte Anpassung des Modells an. Ist dieser Wert ≤.05 wird noch von einem „close fit" gesprochen.

11.5.1.2. (Standardized) Root Mean Square Residual [(S)RMR]

Kovarianzresiduen beschreiben die Abweichungen der empirischen Kovarianz von der hypothetischen Kovarianz. Der Root Mean Square Residual (RMR) ist ein globaler Fit-Index, der die Nicht-Anpassung des Modells angibt. Der Standardized Root Mean Square Residual (SRMR) gibt eine standardisierte Zusammenfassung der durchschnittlichen Kovarianzresiduen an. Dieser Index ist der s.g. Jöreskog-Sörbom-Index (Jöreskog, Sörbom 1989), der aus dem LISREL-Programm stammt und heute auch von anderen Programmen berechnet wird. Der RMR ist definiert durch:

$$RMR = \sqrt{\frac{\sum_{i=1}^{p}\sum_{j=1}^{i}(s_{ij}-\hat{\sigma}_{ij})^2}{p(p+1)/2}}$$

$\hat{\sigma}_{ij}$ ist ein Element der empirischen Kovarianzmatrix
s_{ij} ist ein Element der modellimmanenten Kovarianzmatrix
p ist die Anzahl der beobachteten Variablen
(aus Schermelleh-Engel, Moosbrugger, Müller 2003, S. 37)

Für beide Fit-Indices (RMR und SRMR) gilt, dass ein Wert von Null eine perfekte Anpassung bedeutet. Nimmt die durchschnittliche Abweichung der beobachteten Kovarianz von der vorhergesagten Kovarianz zu, bestimmt dies den SRMR (Kline, 1998). Wichtig bei der Interpretation des RMR ist, dass er skalenabhängig ist, was bedeutet, dass die absolute Höhe des RMR von der Größe der Varianzen und Kovarianzen der beobachteten Variablen abhängt. Damit wird deutlich, dass eine Beurteilung der Anpassung des Modells über den

RMR ohne Berücksichtigung der Skalen keinen Rückschluss auf eine gute oder schlechte Anpassung erlaubt. Darüber hinaus ist es schwierig Trennwerte festzulegen, die zwischen guten bzw. noch akzeptablen Modellanpassungen unterscheiden, weil beide Maße stichprobenabhängig sind und zudem auf Fehlspezifikationen im Modell sehr sensitiv reagieren (Hu, Bentler 1998). Eine gängige Vereinbarung ist, dass der SRMR unter .05 eine gute Anpassung anzeigt und Werte unter .10 eine noch akzeptable Anpassung darstellen (Hu, Bentler 1995).

11.5.2. Vergleichende Anpassungsmaße

Die grundlegende Idee vergleichender Indices ist, dass der Fit eines Modells vergleichbar ist mit dem Fit eines Baseline-Modells. Zumeist werden unabhängige Modelle zum Vergleich genutzt. Unabhängige Modelle nehmen an, dass alle Variablen nicht korreliert sind und die beobachteten Variablen ohne Fehler gemessen wurden. In „Modellierungssprache" heißt das, dass alle Fehlervarianzen auf den Wert null und alle Faktorladungen auf den Wert eins fixiert werden.
Dieses Baseline-Modell ist sehr restriktiv, da nur p Parameter (die Varianz der Variablen) geschätzt werden. Ein restriktiveres Modell als das Baseline-Modell ist das s.g. Null-Modell, bei dem alle Parameter auf null fixiert und somit keine Parameter zu schätzen sind (Jöreskog, Sörbom 1993). Der Fit-Index des Baseline-Modells stellt üblicherweise einen schlechten Modell-Fit dar und dient als Vergleichswert. Der Vergleich gibt dann an, inwiefern das interessierende Modell eine Verbesserung gegenüber dem Baseline-Modell darstellt. Häufig angegebene Fit-Indices stellen hierbei der GFI (Goodness of Fit Index; Jöreskog, Sörbom 1996), der AGFI (Adjusted Goodness of Fit Index), der NFI (Normed Fit Index; Bentler, Bonnet 1980) und der CFI (Comparative Fit Index; Bentler 1990) dar. Neben den genannten Fit-Indices gibt es noch Anpassungsmaße der Sparsamkeit (Parsimony Fit-Idices), die bei der Modellentwicklung Verwendung finden. Diese geben an, wie viel besser das re-spezifizierte Modell gegenüber dem primär spezifizierten Modell ist. Dazu gehören der PGFI (Parsimony Goodness-of-Fit Index und der PNFI (Parsimony Normed Fit Index), das Akaike Information Criterion (AIC) und der Expert Cross Validation Index (ECVI). Auf eine weitergehende Beschreibung dieser Anpassungsmaße soll an dieser Stelle

verzichtet werden, da in der vorliegenden Arbeit keine konkurrierenden Modelle getestet werden.

11.5.2.1 Goodness of Fit Index (GFI)

Der Goodness of Fit Index (GFI) bzw. Adjusted Goodness of Fit Index (Jöreskog, Sörbom 1996) sind im LISREL-Programm integriert und werden von anderen Programmen ebenfalls berechnet. Er bemisst die relative Höhe der Varianzen und Kovarianzen der empirischen Kovarianzmatrix, die durch die modellimmanente Kovarianzmatrix vorhergesagt wird, d.h. es wird getestet, wie viel besser die Modellanpassung im Vergleich zu einem Null-Modell ist, in dem alle Parameter auf Null fixiert sind (Jöreskog, Sörbom 1993). Der GFI entspricht auch dem Determinationskoeffizienten der multiplen Regression. Er ist definiert durch:

$$GFI = 1 - \frac{F_t}{F_n} = 1 - \frac{\chi_t^2}{\chi_n^2}$$

χ_n^2 ist der χ^2 des Baseline-Modells
χ_t^2 ist der χ^2 des spezifizierten Modells
F ist der korrespondierende Wert der minimierten Fit-Funktion
(aus Schermelleh-Engel, Moosbrugger, Müller 2003, S. 42)

Die Werte des GFI können zwischen null und eins schwanken. Ein GFI von .95 bedeutet eine gute, Werte größer als .90 deuten noch auf eine akzeptable Anpassung des Modells hin. Im Gegensatz dazu ist der AGFI ein schrumpfungskorrigierter Fit-Index für sehr komplexe Modelle, dessen Werte ebenfalls zwischen null und eins schwanken können, wobei auch hier größere Werte einen besseren Fit bedeuten.

11.5.2.2. Normed Fit Index (NFI)

Die Werte des NFI können zwischen null und eins schwanken, wobei auch bei diesem Index größere Werte für eine bessere Anpassung stehen. Ein NFI von eins bedeutet, dass das theoretisch angenommene Modell die bestmögliche Verbesserung gegenüber dem unabhängigen Modell ist. Obgleich die theoretische Grenze des NFI eins ist, wird diese nie erreicht werden können – v.a. bei kleinen Stichproben – selbst wenn das theoretisch angenommene Modell richtig ist. Der NFI berechnet sich nach:

$$NFI = \frac{\chi_i^2 - \chi_t^2}{\chi_i^2} = 1 - \frac{\chi_t^2}{\chi_i^2} = 1 - \frac{F_t}{F_i}$$

χ_i^2 ist der χ^2 des Baseline-Modells
χ_t^2 ist der χ^2 des spezifizierten Modells
F ist der korrespondierende Wert der minimierten Fit-Funktion
(aus Schermelleh-Engel, Moosbrugger, Müller 2003, S 40)

In der Regel bedeutet ein NFI von .95 einen relativ guten Fit gegenüber dem Baseline-Modell. Werte über NFI=.90 werden üblicherweise als akzeptabler Fit bezeichnet. Ein Nachteil des NFI besteht darin, dass er anfällig auf die Stichprobengröße reagiert.

11.5.2.3. Comparative Fit Index (CFI)

Die Schwankungsbreite des CFI reicht von null bis eins, wobei auch hier wieder größere Werte eine bessere Anpassung anzeigen. In der Regel wird von einer guten Anpassung relativ zu dem unabhängigen Modell ausgegangen, wenn der CFI den Wert .97 erreicht. Eine akzeptable Anpassung ist, wenn der CFI-Wert .95 erreicht, wobei es in vielen Fällen begründet erscheint, einen Trennwert der zur Ablehnung der Nullhypothese führt bei mindestens .97 anzusetzen. Vorteilhaft bei diesem Fit-Index ist, dass er von der Stichprobengröße unbeeinflusst ist (Bollen 1990). Der CFI ist definiert durch:

$$CFI = 1 - \frac{\max[(\chi_t^2 - df_t), 0]}{\max[(\chi_t^2 - df_t), (\chi_i^2 - df_i), 0]}$$

χ_i^2 ist der χ^2 des Baseline-Modells
χ_t^2 ist der χ^2 des spezifizierten Modells
df ist die Anzahl der Freiheitsgrade
(aus Schermelleh-Engel, Moosbrugger, Müller 2003, S. 41)

12. Ergebnisdarstellung des Modells

Die nachfolgend dargestellten Analyseergebnisse wurden mit der Analysesoftware AMOS 4.0 (Analysis of Moment Structures, Arbuckle, Wothke 1998) durchgeführt. Dieses PC-Programm setzt auf das Statistikpaket SPSS für Windows auf und wird von der Firma SmallWaters Corporation, Chicago vertrieben. Diese Software ist als Werkzeug für die Analyse linearer Strukturgleichungsmodelle entwickelt worden. Hierbei wurden massive Anstrengungen unternommen, um eine anwenderfreundliche Software zu gestalten. Dabei soll besonders hervorgehoben werden, dass dieses PC-Programm die Rohdaten als Eingabewerte akzeptiert, die dann programm-intern als Kovarianzmatrix repräsentiert sind. Zudem bietet AMOS Leistungsmerkmale, die von anderen Softwareprodukten nicht abgedeckt werden können. Dabei handelt es sich um die Möglichkeit einer Analyse trotz fehlender Daten mit Hilfe der FIML-Methode („full information maximum likelihood"). Darüber hinaus erlaubt diese Software die Eingabe einer Modellspezifikation als Pfaddiagramm, womit sich ein Strukturmodell anschaulich beschreiben lässt. Die Ausgabe erfolgt wieder als Pfaddiagramm in dem zusätzlich die Schätzwerte der Modellparameter angegeben sind, ergänzt u.a. durch Maße der Anpassungsgüte.

12.1. Prüfung der Voraussetzungen

Die Voraussetzungen und Prüfgrößen für die Modellanpassung wurden eben dargestellt. Im Weiteren sollen die Ergebnisse des Pfadmodells dargestellt werden. Dafür sollen zunächst die Voraussetzungen, die eine derartige Analysemethode erfordert geprüft und dargestellt werden.

12.1.1. Fehlende Daten

In der Beschreibung der Stichprobe (Kap. 9.3.) wurde bereits gezeigt, dass insgesamt 16 Fälle aus der Analyse ausgeschlossen werden mussten, weil für die Untersuchung zentrale Daten fehlen. Auch Kline (1998) empfiehlt für Längsschnittuntersuchungen fehlende Fälle aus dem Datensatz zu eliminieren. Auf eine wiederholte Darstellung soll an dieser Stelle verzichtet werden.

12.1.2. Prüfung auf Multikollinearität

Multikollinearität ist eine Ursache dafür, dass die Kovarianzmatrix nicht positiv definiert ist und somit keine Lösung gefunden werden kann. Für die Überprüfung auf Multikollinearität wurde die Toleranz der Variablen bestimmt, die sich aus 1-R^2 zwischen einer Variable und allen anderen Prädiktoren berechnet. Insgesamt schwanken die Werte der Toleranz aller im Modell spezifizierten Variablen zwischen .502 und .753, was darauf schließen lässt, dass die beobachteten Variablen nicht redundant sind.

12.1.3. Überprüfung der Verteilungen

Die vorliegenden Daten sollen folgend hinsichtlich der univariaten und multivariaten Normalverteilung vorgestellt werden. In Tabelle 12.1.3.-1. werden die Mittelwerte (M) und Standardabweichungen (SD), die Schiefe und Kurtosis sowie die Schwankungsbreite der Verteilungen dargestellt. Eine gängige Vereinbarung bei der Betrachtung des Absolutwertes der Schiefe ist, dass diese den Wert drei nicht überschreiten sollte. Für den vorliegenden Fall bleibt die Schiefe der Verteilungen weit unter diesem Wert.

Tab. 12.1.3.-1.: Verteilung der modellimmanenten Variablen

	M	SD	Schiefe	Kurtosis	Min.	Max.
EVEK	4,71	1,91	-0,447	-0,713	,00	7,000
KVEK	4,36	1,87	-0,377	-0,748	,00	7,000
Patientenexpertise	4,56	0,94	-0,599	0,451	1,00	6,000
Behandlungstransfer	4,07	0,93	-0,660	0,235	1,00	5,571
Multivariate				0,909		

Für die Analyse des Absolutwertes der multivariaten Kurtosis weist das Programm einen von Mardia (1970, 1974) entwickelten Koeffizienten aus, der den Wert von acht nicht überschreiten sollte. Dieser liegt in der vorliegenden Untersuchung bei 0,909. Beide Werte – Schiefe und multivariate Kurtosis – liegen unter den in der Literatur angegebenen kritischen Werten, was dafür spricht, dass die Voraussetzung der multivariaten Normalverteilung erfüllt ist. Die Extremwerte wurden mit Hilfe der quadrierten Mahalanobis-Distanz (d^2) bestimmt. Die Ergebnisse (Tab. A1.-2.) im Anhang 1 zeigen, dass einige Fälle als multivariate Extremwerte gelten. Dies ist daran zu erkennen, dass d^2 eine Fallweise Abweichung vom Zentrum der Verteilung angibt, wobei p_1 möglichst klein und p_2 möglichst groß sein sollte (Arbuckle, Wothke 1998). Das ML-Verfahren ist jedoch relativ robust gegen eine geringe Verletzung dieser Voraussetzung. Aus diesem Grund werden die betreffenden Fälle nicht aus der Analyse ausgeschlossen.

12.2. Beurteilung der Parameterschätzungen

In Abbildung 12.2.-1. wird das spezifizierte Vorhersagemodell dargestellt. Diese zeigt ein Modell in welchem Beziehungen ausschließlich zwischen beobachteten Variablen überprüft werden. Es gehen direkte Pfade einerseits von der „Patientenexpertise" auf die Veränderungen, die sich im stationären Behandlungsverlauf (EVEK) ergeben haben und andererseits vom „Behandlungstransfer" auf langfristige Veränderungen (KVEK). Darüber hinaus wird eine Beziehung zwischen den Prädiktoren „Patientenexpertise" und „Behandlungstransfer" angenommen, weil beide Prädiktoren Bestandteil von Patienteneinschätzungen des Therapiekonzeptes sind. Zudem wird eine Kovarianz der nicht erklärten Varianzen zwischen den multiplen Veränderungskriterien EVEK und KVEK angenommen, weil davon auszugehen ist, dass die nicht erklärten Varianzanteile der multiplen Veränderungskriterien EVEK und KVEK über die Zeit kovariieren.
Es wird vermutet, dass alle im Modell spezifizierten Beziehungen ein positives Vorzeichen besitzen.
Folgend soll nun die Identifizierbarkeit des Modells überprüft werden. Das spezifizierte Modell besitzt insgesamt 10 Stichprobenmomente und 8 zu schätzende Parameter, womit das Modell überidentifiziert und eindeutig lösbar ist. Auf eine Übertragung in Gleichungssysteme soll verzichtet werden. Zunächst ist darauf zu achten, ob das Programm Warnmeldungen hinsichtlich nicht invertierbarer Matrizen ausgibt. In diesem Fall wären die Gleichungen nicht linear unabhängig voneinander und es müsste von einer fehlerhaften Modellstruktur ausgegangen werden. Dies ist in der vorliegenden Untersuchung nicht der Fall.

Operationalisierung eines multiplen Veränderungskriteriums

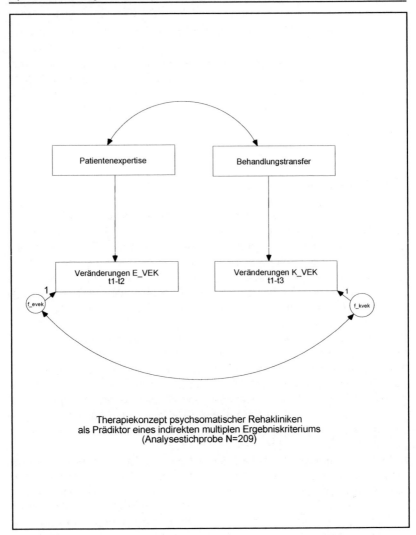

Abb. 12.2.-1.: Vorhersagemodell kurz- und langfristiger Veränderungen bei psychosomatischen Erkrankungen

Des Weiteren ist die Plausibilität der Parameterschätzungen zu überprüfen. Sollten dabei negative Varianzen oder standardisierte Parameterschätzungen in der Ausgabe auftreten, die den Wert eins überschreiten, muss auch in diesem Fall von einer fehlerhaften Mo-

dellstruktur ausgegangen werden. Dies konnte in der Analyse ebenfalls nicht beobachtet werden. Darüber hinaus sind die Standardfehler der Parameterschätzungen zu beachten. Eine Annahme der Pfadanalyse ist, dass die exogenen Variablen ohne Fehler gemessen wurden. Eine geringe Verletzung dieser Annahme ist nicht sehr folgenschwer. Für direkte Effekte ist eine solche Verletzung eher kritischer zu bewerten, denn das betrifft nicht nur eine Variable sondern alle exogenen Variablen im Modell. Die Pfadkoeffizienten des Modells können davon in die eine oder andere Richtung sowie in deren Höhe beeinflusst werden. Für endogene Variablen besteht keine Annahme über fehlerfreie Messungen, jedoch wirkt sich die Verwendung psychometrisch unzureichend gemessener endogener Variablen unterschiedlich auf die sie erklärenden exogenen Variablen aus. Standardisierte Schätzungen tendieren dazu kleiner zu werden, wenn endogene Variablen messfehlerbehaftet sind. Unstandardisierte Pfadkoeffizienten hingegen sind unbeeinflusst davon. Zusammenfassend bedeutet dies, dass die interessierenden Variablen möglichst zuverlässig gemessen werden sollten (Kline 1998).
Im Weiteren sollen die Standardfehler der Schätzungen betrachtet werden. In der vorliegenden Untersuchung beträgt der höchste Standardfehler der Schätzungen der exogenen Variablen 0,128, was insgesamt auf eine akzeptable Parameterschätzung hindeutet.

12.2.1. Interpretation der Parameterschätzungen

Unabhängig davon, ob die unstandardisierte oder die standardisierte Lösung zur Interpretation der Parameterschätzungen herangezogen wird, werden spezifizierte Assoziationen zwischen latenten Variablen oder Messfehlervariablen als Kovarianz bzw. Korrelation interpretiert. Anzumerken ist hier, dass es sich dabei nicht um Korrelationen der Fehler handelt. In der Pfadanalyse werden damit Assoziationen über Anteile der nicht erklärten (uniquen) Varianz der Variablen dargestellt.
Angemerkt werden soll, dass sofern bei einer konfirmatorischen Faktorenanalyse die unstandardisierten Parameterschätzungen herangezogen werden, sind die Faktorladungen bei der konfirmatorischen Faktorenanalyse als unstandardisierte Regressionskoeffizienten zu interpretieren. Diese stellen dann, in Analogie zur Pfadanalyse, Schätzungen der direkten Effekte der Indikatorvariablen auf den Faktor dar. Wichtig dabei ist, dass die Faktorladung, die auf den

Wert eins festgelegt wurde, um die latente Variable zu skalieren, in der unstandardisierten Lösung nicht auf Signifikanz geprüft wird. Weiterhin werden die unstandardisierten Varianzschätzungen der Messfehler in der Originalmetrik der assoziierten Indikatorvariable ausgedrückt. Die Varianz der unstandardisierten Messfehler der beobachteten Variable entsprechen der uniquen (spezifischen) Varianz der Indikatorvariable. Mit anderen Worten ist dies der Anteil der Varianz, die nicht durch den Faktor erklärt werden kann. Wenn die Modellspezifikation ausschließlich eine Ladung einer Indikatorvariable auf einen einzelnen Faktor vorsieht, sind die standardisierten Schätzungen der Faktorladungen als Korrelation interpretierbar. Die quadrierten Faktorladungen entsprechen dann dem Anteil der erklärten Varianz durch den Faktor.

Im Folgenden werden die Parameterschätzungen der Pfadkoeffizienten betrachtet. Diese in Abbildung 12.2.1.-1. gezeigten Beziehungen zwischen den Prädiktoren entsprechen der standardisierten Lösung. Diese entsprechen dann dem Korrelationskoeffizienten und werden mit β bezeichnet. In der unstandardisierten Lösung entsprechen sie den Regressionsgewichten B der linearen Regression. Der standardisierte Pfadkoeffizient der Variable „Patientenexpertise" der direkt assoziierten Variable EVEK (multiples Veränderungskriterium kurzfristiger Behandlungsergebnisse) beträgt $\beta=.243$, was einer Varianzaufklärung von etwa 6% entspricht. Der Pfadkoeffizient der Variable „Behandlungstransfer" der assoziierten Variable KVEK (multiples Veränderungskriterium langfristiger Behandlungsergebnisse) beträgt $\beta=.161$ mit einer Varianzaufklärung von 2,5%. Beide berichteten Koeffizienten überschreiten in der unstandardisierten Lösung den kritischen t-Wert von 1,96 und besitzen somit ein statistisch bedeutsames Gewicht. Die Korrelation der Prädiktoren „Patientenexpertise" und „Behandlungstransfer" beträgt standardisiert $\beta=.691$ und überschreitet ebenfalls statistisch bedeutsam. Die spezifizierte Kovarianz der nicht erklärten Varianzen zwischen den multiplen Veränderungskriterien beträgt in der unstandardisierten Parameterschätzung $cov_{EVEK,KVEK} =1{,}504$ (standardisiert $r=.47$) und ist ebenfalls statistisch bedeutsam.

Operationalisierung eines multiplen Veränderungskriteriums

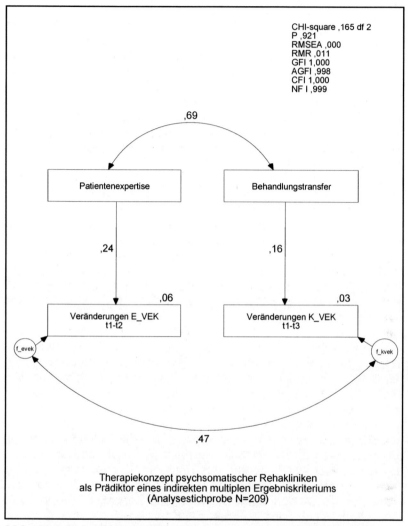

Abb. 12.2.1.-1.: Pfadmodell zur Prognose kurz- und langfristiger Behandlungsergebnisse (standardisierte Parameterschätzung)

12.3. Beurteilung der Anpassungsgüte

Wie in Kapitel 11.5. bereits erläutert wurde, werden zunächst globale Anpassungsmaße betrachtet. Als erstes soll das Ergebnis des χ^2-Anpassungstests betrachtet werden. Dieser beträgt in der vorliegenden Analyse $\chi^2=0{,}165$ mit zwei Freiheitsgraden (df =2) und ist nicht signifikant (p=.921). Somit weicht die angenommene Kovarianzmatrix nicht signifikant von der empirischen Kovarianzmatrix ab, so dass das spezifizierte Modell aufgrund dieses Testergebnisses nicht abgelehnt werden muss. Da jedoch vielfältige Kritik an diesem inferenzstatistischen Anpassungstest geäußert wird, sollen folgend weitere Anpassungsmaße betrachtet werden (Tab. 12.3.-1.). Zunächst gilt ein spezifiziertes Modell als annehmbar, wenn das Verhältnis des χ^2-Wertes zu den Freiheitsgraden den Wert drei nicht überschreitet. Dieses Verhältnis beträgt in der vorliegenden Analyse $\chi^2/df=0{,}083$. Auch dieses Resultat führt nicht zu einer Ablehnung des spezifizierten Modells. Im Weiteren werden die Ergebnisse der globalen deskriptiven Abweichungsmaße RMR (Root Mean Square Residual) und des RMSEA (Root Mean Square Error of Approximation) für die Modellanpassung herangezogen. Dazu soll zunächst das Ergebnis des RMSEA dargestellt werden. Der RMSEA ist ein Maß für einen Anpassungsfehler. Dieser Anpassungsfehler stellt dabei einen Mangel der Anpassung der Kovarianzmatrix des spezifizierten Modells an die Kovarianzmatrix der Population dar. Dieser Wert sollte möglichst den Wert null annehmen, um von einer perfekten Anpassung ausgehen zu können. Die Analyse ergab einen RMSEA-Wert von RMSEA=.000. Um sicherzustellen, dass dies der wahre Wert ist, berechnet das Programm ein 90%-Konfidenzintervall. Auch hier sollten die Werte, nach Brown und Cudeck (1993) nicht über den Wert RMSEA = .08 hinausgehen. Der errechnete RMSEA liegt am unteren Ende des Vertrauensintervalls bei dem Wert Null, und am oberen Ende bei .048, was bedeutet, dass ein derartiger Anpassungsfehler nicht zu beobachten ist und von einer sehr guten Modellanpassung ausgegangen werden kann. Der RMR sollte ebenfalls für eine gute Anpassung einen sehr geringen Wert aufweisen. Die Interpretation dieses Wertes ist jedoch problematisch, wenn unterschiedliche Skalierungen der Variablen vorliegen.

Tab. 12.3.-1.: Beurteilung der Anpassungsgüte (N=209)

χ^2 (p = .921)		.165
df		2
χ^2 /df		.083
RMSEA		.000
90% Vertrauensintervall für RMSEA	untere Grenze	.000
	obere Grenze	.048
RMR		.011
GFI		1.000
AGFI		.998
NFI		.999
CFI		1.00

Die Skalierung der Variablen ist in der vorliegenden Untersuchung gleich, so dass der Wert möglichst gering werden sollte, um von einer guten Modellanpassung zu sprechen. Aus der Berechnung resultierte ein RMR-Wert von RMR=.011, was einer sehr guten Modellanpassung entspricht. Im Folgenden werden die Anpassungsmaße GFI, AGFI, NFI und CFI berichtet. Der GFI bemisst die relative Höhe der Varianzen und Kovarianzen der empirischen Kovarianzmatrix die durch die spezifizierte Kovarianzmatrix vorhergesagt wird und entspricht der Determinante der multiplen Regression. Die Berechnung des Modells ergab einen GFI von GFI=1.000. Somit können 100% der Varianz durch das spezifizierte Modell vorhergesagt werden. Der AGFI ist ein schrumpfungskorrigierter Wert, der v.a. bei sehr komplexen Modellen bedeutsam ist. Bei den vorliegenden Berechnung resultiert ein AGFI von AGFI=.998. Diese geringe Veränderung im Gegensatz zum GFI ist nicht erstaunlich, da das berechnete Modell eher als eine einfache Spezifikation zu bezeichnen ist. Für den CFI wird ein kritischer Wert von CFI=.97 empfohlen, der in der vorliegenden Analyse überschritten wird. Dieser erreicht selbst den theoretischen Maximalwert von CFI=1.000. Aus der Analyse resultiert darüber hinaus ein NFI von NFI=.999, was der maximal erreichbaren Höhe dieses Anpassungsmaßes entspricht. Insgesamt kann festgestellt werden, dass alle Anpassungsmaße dem spezifizierten Modell eine sehr gute Anpassung bescheinigen.

12.4. Bewertung der Ergebnisse des Pfadmodells

Hinsichtlich der Fragestellung der Arbeit ist zusammenfassend festzustellen, dass durch Therapiekonzeptbeurteilungen durch Patienten am Ende der Heilbehandlung eine Vorhersage kurz- und langfristiger Behandlungsergebnisse möglich ist. Die Richtung der angenommenen Ursache-Wirkungs-Beziehung des Einflusses der „Patientenexpertise" und „Behandlungstransfer" auf kurz- und langfristige Veränderungen im psychischen Befinden der Patienten erweist sich als zutreffend. Die Koeffizienten sind positiv und statistisch bedeutsam. Die Varianzaufklärung mit jeweils 6% bzw. 2,5% bleibt jedoch hinter den Erwartungen zurück. Ursachen hierfür sind sicher in der isolierten Betrachtung der Prognose von Behandlungsergebnissen durch Therapiekonzeptbeurteilungen zu finden. Jedoch können die jeweiligen Pfade des Modells als kausal interpretiert werden. Die errechnete Beziehung zwischen der „Patientenexpertise" und den kurzfristigen Veränderungen des psychischen Befindens im stationären Behandlungsverlauf ist als ein deutlicher Hinweis auf Kausalität zu werten, denn die therapeutischen Bemühungen um Aufklärung und Aktivierung gehen den Veränderungen im psychischen Befinden zeitlich voran. Andernfalls müsste die Wirksamkeit von Patientenschulungen hinterfragt werden. In Analogie dazu stellt die Variable „Behandlungstransfer" den Optimismus der Patienten dar, die gewonnenen Erkenntnisse aus den unterschiedlichen Behandlungen und Übungen auch in dem persönlichen Alltag anwenden zu können. Diese Einschätzung erweist sich als ursächlich für die langfristigen Veränderungen im psychischen Befinden der Patienten, denn sie wird bereits bei der Entlassung aus der Heilbehandlung abgegeben und nach zweijähriger Katamnese anhand der Veränderungen, die sich zwischen dem Beginn der Behandlung und dem Katamnesezeitraum ergeben haben, überprüft. Diejenigen Patienten, die sich sehr optimistisch zeigten, sollten demnach die Wirkung der Therapie auch nach zwei Jahren aufrecht erhalten, was mit der vorliegenden Analyse bestätigt werden kann.

Es stellt sich nun die Frage, wie valide die Veränderungen im psychischen Befinden der Patienten (EVEK, KVEK) sind und mit den Ergebniseinschätzungen ihrer Behandler übereinstimmen. Darüber hinaus soll die Validität der Skalen „Patientenexpertise" und „Behandlungstransfer" untersucht werden.

13. Zusammenhang kurz- und langfristiger Veränderungen im psychischen Befinden

13.1. Patienteneinschätzungen

Zunächst soll der Frage nachgegangen werden, inwieweit ein Zusammenhang zwischen den subjektiv eingeschätzten Veränderungen der Patienten, die mit Hilfe des VEV-R (Veränderungsfragebogen des Erlebens und Verhaltens; Zielke, Kopf-Mehnert 2001) direkter Veränderungseinschätzungen operationalisiert wurden und dem multiplen Veränderungskriterium besteht. Der Veränderungsfragebogen des Erlebens und Verhaltens (VEV) wurde bisher in mehr als 30.000 Einzelfalldokumentationen und 287 publizierten klinisch-wissenschaftlichen Studien eingesetzt (Zielke, Kopf-Mehnert 2001). Als ein weiteres Kriterium zur Prüfung der konvergenten Validiät hinsichtlich der subjektiven Patienteneinschätzungen der Behandlungsergebnisse soll die Einschätzung der Patienten hinsichtlich des Therapieerfolges insgesamt herangezogen werden. Bei der Interpretation der Ergebnisse ist auf den Bezug der Zeitpunkte der Veränderungseinschätzungen zu achten. Der VEV wird einerseits zum Zeitpunkt der Entlassung und andererseits zum Zeitpunkt der Nacherhebung vorgelegt. Die Zeiträume, welche die Patienten dabei überblicken müssen beziehen sich beim „VEV-Entlassung" auf den Zeitraum der stationären Behandlung. Der „VEV-Katamnese" bezieht sich auf den Zeitraum nach Beendigung der stationären Behandlung. Die kurzfristigen Veränderungen im psychischen Befinden (EVEK) beziehen sich ebenfalls auf den Zeitraum der stationären Behandlung, hingegen beziehen sich die langfristigen Veränderungen im psychischen Befinden (KVEK) auf den Zeitraum zwischen dem Beginn der stationären Behandlung und der Nacherhebung.

Wie aus Tabelle 13.1.-1. hervorgeht bestehen zwischen den kurzfristigen Veränderungen im psychischen Befinden (EVEK) und den subjektiven Veränderungseinschätzungen im „VEV-Entlassung" positive und hoch signifikante Korrelationen (r=.399). Demgegenüber kann kein bedeutsamer Zusammenhang zwischen den kurzfristigen Veränderungen im psychischen Befinden (EVEK) und den Veränderungen im Zeitraum nach der Entlassung aus der Klinik, gemessen mit dem „VEV-Katamnese" festgestellt werden, was darauf hindeutet, dass die Ergebniseinschätzungen unabhängig von der Erhebungsmethode sind. Zudem kann eine hohe positive Korrelation zwischen den langfristigen Veränderungen im psychischen Befinden (KVEK) und dem „VEV-Katamnese" festgestellt werden, die diese Argumen-

tation unterstreicht. Diese Koeffizienten sprechen für eine hohe konvergente und inhaltliche Validität der multiplen Veränderungskriterien. Darüber hinaus besteht ein positiver, wenn auch geringerer, aber hoch signifikanter Zusammenhang zwischen der Gesamteinschätzung des Therapieerfolges mit den kurzfristigen (r=.307) und langfristigen Veränderungen (r=.118) im psychischen Befinden, was für die inhaltliche Validität spricht.
Werden nun die Variablen „Patientenexpertise" (r=.561) und „Behandlungstransfer" (r=.411) in die Betrachtungen mit einbezogen, ergeben sich für die Gesamteinschätzung des Therapieerfolges hohe und ebenfalls sehr signifikante Zusammenhänge.

Tab.13.1.-1.: Zusammenhang zwischen den multiplen Veränderungskriterien und Konzeptbeurteilungen mit Ergebniseinschätzungen der Patienten (N=209)

Patientenurteil	EVEK (R^2)	KVEK (R^2)	Patienten-expertise (R^2)	Behandlungs-transfer (R^2)
Therapieerfolg insgesamt	.307** (.09)	.188** (.03)	.561** (.31)	.411** (.17)
Veränderungen im Erleben und Verhalten (VEV-Entlassung)	.399* (.16)	.208** (.04)	.353** (.12)	.324** (.10)
Veränderungen im Erleben und Verhalten (VEV-Katamnese)	.109	.397** (.16)	.204** (.04)	.241** (.06)

** signifikant bei p<1%, * signifikant bei p<5%

Inhaltlich bedeutet dies für die Variablen der Therapiekonzeptbeurteilung, dass je mehr Kenntnisse erlangt wurden und je größer der Behandlungstransferoptimismus ist, desto größer schätzen die Patienten den Therapieerfolg ein. Die Veränderungen im VEV-Entlassung stehen auch in einem engen Zusammenhang mit der „Patientenexpertise" (r=.353), der zudem auf dem Niveau von 1% statistisch bedeutsam ist. Das bedeutet, dass je höher die Bemühungen um Vermittlung von Expertise hinsichtlich der Erkrankung beurteilt werden, je größer ist die Beurteilung der Veränderungen im Erleben und Verhalten im stationären Behandlungsverlauf. Die Interpretation der signifikanten Korrelation der post-stationären Veränderungen, erfasst mit dem VEV-Katamnese und der „Patientenexpertise" (r=.204) ist nicht unproblematisch, denn sie sagt zunächst einmal aus, dass je mehr die Patienten zum Experten mit ihrer Erkrankung geworden sind, sich poststationär Veränderungen im Erleben und Verhalten ergeben. Bei der Interpretation ist die Richtung des Zusammenhangs von entscheidender Bedeutung. Dieser ist positiv und kann daher dahingehend interpretiert werden, dass je mehr die Patienten zum Experten im Umgang mit ihrer Erkrankung durch die therapeutischen Bemühungen um Aufklärung und Aktivierung werden, desto mehr zeigt sich dies auch in den poststationären Veränderungen. Dies kann als ein Hinweis auf prognostische Validität der Variable „Patientenexpertise" bzgl. poststationärer Veränderungen gewertet werden. Der statistisch bedeutsame Zusammenhang zwischen der Variable „Behandlungstransfer" und kurzfristigen Veränderungen, erfasst mit dem VEV-Entlassung ist mit r=.324 als zufriedenstellend zu beurteilen. Dieser Koeffizient sinkt auf r=.241 für den poststationären Zeitraum ab, bleibt aber hoch signifikant. Diese Verringerung kann dahingehend interpretiert werden, dass bei einigen Patienten die Einschätzung, die erlernten Verhaltensweisen in den Alltag umsetzen zu können, eventuell etwas zu optimistisch waren. Auch aus diesem Grund ist die Korrelation der Variable „Behandlungstransfer" mit den poststationären Veränderungen im Erleben und Verhalten als ein Hinweis auf prognostische Validität zu werten.

13.2. Therapeuteneinschätzungen

Folgend sollen die Ergebnisse der Korrelationen zwischen den kurz- und langfristigen Veränderungen, den Konzeptbeurteilungen und den Ergebniseinschätzungen der Therapeuten aus der Basisdokumentation berichtet werden. Zunächst werden die Korrelationen der multiplen Ergebniskriterien EVEK und KVEK mit den Ergebniseinschätzungen der Therapeuten dargestellt. Im Anschluss daran werden die Ergebnisse der Korrelationen zwischen den Konzeptbeurteilungen und den Ergebniseinschätzungen der Therapeuten gezeigt. Als Ergebniseinschätzung der Therapeuten stehen zwei Variablen der Basisdokumentation zur Verfügung. Diese beinhalten eine Beurteilung der Veränderungen in der Hauptsymptomatik und Veränderungen im Gesamtzustand der Patienten. Wie aus Tabelle 13.2.-1. hervorgeht, besteht ein geringer aber bedeutsamer Zusammenhang zwischen den Ergebnisbeurteilungen der Therapeuten, die ihre Einschätzung zum Ende der Behandlung abgeben und den multiplen Veränderungskriterien des psychischen Befindens. Der Zusammenhang mit den Therapeuteneinschätzungen und dem Veränderungskriterium kurzfristiger Veränderungen EVEK weist dabei die angenommene positive Richtung auf und ist dazu noch etwas höher als die der langfristigen Veränderungen KVEK. Im Detail korrelieren die kurzfristigen Veränderungen im psychischen Befinden (EVEK) mit der Einschätzung der Therapeuten hinsichtlich der veränderten Hauptsymptomatik zu r=.271 und zu r=.287 mit der Gesamteinschätzung des Behandlungsergebnisses. Die Korrelationen der langfristigen Veränderungen im psychischen Befinden (KVEK) hängen zu r=.211 mit dem Behandlungsergebnis der Hauptsymptomatik und zu r=.204 der Gesamteinschätzung des Behandlungsergebnisses zusammen. Alle berichteten Koeffizienten sind auf dem Niveau von 1% statistisch bedeutsam. Auch dieses Ergebnis ist als ein Hinweis auf konvergente Validität zu werten. Die Variablen der Therapiekonzeptbeurteilung korrelieren ebenfalls statistisch bedeutsam mit den Ergebniseinschätzungen der Therapeuten, d.h. je mehr die Patienten bereits während der Therapie verstehen lernen, wie sie die Symptome ihrer Erkrankung bewerten können, je besser fällt die Veränderungseinschätzung durch die Therapeuten aus.

Tab. 13.2.-1.: Zusammenhang zwischen den multiplen Veränderungskriterien und Konzeptbeurteilungen mit Ergebniseinschätzungen der Therapeuten (N=209)

Therapeutenurteil	EVEK (R^2)	KVEK (R^2)	Patientenexpertise (R^2)	Behandlungstransfer (R^2)
Behandlungsergebnis: Hauptsymptomatik	.271** (.07)	.211** (.04)	.173* (.03)	.276** (.08)
Behandlungsergebnis: Gesamteinschätzung	.287** (.08)	.204** (.04)	.250** (.06)	.289** (.08)

** signifikant bei p<1%, * signifikant bei p<5%

Auch der Zusammenhang der Ergebniseinschätzungen der Therapeuten mit der optimistischen Äußerung der Patienten, das Erlernte in die persönliche Umgebung umsetzen zu können, erweist sich in die angenommene und statistisch bedeutsame positive Richtung.
Wenn die Therapeuten den Patienten eine in die gewünschte Richtung gehende Besserung der Symptomatik bescheinigen, geht dies

(obgleich dies unabhängig voneinander beurteilt wird) mit einer optimistischeren Einstellung, die erlernten Fähigkeiten in die häusliche Umgebung umsetzen zu können einher.

13.3. Zusammenhang zwischen dem multiplen Veränderungskriterium sowie den Therapiekonzeptbeurteilungen mit Veränderungsskalen des Entlassfragebogens

Im Folgenden sollen die Zusammenhänge der einzelnen Veränderungsskalen aus dem Entlassfragebogen mit den Therapiekonzeptbeurteilungen überprüft werden. Die Veränderungsskalen erfassen die subjektive Einschätzung der Patienten bzgl. der Veränderungen im stationären Behandlungsverlauf. Diese Skalen wurden den Patienten gemeinsam zur Abschlussuntersuchung in der Klinik vorgelegt. Weiterhin wird der Zusammenhang zwischen den Veränderungsskalen und den kurz- und langfristigen Veränderungen im psychischen Befinden (EVEK, KVEK) dargestellt.

Der Veränderungsfragebogen besteht aus insgesamt 20 Fragen, die sich faktorenanalytisch in drei gut interpretierbare Faktoren reduzieren lassen (Zielke, Dehmlow, Limbacher 1999c). Dabei handelt es sich um den Faktor „Gesundheitliche Stabilisierung, Veränderungskompetenz und Wohlbefinden", der v.a. Fragen zu Veränderungen in der Symptomatik, wie Besserungen der Beschwerden, der Stimmungslage, der Umgang mit Belastungen und dem Gesundheitszustand beinhaltet. Wie aus Tabelle 13.3.-1. ersichtlich ist, steht dieser Faktor in einem engen Zusammenhang mit den kurz- und langfristigen Veränderungen im psychischen Befinden und korreliert signifikant zu $r=.336$ mit kurzfristigen (EVEK) und $r=.192$ mit langfristigen Veränderungen im psychischen Befinden (KVEK). Diese Korrelationen geben einen deutlichen Hinweis auf konvergente Validität der multiplen Veränderungskriterien. Die kurzfristigen Veränderungen im Gesundheitszustand korrelieren mit dem multiplen Veränderungskriterium EVEK, welches kurzfristige Veränderungen im psychischen Befinden erfasst, etwas höher als mit den langfristigen Veränderungen im psychischen Befinden (KVEK).

Tab. 13.3.-1.: Zusammenhang zwischen den multiplen Veränderungskriterien und Konzeptbeurteilungen mit Veränderungen in Gesundheitlicher Stabilisierung, sozialer Kompetenz und Leistungsfähigkeit (N=209)

	EVEK	KVEK	Patienten-expertise	Behandlungstransfer
	(R^2)	(R^2)	(R^2)	(R^2)
Gesundheitliche Stabilisierung, Veränderungskompetenz und Wohlbefinden	.336** (.11)	.192** (.03)	.355** (.12)	.445** (.20)
Soziale Kompetenz, Sensibilität und familiäre Einbindung	.040	.002	.150* (.02)	.312** (.09)
Leistungsfähigkeit und berufliche Perspektive	.135	.067	.161* (.03)	.302** (.09)

** signifikant bei p<1%, * signifikant bei p<5%

Der Grund für die leichte Reduktion ist v.a. darin zu finden, dass nicht alle Patienten die selbst eingeschätzten Veränderungen im Gesundheitszustand und im Wohlbefinden bei Beendigung der Rehabilitationsmaßnahme über den Nacherhebungszeitraum aufrecht erhalten können. Auch die Höhe des Zusammenhangs der Veränderungen im Gesundheitszustand mit den Therapiekonzeptbeurteilungen ist ebenfalls als ein Hinweis auf konvergente Validität zu bewerten. Die „Patientenexpertise" korreliert zu r=.355 und der „Behandlungstransfer" zu r=.445 mit den Veränderungen im Gesundheitszustand der Patienten. Unter Berücksichtigung der Ursache-Wirkungs-Beziehung zwischen den Konzeptbeurteilungen und kurz- und langfristigen Veränderungen im psychischen Befinden der Patienten bedeutet dieser Zusammenhang, dass je mehr die Patienten zum Experten im Umgang mit ihrer Erkrankung werden und je größer ihr Optimismus zur Umsetzung ist, desto höher schätzen sie die erreichten Veränderungen im Gesundheitszustand und im Wohlbefinden ein. Der zweite Faktor erfasst Veränderungen in sozialer Kompetenz, Sensibilität und familiärer Einbindung mit Fragen zu Veränderungen in der Kontaktfähigkeit, Selbstsicherheit und Partnerschaft. Diese Skala korreliert nicht bedeutsam mit kurz- und langfristigen Veränderungen im psychischen Befinden EVEK und KVEK, was als Anhaltspunkt für diskriminate[15] Validität der Konzeptbeurteilungen gewertet werden kann, denn diese korrelieren statistisch bedeutsam mit dem zweiten Faktor. Dieser misst zwar Veränderungen, die jedoch nicht im Zusammenhang mit Gesundheitsaspekten zu werten sind. Die multiplen Veränderungskriterien kurz- und langfristiger Veränderungen erfassen hingegen ausschließlich Veränderungen auf Symptomebene des psychischen Befindens. Auch der dritte Faktor, der inhaltlich Veränderungen in der Leistungsfähigkeit misst, korreliert nicht mit den multiplen Veränderungskriterien, jedoch statistisch bedeutsam mit den Konzeptbeurteilungen. So korreliert die „Patientenexpertise" zu r=.161 und der „Behandlungstransfer" zu r=.302 mit den Veränderungen in der Leistungsfähigkeit der Patienten, was wiederum als Anhaltspunkt für diskriminante Validität der Konzeptbeurteilungen von Veränderungen im psychischen Befinden verstanden werden kann.

13.4. Kurz- und langfristige Veränderungen des psychischen Befindens in Abhängigkeit von „Patientenexpertise" und „Behandlungstransfer"

Im Folgenden soll untersucht werden, inwiefern sich Patienten in ihren Behandlungsergebnissen dahingehend unterscheiden, wie sie die therapeutischen Bemühungen um Aufklärung und Aktivierung während der Behandlung in der Klinik einschätzen. Diese Untersuchung soll auch hinsichtlich des Transferoptimismus durchgeführt werden.
In beiden Therapiekonzeptbeurteilungen sollten sich dann für diejenigen Patienten, die eine höhere Patientenexpertise bzw. mehr Transferoptimismus aufweisen, bessere kurz- und langfristige Behandlungsergebnisse ergeben. Der Trennwert wurde auf den theoretischen Mittelwert der Skalen festgelegt. Wie aus Tabelle 13.4.-1. hervorgeht, besteht ein statistisch bedeutsamer Unterschied in den kurzfristigen Behandlungsergebnissen zwischen den Gruppen in der „Patientenexpertise". Das bedeutet, wenn die Patienten die therapeutischen Bemühungen um Vermittlung von Expertise im Umgang mit der Erkrankung hoch einschätzen, weist diese Gruppe durchschnittlich auch einen größeren Anteil an Besserungsraten auf. Auf

---

[15] Der Begriff „diskriminante Validität wird in der Literatur nicht eindeutig verwendet. In Anlehnung an Campbell und Fiske (1959) beinhaltet dieser Begriff hier die Möglichkeit der Abgrenzung eines Konstrukts von anderen Konstrukten.

der anderen Seite heißt dies, dass diejenigen Patienten, denen der Zusammenhang ihrer Beschwerden während der Therapie nicht klar geworden ist, geringere Besserungsraten erzielen. Dieses Ergebnis stellt sich für den Behandlungstransfer als optimistische Einschätzung, die erlernten Fähigkeiten in die häusliche Umgebung und den persönliche Alltag umsetzen zu können, nicht ein. Das heißt, die Patienten weisen unabhängig von ihrer mehr oder minder optimistischen Einschätzung im stationären Behandlungsverlauf durchschnittlich die gleichen Besserungsraten auf. Im Langzeitverlauf zeigen sich in beiden Variablen Gruppenunterschiede hinsichtlich der erzielten mittleren Besserungsraten (Tab. 13.4.-2.). Diejenigen Patienten, welche ihre erworbenen Kenntnisse im Umgang mit der Erkrankung zum Ende der Behandlung als hoch einschätzen, weisen auch langfristig durchschnittlich höhere Besserungsraten auf.

Tab. 13.4.-1.: Unterschied kurzfristiger Behandlungsergebnisse in Abhängigkeit von der Patientenexpertise und dem Behandlungstransfer (Npar-Test/Wilcoxon, N=209)

		Multiples Ergebniskriterium Katamnese (EVEK)		Stat. Prüfung	Sign.
		M	SD	Z	p≤
Patientenexpertise	höher (N=185)	4,87	1,75		
	geringer (N=24)	3,46	1,72	-3,562	.000
Behandlungstransfer	höher (N=160)	4,76	1,84		
	geringer (N=49)	4,53	1,65	-1,046	.295

In den langfristigen Veränderungen zeigt sich jetzt auch für den „Behandlungstransfer" ein Unterschied in den Gruppen. Das heißt, jene Patienten, die bereits zum Zeitpunkt der Entlassung eine optimistische Einschätzung bzgl. der Umsetzung der neuen Kenntnisse hatten, weisen im Langzeitverlauf auch durchschnittlich höhere Besserungsraten auf.

Tab. 13.4.-2.: Unterschied langfristiger Behandlungsergebnisse in Abhängigkeit von der Patientenexpertise und dem Behandlungstransfer (Npar-Test/Wilcoxon, N=209)

		Multiples Ergebniskriterium Katamnese (KVEK)		Stat. Prüfung	Sign.
		M	SD	Z	p≤
Patientenexpertise	höher (N=185)	4,46	1,88		
	geringer (N=24)	3,58	1,67	-2,353	.019
Behandlungstransfer	höher (N=160)	4,49	1,89		
	geringer (N=49)	3,93	1,76	-1,978	.048

In den folgenden Abbildungen 13.4.-1. und -2. werden die Gruppenunterschiede veranschaulicht. In Abbildung 13.4.-1. werden die durchschnittlichen Anteile kurz- und langfristiger Besserungsraten im psychischen Befinden (EVEK) hinsichtlich der „Patientenexpertise" dargestellt. Abbildung 13.4.-2. stellt dies für den „Behandlungstransfer" dar.

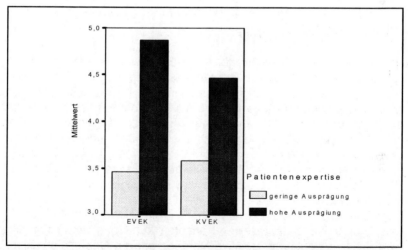

Abb. 13.4.-1.: Unterschied kurz- und langfristiger Behandlungsergebnisse in Abhängigkeit von der Patientenexpertise

Veränderungen im psychischen Befinden

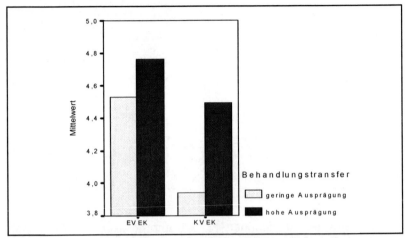

Abb. 13.4.-2.: Unterschied kurz- und langfristiger Behandlungsergebnisse in Abhängigkeit von dem Behandlungstransfer

13.5. Verlauf depressiver Erkrankungen in Abhängigkeit von „Patentenexpertise" und „Behandlungstransfer"

13.5.1. „Patientenexpertise"

Im Weiteren wird der Frage nachgegangen, inwiefern sich der Schweregrad der Depressivität kurz- und langfristig in Abhängigkeit von den Einschätzungen der Variablen des Therapiekonzepts verändert. Dazu wird für jede Gruppe ein Prä-Post-Vergleich kurz- und langfristiger Veränderungen durchgeführt. In den folgenden Tabellen 13.5.1.-1. und -2. werden jeweils für die Gruppen mit hohen und niedrigen Ausprägungen in den Einschätzungen des Therapiekonzepts die Einzelvergleiche dargestellt. Insgesamt schätzen lediglich 24 Patienten (11,48%) ihren Erwerb von Kenntnissen im Umgang mit der Erkrankung als gering ein. Wie die Ergebnisse im oberen Teil von Tabelle 13.5.1.-1. verdeutlichen, ergibt sich ausschließlich für die Gruppe nicht depressiver Patienten kurz- und langfristig eine statistisch bedeutsame positive Veränderung im Depressionsscore, wenn die eigene „Patientenexpertise" als gering eingeschätzt wird.

Veränderungen im psychischen Befinden

Tab. 13.5.1.-1.: Differenzielle Verläufe der Depressivität in Abhängigkeit von der Patientenexpertise (Npar-Test/Wilcoxon, N=209)

Patientenexpertise: niedrige Ausprägung (N=24)						
	Aufnahme		Entlassung		Stat. Prüfung	Sign.
BDI	M	SD	M	SD	Z	p ≤
klinisch relevant (N=12)	24,9	5,7	20,2	11,1	-1,533	.125
subklinisch (N=5)	14,0	2,1	13,6	8,3	-0,271	.786
unauffällig (N=7)	6,9	3,3	4,4	2,6	-2,032	.042
	Aufnahme		Katamnese		Stat. Prüfung	Sign.
BDI	M	SD	M	SD	Z	p ≤
klinisch relevant (N=12)	24,9	5,7	21,1	11,0	-1,099	.272
subklinisch (N=5)	14,0	2,1	15,2	12,9	-0,271	.786
unauffällig (N=7)	6,9	3,3	3,3	2,9	-2,201	.028
Patientenexpertise: hohe Ausprägung (N=185)						
	Aufnahme		Entlassung		Stat. Prüfung	Sign.
BDI	M	SD	M	SD	Z	p ≤
klinisch relevant (N=102)	26,8	7,7	14,1	10,5	-7,788	.000
subklinisch (N=39)	14,4	1,9	8,8	6,1	-4,002	.000
unauffällig (N=44)	6,5	3,2	4,7	5,8	-2,527	.012
	Aufnahme		Katamnese		Stat. Prüfung	Sign.
BDI	M	SD	M	SD	Z	p ≤
klinisch relevant (N=102)	26,8	7,7	16,2	10,6	-7,397	.000
subklinisch (N=39)	14,4	1,9	8,5	7,2	-3,875	.000
unauffällig (N=44)	6,5	3,2	6,7	7,2	-0,538	.590

Da in nahezu jedem Behandlungsbaustein der Verhaltenstherapie antidepressive Bewältigungsstrategien integriert sind und das therapeutische Milieu einer verhaltenstherapeutischen Klinik eine konsistente Aufforderung darstellt, Aktivitäten und offensive Bewältigungsstrategien zu entwickeln, der sich die Patienten nur mit Mühe entziehen können, scheinen weniger Kenntnisse im Umgang mit der Erkrankung in dieser Gruppe mit einer ohnehin niedrigen Ausprägung der Symptomatik für eine bedeutsame Veränderung auszureichen. Patienten mit mäßigen bzw. stark ausgeprägten depressiven Symptomen hingegen sind in ihrem Denkvermögen stark eingeschränkt und müssen daher ausgeprägtere Bewältigungsstrategien entwickeln, um eine deutliche Besserung der depressiven Symptomatik zu erreichen. Im unteren Teil der Tabelle 13.5.1.-1. werden die Prä-Post-Einzelvergleiche für die Patientengruppe mit einer höheren Einschätzung der eigenen Expertise getrennt nach ihrem Schweregrad der Depressivität zur Aufnahmeuntersuchung dargestellt. Für die Gruppe der klinisch relevant depressiven Patienten und die Gruppe der subklinisch depressiven Patienten ergibt sich im stationären Behandlungsverlauf eine signifikante Reduktion der depressiven Symptomatik. Gleiches trifft auch für die Gruppe der nicht-depressiven Patienten für kurzfristige Veränderungen im stationären Behandlungsverlauf zu. Ist die langfristige Reduktion depressiver Verarbeitungsmuster von Interesse, zeigt sich auch hier für die Gruppen mit mäßig bzw. stark ausgeprägter depressiver Symptomatik eine statistisch bedeutsame Reduktion. Dieses Resultat zeigt sich im Langzeitverlauf nicht in der Gruppe der nicht-depressiven Patienten, d.h. bei diesen Patienten geht die leichte Reduktion der Symptomatik langfristig wieder auf das Ausgangsniveau zurück.

Insgesamt zeigt sich für die Patientengruppen mit mäßig bis stark ausgeprägter depressiver Symptomatik eine bedeutsame Reduktion depressiver Verarbeitungsmuster, wenn die therapeutischen Bemühungen um Vermittlung von Kenntnissen im Umgang mit der Erkrankung – was unmittelbar mit der Einschätzung der eigenen Expertise verbunden ist – als hoch eingeschätzt wird. Zusammenfassend bedeutet dies, dass die subjektive Bewertung der in der Klinik erworbenen Kenntnisse zum Umgang mit der Erkrankung im unmittelbaren Zusammenhang mit der Reduktion depressiver Verarbeitungsmuster steht.

13.5.2. „Behandlungstransfer"

Im Folgenden sollen die Ergebnisse der Prä-Post-Einzelvergleiche für die Variable „Behandlungstransfer" für die Subgruppen des Beck-Depressions-Inventars dargestellt werden. In Tabelle 13.5.2.-1. wird im oberen Teil die Patientengruppe mit einer geringeren Ausprägung in der subjektiven Einschätzung dargestellt. Dies betrifft insgesamt 49 Patienten mit einem Anteil von 23,45% an der Gesamtstichprobe. Im unteren Teil der Tabelle 13.5.2.-1. finden sich die Einzelvergleiche der Patienten, deren Einschätzung hinsichtlich eines Transfers der therapeutischen Bemühungen optimistischer ausfällt. Für die Gruppe klinisch relevant depressiver Patienten zeigt sich im stationären Behandlungsverlauf trotz weniger Optimismus, eine signifikante Reduktion in den depressiven Verarbeitungsmustern. Das bedeutet, dass sich im stationären Behandlungsverlauf bei dieser Gruppe eine bedeutsame Reduktion der depressiven Symptomatik ergeben hat, jedoch die Patienten eine weniger optimistische Einstellung haben, diese positiven Behandlungsergebnisse in ihren persönlichen Alltag integrieren zu können. Dieses Resultat erweist sich dann im weiteren Verlauf als richtig, denn die Veränderungen im Schweregrad der Depressivität sind langfristig nicht mehr bedeutsam. Dieses Ergebnis ist ein deutlicher Anhaltspunkt für die Klinikleitung, konkrete Maßnahmen zur Verbesserung der Qualität ihrer Leistungen zu entwickeln. Unter ausschließlicher Betrachtung allgemeiner Zufriedenheitskriterien oder einzelner Veränderungsaussagen von Patienten oder Therapeuten bzw. unter Nicht-Beachtung von Ursache-Wirkungs-Beziehungen von subjektivem Transferoptimismus der Patienten, können derartige Ergebnisse nicht identifiziert werden.

Für die Gruppe der subklinisch depressiven Patienten zeigen sich kurz- und langfristig keine überzufälligen Veränderungen im Depressionsscore wenn die Patienten weinig transferoptimistisch sind. In der Gruppe der nicht-depressiven Patienten zeigt sich im stationären Behandlungsverlauf eine bedeutsame Reduktion depressiver Verarbeitungsmuster obgleich deren Ausprägung der Depressivität klinisch irrelevant ist. Für dieses Ergebnis kann auch in diesem Fall argumentiert werden, dass sich die Patienten dem therapeutischen Milieu einer verhaltenstherapeutischen Klinik nur mit Mühe entziehen können, denn langfristig erweist sich diese Veränderung als nicht stabil. Unter Berücksichtigung einer optimistischen Einstellung gegenüber einem Transfer erlernter Verhaltensweisen im Umgang mit der Erkrankung zeigt sich für die Gruppe der klinisch relevant depressiven Patienten kurz- und langfristig eine signifikante Abnahme der depressiven Symptomatik.

Tab. 13.5.2.-1.: Differenzielle Verläufe der Depressivität in Abhängigkeit von dem Behandlungstransfer (Npar-Test/Wilcoxon, N=209)

Behandlungstransfer: niedrige Ausprägung (N=49)					
	Aufnahme		Entlassung		Stat. Prüfung	Sign.
BDI	M	SD	M	SD	Z	p ≤
klinisch relevant (N=24)	25,9	6,6	16,5	10,8	-3,331	.001
subklinisch (N=11)	14,4	2,0	11,0	9,5	-1,201	.230
unauffällig (N=14)	7,2	2,2	4,3	2,6	-2,812	.005
	Aufnahme		Katamnese		Stat. Prüfung	Sign.
BDI	M	SD	M	SD	Z	p ≤
klinisch relevant (N=24)	25,9	6,6	21,4	10,7	-1,736	.083
subklinisch (N=11)	14,4	2,0	10,7	10,4	-1,424	.154
unauffällig (N=14)	7,2	2,2	4,8	6,6	-1,604	.109
Behandlungstransfer: hohe Ausprägung (N=160)					
	Aufnahme		Entlassung		Stat. Prüfung	Sign.
BDI	M	SD	M	SD	Z	p ≤
klinisch relevant (N=90)	26,8	7,8	14,3	10,6	-7,239	.000
subklinisch (N=33)	14,3	2,0	8,8	5,1	-3,936	.000
unauffällig (N=37)	6,2	3,5	4,8	6,3	-1,994	.046
	Aufnahme		Katamnese		Stat. Prüfung	Sign.
BDI	M	SD	M	SD	Z	p ≤
klinisch relevant (N=90)	26,8	7,8	15,5	10,4	-7,313	.000
subklinisch (N=33)	14,3	2,0	8,8	7,4	-3,361	.001
unauffällig (N=37)	6,2	3,5	6,8	6,9	-0,368	.713

Die gleichen Ergebnisse zeigen sich auch bei der Gruppe der subklinisch depressiven Patienten. Auch hier ist ein höherer Transferoptimismus mit einer bedeutsamen Reduktion depressiver Verarbeitungsmuster im Verlauf von zwei Jahren zu beobachten. In der

Gruppe der nicht-depressiven Patienten erweist sich die langfristige Reduktion depressiver Verarbeitungsstile von einer optimistischen Einstellung unabhängig.

13.6. Veränderungen des Krankheitsverhaltens in Abhängigkeit von „Patientenexpertise" und „Behandlungstransfer"

Nachdem sich Unterschiede hinsichtlich der Veränderungen im psychischen Befinden der Patientengruppen ergaben, soll im Weiteren untersucht werden, ob sich diese Ergebnisse auch im poststationären Krankheitsverhalten der Patienten zeigen. In den folgenden Tabellen werden für die Prä-Post-Vergleiche der objektiven sozialmedizinischen Daten (DAK) in zwei Diagnosestufen dargestellt. Die ambulanten Arztkonsultationen werden auf den vergangenen Monat, das letzte Quartal sowie das vergangene Jahr vor Untersuchungstermin bezogen. Die Einnahme von Psychopharmaka bezieht sich auf einen Zeitraum von vier Wochen vor dem jeweiligen Untersuchungstermin.

13.6.1. Poststationäres Krankheitsverhalten in Abhängigkeit von der „Patientenexpertise"

Wie aus Tabelle 13.6.1.-1. hervorgeht, scheinen Patienten mit weniger Expertise im Umgang mit ihrer Erkrankung ihr Krankheitsverhalten nicht ändern zu können, was sich darin zeigt, dass sich die Häufigkeit von Arbeitsunfähigkeit poststationär nicht signifikant von der prästationären Häufigkeit der Arbeitsunfähigkeit unterscheidet. Hingegen zeigt sich bei Patienten mit mehr Kenntnissen eine signifikante Abnahme in der poststationären Häufigkeit von Arbeitsunfähigkeit. Wird die Arbeitsunfähigkeit nach Diagnosestufen differenziert, zeigt sich für beide Patientengruppen eine signifikante Reduktion in der poststationären Anzahl von Arbeitsunfähigkeitsfällen bei psychiatrischen Diagnosen. Bei den somatischen Diagnosen reduziert sich die Arbeitsunfähigkeit hingegen nur bei Patienten signifikant, die subjektiv mehr Kenntnisse im Umgang mit der Erkrankung berichten. Das Bemühen um Aufklärung der Patienten hinsichtlich der Zusammenhänge von körperlichen Beschwerden und Psyche, zeichnet sich in diesen Ergebnissen besonders deutlich ab.

Tab. 13.6.1.-1.: Differentielle Verläufe der Arbeitsunfähigkeit in Abhängigkeit von der Patientenexpertise (Npar-Test/Wilcoxon, N=209)

	Patientenexpertise: geringe Ausprägung (N=24)					
	Anamnese		Katamnese		Stat. Prüfung	Sign.
	M	SD	M	SD	Z	p≤
AU-Fälle Gesamt	2,96	2,87	2,3	2,17	-0,952	.341
davon:						
AU-Fälle Psychiatrisch	0,67	0,76	0,25	0,53	-2,352	.019
AU-Fälle Somatisch	2,29	2,6	2,04	1,92	-0,364	.716
AU-Tage Gesamt	124,8	138,0	100,9	146,3	-0,784	.433
davon:						
AU-Tage Psychiatrisch	67,1	126,2	26,8	100,8	-1,789	.074
AU-Tage Somatisch	57,7	93,2	74,0	121,4	-0,355	.723
	Patientenexpertise: hohe Ausprägung (N=185)					
	Anamnese		Katamnese		Stat. Prüfung	Sign.
	M	SD	M	SD	Z	p≤
AU-Fälle Gesamt	2,81	2,47	2,19	2,97	-4,199	.000
davon:						
AU-Fälle Psychiatrisch	0,51	0,84	0,36	0,77	-2,303	.021
AU-Fälle Somatisch	2,29	2,37	1,84	2,73	-3,442	.001
AU-Tage Gesamt	144,6	177,1	50,4	109,1	-6,333	.000
davon:						
AU-Tage Psychiatrisch	60,4	132,0	24,5	82,1	-3,712	.000
AU-Tage Somatisch	84,2	147,6	25,9	65,6	-4,821	.000

Ganz ähnliche Ergebnisse resultieren aus dem Vergleich der Dauer von Arbeitsunfähigkeit. Hier ergibt sich ausschließlich bei Patienten mit mehr Patientenexpertise eine signifikante Reduktion und das einerseits unabhängig von der Diagnose und andererseits auch im Falle einer Arbeitsunfähigkeit wegen psychiatrischer oder somatischer Erkrankungen. Hingegen zeigt sich dieses Ergebnis in der anderen Gruppe lediglich bei den psychiatrischen Diagnosen. Werden die stationären akutmedizinischen Behandlungen hinzugezogen (Tab. 13.6.1.-2.), so resultiert für stationäre akutmedizinische Behandlungen insgesamt bei der Patientengruppe mit mehr Patientenexpertise – im Gegensatz zu Patienten mit weniger Patientenexpertise – eine statistisch bedeutsame Reduktion in der Häufigkeit und der Dauer der Aufenthalte.

Tab. 13.6.1.-2.: Differenzielle Verläufe stationärer akutmedizinischer Behandlungen in Abhängigkeit von der Patientenexpertise (Npar-Test/Wilcoxon, N=209)

	Patientenexpertise: geringe Ausprägung (N=24)					
	Anamnese		Katamnese		Stat. Prüfung	Sign.
	M	SD	M	SD	Z	p≤
KH-Fälle Gesamt	0,83	0,96	1,00	1,72	-0,544	.586
davon:						
KH-Fälle Psychiatrisch	0,33	0,70	0,37	1,01	-0,087	.931
KH-Fälle Somatisch	0,50	0,72	0,63	1,05	-0,500	.617
KH-Tage Gesamt	7,33	20,9	20,7	43,4	-0,210	.834
davon:						
KH-Tage Psychiatrisch	7,33	20,8	10,7	32,0	0,000	1.000
KH-Tage Somatisch	5,75	10,4	9,96	23,5	-0,595	.552
	Patientenexpertise: hohe Ausprägung (N=185)					
	Anamnese		Katamnese		Stat. Prüfung	Sign.
	M	SD	M	SD	Z	p≤
KH-Fälle Gesamt	0,50	0,83	0,29	0,714	-3,192	.001
davon:						
KH-Fälle Psychiatrisch	0,14	0,51	0,08	0,44	-1,529	.126
KH-Fälle Somatisch	0,36	0,71	0,21	0,57	-2,516	.012
KH-Tage Gesamt	10,8	40,2	4,65	19,5	-2,902	.004
davon:						
KH-Tage Psychiatrisch	7,25	39,7	3,01	18,7	-1,381	.167
KH-Tage Somatisch	3,57	8,86	1,65	6,23	-2,700	.007

Unter differenzierter Betrachtung stellt sich dieses Ergebnis nicht für psychiatrische hingegen für somatische Behandlungsdiagnosen ein. Für Patienten mit weniger Patientenexpertise ist eher gegenteiliges der Fall. Hier ist eine Zunahme der Anzahl und der Dauer stationärer akutmedizinischer Behandlungen unabhängig von der Diagnose und auch unter differenzierter Betrachtung zu beobachten.
In der Frequenz von ambulanten Arztkonsultationen (Tab. 13.6.1.-3.) zeigt sich bei den Patienten mit mehr selbstberichteter Patientenexpertise eine statistisch bedeutsame Reduktion, die aus den Ergebnissen der anderen Patientengruppe nicht resultiert.

Tab. 13.6.1.-3.: Differenzielle Verläufe der Nutzung ambulanter Hilfen sowie Einnahme von Psychopharmaka in Abhängigkeit von der Patientenexpertise (Npar-Test/Wilcoxon, N=209)

	Patientenexpertise: geringe Ausprägung (N=24)					
	Anamnese		Katamnese		Stat. Prüfung	Sign.
	M	SD	M	SD	Z	p≤
Ambulanz 1 Monat	3,54	2,57	2,96	3,09	-0,808	.419
Ambulanz 1 Quartal	7,50	5,56	5,00	5,95	-1,706	.088
Ambulanz 1 Jahr	25,0	20,3	15,4	17,1	-1,597	.110
Psychopharmaka	77,84	178,56	15,75	25,88	-2,616	.009
	Patientenexpertise: hohe Ausprägung (N=185)					
	Anamnese		Katamnese		Stat. Prüfung	Sign.
	M	SD	M	SD	Z	p≤
Ambulanz 1 Monat	4,11	4,02	3,12	3,30	-3,244	.001
Ambulanz 1 Quartal	7,24	5,55	6,03	6,67	-3,005	.003
Ambulanz 1 Jahr	28,9	20,3	19,3	16,4	-5,831	.000
Psychopharmaka	64,47	302,21	10,70	27,11	-4,659	.000

Das bedeutet insgesamt, dass sich Patienten, die selbst der Meinung sind weniger Kenntnisse im Umgang mit ihrer Erkrankung entwickelt zu haben, in ihrem Krankheitsverhalten in Bezug auf eine der Krankheit angemessenen Inanspruchnahme der Hilfen des Gesundheitswesens nicht verändert haben. Dies ist als weiterer Beleg dafür anzusehen, dass die weniger gelungene Vermittlung von Kenntnissen und Fertigkeiten zum Umgang mit der Erkrankung einen Ansatzpunkt zur Verbesserung des Qualitätsmanagements einer Klinik darstellt.

Die Wirkung der verhaltensmedizinischen Intervention zeigt sich im Medikamentenkonsum auch unabhängig von der mehr oder minder gelungenen Vermittlung von Patientenexpertise. In beiden Gruppen kann eine deutliche Reduktion in der Einnahme von Psychopharmaka nachgewiesen werden.

13.6.2. Poststationäres Krankheitsverhalten in Abhängigkeit von dem „Behandlungstransfer"

Die weiteren Betrachtungen befassen sich mit den Veränderungen im Krankheitsverhalten der Patienten in Abhängigkeit davon, ob sie selbst der Meinung sind, mehr oder weniger gut ausgebaute Kenntnisse und Fertigkeiten im Umgang mit ihrer Erkrankung zu besitzen, woraus sich eine optimistische Grundeinstellung zum Transfer dieser Kenntnisse in den Alltag ergibt.
In Tabelle 13.6.2.-1. wird das Arbeitsunfähigkeitsgeschehen in den Gruppen prä- und poststationär miteinander verglichen. Daraus geht hervor, dass sich in beiden Gruppen die Häufigkeit der Arbeitsunfähigkeit signifikant reduziert hat, es also unabhängig davon ist, ob die Patienten zum Zeitpunkt ihrer Entlassung aus der Heilbehandlung mehr oder weniger optimistisch sind, ihre Behandlungsergebnisse auch in die Praxis umsetzen zu können. Wird auch hier in zwei Diagnosestufen differenziert, so zeigt sich für die Gruppe der Patienten mit weniger Optimismus keine statistisch bedeutsame Reduktion in der Häufigkeit von Arbeitsunfähigkeit aufgrund psychiatrischer Erkrankungen. Das heißt, dass diese Patienten statistisch prä- und poststationär gleich häufig wegen psychiatrischen Erkrankungen als arbeitsunfähig beurteilt wurden. Es zeigt sich jedoch in beiden Gruppen eine signifikante Reduktion in der Häufigkeit von Arbeitsunfähigkeit wegen somatischen Erkrankungen. Unabhängig von der Diagnose reduziert sich auch im Fall einer Arbeitsunfähigkeit deren

durchschnittliche Dauer in beiden Gruppen signifikant. Jedoch zeigt sich für die Gruppe, die weniger Behandlungstransferoptimismus besitzt, für psychiatrische Arbeitsunfähigkeitsdiagnosen keine statistisch bedeutsame und für somatische Arbeitsunfähigkeitsdiagnosen eine nur knappe statistisch bedeutsame Reduktion der durchschnittlichen Dauer der Arbeitsunfähigkeit.

Tab. 13.6.2.-1.: Differentielle Verläufe der Arbeitsunfähigkeit in Abhängigkeit von dem Behandlungstransfer (Npar-Test/Wilcoxon, N=209)

	Behandlungstransfer: geringe Ausprägung (N=49)				
	Anamnese		Katamnese		Stat. Prüfung	Sign.
	M	SD	M	SD	Z	p≤
AU-Fälle Gesamt	2,67	2,47	1,80	2,27	-3,143	.002
davon:						
AU-Fälle Psychiatrisch	0,53	0,87	0,35	0,90	-1,504	.132
AU-Fälle Somatisch	2,14	2,26	1,45	1,78	-2,493	.013
AU-Tage Gesamt	131,9	156,5	66,1	137,1	-2,451	.014
davon:						
AU-Tage Psychiatrisch	39,0	93,7	22,5	107,7	-1,825	.068
AU-Tage Somatisch	92,88	145,9	43,5	92,3	-1,957	.050
	Behandlungstransfer: hohe Ausprägung (N=160)				
	Anamnese		Katamnese		Stat. Prüfung	Sign.
	M	SD	M	SD	Z	p≤
AU-Fälle Gesamt	2,87	2,53	2,33	3,04	-3,217	.001
davon:						
AU-Fälle Psychiatrisch	0,53	0,82	0,34	0,69	-2,559	.011
AU-Fälle Somatisch	2,34	2,44	1,99	2,85	-2,517	.012
AU-Tage Gesamt	145,5	178,0	53,1	107,2	-5,724	.000
davon:						
AU-Tage Psychiatrisch	67,9	140,1	25,4	75,9	-3,790	.000
AU-Tage Somatisch	77,5	141,7	27,7	69,2	-3,910	.000

Im Fall von stationären akutmedizinische Behandlungen (Tab. 13.6.2.-2.) zeigen sich keine gravierenden Unterschiede in den Gruppen.

Tab. 13.6.2.-2.: Differentielle Verläufe der Krankenhausaufenthalte in Abhängigkeit von dem Behandlungstransfer (Npar-Test/Wilcoxon, N=209)

	Behandlungstransfer: geringe Ausprägung (N=49)					
	Anamnese		Katamnese		Stat. Prüfung	Sign.
	M	SD	M	SD	Z	p≤
KH-Fälle Gesamt	0,76	0,95	0,53	1,24	-1,641	.101
davon:						
KH-Fälle Psychiatrisch	0,22	0,59	0,12	0,60	-1,078	.281
KH-Fälle Somatisch	0,53	0,77	0,41	0,81	-1,015	.310
KH-Tage Gesamt	14,9	26,3	6,78	23,5	-2,458	.014
davon:						
KH-Tage Psychiatrisch	7,9	24,3	2,65	14,11	-1,481	.139
KH-Tage Somatisch	6,9	11,1	4,12	10,9	-1,552	.121
	Behandlungstransfer: hohe Ausprägung (N=160)					
	Anamnese		Katamnese		Stat. Prüfung	Sign.
	M	SD	M	SD	Z	p≤
KH-Fälle Gesamt	0,47	0,82	0,32	0,78	-1,947	.052
davon:						
KH-Fälle Psychiatrisch	0,14	0,52	0,11	0,52	-0,745	.456
KH-Fälle Somatisch	0,32	0,69	0,21	0,59	-1,730	.084
KH-Tage Gesamt	9,90	41,6	6,41	24,1	-1,344	.179
davon:						
KH-Tage Psychiatrisch	7,04	41,3	4,27	22,3	-0,402	.687
KH-Tage Somatisch	2,86	8,14	2,14	9,85	-1,471	.141

Es treten keine Unterschiede in der Häufigkeit prä- und poststationärer Aufenthalte in Akutkrankenhäusern auf, wobei die Signifikanzgrenze bei der Gruppe mit mehr Behandlungstransferoptimismus nur knapp nicht erreicht ist. Unter differenzierter Betrachtung der stationären akutmedizinischen Behandlungsfälle ergibt sich für psychiatrische wie auch für somatische Erkrankungen keine signifikante Reduktion. Hingegen reduziert sich die stationäre Behandlungsdauer insgesamt bei der Patientengruppe mit weniger selbst berichtetem Transferoptimismus. Wird auch hier nach psychiatrischen und somatischen Behandlungsdiagnosen unterschieden, verschwindet auch dieser Effekt. Das heißt, die stationäre Behandlungsdauer ist in beiden Gruppen vor und nach der Rehabilitationsmaßnahme in Abhängigkeit von der Behandlungsdiagnose nicht überzufällig unterschiedlich.

Die Auswertungen in Tabelle 13.6.2.-3. hinsichtlich der Frequenz ambulanter Arztkonsultationen zeigen, dass sich in der Gruppe der Patienten mit mehr Behandlungstransferoptimismus im Einmonats-Vorher-Nachher-Vergleich eine statistisch bedeutsame Reduktion des Inanspruchnahmeverhaltens ergeben hat. Hingegen ist dieses Ergebnis in der anderen Gruppe nicht zu beobachten, was bedeutet, dass die Veränderung in der Frequenz der Inanspruchnahme ambulanter medizinischer Hilfen des Gesundheitssystems jeweils kurz vor Untersuchungstermin statistisch nicht überzufällig ist und somit als unverändert angesehen werden muss.

In Bezug auf den Quartalsvergleich und den Einjahresvergleich zeigt sich hingegen in beiden Gruppen eine statistisch bedeutsame Reduktion der Inanspruchnahme ambulanter medizinischer Hilfen.

Tab. 13.6.2.-3.: Differentielle Verläufe der Nutzung ambulanter Hilfen sowie der Einnahme von Psychopharmaka in Abhängigkeit von dem Behandlungstransfer (Npar-Test/Wilcoxon, N=209)

	Behandlungstransfer: geringe Ausprägung (N=49)					
	Anamnese		Katamnese		Stat. Prüfung	Sign.
	M	SD	M	SD	Z	p≤
Ambulanz 1 Monat	4,31	5,08	3,31	3,50	-1,296	.195
Ambulanz 1 Quartal	7,71	5,41	5,94	6,56	-2,040	.041
Ambulanz 1 Jahr	30,8	23,3	19,3	17,7	-2,749	.006
Psychopharmaka	97,37	376,05	13,67	27,08	-2,583	.010

Fortsetzung Tabelle 13.6.2.-3.

	Behandlungstransfer: hohe Ausprägung (N=160)					
	Anamnese		Katamnese		Stat. Prüfung	Sign.
	M	SD	M	SD	Z	p≤
Ambulanz 1 Monat	3,96	3,44	3,04	3,21	-3,116	.002
Ambulanz 1 Quartal	7,13	5,59	5,91	6,61	-2,764	.006
Ambulanz 1 Jahr	27,8	19,3	18,7	16,2	-5,387	.000
Psychopharmaka	56,40	259,31	10,54	26,97	-4,569	.000

Die Einnahme von Psychopharmaka scheint unabhängig vom Behandlungstransfer zu sein, denn in beiden Gruppen ergibt sich eine deutliche und signifikante Reduktion des Medikamentenonsums ach der Rehabilitationsmaßnahme.

14. Diskussion und Ausblick
14.1. Kosten-Nutzen-Analysen bei depressiven Erkrankungen

Die Ergebnisse über den Verlauf depressiver Erkrankungen zeigen, dass die verhaltensmedizinische Rehabilitation in Bezug auf die Reduktion psychosomatischer Leiden wirkt. Dies spiegelt sich auch in den Ergebnissen unter differenzierter Betrachtung des Schweregrades depressiver Erkrankungen im Rehabilitationserfolg wider, der anhand sozialmedizinischer Kriterien bemessen werden kann. Der Rehabilitationserfolg ist aber auch in monetären Einheiten bewertbar und soll im Weiteren erläutert werden.

Grundlage ist eine von Wittmann (Wittmann, Nübling, Schmidt 2002, S.46) in Programmevaluationen innerhalb des Gesundheitswesens häufig verwendete Formel, die ursprünglich von Brogden (1949) entwickelt wurde und von Schmidt, Hunter und Pearlman (1982) zur Bewertung von Ausbildungs- und Trainingsprogrammen vorgestellt wurde.
Sie lautet:

$$U = N * T * d * SD_{Prod} - N * K$$, wobei

U	Nettonutzen einer Intervention in Geldeinheiten (Euro),
N	Anzahl der behandelten Patienten,
d	Effektgröße, gemessen als standardisierte Mittelwertsdifferenz,
T	Zeitdauer, wie lange der Therapieeffekt anhält,
SD_{Prod}	Die Standardabweichung der Produktivität einer Vergleichsgruppe, welche die Intervention nicht benötigte bzw. nicht erhalten hat, auf der Berechnungsgrundlage eines Jahres in Euro,
K	Gesamtkosten der Intervention pro Patient in Euro ist.

Diese Gleichung kam sehr lange Zeit hauptsächlich deshalb nicht zur Anwendung, weil die Standardabweichung der Produktivität nicht realistisch abgeschätzt werden konnte (Wittmann Nübling, Schmidt 2002). Diese Schätzungen werden mittels Überschlägen berechnet, die sich aus Fremdleistungskosten ergeben würden, wenn die gleiche Leistung von Fremdanbietern eingekauft würde. Das Gehalt eines Mitarbeiters gibt dabei die Produktivität wieder. Damalige Schätzungen der Standardabweichung der Produktivität schwankten zwischen 40% bis 70%, wobei nach Wittmann, Nübling und Schmidt (2002) neuere Studien auf 70% hinweisen. Eine konkrete Studie der Czipin und Proudfoot Consulting hat westliche Industrienationen über mehrere Jahre beobachtet und hinsichtlich ihrer Produktivität untersucht. Ergebnis war, dass Deutschland mit einer Produktivität von 63% führend ist (Czipin und Proudfoot Consulting 2003). Werden nun für die Fremdleistungskosten eines mittleren Angestellten etwa 55.000,00 Euro pro Jahr (inkl. aller Neben- und Zuwendungskosten eines Arbeitgebers) veranschlagt und ein Pflegesatz der Fachklinik von etwa 110,00 Euro pro Tag angesetzt, ergeben sich demnach für die Standardabweichung der Produktivität SD_{Prod}=34.650,00 Euro und für die Behandlungskosten bei durchschnittlich 54,43 Behandlungstagen 5.987,00 Euro. Die mittlere Effektstärke aller Skalen des EVEK beträgt ES=.583, welche mindestens zwei Jahre andauern soll. Daraus ergibt sich ein Nettonutzen von 34.414,90 Euro pro Patient. Wird dieses Ergebnis nach dem Schweregrad der Depressivität zum Beginn der Rehabilitationsmaßnahme differenziert, so liegt die mittlere Effektstärke der Skalen des EVEK in der Gruppe der klinisch relevant depressiven Patienten (N=114) bei ES=.754, was unter sonst gleichen Voraussetzungen zu einem Nettonutzen von 46.265,20 Euro pro Patient führt.

14.2. Veränderungen der Krankheitskosten

Für eine Überprüfung der tatsächlichen Kostenreduktion für diese Patientengruppe werden nun folgend die real entstandenen Kosten und deren Reduktion dargestellt. Dabei müssen für die Berechnung der Kosten für Arbeitsunfähigkeit drei Kostenbereiche berücksichtigt werden. Dabei handelt es sich um die Lohnfortzahlung der Arbeitgeberseite bis zum 42. Tag der Arbeitsunfähigkeit. Wie aus der Fachserie 16, Reihe 2.1 und 2.2 aus 2003 des Statistischen Bundesamtes hervorgeht, sind Aufwendungen von insgesamt 115,00 Euro je Kalendertag dafür zugrunde zu legen. Der zweite Kostenbereich betrifft Aufwendungen zu Krankengeldzahlungen der Krankenkassen ab dem 43. Tag der Arbeitsunfähigkeit. Arbeitnehmer erhalten ab diesem Tag von ihrer Krankenkasse bei gleichem Krankheitsbild bis zu 18 Monaten Krankengeld. Das Krankengeld beträgt 70% des regelmäßigen Arbeitseinkommens, soweit es der Beitragsberechnung unterliegt. Da pflichtversicherte Arbeitnehmer in der Zeit ihrer Arbeitsunfähigkeit bei ihrer Krankenkasse beitragsfrei sind, ist dies in den Kosten berücksichtigt. Insgesamt sind Aufwendungen für Krankengeldzahlungen der Krankenkassen von 55,00 Euro je Kalendertag anzusetzen. Diese Zahl geht aus verschiedenen öffentlich zugänglichen Jahresberichten der deutschen Angestelltenkrankenkasse DAK, des Bundesverbandes der Betriebskrankenkassen BKK und der Schwäbisch-Gmünder Ersatzkasse GEK hervor. Der letzte Kostenbereich betrifft den durch Arbeitsunfähigkeit entstehenden Produktivitätsausfall für die Arbeitgeber, was auch unter dem Begriff Produktivitätsverlust bekannt ist. Wie aus der Fachserie 18, Reihe 1.1 und 1.3 des statistischen Bundesamtes hervorgeht, hat die Produktivität in den vergangenen elf Jahren jährlich – jeweils gegenüber dem Vorjahr – zwischen 1,3% und 2,7% bei gleichzeitigem Rückgang der Erwerbstätigen zugenommen. Auf der Basis der Produktivität von 1991, die auf 100% normiert wurde, ergab sich für 2002 eine Produktivität von 123%. Wird diese Produktivität zugrunde gelegt, ergibt sich eine tägliche Produktivität von 148,00 Euro je Kalendertag. In Tabelle 14.1.-1. wird zudem in zwei Stufen (bis 42. Tag und ab 43. Tag der Arbeitsunfähigkeit) des Produktivitätsverlustes unterschieden.

Grundlage für die Kostenermittlung für stationäre akutmedizinische Behandlungen waren einerseits Informationen zu Tagespflegesätzen von unterschiedlichen Akutkrankenhäusern und andererseits Angaben in aktuellen Gesundheitsberichten der DAK 2002 und der GEK aus 2001. Unter Einbezug aller Einzelinformationen wurde ein Tagessatz von 255,00 Euro je Behandlungstag in einem Akutkrankenhaus errechnet. Die Kostenermittlung der durchschnittlichen Kosten für ambulante Arztkonsultationen je Patient und Kontakt ist nicht unproblematisch, da die Praxiskosten einschließlich der ambulanten Behandlungsleistungen über regionale Kassenärztliche Vereinigungen mit den jeweiligen Krankenkassen abgerechnet werden. Auch die Krankenkassen verfügen über keine umfassenden personenbezogenen Daten zu den abgerechneten ambulanten Leistungen. Deshalb wurde eine Spezialauswertung zu den Häufigkeiten von Praxiskontakten aller Versicherten der AOK-Dortmund in den einzelnen ärztlichen Fachgruppen (Köster 1992) verwendet, um zu ermitteln, wie häufig Patienten im Jahr bzw. Quartal durchschnittlich einzelne Fachärzte aufsuchen. Diese Daten wurden fachbezogen mit Quartals- und Jahreshonorarabrechnungen einer kooperierenden regionalen Kassenärztlichen Vereinigung aus dem Jahr 2000 zusammengeführt und kontaktbezogen umgerechnet. Das ermittelte durchschnittliche Honorar je Fall in 2000 ist die Summe der jeweiligen durchschnittlichen Quartalsabrechnung in den Fachgruppen. Das durchschnittliche Honorar wurde dann durch die Anzahl der ambulanten Arztkonsultationen je Patient geteilt, welche die Kosten je Arztbesuch widerspiegeln. Auf eine Differenzierung der Punktwerte nach Fachdisziplinen wurde verzichtet. Aus den Berechnungen ergaben sich Kosten pro Arztbesuch von 46,37 Euro. Die Kosten für Medikamente wurden mit Hilfe der Pharmazentralnummer des jeweiligen Medikaments und der elektronisch gespeicherten Gesamtdatenbank der in Deutschland bekannten 70.000 Medikamente ermittelt.

Die einzelnen Kostenbereiche sind in Tabelle 14.2.-1. dargestellt. Insgesamt ergeben sich Investitionskosten in die stationäre verhaltensmedizinische Behandlung, bei einer durchschnittlichen Behandlungsdauer von 54,43 Tagen und einem Pflegesatz von 110,00 Euro, pro Patient 5.987,00 Euro. Werden die in zwei Jahren vor dem Beginn der Heilbehandlung real entstandenen Krankheitskosten von 4,397 Mio. Euro, welche durch insgesamt 114 Patienten klinisch relevant depressive Patienten verursacht wurden, resultieren Gesamtaufwendungen von 38.570,71 Euro pro Patient. Die Krankheitskosten in zwei Jahren nach der Behandlung betragen konkret für 114 Patienten 2,111 Mio. Euro, mit einem Anteil von 18.522,66 Euro pro Patient. Daraus ergibt sich eine Reduktion der Krankheitskosten von 20.048,05 Euro pro Patient mit einem Kosten-Nutzen-Verhältnis von 1:3,35. Das bedeutet, dass durch die Investition von 1 Euro in die stationäre verhaltensmedizinische Behandlung in psychosomatischen Fachkliniken eine Reduktion der Krankheitskosten von 3,35 Euro erreicht wird.

Tab. 14.2.-1.: Veränderungen der direkten Behandlungskosten und den indirekten Behandlungsfolgekosten im Vergleich von zwei Jahren vor und nach der stationären verhaltensmedizinischen Rehabilitation bezogen auf klinisch relevant depressive Patienten (N=114)

	Anamnese	Katamnese	Differenz	
	2 Jahre vorher	2 Jahre nachher	absolut	Prozent
Kostenbereich Arbeitsunfähigkeit (EURO)				
Anzahl der Patienten mit mindestens 1 AU-Fall	89	70	-19	-21,35%
Krankentage Gesamt	17.094	7.286	-9.826	-57,57%
davon:				

Fortsetzung Tabelle 14.2.-1.

	Anamnese	Katamnese	Differenz	
	2 Jahre vorher	2 Jahre nachher	absolut	Prozent
LF-Tage	2.609	1.720	-889	-34,07%
LF-Zahlungen (EURO)	300.035,00	197.800,00	-102.235,00	-34,07%
PV bis 42. AU-Tag (EURO)	386.132,00	254.560,00	-131.572,00	-34,075
KG-Tage	14.485	5.566	-8.919	-61,57%
KG-Zahlungen (EURO)	796.675,00	306.130,00	-490.545,00	-61,57%
PV ab 43. AU-Tag (EURO)	2,143.780,00	823.768,00	-1,320.012,00	-61,57%
Kostenbereich stationäre akutmedizinische Behandlungen (EURO)				
Anzahl der Patienten mit mindestens 1 KH-Fall	45	22	-23	-51,11%
KH-Behandlungstage	1.743	998	-745	-33,30%
KH-Kosten Gesamt	426.870,00	242.760,00	-183.345,00	-42,95%
Kostenbereich ambulante Versorgung (EURO)				
Fälle A.V. (N=114)	7.340	6.119	-1.221	-16,6%
Kosten A.V. (N=114)	340.355.80	283.738,03	-56.617,77	-16,63%
Kostenbereich Psychopharmaka (EURO)				
Anzahl der Patienten mit Einnahme von Psychopharmaka	61	38	-23	-37,70%
Kosten für Psychopharmaka	3.213,50	2.827,06	-386,44	-12,03%
	Anamnese	Katamnese	Differenz	
	2 Jahre vorher	2 Jahre nachher	absolut	Prozent
Gesamtkosten Krankenkasse (EURO)				
Medikamente, KG-, KH-, Ambulanz	1,567.114,30	835.455,09	-731.659,21	-46,68%
Gesamtkosten Arbeitgeber (EURO)				
Verluste Arbeitgeber Gesamt (LF und PV)	2,829.947,00	1,276.128,00	-1,553.919,00	-54,91%
Gesamtkosten (EURO)				
Gesamtkosten (EURO) Krankenkasse, Arbeitgeber	4,397.061,30	2,111.583,09	-2,285.478,21	-51,98%

LF: Lohnfortzahlung (115,00 EURO); KG: Krankengeld (55,00 EURO);
PV: Produktivitätsverlust (148,00 EURO); A.V.: Ambulante Versorgung

Werden diese Effekte auf eine verhaltensmedizinischen Fachklinik in der Psychosomatik bezogen, zeigt sich folgendes Ergebnis: Unter der Annahme, eine derartige Fachklinik verfügt über 200 Behandlungsplätze, können pro Jahr etwa 1.500 Patienten behandelt werden. Wird weiterhin davon ausgegangen, dass etwa 57% der behandelten Patienten schwergradig depressive Verarbeitungsmuster aufweisen, resultieren pro Jahr insgesamt 855 zu behandelnde Patienten. Die Fallkosten betragen 5.987,00 Euro je Patient, was einer Investition von 5,119 Mio. Euro pro Jahr entspricht. Demgegenüber stehen Krankheitskosten von 32,978 Mio. Euro in zwei Jahren vor der Behandlung und 15,837 Mio. Euro in zwei Jahren nach der stationären verhaltensmedizinischen Behandlung. Daraus resultiert ein volkswirtschaftlicher Nutzen von 12,022 Mio. Euro, der sich aus der Reduktion der Krankheitskosten abzüglich der verhaltensmedizinischen Behandlungskosten ergibt.

14.3. Wirkung und Wirksamkeit

Trotz des beachtlichen Kosten-Nutzen-Verhältnisses lassen beide Kriterien aber keinen Schluss auf die Wirksamkeit, d.h. der Ursache für die Wirkung der stationären Verhaltenstherapie zu. In dieser Arbeit konnten zwei Prädiktoren identifiziert werden, die sich als ursächlich für die Wirkung der Therapie, bezogen auf Veränderungen in psychometrischen Testwerten erweisen. Die Kausalprädiktoren „Patientenexpertise" und „Behandlungstransfer" stellen somit Indikatoren für die Wirksamkeit der Verhaltenstherapie im stationären Bereich dar. Diese Indikatoren werden durch subjektive Patientenurteile erfasst. Die Diskussion über subjektive Patientenurteile soll hier nicht mehr aufgegriffen werden, da dies vor dem Hintergrund der Debatte zur Beurteilung der Qualität medizinischer Leistungen durch Patienten (z.B. Williams 1994; Leimkühler, Müller 1996; Jacob, Bengel 2000) bereits ausführlich erörtert wurde. Die Patienten sind also durchaus in der Lage zu beurteilen, inwieweit sie Kenntnisse im Umgang mit ihrer Erkrankung gewonnen haben und wie sehr sie dazu angeregt wurden und in der Lage sind, diese in ihren persönlichen Alltag zu integrieren. Die Ergebnisse verdeutlichen, dass sich hinsichtlich dieser Wirkfaktoren Unterschiede in den Behandlungsergebnissen zwischen den Patientengruppen ergeben. Gleiches gilt für objektive sozialmedizinische Kriterien. Hier zeigen sich in Prä-Post-Vergleichen in Bezug auf Arbeitsunfähigkeit, stationären akutmedizinischen Behandlungen, ambulanten Arztkonsultationen und im Medikamentenkonsum deutliche und mehrheitlich signifikante Unterschiede in den Gruppen. Diese Ergebnisse stellen gleichermaßen ein Beleg für die Argumentation der Wirkfaktoren dar. Die Kenntnis über deren Wirksamkeit kann als konkreter Ansatzpunkt zur Verbesserung der Qualität verhaltensmedizinischer Leistungen in den Fachkliniken angesehen werden.

Die Qualitätssicherungsdebatte um medizinische Dienstleistungen zielte v.a. darauf ab, sich den Bedürfnissen des „Kunden" Patient zu nähern, um somit effektivere und effizientere Behandlungskonzepte bereitzustellen. Sofern eine Klinik lediglich allgemeine Zufriedenheitsaussagen zur Beurteilung der Qualität ihrer Leistungen und mit diesen Ergebnissen Ansatzpunkte zur Verbesserung ihrer Leistungen sucht, sieht sie sich häufig vor dem Problem, dass derartige Aussagen keine deutliche Trennung (häufiges Auftreten von Deckeneffekten) zulassen. Demgegenüber stellen Kenntnisse über Wirkfaktoren der Behandlung für ein effektives internes Qualitätsmanagement, welches einen kontinuierlichen und an aktuellen Ergebnissen ausgerichteten Verbesserungsprozess anstrebt, notwendige Informationen bereit. Die bei den Patienten erreichten Behandlungsergebnisse spielen in diesem Zusammenhang eine nicht unwesentliche Rolle. Wenn abzusehen ist, dass der Zeitraum der stationären Behandlung bspw. für eine ausreichende Stabilisierung der Behandlungsergebnisse nicht ausreichend ist, wird bei den Kostenträgern ein Verlängerungsantrag gestellt. Die notwendigen Informationen hierfür werden von den zuständigen Therapeuten bereitgestellt. Einschätzungen der Patienten sind hier für die Kostenträger irrelevant. Die Indikatoren der Therapiewirksamkeit, welche über Therapiekonzepteinschätzungen durch die Patienten gewonnen werden, haben sich als geeignet erwiesen, prognostische Informationen bzgl. des veränderten Krankheitsverhaltens bereitzustellen. Derartige Informationen können die Argumentation für eine Verlängerung der Behandlung zusätzlich unterstützen. Das in dieser Arbeit entwickelte multiple Veränderungskriterium (EVEK und KVEK), dass viele Problembereiche psychosomatischer Erkrankungen abdeckt und zudem eine Mindestwirkung der Therapie voraussetzt, stellt den Therapeuten für die Beurteilung der Behandlungsergebnisse ein hilfreiches reliables und valides Instrument zur Seite. Denn auch auf den Einzelfall bezogen, ist es mit diesem multiplen Veränderungskriterium möglich, die Behandlungsergebnisse in einzelnen Bereichen, wie auch in assoziierten Problembereichen zusammen abzubilden. In dem gemeinsamen Zielfindungsgespräch werden die Problembereiche des Patienten identifiziert und gemeinsam festgelegt, welche Beeinträchtigungen bei dem jeweiligen Patienten im Vordergrund stehen, die dann die Anzahl der zu erreichenden Mindesttherapieeffekte auf dem multiplen Veränderungskriterium bestimmt. Daraus lassen sich individuelle Therapiepläne entwickeln welche eine Zuordnung zu bestimmten Behandlungsbausteinen erleichtern. Dieses Zielvereinbarungsgespräch besitzt für beide Seiten einen vertraglichen Charakter. Dieses ist besonders dann bedeutsam, wenn bestimmte Erwartungen und Ergebnisvorstellungen der Patienten während der Behandlung unerfüllt bleiben. Vor dem Hintergrund eines konsensfähigen Beschwerdemanagements der Klinik stellt das multiple Veränderungskriterium auch dann eine nützliche Hilfe bereit.

14.4. Ausblick

In der vorliegenden Untersuchung konnten zwei Kausalprädiktoren zur Vorhersage von kurz- und langfristigen Behandlungsergebnissen bei Patienten mit psychosomatischen Erkrankungen identifiziert werden. Deren Einfluss zeigte sich in der simultanen Berechnung aller beteiligten Variablen als bedeutsam. Trotzdem konnte nur ein sehr geringer Varianzanteil an den Veränderungskriterien erklärt werden. Für derartige Fragestellungen werden zumeist metaanalytische Analyseverfahren verwendet, wenn sehr kleine Effekte vermutet werden. Für die vorliegende Studie könnte der Einwand formuliert werden, dass bei einem großen Stichprobenumfang die Wahrscheinlichkeit ein signifikantes Ergebnis zu erhalten, erhöht ist. Die Analyse linearer Strukturgleichungsmodelle benötigt jedoch derartige Stichprobenumfänge, um komplexe Merkmalszusammenhänge zu berechnen. Zudem werden alle spezifizierten Beziehungen simultan berechnet und nicht wie bei anderen Analyseverfahren separat. Darüber hinaus werden große Stichprobenumfänge benötigt, wenn sehr kleine Effekte vermutet werden (Cohen 1992).

Neben den genannten Aspekten können natürlich weitere fördernde Wirksamkeitsindikatoren, die eine Prognose kurz- und langfristiger Behandlungsergebnisse erlauben, vermutet werden. Dabei könnte es sich bspw. um Faktoren handeln, die in der Person des Therapeuten oder auch in einer Art interdisziplinärer Personenkonstellation des Therapeutenteams liegen. Es ist auch denkbar, dass sich eine freundliche und kompetente und somit heilungsfördernde Atmosphäre in der Klinik, in klinikübergreifenden Untersuchungen als Wirksamkeitsindikator herausstellt.

Der Umfang der untersuchten Stichprobe ließ keine Möglichkeit die Beziehungszusammenhänge mittels eines Kreuzvalidierungsverfahrens zu überprüfen. Aus diesem Grund sollte in weiteren Untersuchungen das spezifizierte Modell an einer Stichprobe der selben Patientenpopulation DAK-Versicherter überprüft werden. Um einen breiteren Gültigkeitsbereich des spezifizierten Modell zu erhalten, sollte das spezifizierte Modell darüber hinaus auch an anderen Versichertenpopulationen validiert werden.

Eine weitere Überlegung könnte sein, dieses Modell in angepasster Form auch auf die somatische Rehabilitation, z.B. in der Orthopädie zu übertragen. Auch in diesem Bereich können Erkrankungen mit anderen somatischen wie auch psychischen Beeinträchtigungen assoziiert sein. Das ist z.B. bei Patienten mit Kniegelenksarthrose dann der Fall, wenn die Ersterkrankungsdauer bereits sehr lange zurück liegt und sich dadurch die Partizipationsmöglichkeiten mehr und mehr einschränkten. Depressivität und Lebenszufriedenheit spielen auch hierbei eine sehr große Rolle. Das heißt, dass für diese Fälle ausschließlich dichotome Behandlungsergebnisse – bspw. kann selbstständig laufen vs. kann nicht selbstständig laufen – für eine Beurteilung der Veränderungen in den Störungen der Partizipation bzw. der Aktivität nicht ausreichen.

Das Erlernen von Möglichkeiten im Umgang mit der Erkrankung und Übungen, die zu einem erfolgreichen Transfer in den persönlichen Alltag der Betroffenen führen, können sich auch in diesem Zusammenhang als entsprechende Wirksamkeitsindikatoren erweisen.

15. Zusammenfassung

Psychosomatische Erkrankungen sind durch ein breites Spektrum psychischer, körperlicher und sozialer Problemkonstellationen gekennzeichnet. Depressive Verarbeitungsmuster nehmen hierbei eine Schlüsselstellung ein. Je nach Schweregrad der Depressivität sind assoziierte Probleme bei allen Patienten mehr oder minder ausgeprägt. Multiple Veränderungskriterien ermöglichen, das psychische Befinden psychosomatisch erkrankter Patienten nach einer stationären verhaltensmedizinischen Behandlung adäquater abzubilden als dies Einzelkriterien können.

In dieser Studie ist es gelungen, die therapeutischen Bemühungen um Aufklärung und Aktivierung der Patienten sowie den Transfer dieser Kenntnisse in den persönlichen Alltag der Patienten als Prädiktoren kurz- und langfristiger Behandlungsergebnisse zu identifizieren. Werden Patientengruppen über die Ausprägung dieser Wirksamkeitsindikatoren stationärer Verhaltenstherapie gebildet, zeigen sich in den Behandlungsergebnissen und in kostenrelevanten Bereichen z.T. sehr deutliche Unterschiede. Unter Berücksichtigung dieser Erkenntnisse können Hinweise auf Konzeptanpassungen bestimmter Patientengruppen gewonnen werden.

Tabellenverzeichnis

Tab. 3.1.-1.:	Symptomatologie depressiver Auffälligkeiten...........	22
Tab. 3.1.1.-1.:	Diagnostische Kategorien affektiver Störungen nach ICD 10...................	24
Tab. 3.1.1-2.:	Diagnostische Kriterien gestörter affektiver Episoden......................	24
Tab. 4.1.2.-1.:	Ein-Jahres-Querschnittsprävalenz depressiver Störungen in Deutschland...............	29
Tab. 4.3.-1.:	GEK-Arbeitsunfähigkeitstage und -fälle sowie Tage je Fall wegen psychischer Störungen im Zeitraum 1991 bis 2000 (stand.), getrennt nach Geschlecht............	36
Tab. 4.3.1.-1.:	Anteile an Arbeitsunfähigkeitstagen und -fällen sowie Tage je Fall GEK-Versicherter Mitglieder, Berichtsjahr 2000, Anteile pro 1000 Versicherungsjahre..........................	39
Tab. 4.3.1.-2.:	Anteile an Arbeitsunfähigkeitstagen und -fällen sowie Betroffenenquote DAK-Versicherter Mitglieder, Berichtsjahr 2001 Anteile pro 100 Versicherungsjahre...........	40
Tab. 4.5.1.-1.:	Gesundheitsausgaben 1994 für Neurosen, Funktionelle Störungen und andere depressive Störungen......................	48
Tab. 5.2.-1.:	Evidenz aus umfassenden Evaluationsstudien zur Ergebnisqualität in der psychosomatischen Rehabilitation mit mindestens einem Katamnesezeitpunkt (Auswahl)........	55
Tab. 7.1.1.1.-1.:	Multiples Ergebniskriterium zum Zeitpunkt der Katamnese EMEK_27........................	72
Tab. 8.1.-1.:	Aspekte der Gesundheitsbildung...............	93
Tab. 8.3.-1.:	Dimensionen der Beurteilung des Therapiekonzepts und des Therapieprogramms durch die Patienten......................	102
Tab. 9.2.5.-1.:	Skalenzuordnung des Stressverarbeitungsfragebogens (SVF 120).....................	116

Tab. 9.4.1.-1.:	Anteile männlicher und weiblicher Patienten an der Stichprobe...................	121
Tab. 9.4.1.-2.:	Altersverteilung der Stichprobe getrennt nach dem Geschlecht...................	122
Tab. 9.4.2.-1.:	Verteilung des höchsten Bildungsabschlusses in der Stichprobe...................	124
Tab. 9.4.2.2.-1.:	Beruflicher Status und Berufsausübung nach Geschlecht der Stichprobe.................	126
Tab. 9.4.3.-1.:	Rentenverfahren in der Stichprobe.............	128
Tab. 9.4.4.-1.:	Familienstand und Partnerschaft in der Stichprobe......................	130
Tab. 9.4.5.-1.:	Zu versorgende Kinder und Erziehungssituation in der Stichprobe..........................	131
Tab. 9.5.1.-1.:	Dauer seit Erstmanifestation der Erkrankung........................	133
Tab. 9.5.2.1.-1.:	Erste Behandlungsdiagnose: Krankheitshauptgruppen (A-Z)......................	135
Tab. 9.5.2.2.-1.:	Erste Behandlungsdiagnose: Krankheitshauptgruppen (A0-Z9)......................	136
Tab. 9.5.2.3.-1.:	Erste Behandlungsdiagnose: Krankheitshauptgruppen (F10-F99)......................	138
Tab. 9.5.3.-1.:	Zweite bis vierte Diagnose nach Krankheitshauptgruppen (A-Z)......................	140
Tab. 9.5.3.-2.:	Anzahl somatischer und psychiatrischer Diagnosen.................................	141
Tab.9.5.3.-3	Durchschnittliche Anzahl somatischer und psychiatrischer Dia-gnosen je Fall...............	141
Tab. 9.5.3.1.-1.:	Komorbidität in Abhängigkeit von der Hauptbehandlungsdiagnose......................	143
Tab. 9.6.1.-1.:	Anzahl stationärer psychotherapeutischer Vorbehandlungen.........................	144
Tab. 9.6.2.-1.:	Anzahl ambulanter psychotherapeutischer Vorbehandlungen.........................	146
Tab. 9.6.3.-1.:	Anzahl stationäre somatische Vorbehandlungen........................	147

Tabellenverzeichnis

Tab. 9.7.1.-1.:	Stationäre Behandlungsdauer männlicher und weiblicher Patienten............................	149
Tab. 9.7.2.-1.:	Entlassungsart der Patienten aus der Heilbehandlung..	151
Tab. 10.2.-1.:	Schweregradverteilung im Beck-Depressions-Inventar (Aufnahmeuntersuchung)....	153
Tab. 10.2.-1.:	Verteilung der Hauptbehandlungsdiagnosen nach Subgruppen im Beck-Depressions-Inventar (Aufnahmeuntersuchung)....	154
Tab. 10.3.2.-1.:	Zusammenhang zwischen dem objektiven Krankheitsverhalten und dem Ausmaß der Depressivität im Beck-Depressions-Inventar...	158
Tab. 10.4.1.-1.:	Beck-Depressions-Inventar: Vergleich der kurzfristigen Behandlungsergebnisse.........	160
Tab. 10.4.2.1.-1.:	Beck-Depressions-Inventar: Vergleich der langfristigen Behandlungsergebnisse.........	161
Tab. 10.4.2.2.-1.:	Beck-Depressions-Inventar: Vergleich der Behandlungsergebnisse nach der Behandlung..	163
Tab. 10.5.-1.:	Beck-Depressions-Inventar: Differenzielle Verläufe kurz- und längerfristiger Behandlungsergebnisse getrennt nach Geschlecht	165
Tab. 10.5.-2.:	Beck-Depressions-Inventar: Differenzielle Verläufe kurz- und längerfristiger Behandlungsergebnisse getrennt nach der Dauer seit Erstmanifestation...........................	167
Tab. 10.5.-3.:	Differenzielle Langzeitverläufe von Projektuntergruppen unter Berücksichtigung des prästationären KH-Geschehens.................	168
Tab. 10.5.-4.:	Differenzielle Langzeitverläufe von Projektuntergruppen unter Berücksichtigung des prästationären AU-Geschehens.................	169
Tab. 10.6.1.-1.:	Veränderungen der Arbeitsunfähigkeitsfälle nach Diagnosehauptgruppen (A-Z)........	171

Tab. 10.6.2.-1.:	Veränderung der Behandlungsfälle im Akutkrankenhaus nach Diagnosehauptgruppen (A-Z)	174
Tab. 10.6.3.-1.:	Veränderungen der Häufigkeit von Arbeitsunfähigkeit innerhalb von Subgruppen im Beck-Depressions-Inventar zur Aufnahmeuntersuchung	176
Tab. 10.6.4.-1.:	Veränderungen der Häufigkeit stationärer akutmedizinischer Behandlungen innerhalb von Subgruppen im Beck-Depressions-Inventar zur Aufnahmeuntersuchung	181
Tab. 10.6.5.-1.:	Veränderungen der ambulanten Arztkonsultationen	186
Tab. 10.6.6.-1.:	Altersabhängigkeit der Inanspruchnahme ambulanter Arztkonsultationen	188
Tab. 10.6.6.-2.:	Altersabhängigkeit der Patientenexpertise und Behandlungstransfer	189
Tab. 10.6.7.-1.:	Veränderungen in der Nutzung ambulanter Hilfen innerhalb von Subgruppen im Beck-Depressions-Inventar zur Aufnahmeuntersuchung	190
Tab. 10.6.8.-1.:	Patientenanteil mit anamnestischer und katamnestischer Einnahme von Psychopharmaka getrennt nach dem Depressionsscore im Beck-Depressions-Inventar	191
Tab. 11.-1.:	Mittlere Skalenwerte der durchschnittlichen Symptomausprägung der Patienten zur Aufnahmeuntersuchung	194
Tab. 11.-2.:	Zusammenhang zwischen der Ausprägung der Depressivität und damit assoziierten Beeinträchtigungen	195
Tab. 11.1.-1.:	Veränderungen in den Variablen des multiplen Veränderungskriteriums (EVEK) im stationären Behandlungsverlauf	196
Tab. 11.1.-2.:	Langfristige Veränderungen in den Variablen des multiplen Veränderungskriteriums (KVEK)	196

Tabellenverzeichnis

Tab. 11.1.-3.:	Kurz- und langfristige Therapiewirkungsintensität (Effektstärken) in den Variablen des multiplen Veränderungskriteriums EVEK und KVEK..	197
Tab. 11.1.-4.:	Verteilung der Effektstärken mit mindestens einer Effektstärke von ES=.02 in den Variablen des multiplen Ergebniskriteriums..	200
Tab. 11.2.-1.:	Beck-Depressions-Inventar: Differenzielle Therapiewirkungsintensität in den Variablen des multiplen Ergebniskriteriums EVEK...	202
Tab. 11.2.-2.:	Beck-Depressions-Inventar: Differenzielle Therapiewirkungsintensität in den Variablen des multiplen Ergebniskriteriums KVEK	205
Tab. 12.1.3.-1.:	Verteilung der modellimmanenten Variablen..	230
Tab. 12.2.1.-1.:	Standardisierte und unstandardisierte Parameterschätzungen der konfirmatorischen Faktorenanalyse............................	234
Tab. 12.3.-1.:	Beurteilung der Anpassungsgüte................	237
Tab. 13.1.-1.:	Zusammenhang zwischen den multiplen Veränderungskriterien und Konzeptbeurteilungen mit Ergebniseinschätzungen der Patienten...	240
Tab. 13.2.-1.:	Zusammenhang zwischen den multiplen Veränderungskriterien und Konzeptbeurteilungen mit Ergebniseinschätzungen der Therapeuten..	242
Tab. 13.3.-1.:	Zusammenhang zwischen den multiplen Veränderungskriterien und Konzeptbeurteilungen mit Veränderungen in Gesundheitlicher Stabilisierung, sozialer Kompetenz und Leistungsfähigkeit.......................	244
Tab. 13.4.-1.:	Unterschied kurzfristiger Behandlungsergebnisse in Abhängigkeit von der Patientenexpertise und dem Behandlungstransfer	246

Tab. 13.4.-2.:	Unterschied langfristiger Behandlungsergebnisse in Abhängigkeit von der Patientenexpertise und dem Behandlungstransfer	247
Tab. 13.5.1.-1.:	Differenzielle Verläufe der Depressivität in Abhängigkeit von der Patientenexpertise....	249
Tab. 13.5.2.-1.:	Differenzielle Verläufe der Depressivität in Abhängigkeit von dem Behandlungstransfer.	252
Tab. 13.6.1.-1.:	Differenzielle Verläufe der Arbeitsunfähigkeit in Abhängigkeit von der Patientenexpertise.	254
Tab. 13.6.1.-2.:	Differenzielle Verläufe stationärer akutmedizinischer Behandlungen in Abhängigkeit von der Patientenexpertise.	255
Tab. 13.6.1.-3.:	Differenzielle Verläufe der Nutzung ambulanter Hilfen sowie Einnahme von Psychopharmaka in Abhängigkeit von der Patientenexpertise.	256
Tab. 13.6.2.-1.:	Differenzielle Verläufe der Arbeitsunfähigkeit in Abhängigkeit von dem Behandlungstransfer.	258
Tab. 13.6.2.-2.:	Differenzielle Verläufe der Krankenhausaufenthalte in Abhängigkeit von dem Behandlungstransfer.	259
Tab. 13.6.2.-3.:	Differenzielle Verläufe der Nutzung ambulanter Hilfen sowie der Einnahme von Psychopharmaka in Abhängigkeit von dem Behandlungstransfer.	260
Tab. 14.1.-1.:	Veränderungen der direkten Behandlungskosten und den indirekten Behandlungsfolgekosten im Vergleich von zwei Jahren vor und nach der stationären verhaltensmedizinischen Rehabilitation bezogen auf klinisch relevant depressive Patienten.	265

Abbildungsverzeichnis

Abb. 2.1.-1-	Krankheitsfolgen-Modell zur Analyse chronischer Gesundheitsstörungen..................	14
Abb. 4.3.-1.:	Entwicklung der Arbeitsunfähigkeitsfälle und -tage sowie der Betroffenenquote von 1997 bis 2001 aufgrund psychischer Störungen.........................	32
Abb. 4.3.-2.:	Arbeitsunfähigkeitsvolumen je Altersgruppe und Krankheitslast, getrennt nach Geschlecht......................	33
Abb. 4.3.-3.:	Arbeitsunfähigkeitstage und -fälle wegen psychischer Störungen für Frauen im Zeitraum 1991 bis 2000 in den Altersgruppen...	34
Abb. 4.3.-4.:	Entwicklung der Arbeitsunfähigkeitsfälle aufgrund psychischer Störungen für männer in den Jahren 1997 bis 2001 in den Altersgruppen...............	35
Abb. 4.3.-5.:	Entwicklung der Arbeitsunfähigkeitstage wegen psychischer Störungen im Zeitraum 1997 bis 2001...............	36
Abb. 4.3.1.-1.:	Arbeitsunfähigkeitstage in den wichtigsten Diagnosegruppenpsychischer Störungen (ICD 10, Kap. V) getrennt nach Geschlecht für das Jahr 2001.........................	38
Abb. 4.3.1.-2.:	Arbeitsunfähigkeitstage nach ICD 10-Diagnosegruppen psychischer Störungen 2000, getrennt nach Geschlecht..................	39
Abb. 4.3.1.-3.:	Arbeitsunfähigkeitstage und -fälle wegen affektiver Störungen in den Altersgruppen getrennt nach Geschlecht......................	41
Abb. 4.3.1.-4.:	Zahl der Verordnungen von antidepressiv wirkenden Medikamenten im Monat Juni 2001.........................	42
Abb. 4.3.1.-5.:	Entwicklung der Arbeitsunfähigkeitstage aufgrund affektiver Störungen..................	42

Abbildungsverzeichnis

Abb. 4.4.1.-1.:	Gesundheitsausgaben 1994 für Neurosen, funktionelle Störungen und andere depressive Störungen..	49
Abb. 5.1.-1.:	Die Konzeption der fünf Datenboxen nach Wittmann (1990)...	52
Abb. 6.1.-1.:	Theoriemodell der Rehabilitation................	60
Abb. 7.1.1.-1.:	Typen von Ergebniskriterien nach Wittmann und Schmidt (1983)....................	70
Abb. 7.2.-1.:	Überblick über den Datenerhebungsverlauf sowie der verwendeten Messinstrumente...	78
Abb. 7.3.-1.:	Das multiple Veränderungskriterium EVEK.	90
Abb. 8.4.-1.:	Messzeitpunkte der Skalen zur Konstruktion eines multiplen Veränderungskriteriums EVEK bzw. KVEK................................	105
Abb. 8.4.-2.:	„Patientenexpertise" und „Behandlungstransfer" als Kausalprädiktoren zur Vorhersage kurz- und langfristiger Behandlungsergebnisse...	106
Abb. 9.1.-1.:	Untersuchungsplan......................................	110
Abb. 9.4.1.-1.:	Verteilung der Geschlechterzugehörigkeit der untersuchten Stichprobe......................	122
Abb. 9.4.1.-2.:	Altersverteilung der untersuchten Stichprobe...	123
Abb. 9.4.2.-1.:	Verteilung des höchsten Bildungsabschlusses in der Stichprobe....................................	125
Abb. 9.4.2.2.-1.:	Beruflicher Status der untersuchten Stichprobe..	127
Abb. 9.4.2.2.-2.:	Berufsausübung nach Geschlecht der untersuchten Stichprobe.................................	127
Abb. 9.4.3.-1.:	Rentenverfahren in der Stichprobe.............	129
Abb. 9.4.5.-1.:	Anteil der Patienten mit zu versorgenden Kindern an der Stichprobe..........................	131
Abb. 9.5.1.-1.:	Verteilung der Dauer seit Erstmanifestation der Erkrankung..	133

Abb. 9.6.1.-1.:	Anzahl stationärer psychotherapeutischer Vorbehandlungen..	145
Abb. 9.7.1.-1.:	Stationäre Behandlungsdauer männlicher und weiblicher Patienten............................	150
Abb. 10.2.-1.:	Beck-Depressions-Inventar: Verteilung des Schweregrades (Aufnahmeuntersuchung)..	154
Abb. 10.4.1.-1.:	Beck-Depressions-Inventar: kurzfristige Veränderungen der Depressivität im stationären Behandlungsverlauf (Aufnahme-Entlassung)...	160
Abb. 10.4.2.1.-1.:	Beck-Depressions-Inventar: langfristige Veränderungen der Depressivität im stationären Behandlungsverlauf (Aufnahme-Katamnese)...	162
Abb. 10.4.2.2.-1.:	Beck-Depressions-Inventar: langfristige Veränderungen der Depressivität im stationären Behandlungsverlauf (Entlassung-Katamnese)...	163
Abb. 10.5.-1.:	Langfristige Veränderungen im Beck-Depressions-Inventar bei Männern und Frauen..	166
Abb. 10.5.-2.:	Langfristige Veränderungen im Beck-Depressions-Inventar getrennt nach Dauer seit Erstmanifestation................................	168
Abb. 10.6.3.-1.:	Veränderungen Arbeitsunfähigkeitsfälle getrennt nach Schweregraden der Depressivität in der Aufnahmeuntersuchung aller Diagnosen...	177
Abb. 10.6.3.-2.:	Veränderungen Arbeitsunfähigkeitstage getrennt nach Schweregraden der Depressivität in der Aufnahmeuntersuchung aller Diagnosen...	178
Abb. 10.6.3.-3.:	Veränderungen der Arbeitsunfähigkeitsfälle getrennt nach Schweregraden der Depressivität in der Aufnahmeuntersuchung und Diagnosestufen.......................................	179

Abbildungsverzeichnis

Abb. 10.6.3.-4.:	Veränderungen der Arbeitsunfähigkeitstage getrennt nach Schweregraden der Depressivität in der Aufnahmeuntersuchung und Diagnosestufen...............	180
Abb. 10.6.4.-1.:	Veränderungen der stationären akutmedizinischen Behandlungsfälle getrennt nach Schweregraden der Depressivität in der Aufnahmeuntersuchung (alle Diagnosen)...	182
Abb. 10.6.4.-2.:	Veränderungen der stationären akutmedizinischen Behandlungstage getrennt nach Schweregraden der Depressivität in der Aufnahmeuntersuchung (alle Diagnosen)...	183
Abb. 10.6.4.-3.:	Veränderungen der stationären akutmedizinischen Behandlungsfälle getrennt nach Schweregraden der Depressivität in der Aufnahmeuntersuchung und Diagnosestufen...............	184
Abb. 10.6.4.-4.:	Veränderungen der stationären akutmedizinischen Behandlungstage getrennt nach Schweregraden der Depressivität in der Aufnahmeuntersuchung und Diagnosestufen...............	185
Abb. 10.6.8.-1.:	Patientenanteil mit anamnestischer und katamnestischer Einnahme von Psychopharmaka getrennt nach dem Depressionsscore im Beck-Depressions-Inventar..	192
Abb. 11.1.-1.:	Therapiewirkungsintensität (Effektstärken) in den Variablen des multiplen Ergebniskriteriums (EVEK)...............	198
Abb. 11.1.-2.:	Therapiewirkungsintensität (Effektstärken) in den Variablen des multiplen Ergebniskriteriums (KVEK)...............	199
Abb. 11.1.-3.:	Verteilung der Effektstärke von mindestens ES=.02 in den Variablen des multiplen Ergebniskriteriums (EVEK)...............	201

Abb. 11.1.-4.:	Verteilung der Effektstärke von mindestens ES=.02 in den Variablen des multiplen Ergebniskriteriums (Aufnahme versus Katamnese)	201
Abb. 11.2.-1.:	Beck-Depressions-Inventar: Differenzielle Therapiewirkungsintensität in den Variablen des multiplen Ergebniskriteriums EVEK	204
Abb. 11.2.-2.:	Beck-Depressions-Inventar: Differenzielle Therapiewirkungsintensität in den Variablen des multiplen Ergebniskriteriums KVEK	205
Abb. 11.3.1.-1.:	Einfache Kausalbeziehung zwischen zwei latenten Variablen in einem längsschnittlichen Untersuchungsplan	211
Abb. 11.3.1.-2.:	Der Unterschied zwischen Messmodell und Strukturmodell in einem Beziehungsgefüge von drei latenten Variablen	212
Abb. 12.2.-1.:	Vorhersagemodell kurz- und langfristiger Veränderungen bei psychosomatischen Erkrankungen	232
Abb. 12.2.1.-1.:	Pfadmodell zur Prognose kurz- und langfristiger Behandlungsergebnisse (standardisierte Parameterschätzung)	235
Abb. 13.4.-1.:	Unterschied kurz- und langfristiger Behandlungsergebnisse in Abhängigkeit von der Patientenexpertise	247
Abb. 13.4.-2.:	Unterschied kurz- und langfristiger Behandlungsergebnisse in Abhängigkeit von dem Behandlungstransfer	248

Literatur

Arbuckle, J. L., Wothke, W. (1999). AMOS 4.0. Chicago SmallWaters.

Arbuckle, J. L., Wothke, W. (1999). Amos user's guide. Chicago: SmallWaters.

Armitage, P., Berry, G. (1987). Statistical methods in medical research. New York: Academic Press.

Athanasio, V., Andrasik, F., Blanchard, E., Arena J. (1984). Psychometric properties of the SUNJA revision of the psychosomatic symptom checklist. Übersetzung nach M. Maaß. Fredeburg, 1985. Journal of Behavioural Medicine, 7/2, 247-258.

Ajzen, I., Fishbein, M. (1980). Understanding attitudes and predicting social behaviour. Englewood Cliffs, NJ, Prentice-Hall.

H.-J. Ambühl, B. Strauß (Hrsg.). Therapieziele. Göttingen: Hogrefe.

Beck, A.T., Ward, C. H., Mendelsohn, M., Mock, J., Erbaugh, J. (1961). An inventory for measuring depression. Archives of General Psychiatry, 4, 561-567.

Beck, A.T. (1967). Depression. Causes and Treatment. Philadelphia: University of Pennsylvania Press.

Beck, A.T. (1970). Depression: Causes and treatment (2nd. Ed.). Philadelphia: University of Pennsylvania Press.

Beck, A.T., Steer, R.A. (1984). Internal consistencies of the original and revised Beck Depression Inventories. Journal of Clinical Psychology, 40, 1365-1367.

Beck, A.T., Rush, A.J., Shaw, B.F., Emery, Y.G. (1986). Kognitive Therapie der Depression. München: Urban, Schwarzenberg.

Beck, A. T., Steer, R. A., Garbin, M. G. (1988). Psychometric properties of the Beck Depression Inventory: Twenty-five years of evaluation. Clinical Psychology Review, 8, 77-100.

Literatur

Bentler, P.M., Bonnet, D.G. (1980). Significance test and goodness of fit in the analysis of covariance structures. Psychological Bulletin, 88, 588-606.

Bentler, P.M. (1990). Comparative fit indexes in structural models. Psychological Bulletin, 107, 238-246.

Bentler, P.M. (1995). EQS structural equation program manual. Encino, CA: Multivariate Software.

Bentler, P.M., Wu, E.J. C., Houck, E.L. (1996). Graphische Umgebungen für Kausalmodelle. In E. Erdfelder, R. Mausfeld, T. Meiser, G. Rudinger (Hrsg.). Handbuch Quantitative Methoden (S. 269-278). Weinheim: Belz (PVU).

Beutler, L.E. (1997). Measuring Changes in Patients Following Psychological and Pharmacological Interventions: Depression. In H.H. Strupp, L.M. Horowitz, M.J. Lambert (Eds.). Measuring patient changes in mood, anxiety an personality disorders. Toward a core battery (pp. 247-262). Washington, DC: American Psychological Association.

Bischoff, C., Schultze, H., v. Pein, A., Czikkely, M., Limbacher, K. (2003). Stationäre psychosomatische Rehabilitation bei Patienten mit chronischem Schmerz: Evaluation einer psychoedukativen sozialmedizinischen Gruppenintervention. In VDR (Hrsg.). Rehabilitation im Gesundheitssystem, DRV-Schriften Band 40, 12. Rehabilitationswissenschaftliches Kolloquium vom 10. bis 12. März 2003 in Bad Kreuznach, Frankfurt: Eigenverlag.

BKK-Bundesverband (Hrsg.) Krankheitsartenstatistik 2000/2001, Essen, 2002.

Bollen, K. (1990). Overall fit in covariance structure models: Two types of sample size effects. Psychological Bulletin, 107, 256-259.

Boomsma, A., Hoogland, J.J. (2001). The robustness of LISREL modeling revisited. In R. Cudeck, S. du Toit, D. Sörbom (Eds.). Structural equation models: Present and future. A Festschrift in honor of Karl Jöreskog (pp. 139-168). Chicago: Scientific Software International.

Bortz, J. (1993). Statistik für Sozialwissenschaftler. 4. vollst. überarb. Aufl. Berlin: Springer.

Bortz, J., Döring, N. (1995). Forschungsmethoden und Evaluation für Sozialwissenschaftler. 2. Aufl. Springer: Berlin.

Brogden, H.E. (1949). When testing pays off. Personnel Psychology, 2, 171-183.

Brown, M.W., Cudeck, R. (1993). Alternatives ways of assessing model fit. In K.A. Bollen, J.S. Long (Eds.). Testing structural equation models (pp. 136-162). Newbury Park, CA: Sage.

Bürger, W., Koch, U. (1999). Aktuelle Entwicklungstrends in der medizinischen Rehabilitation und ihre Bedeutung für den Bereich der Psychosomatischen Rehabilitation. PPmP, 49, 302-311.

Bundesvereinigung der Kassenpsychotherapeuten (2001). unveröff. Analyse.

Buschmann-Steinhage, R. (2002). Einführungsvortrag zur Expertenkonferenz „Umsetzung" am 4. und 5. November 2002 in Erkner. www.vdr.de/internet/vdr/reha.nsf/($URLRef)/4B92FF68D82CE99EC 1256CEF003AA21A/$FILE/Erkner_Protokoll.pdf

Campbell, M.M., Fiske, D.W. (1959). Convergent and diskriminant validation by the Multitrait-Multimethod-Matrix. Psychological Bulletin, 56, 81-105.

Campbell, D.T., Stanley, J.C. (1966). Experimental and quasi-experimental designs for research. Chicago, IL: Rand McNally.

Campbell, D.T. (1969). Reforms as experiments. American Psychologist, 24, 409-429.

Carmines, E.G., MacIver, J.P. (1981). Analyzing models with unobserved variables. In G.W. Bohrstedt, E.F. Borgatta (Eds.). Social measurement: Current issues. Beverly Hills: Sage.

Literatur

Caspar, S. (2003). 22. Jahrestagung „Klinische Psychologie in der Rehabilitation" in neuem Rahmen: Bewährtes Konzept – neue Kooperationen. Reha-Psychologische Mitteilungen, Pabst Science Publishers, 9, 4-6.

Cattel, R.B. (1957). Personality and motivation structure and measurement. New York: World Book Company.

Cohen, J. (1969). Statistical power analysis for the behavioural sciences. San Diego, CA: Academic Press.

Cohen, J. (1988). Statistical power analysis for the behavioural science (2nd ed.). Hillsdale, NJ: Erlbaum.

Cohen, J. (1992). A power primer. Psychological Bulletin ,112, 155-159.

Cook, T.D., Campbell, D.T. (1979). Quasi-experimentation: Design and analysis issues for field setting. Chicago, IL: Rand McNally.

Cronbach, L.J. (1982). Designing Evaluations of educational and Social Programs. San Francisco: Jossey-Bass.

DAK Gesundheitsmanagement (Hrsg.). DAK Gesundheitsreport 2002. Hamburg, 2002.

Dehmlow, A., Zielke, M., Limbacher K. (1999). Konzeptionelle Gestaltung und Ergebnisse eines Entlassfragebogens nach stationärer Verhaltenstherapie, Praxis Klinische Verhaltensmedizin und Rehabilitation, 45, 28-34.

Dilling, H., Mombour, W., Schmidt, M.H., Schulte-Markwort, E. (2000). Internationale Klassifikation psychischer Störungen: ICD 10, Kapitel V (F) klinisch-diagnostische Leitlinien. Bern: Huber.

Donabedian, A. (1980). Explorations in Quality Assessment and Monitoring, Bd. 1: The Definition of Quality and Approaches to its Assessment, Ann Arbor.

F. Dorsch, H. Häcker, K.H. Stapf (Hrsg.). Dorsch Psychologisches Wörterbuch. Bern: Huber, 1994.

Ewert, T., Cieza, A., Stucki, G. (2002). Die ICF in der Rehabilitation. Phys. Med. Rehab. Kuror., 12, 157-162.

Fachausschuss Psychosomatik (Hrsg.). Basisdokumentation Psychosomatik in der Verhaltensmedizin: 10 Jahre Qualitätssicherung in der medizinischen Rehabilitation auf der Grundlage klinischer Behandlungsdaten. Verhaltensmedizin Heute, Schriftenreihe des Wissenschaftsrates der AHG AG, Heft 2, Hilden, 1994.

Faller, H. (2003). Shared Decision Making: Ein Ansatz zur Stärkung der Partizipation des Patienten in der Rehabilitation. Rehabilitation, 42, 129-135.

Fiedler, P. (1996). Verhaltenstherapie in und mit Gruppen. Weinheim: Beltz (PVU).

Fishbein, M., Ajzen, I. (1975). Belief, attitude, intension and behaviour. A introduction to theory and research. Reading (Mass), Addison-Wesley.

Frydrich, T. Laireiter, A.-R., Saile, H., Engberding, M. (1996). Diagnostik und Evaluation in der Psychotherapie: Empfehlungen zur Standardisierung. Zeitschrift für klinische Psychologie, 25 (2), 161-168.

Fuchs, H. (2002). Klassifikationssystem als Grundlage einer zukunftsfähigen Rehabilitation, Bundeskongress des Bundesverbandes deutscher Privatkrankenanstalten e. V. am 27.06.2002 in Berlin.

Gallagher, D., Nies, G., Thompson, L. W. (1982). Reliability of the Beck Depression Inventory with older adults. Journal of Consulting and Clinical Psychology, 50, 152-153.

Gangnus, U. (2001). Veränderungen der Krankheitsbewältigung bei psychischen und psychosomatischen Erkrankungen im Verlauf stationärer Verhaltenstherapie. Pabst: Lengerich.

Gmünder Ersatzkasse (Hrsg.). GEK-Gesundheitsreport 2001: Auswertungen der GEK-Gesundheitsberichterstattung. Sankt-Augustin: Asgard-Verlag, 2001.

Gerdes, N., Bengel, J., Jäckel, W.H. (2000). Zielorientierung in Diagnostik, Therapie und Ergebnismessung. In J. Bengel, W.H. Jäckel (Hrsg.). Zielorientierung in der Rehabilitation. Rehabilitationswissenschaftlicher Forschungsverbund Freiburg / Bad Säckingen. Roderer: Regensburg.

Grawe, K., Donati, R., Bernauer, F. (1994). Psychotherapie im Wandel. Von der Konfession zur Profession. Hogrefe: Göttingen.

Glass, G.V. (1983). Evaluation methods synthesized. Review of L.J. Cronbach designing evaluations of educational and social programs. Contemporary Psychology, 28, 501-503.

Gönner, S., Bischoff, C., Husen, E., Ehrhardt, M., Limbacher, K. (2003). Effekte ambulanter prä- und poststationärer Maßnahmen auf die Wirksamkeit stationärer psychosomatischer Rehabilitation. In VDR (Hrsg.). Rehabilitation im Gesundheitssystem, DRV-Schriften Band 40, 12. Rehabilitationswissenschaftliches Kolloquium vom 10. bis 12. März 2003 in Bad Kreuznach, Frankfurt: Eigenverlag.

Grawe, K. Caspar, F., Ambühl, H (1990). Die Berner Psychotherapievergleichsstudie, Zeitschrift für klinische Psychologie, Band XIX, 4, 294-315.

Grawe, K., Braun, U. (1994). Qualitätskontrolle in der Psychotherapiepraxis. Zeitschrift für klinische Psychologie, 23 (4), 242-267.

Grawe, K. (1996). Neuer Stoff für Dodo? Ein Kommentar zur Depressionsstudie von Hautzinger und de Jong-Mayer, Zeitschrift für klinische Psychologie, 25, 328-331.

Groß-Engelmann, M. (1999). Kundenzufriedenheit als psychologisches Konstrukt: Bestandsaufnahme und emotionstheoretische Erweiterung bestehender Erklärungs- und Messmodelle. Lohmar, Köln: Eul.

Härter, M. C. (2002). Psychische Störungen bei körperlichen Erkrankungen. PPmP, 50, 274-286.

Hager, W. (1998). Therapieevaluation: Begriffsbildung, Kontrolle, Randomisierung und statistische Auswertung. Einige Anmerkungen und Ergänzungen zu Metzler und Krause (1997). Methods of Psychological Research Online, 3 (1).

Hager, W., Hasselhorn, M. (2000). Psychologische Interventionsmaßnahmen: Was sollen sie bewirken? (S. 41-82). In W. Hager, J.-L. Patry, H. Brezing (Hrsg.). Evaluation psychologischer Interventionsmaßnahmen. Standards und Kriterien: Ein Handbuch. Huber: Göttingen.

Hager (2000). Zur Wirksamkeit von Interventionsprogrammen: Allgemeine Kriterien der Wirksamkeit von Programmen in einzelnen Untersuchungen. (S. 153-166). In W. Hager, J.-L. Patry, H. Brezing (Hrsg.). Evaluation psychologischer Interventionsmaßnahmen. Standards und Kriterien: Ein Handbuch. Huber: Göttingen.

Hager, W., Hasselhorn, M. (2000). Einige Gütekriterien für Kriteriumsmaße bei der Evaluation von Interventionsprogrammen. (S. 169-178). In W. Hager, J.-L. Patry, H. Brezing (Hrsg.). Evaluation psychologischer Interventionsmaßnahmen. Standards und Kriterien: Ein Handbuch. Huber: Göttingen.

Hager (2000). Planung von Untersuchungen zur Prüfung von Wirksamkeits- und Wirksamkeitsunterschiedshypothesen. (S. 202-237). In W. Hager, J.-L. Patry, H. Brezing (Hrsg.). Evaluation psychologischer Interventionsmaßnahmen. Standards und Kriterien: Ein Handbuch. Huber: Göttingen.

Harrell, T.H., Ryon, N.B. (1983). Cognitive behavioural assessment of depression: Clinical validation of the Automatic Thoughts Questionnaire. Journal of Consulting and Clinical Research, 51, 721-725.

Hartmann A., Herzog, T. (1995). Varianten der Effektstärkenberechnung in Metaanalysen: Kommt es zu variablen Ergebnissen? Zeitschrift für klinische Psychologie, 24 (4), 337-343.

Hartwig, F., Dearing, B.E. (1979). Exploratory data analysis. Beverly Hills, CA: Sage.

Hasselhorn, M., Mähler, C. (2000). Transfer: Theorien, Technologien und empirische Erfassung (S. 86-100). In W. Hager, J.-L. Patry, H. Brezing (Hrsg.). Evaluation psychologischer Interventionsmaßnahmen. Standards und Kriterien. Ein Handbuch. Bern: Huber.

Hautzinger, M., Stark, W., Treiber, R. (1989). Kognitiver Verhaltenstherapie bei Depressionen. Weinheim: Belz (PVU).

Hautzinger, M. (1991). Das Beck Depression-Inventar (BDI) in der Klinik. Der Nervenarzt, 62, 689-696.

Hautzinger, M., Bailer, M., Worall, H., Keller, F.(1995). Beck Depressions-Inventar (BDI). Testhandbuch (2. überarb. Aufl.). Bern: Huber.

Hautzinger, M., de Jong-Mayer, R., Treiber, R., Rudolf, G.A.E., Thien, U. (1996). Wirksamkeit Kognitiver Verhaltenstherapie, Pharmakotherapie und deren Kombination bei nicht-endogenen, unipolaren Depressionen. Zeitschrift für Klinische Psychologie, 25 (2), 130-145.

Hautzinger, M. (1998). Depression. In D. Schulte, K. Grawe, K. Hahlweg, D. Vaitl (Hrsg.). Fortschritte der Psychotherapie, Bd. 4 Depression. Göttingen: Hogrefe.

Hautzinger, M. (2000). Kognitive Verhaltenstherapie bei Depressionen. 5. vollst. überarb. Aufl., Beltz: Weinheim (PVU).

Herrle, J., Kühner, C. (1994). Depression bewältigen. Ein kognitiv-verhaltensthera-peutisches Gruppenprogramm nach P.M. Lewinsohn. Weinheim: Belz (PVU).

Herschbach, P. (1995). Über den Unterschied zwischen Kranken und Patienten. PPmP, 45, 83-89.

Helmchen, H., Linden, M. (1980). Depressive Erkrankungen. In E. Block, W. Gerok, F. Hartmann (Hrsg.). Klinik der Gegenwart. München: Urban & Schwarzenberg.

Hillert, A., Staedtke, D., Heldwein, C. Toth, A., Cuntz, U. (2003). Randomisierte Evaluation der beruflichen Belastungserprobung (BE) bei psychosomatischen Patienten im Rahmen eines stationären verhaltenstherapeutischen Settings: 12-Monatskatam-nese. In VDR (Hrsg.). Rehabilitation im Gesundheitssystem, DRV-Schriften Band 40, 12. Rehabilitationswissenschaftliches Kolloquium vom 10. bis 12. März 2003 in Bad Kreuznach. Frankfurt: Eigenverlag.

Höffler, K.W. (2000). „Transfer in den Alltag" als Aufgabe der Patientenschulung. Praxis Klinische Verhaltensmedizin und Rehabilitation, 51, 34-37.

Hollon, H. (1996). The efficacy and effectiveness of psychotherapy relative to medication. American Psychologist, 51, 1025-1030.

Holler, A. (1999). Einflussfaktoren auf die Prozessqualität bei beratungsintensiven Dienstleistungen: mit einer empirischen Analyse zur Qualitätsproblematik der Anlagenberatung. Freiburg: Rudolf Haufe Verlag.

Hopkins, K.D., Weeks, D.L. (1990). Test for normality and measures of skewness and kurtosis: Their place in research reporting. Educ. psychol. measmt., 50, 717-729.

Homburg, C., Pflesser, C. (2000). Konfirmatorische Faktorenanalyse. In A. Herrmann, Ch. Homburg (Hrsg.). Marktforschung. (2. Aufl.). Wiesbaden: Gabler.

Hoogland, J.J., Boomsma, A. (1998). Robustness studies in covariance structure modeling: An overview and a meta-analysis. Sociological Methods and Research, 26, 329-367.

Hu, L., Bentler, P.M. (1995). Evaluating model fit. In R.H. Hoyle (Ed.). Structural equation modeling. Concepts, issues, and applications (pp.76-99). London: Sage.

Hu, L., Bentler, P. M. (1998). Fit indices in covariance structure analysis: Sensitivity to underparameterized model misspecification. Psychological methods, 3, 424-453.

Hu, L., Bentler, P.M. (1999). Cut off criteria for fit indexes in covariance structure analysis: Conventional criteria versus new alternatives. Structural Equation Modeling, 6, 1-55.

Huck, K., Dorenburg, U. (1998). Modelle des Qualitätsmanagements für Einrichtungen der medizinischen Rehabilitation. Rehabilitation, 37, 57-64.

Husen, E., Erhardt, M., Bischoff, C. (2000). Ambulante Maßnahmen zur Nachbereitung stationärer psychosomatischer Rehabilitations-Effekte auf die Patientenurteile über die Behandlung. Praxis Klinische Verhaltensmedizin und Rehabilitation, 52, 10-15.

Irle H., Amberger, S., Nischan, P. (2001). Entwicklungen in der psychotherapeutisch/psychosomatischen Rehabilitation. Deutsche Angestelltenversicherung, 7, 1-7.

Jahnke, W. Erdmann, G., Kallus, K.W., Boucsein, W. (1997). Stressverarbeitungsfragebogen (SVF 120). Kurzbeschreibung und grundlegende Kennwerte. Göttingen: Hogrefe.

Jacob, G., Bengel, J. (2000). Das Konstrukt Patientenzufriedenheit: Eine kritische Bestandsaufnahme. Zeitschrift für klinische Psychologie, Psychiatrie und Psychotherapie, 48, 280-301.

Jeske, A.M., Sauer, E. (2002). Teilhabe und Selbstbestimmung in der Rehabilitation – Erfahrungen mit einem interaktiven Schulungsprogramm für Patienten mit multipler Sklerose. In VDR (Hrsg.). Teilhabe durch Rehabilitation. 11. Rehabilitationswissenschaftliches Kolloquium vom 4. bis 6. März in München. DRV-Schriften, Bd. 33. Frankfurt: Eigenverlag.

Jöreskog, K.G. (1967). Some contributions to maximum likelihood factor analysis. Psychometrica, 32, 43-482.

Jöreskog, K.G. (1969). A general approach to confirmatory maximum likelihood factor analysis. Psychometrica, 34, 183-202.

Jöreskog, K.G. (1973a). Analysis of covariance structure. In P. Krishnaiah (Ed.). Multivariate analysis III. (pp. 263-285) New York: Academic Press.

Jöreskog, K.G. (1973b). A general method for estimating a linear structural equation system. In A.S. Goldberger, O.D. Duncan (Eds.). Structural equation models in social science. (pp. 85-112). New York: Academic Press.

Jöreskog, K.G., Sörbom, D. (1996). LISREL 8: User's reference guide. Chicago: Scientific Software International.

Jöreskog, K.G., Sörbom, D. (1993). Structural equation modeling with the SIMPLIS command language. Chicago: Scientific Software.

Jöreskog, K.G., Sörbom, D. (1989). LISREL 7: user's reference guide. Chicago: Scientific Software.

Kanzow, U. (1986). Nun kurt mal schön! Deutsches Ärzteblatt, 83, 2487.

Kaplan, D. (2000). Structural equation modeling: Foundation and extensions. Thousand Oaks, CA: Sage Publications.

Kazis, L.E., Anderson, J.J., Meenan, R.F. (1989). Effect sizes for interpreting changes in health status. Medical Care, 27, 178-189.

Kiesler, D.J. (1982). Interpersonal theory for personality and psychotherapy. In J.C. Anchin, D.J. Kiesler (Ed.). Handbook of interpersonal psychotherapy. (pp-3-24). New York: Pergamon.

Kiesler, D.J. (1997). Experimentelle Untersuchungspläne in der Psychotherapieforschung. (S. 106-147). In F. Petermann, E. Schmook (Hrsg.). Forschungsfragen in der klinischen Psychologie. Bern: Huber.

Köster, I. (1992). Therapie und Diagnostik in der primärärztlichen Versorgung auf der Basis einer Stichprobe AOK-Versicherter. unveröff. Projektbericht aus dem Zentrum für Medizinische Psychologie, Soziologie und Statistik der Heinrich-Heine-Universität Düsseldorf.

Leidig, S., v.Pein, A. (1993). Stationäre Gruppentherapie für Patienten mit chronifizierten somatoformen Störungen. Praxis Klinische Verhaltensmedizin und Rehabilitation, 22, 73-78.

Leimkühler, A.M., Müller, U. (1996). Patientenzufriedenheit – Artefakt oder soziale Tatsache?. Der Nervenarzt, 67, 765-773.

Lipsey M.W., Wilson, D.B. (1993). The efficacy of psychological, educational an behavioural treatment. Confirmation from meta-analysis. American Psychologist, 4, 1181-1209.

Klauer, T., Schwarzer, R. (2001). Soziale Unterstützung und Depression. Verhaltenstherapie und Verhaltensmedizin, 4, 1-12.

Kline, R.B. (1998). Principles and Practice of Structural Equation Modelling. New York: Guilford Publications.

Klinik Berus: Zentrum für Psychosomatik und Verhaltensmedizin (Hrsg.). Jahresbericht 1999-2001. Saarbrücken: reha, 2002.

Kenny, D.A. (1979). Correlation and causality. New York: Wiley.

Köpke, K.H. (2004). Nachsorge in der Rehabilitation – Eine Studie zur Optimierung von Reha-Leistungen in der gesetzlichen Rentenversicherung. In VDR (Hrsg.). Selbstkompetenz – Weg und Ziel der Rehabilitation. 13. Rehabilitationswissenschaftliches Kolloquium vom 8. bis 10. März in Düsseldorf. DRV-Schriften, Bd. 52. Frankfurt: Eigenverlag.

Koch, U., Schulz, H. (1999). Psychosomatische Rehabilitation. PPmP, 49, 293-294.

Kohlmann, T., Raspe, H. (1998). Zur Messung patientennaher Erfolgskriterien in der medizinischen Rehabilitation: Wie gut stimmen „indirekte" und „direkte" Methoden der Veränderungsmessung überein?. Rehabilitation, 37 (1), 30-37.

Lazarus, A.A. (1980). Die multimodale verhaltenstherapeutische Behandlung der Depression. In R. de Jong, N. Hoffmann, M. Linden (Hrsg.). Verhaltensmodifikation bei Depressionen. München: Urban & Schwarzenberg.

Lewinsohn, P.M., Biglan, A., Zeiss, A. (1980). Verhaltenstherapie bei Depressionen. In: P.O. Davidson (Hrsg.). Angst, Depression, Schmerz – verhaltenstherapeutische Methoden zur Prävention und Therapie. München: Pfeiffer.

Limbacher, K. (2001). Gruppentherapie bei Depressionen in der stationären Verhaltenstherapie. (S. 49-82). In M. Zielke, H.V. Keyserlingk, W. Hackhausen (Hrsg.). Angewandte Verhaltensmedizin in der Rehabilitation. Pabst: Lengerich.

Little, R.J.A., Rubin, D.B. (1987). The analysis of social science data with missing values. Sociological Methods and Research, 18, 292-326.

MacCallum, R.C., Brown, M.W., Sugawara, H.M. (1996). Power analysis and determination of sample size for covariance structure modeling. Psychological Methods, 1, 130-149.

Maier-Riehle, B., Zwingmann, C. (2000). Effektstärken beim Eingruppen Prä-Post-Design: Eine kritische Betrachtung. Rehabilitation, 39, 189-199.

Maier-Riehle, B., Schliehe, F. (2002). Der Ausbau der ambulanten Rehabilitation. Rehabilitation, 41, 76-80.

Mardia, K.V. (1970). Measures of multivariate skewness and kurtosis with applications. Biometrica, 57, 519-558.

Mardia, K.V. (1974). Applications of some measure of multivariate skewness and kurtosis in testing normality and robustness studies. Sankhya, Series B, 36, 115-128.

Markgraf, J., Ehlers, A. (2000). Beck Angstinventar Deutsche Version. In: Testkatalog der Testzentrale Göttingen, S. 174.

Metzler, P., Krause, B. (1997). Methodischer Standard bei Studien zur Therapieevaluation. Methods of Psychological Research Online, Vol. 2, No. 1.

Mosteller, F., Tukey, J.W. (1977). Data analysis and regression. Reading, MA: Addison-Wesley.

Muthny, F.A. (1989). Freiburger Fragebogen zur Krankheitsverarbeitung (FKV). Weinheim: Belz Test.

Myrtek, M. (1998). Gesunde Kranke - kranke Gesunde. Psychophysiologie des Krankheitsverhaltens. Bern: Huber.

Nachtigall, C., Kroehne, U., Funke, F., Steyer, R. (2003). (Why) Should We Use SEM? Pros and Cons of Structral Equation Modeling. Methods of Psychological Research Online 2003, 8 (2), 1-22.

Nagel, E., Jähn, K. (2003). Prinzipien der Rehabilitation. Vorlesungsreihe des Instituts für Medizinmanagement und Gesundheitswissenschaften der Universität Bayreuth im WS 03/04.

Nosper, P. (1999). Der Erfolg Psychosomatischer Rehabilitation in Abhängigkeit von der Behandlungsdauer. PPmP, 49, 354-360.
Nübling, R. (1992). Psychotherapiemotivation und Krankheitskonzept: zur Evaluation psychosomatischer Heilverfahren. Frankfurt: VAS.

Petermann (Hrsg.). Patientenschulung und Patientenberatung (2. Aufl.). Göttingen: Hogrefe, 1997.

Potthoff, P. (1982). Materialien zur Studie „Entwicklung von Indikatoren zur Messung subjektiver Gesundheit". München, Gesellschaft für Strahlen- und Umweltforschung.

Potthoff, P. (1983). Anwendungsmöglichkeiten medizinischer Erfolgsmessung. Medizin, Mensch, Gesellschaft, 1, 10-17.

Proudfoot Consulting (Ed.). Missing millions. How companies mismanage their most valuable resource. International labour productivity study – October 2003. www.czipinproutfood.com.

Psychosomatische Fachklinik Bad Dürkheim (Hrsg.). Psychosomatische Fachklinik Bad Dürkheim. Jahresbericht 2000/2001. Kurbrunnenstraße 12, 67098 Bad Dürkheim.

Reimer, C., Hempfing, L., Dahme, B. (1979). Iatrogene Chronifizierung in der Vorbehandlung psychogener Erkrankungen. Praxis der Psychotherapie und Psychosomatik, 24, 123-133.

Reschke, K. (1994) Gesundheitsbildung als integraler Bestandteil der Rehabilitation. In: VDR (Hrsg.). Die Norm des Gesundseins – Lebensqualität und Kranksein. Bd. 6: Klinische Psychologie in der Rehabilitationsklinik; Referate und Berichte zur Tagung des Arbeitskreises Klinische Psychologie in Reha-Kliniken, Bad Wildungen 1993. Frankfurt: Eigenverlag.

Richter, P. (1991). Zur Konstruktvalidität des Beck-Depressions-Inventars bei der Erfassung depressiver Verläufe. Ein empirischer und methodologischer Beitrag. Regensburg: Roderer-Verlag.

Rief, W., Nanke, A., Klaiberg, A., Brähler, E. (2004). Specific Effects of Depression, Panic and Somatic Symptoms on Illness Behaviour. einger. Manuskript.

Rief, W., Nanke, A. Rauh, E., Zech, T., Bender, A. (2004). Evaluation of a General Practioner´s Training: „How to Manage Patients with Unexplained Physical Symptoms". einger. Manuskript.

Rietz, C., Rudinger, G., Andres, J. (1996). Lineare Strukturgleichungsmodelle. In E. Erdfelder, R. Mausfeld, T. Meisner, G. Rudinger (Hrsg.). Handbuch quantitative Methoden. Weinheim: Belz (PVU).

Rosenthal, R. (1979). The „file drawer problem" and tolerance for null results. Psychological Bulletin, 86, 638-641.

Rossi, P.H. (1978). Issues in the evaluation of human services delivery. In Evaluation Quarterly, 2, 573-599.

Sachverständigenrat für die konzertierte Aktion im Gesundheitswesen (2001). Gutachten 2000/2001: Bedarfsgerechtigkeit und Wirtschaftlichkeit. Bd. III Über-, Unter- und Fehlversorgung. Baden-Baden: Nomos.

Saß, H., Houben, I. (2001). Diagnostisches und statistisches Manual psychischer Störungen DSM-IV. Göttingen: Hogrefe.

Schaal, J., Rohner, R. Studt, H.-H. (1998). Der Bettnachbar im Patientenzimmer – Plagegeist oder nützliche Ressource? PPmP, 48, 55-62.

Schaefer, A., Brown, J., Watson, C.G., Plemel, D., DeMotts, J., Howard, M.T., Petrik, N., Balleweg, B.J., Anderson, D. (1985). Comparison of the validities of the Beck, Zung, and MMPI depression scales. Journal of Consulting and Clinical Psychology, 53, 415-418.

Schermelleh-Engel, K., Moosbrugger, H. Müller, H. (2003). Evaluating the Fit of Structural Equation Models: Test of Significance and Descriptive Goodness of Fit Measures. Methods of Psychological Research Online, 8 (2), 23-74.

Schmidt, F.L., Hunter, J.E., Pearlman, K. (1982). Assessing the economic impact of personnel programs of workforce productivity. Personnel Psychology, 35, 333-347.

Schmidt, J., Wittmann, W.W. (1983). Die Vorhersagbarkeit des Verhaltens aus Trait-Inventaren. Theoretische Grundlagen und empirische Ergebnisse mit dem Freiburger Persönlichkeitsinventar (FPI). Psychologisches Institut, Freiburg (Forschungsberichte, Nr. 10).

Schmidt, J., Bernhard, P. Wittmann, W.W., Lamprecht, F. (1987). Die Unterscheidung zwischen singulären und multiplen Ergebniskriterien. Ein Beitrag zur Kriterienproblematik in der Evaluation. (S. 293-299). In F. Lamprecht (Hrsg.). Spezialisierung und Integration in Psychosomatik und Psychotherapie. Berlin: Springer.

Schmidt, J., Steffanowski, A., Nübling, R., Lichtenberg, S., Wittmann, W.W. (2003). Ergebnisqualität stationärer psychosomatischer Rehabilitation. Vergleich unterschiedlicher Evaluationsstrategien. In J. Bengel, W.H. Jäckel (Hrsg.). Rehabilitationswissenschaften, Rehabilitationspsychologie, Rehabilitationsmedizin, Bd. 6, Regensburg: Roderer.

Schönle, P.W. (2003). Anforderungen an eine patientenorientierte Rehabilitation. Rehabilitation, 42, 261-268.

Schönemann, P.H., Borg, I. (1996). Von der Faktorenanalyse zu den Strukturgleichungsmodellen. (241-252) In: E. Erdfelder, R. Mausfeld, T. Meiser, G. Rudinger (Hrsg.). Handbuch Quantitative Methoden. Weinheim: Belz (PVU).

Schröder, K. (2003). Transferförderung im Rahmen einer stationären psycho-somatischen Rehabilitation. Dissertation, Universität Braunschweig.

Schulte, D. (1998). Therapieplanung (2. Aufl.). Göttingen: Hogrefe.

Schuntermann, M.F. (1999). Behinderung und Rehabilitation: Die Konzepte der WHO und des deutschen Sozialrechts. Die neue Sonderschule – Zeitschrift für Theorie und Praxis der pädagogischen Rehabilitation, 44 (5), 342-363.

Schuntermann, M.F. (2003). Die Internationale Klassifikation der Funktionsfähigkeit, Behinderung und Gesundheit (ICF): Ist das Teilhabekonzept überzeugend operationalisiert? In VDR (Hrsg.) Rehabilitation im Gesundheitssystem. 12. Rehabilitationswissenschaftliches Kolloquium vom 10. bis 12. März in Bad Kreuznach DRV-Schriften Bd. 40, Frankfurt: Eigenverlag.

Schuntermann, M. (2003). Grundsatzpapier der Rentenversicherung zur Internationalen Klassifikation der Funktionsfähigkeit, Behinderung und Gesundheit (ICF) der Weltgesundheitsorganisation (WHO). Deutsche Rentenversicherung, 1-2, 52-59.

Schwartz, F.W., Bitzer, E.M., Dörning, H., Grobe, T.G., Krauth, Ch., Schlaud, M., Schmidt, Th., Zielke, M. (1999). Gesundheitsausgaben für chronische Krankheit in Deutschland. Pabst: Lengerich.

Schwarzer, R. (1996). Psychologie des Gesundheitsverhaltens. (2. Aufl.). Göttingen: Hogrefe.

Schwarzer, R. (1999). Self-regulatory processes in the adoption and maintenance of health behaviours. The role of optimism, goals, and treats. Journal of Health Psychology, 4, 115-127.

Schwickerath, J., Keller, R., Follert, P. (2001). Stationäre verhaltensmedizinische Behandlung von Angst- und Panikstörungen. (S. 157-171). In: M. Zielke, H. v.Keyserlingk, W. Hackhausen (Hrsg.). Angewandte Verhaltensmedizin in der Rehabilitation. Pabst: Lengerich.

Seligman, M.E. (1979). Erlernte Hilflosigkeit. München: Urban & Schwarzenberg.

Sieber, G. (1995). Evaluation von Qualitätssicherungsprogrammen in der Rehabilitation. Mitteilungen der LVA Württemberg, 9, 377-378.

Smith, M.L., Glass, G.V. (1977). Meta-analysis of psychotherapie. American Psychologist, 41, 165-180.

Smith, N.L. (1980). The feasibility and desirability of experimental methods in evaluation. Evaluation and Program Planning, 3, 251-256.

Smith, M.L., Glass, G.V., Miller, T.L. (1980). The benefits of psychotherapy. Baltimore London: John Hopkins Univ. Press.

SPSS für Windows, Standardversion 11.5.1, SPSS Inc.

Stapel, M. (2003). Qualitätsbeurteilungen durch Kinder und Jugendliche. In H. Hoff-Emden, M. Zielke (Hrsg.) Angewandte Verhaltensmedizin in Forschung und Praxis. Pabst: Lengerich.

Steer, R.A., McElroy, M.G., Beck, A.T. (1982). Structure of the depression in alcoholic men: A partial replication. Psychological Report, 50, 723-728.

Steffanowski, A., Löschmann, C., Schmidt, J., Nübling, R., Wittmann, W.W. (2003). Indirekte, quasi-indirekte und direkte Veränderungsmessung: Varianten der allgemeinen Ergebnismessung auf dem Prüfstand. In VDR (Hrsg.). DRV Schriften, Bd. 40. 12. Rehabilitationswissenschaftliches Kolloquium: Rehabilitation im Gesundheitssystem. VDR: Eigenverlag.

Stelzl, I. (1986). Changing a causal hypothesis without changing the fit: Some rules for generating equivalent path models. Multivariate Behaviour Research, 23, 297-326.

Steyer, R. (1992). Theorie kausaler Regressionsmodelle. Stuttgart: Fischer.

Strotzka, H. (1975). Psychotherapie. München: Urban & Schwarzenberg.

Stucki, G., Steiner, W., Huber, E., Aeschlimann, A. (1999). Standardisiertes Outcome Assessment in der klinischen Praxis. Ars Medici, 1, 46-50.

Sturm, J., Zielke, M. (1988). „Chronisches Krankheitsverhalten". Die klinische Entwicklung eines neuen Krankheitsparadigmas. Praxis der Klinischen Verhaltensmedizin und Rehabilitation, 1, 17-27.

Tölle, R. (1999). Psychiatrie. (12. neu verf. u. erg. Aufl.). Berlin: Springer.

Tomczak, T., Dittrich, S. (1996). Die Kundenzufriedenheit als strategischer Erfolgsfaktor (S. 16-35). In Dichtl, E. (Hrsg.). Kundenzufriedenheit : Erreichbar und Bezahlbar ? Ergebnisse 2. CPC Trendforum. Mainz: SVF-Verlag.

Vandereycken, W., Meermann, R. (1996). Chronisches Krankheitsverhalten und Non-Compliance (9-22). In: R. Meermann, W. Vandereycken (Hrsg.). Verhaltens-therapeutische Psychosomatik, (2. Aufl.). Stuttgart: Schattauer.

Vogel, H., Tuschoff, T. (1994). Die Erfassung von Behandlungsergebnissen in der Rehabilitation, Mitteilungen der LVA Württemberg, 4, 139-143.

Wahl, R. (1997). Kurzzeittherapie bei Depressionen. Interpersonelle und Kognitive Therapie im Vergleich. Opladen: Westdeutscher Verlag.

Weis, M. (2003). Komorbidität von chronischem Schmerz und Depression: Diagnostik, Prävalenz und Determinanten. Heidelberg: ddv-Verlag.

Weitemeyer, W., Meyer A.E. (1967). Zur Frage krankheitsdependenter Neurotisierung. Psychometrisch-varianzanalytische Untersuchungen an Männern mit Asthma bronchiale, mit Lungentuberkulose, oder mit Herzvitien. Archiv für Psychiatrie und Nervenkrankheiten, 209, 21-37.

Williams, B. (1994). Patient satisfaction: A valid Conzept? Social Science and Medicine, 38, 4, 509-516.

Wittchen, H.U., Knäuper, B., Kessler, R.-C. (1994). Lifetime Risk of Depression. British Journal of Psychiatry, 165 (26), 16-22.

Wittchen, H.U., Müller, N., Pfister, H. (1999). Affektive, somatoforme und Angststörungen in Deutschland. Erste Ergebnisse eines bundesweiten Zusatzsurveys „Psychische Störungen". Das Gesundheitswesen, 61 (2), 216-222.

Wittchen, H.U., Müller, N., Schmidtkunz, B., Winter, S., Pfister, H. (2000). Erscheinungsformen, Häufigkeit und Versorgung von Depressionen. Ergebnisse des bundesweiten Gesundheitssurveys „Psychische Störungen". Fortschritte der Medizin, 118 (1), 4-10.

Wittchen, H.U. (2000). Depression 2000. Eine bundesweite Depressions-Screening-Studie in Allgemeinarztpraxen. Fortschritte der Medizin, 118 (1), 1-3.

Wittmann, M., Spohn, S., Schultz, K., Pfeifer, M., Petro, W.(2003). Effekte einer standardisierten Patientenschulung bei chronisch obstruktiver Bronchitis (COB) im Rahmen der stationären Rehabilitation. In VDR (Hrsg.). Rehabilitation im Gesundheitssystem, DRV-Schriften Band 40, 12. Rehabilitationswissenschaftliches Kolloquium vom 10. bis 12. März 2003 in Bad Kreuznach, Frankfurt: Eigenverlag.

Wittmann, W.W. (1985). Evaluationsforschung. Aufgaben, Probleme, Anwendungen. Berlin: Springer.

Wittmann, W.W. (1990). Brunswik-Symmetrie und die Konzeption der fünf Datenboxen. Ein Rahmenkonzept für die umfassende Evaluationsforschung. Zeitschrift für Pädagogische Psychologie, 4, 241-251.

Wittmann, W.W. (1994). Evaluation in der Rehabilitation: Methoden, Ergebnisse, Folgerungen für die Praxis (77-88). In: K.-H. Siek, F.-W. Pape, W. Blumenthal, M. Schmollinger (Hrsg.). Erfolgsbeurteilung in der Rehabilitation – Begründungen, Möglichkeiten, Erfahrungen. Ulm: Universitätsverlag.

Wittmann, W.W. (1995). Wie ist Psychotherapie messbar? Konzepte und Probleme der Evaluation. Fachverband Sucht e.V. (Hrsg.). Qualitätssicherung in der Rehabilitation Abhängigkeitskranker. Beiträge des 7. Heidelberger Kongresses 1994. Schriftenreihe des Fachverbandes Sucht e.V.. Neuland: Geestacht.

Wittmann, W.W. (1996). Evaluation in der Rehabilitation. Wo stehen wir heute?. In VDR (Hrsg.) Evaluation in der Rehabilitation. DRV-Schriften, Bd. 6. Frankfurt: Eigenverlag.

Wittmann, W.W., Nübling, R., Schmidt, J. (2002). Evaluationsforschung und Programmevaluation im Gesundheitswesen. Zeitschrift für Evaluation, 1, 39-60.

Worbach, M., Vogel, H., Reusch, A., Faller, H. (2003). Prädiktoren des Erfolges von Patientenschulungen. In VDR (Hrsg.). Rehabilitation im Gesundheitssystem, DRV-Schriften Band 40, 12. Rehabilitationswissenschaftliches Kolloquium vom 10. bis 12. März 2003 in Bad Kreuznach. Frankfurt: Eigenverlag.

World Health Organization WHO (1995). Internationale Klassifikation der Schädigungen, Fähigkeitsstörungen und Beeinträchtigungen. Ein Handbuch zur Klassifikation der Folgeerscheinungen der Erkrankung. (Übersetzt von R.-G- Mathesius) (213-413). In R.G. Mathesius, K.A. Jochheim, G. Barolin, C. Heinz (Hrsg.). ICIDH Internationale Klassifikation der Schädigungen, Fähigkeitsstörungen und Beeinträchtigungen. Teil 2. Berlin: Ullstein Mosby.

Wooley, S., Blachwell, B, Winget, C. A. (1978). learning theory model of chronic illness behaviour: Theory, treatment, and research. Psychosomatic Medicine, 40, 379-401.

Woodruff, R.A., Murphy, G.E., Herjanic, M. (1967). The natural history of affective disorders: 1. Symptoms of 72 patients at the time of index hospital admission. Journal of Psychiatric Research, 5, 255-263.

Wright, S. (1921). Correlation and Causation. Journal of Agricultural Research, 20, 557-585.

Zielke, M. (1979). Laienpsychotherapeuten in der klientenzentrierten Psychotherapie. Salzburg: Otto Müller Verlag.

Zielke, M. (1993a). Wirksamkeit stationärer Verhaltenstherapie. Weinheim: Belz (PVU).

Zielke, M. (1993b). Förderung und Entwicklung antidepressiven Verhaltens in der stationären Behandlung. Praxis Klinische Verhaltensmedizin und Rehabilitation, 22, 79-96.

Zielke, M. (1994). Basisdokumentation in der stationären Psychosomatik (995-1007). In: Zielke, M., Sturm, J. (Hrsg.). Handbuch Stationäre Verhaltenstherapie, Weinheim: Belz (PVU).

Zielke, M., Sturm, J. (Hrsg.). Handbuch Stationäre Verhaltenstherapie. Weinheim: Belz (PVU), 1994.

Zielke, M. (1995). Veränderungen der Arbeits- und Erwerbsfähigkeit als Kriterien zur Beurteilung der Wirksamkeit und Wirtschaftlichkeit stationärer Verhaltenstherapie. Praxis Klinische Verhaltenstherapie und Rehabilitation, 30, 104-130.

Zielke, M., Dehmlow, A., Wühlbeck, B., Limbacher, K. (1997). Einflussfaktoren auf die Behandlungsdauer bei psychischen und psychosomatischen Erkrankungen in der stationären Verhaltenstherapie. Praxis Klinische Verhaltensmedizin und Rehabilitation, 37, 22-56.

Zielke, M., Dehmlow, A. (1998). Wiederherstellung und Sicherung der Arbeits- und Leistungsfähigkeit bei psychischen Erkrankungen nach stationärer medizinischer Rehabilitation. Praxis Klinische Verhaltensmedizin und Rehabilitation, 44, 77-87.

Zielke, M. (1999a). Kosten-Nutzen-Aspekte in der psychosomatischen Rehabilitation, PPmP. 9/10, 49, 361-367.

Zielke, M. (1999b). Direkte und indirekte Veränderungsmessung bei Interventionsansätzen – Methoden und Ergebnisse. Praxis Klinische Verhaltensmedizin und Rehabilitation, 45, 3-13.

Zielke, M. (2001a). Krankheitskosten für psychosomatische Erkrankungen in Deutschland und Reduktionspotentiale durch psychotherapeutische Interventionen, (582-602). In H.-C. Derer (Hrsg.) Psychosomatik am Beginn des 21. Jahrhunderts. Chancen einer biopsychosozialen Medizin. Bern: Huber.

Zielke, M., Kopf-Mehnert, C. (2001). Der VEV-R-2001: Entwicklung und testtheoretische Reanalyse der revidierten Version der Veränderungsfragebogens des Erlebens und Verhaltens (VEV). Praxis Klinische Verhaltensmedizin und Rehabilitation, 53, 7-19.

Zielke, M. (2001c). Effekte stationärer Verhaltenstherapie bei depressiven Erkrankungen, (83-106). In M. Zielke, H. v. Keyserlingk, W. Hackhausen (Hrsg.). Angewandte Verhaltensmedizin in der Rehabilitation. Pabst: Lengerich.

Zielke, M., Borgart, E.J., Carls, W., Herder, F., Kirchner, F., Kneip, V., Lebenhagen, J., Leidig, S., Limbacher, K., Lippert, S., Meermann, R., Reschenberg, I., Schwickerath, J. (2001). Krankheitsverhalten und sozialmedizinische Problemstellungen bei Patienten vor Beginn stationärer Verhaltenstherapie. In W. Carls, P. Everts, P. Misset, K. Schultz (Hrsg.). Angewandte Verhaltensmedizin in Forschung und Praxis, Pabst: Lengerich.

Anhang
Anhang 1

Tab. A1.-1.: Prüfung der Verteilungsannahmen und multivariate Extremwerte

	Assessment of normality					
	min.	max.	skew	c.r.	kurtosis	c.r.
UMSETZEN	1	5,571	-0,66	-3,896	0,235	0,692
VERSTEHE	1	6	-0,599	-3,535	0,451	1,33
KVEK	0	7	-0,377	-2,225	-0,748	-2,207
EVEK	0	7	-0,447	-2,64	-0,713	-2,105
EMPFEHLE	1,571	6	-1,176	-6,942	1,824	5,383
Multivariate					3,721	3,215

Tab. A1.-2.: Multivariate Extremwerte (Mahalanobis distance)

Observations farthest from the centroid (Mahalanobis distance)

Observation	Mahalanobis		
number	d-squared	p1	p2
16	16,863	0,002	0,349
74	15,15	0,004	0,235
168	14,806	0,005	0,093
119	14,704	0,005	0,027
24	13,429	0,009	0,048
144	12,594	0,013	0,065
120	11,71	0,02	0,12
35	11,147	0,025	0,154
41	10,991	0,027	0,109
118	10,916	0,028	0,065
20	10,469	0,033	0,091
9	9,828	0,043	0,2
109	9,655	0,047	0,18

Fortsetzung Tabelle A1.-2.

176	9,148	0,058	0,317
88	8,565	0,073	0,564
87	8,332	0,08	0,612
129	8,26	0,082	0,56
147	7,857	0,097	0,735
177	7,847	0,097	0,657
97	7,753	0,101	0,635
104	7,651	0,105	0,622
116	7,53	0,11	0,626
67	7,424	0,115	0,622
89	7,315	0,12	0,625
37	6,982	0,137	0,793
106	6,981	0,137	0,73
193	6,947	0,139	0,685
44	6,885	0,142	0,661
102	6,774	0,148	0,68
1	6,531	0,163	0,801
113	6,51	0,164	0,758
111	6,34	0,175	0,823
30	6,25	0,181	0,833
157	6,204	0,184	0,815
82	6,195	0,185	0,769
181	6,184	0,186	0,72
43	6,145	0,189	0,691
151	6,129	0,19	0,642
38	6,077	0,193	0,626
28	6,013	0,198	0,624
75	6	0,199	0,571
146	5,918	0,205	0,59
137	5,776	0,217	0,674
61	5,737	0,22	0,652
3	5,688	0,224	0,641
66	5,637	0,228	0,633

Fortsetzung Tabelle A1.-2.

59	5,528	0,237	0,688
207	5,413	0,248	0,749
90	5,41	0,248	0,697
141	5,383	0,25	0,668
182	5,33	0,255	0,669
12	5,252	0,262	0,697
65	5,132	0,274	0,769
122	5,125	0,275	0,726
136	5,054	0,282	0,748
123	5,021	0,285	0,732
183	4,99	0,288	0,714
132	4,974	0,29	0,679
48	4,917	0,296	0,692
201	4,903	0,297	0,653
36	4,871	0,301	0,636
121	4,725	0,317	0,756
166	4,662	0,324	0,777
124	4,647	0,325	0,746
205	4,596	0,331	0,756
42	4,582	0,333	0,724
204	4,549	0,337	0,714
174	4,236	0,375	0,941
158	4,125	0,389	0,967
55	4,116	0,391	0,958
53	4,083	0,395	0,957
115	4,066	0,397	0,949
184	3,928	0,416	0,979
110	3,895	0,42	0,979
202	3,894	0,421	0,97
105	3,861	0,425	0,97
133	3,836	0,429	0,967
161	3,834	0,429	0,956
46	3,751	0,441	0,972

Fortsetzung Tabelle A1.-2.

164	3,72	0,445	0,971
140	3,712	0,446	0,963
98	3,712	0,446	0,95
69	3,695	0,449	0,943
18	3,686	0,45	0,93
138	3,679	0,451	0,914
47	3,672	0,452	0,895
4	3,662	0,454	0,876
95	3,617	0,46	0,887
206	3,547	0,471	0,915
22	3,538	0,472	0,898
159	3,466	0,483	0,926
73	3,452	0,485	0,915
10	3,43	0,489	0,909
131	3,399	0,493	0,908
25	3,396	0,494	0,886
11	3,385	0,496	0,868
62	3,382	0,496	0,839
199	3,359	0,5	0,831
191	3,304	0,508	0,858
96	3,28	0,512	0,851

Tab. A1-.3.: Stichprobenkovarianzmatrix

Sample Covariances - Estimates

	VERSTEHE	UMSETZEN	EVEK	KVEK
VERSTEHE	0,879	0,605	0,408	0,195
UMSETZEN	0,605	0,871	0,281	0,281
EVEK	0,408	0,281	3,212	1,595
KVEK	0,195	0,281	1,595	3,501

Tab. A1.-4.: Stichprobenkorrelationsmatrix

Sample Correlations - Estimates

	VERSTEHE	UMSETZEN	EVEK	KVEK
VERSTEHE	1			
UMSETZEN	0,691	1		
EVEK	0,243	0,168	1	
KVEK	0,111	0,161	0,476	1

Tab. A1.-5.: Regressionsgewichte

Regression Weights

		Estimate	S.E.	C.R.	P
VERSTEHE	EVEK	0,323	0,128	2,518	0,012
UMSETZEN	KVEK	0,464	0,120	3,863	0,000

Standardized Regression Weights

		Estimate
VERSTEHE	EVEK	0,243
UMSETZEN	KVEK	0,161

Tab. A1.-6.: Spezifizierte Kovarianzberechnungen

Covariances

		Estimate	S.E.	C.R.	P
VERSTEHE	UMSETZEN	0,605	0,074	8,202	0,000
f_EVEK	f_KVEK	1,504	0,246	6,119	0,000

Tab. A1.-7.: Spezifizierte Korrelationsberechnungen

Correlations

		r
VERSTEHE	UMSETZEN	0,691
f_EVEK	f_KVEK	0,469

Tab. A1.-7.: Varianzberechnungen

Variances

	Estimate	S.E.	C.R.	P
UMSETZEN	0,871	0,085	10,198	0,000
VERSTEHE	0,879	0,086	10,198	0,000
f_kvek	3,41	0,334	10,198	0,000
f_evek	3,023	0,296	10,198	0,000

Tab. A1.-8.: Erklärte Varianz

Squared Multiple Correlations

	Estimate
EVEK	0,059
KVEK	0,026

Tab. A1.-9.: Spezifizierte Kovarianzmatrix (alle Variablen)

All Implied Covariances - Estimates

	VERSTEHE	UMSETZEN	EVEK	KVEK
VERSTEHE	0,879	0,605	0,408	0,195
UMSETZEN	0,605	0,871	0,281	0,281
EVEK	0,408	0,281	3,212	1,595
KVEK	0,195	0,281	1,595	3,501

Tab. A1.-10.: Spezifizierte Korrelationsmatrix (alle Variablen)

All Implied Correlations - Estimates

	VERSTEHE	UMSETZEN	EVEK	KVEK
VERSTEHE	1			
UMSETZEN	0,691	1		
EVEK	0,243	0,168	1	
KVEK	0,111	0,161	0,476	1

Tab. A1.-11.: Spezifizierte Kovarianzmatrix (alle Variablen)

Implied Covariances

	VERSTEHE	UMSETZEN	EVEK	KVEK
VERSTEHE	0,879	0,605	0,408	0,195
UMSETZEN	0,605	0,871	0,281	0,281
EVEK	0,408	0,281	3,212	1,595
KVEK	0,195	0,281	1,595	3,501

Tab. A1.-12.: Spezifizierte Korrelationsmatrix (alle Variablen)

Implied Correlations - Estimates

	VERSTEHE	UMSETZEN	EVEK	KVEK
VERSTEHE	1			
UMSETZEN	0,691	1		
EVEK	0,243	0,168	1	
KVEK	0,111	0,161	0,476	1

Tab. A1.-13.: Residualkovarianzmatrix

Residual Covariances

	VERSTEHE	UMSETZEN	EVEK	KVEK
VERSTEHE	0	0	0,01	0,022
UMSETZEN	0	0	-0,02	-0,01
EVEK	0,01	-0,02	0,009	0,004
KVEK	0,022	-0,01	0,004	-0,006

Tab. A1.-14.: Standardisierte Residualkovarianzmatrix

Standardized Residual Covariances

	VERSTEHE	UMSETZEN	EVEK	KVEK
VERSTEHE	0,000	0,000	0,082	0,182
UMSETZEN	0,000	0,000	-0,168	-0,080
EVEK	0,082	-0,168	0,029	0,015
KVEK	0,182	-0,080	0,015	-0,018

Tab. A1.-15.: Anpassungsmaße

Summary of models

Fit Measure		Default model	Saturated	Independence
Discrepancy	CMIN	0,165	0	205,28
Degrees of freedom	DF	2	0	10
P	P	0,921		0
Number of parameters	NPAR	8	10	4
Discrepancy / df	CMINDF	0,083		34,213
RMR	RMR	0,011	0	0,573
GFI	GFI	1,000	1	0,707
Adjusted GFI	AGFI	0,998		0,511

Fortsetzung Tab. A1.-15.: Anpassungsmaße

Parsimony-adjusted GFI	PGFI	0,2		0,424
Normed fit index	NFI	0,999	1	0
Comparative fit index	CFI	1,000	1	0
Noncentrality parameter estimate	NCP	0	0	199,283
NCP lower bound	NCPLO	0	0	156,144
NCP upper bound	NCPHI	0	0	249,838
FMIN	FMIN	0,001	0	0,987
F0	F0	0	0	0,958
F0 lower bound	F0LO	0	0	0,751
F0 upper bound	F0HI	0	0	1,201
RMSEA	RMSEA	0		0,48
RMSEA lower bound	RMSEA	0		0,354
RMSEA upper bound	RMSEA	0		0,447
P for test of close fit	PCLOSE	0,996		0
Hoelter .05 index	HFIVE	7542		13
Hoelter .01 index	HONE	11593		18

Anhang 2

Tab. A2.-1.: Deskriptive Statistik der Symptomausprägung im BDI nicht-depressiver Patienten zur Aufnahmeuntersuchung (N=51)

Nicht-depressive Gruppe	
Symptomausprägung BAI	Aufnahme
Mittelwert (M)	8,8627
Standardabweichung (SD)	8,97779